김진환·유성용·이찬호

원가회계

필수 개념과 예제

FUNDAMENTALS OF COST ACCOUNTING

머리말

제2판은 이전 판과 달리 '제1장 원가회계 소개'에서 원가에 대한 정확한 이해를 높이기 위해 설명을 보강했다. 또한 본문의 문장을 다듬어 독자들이 좀더 쉽게 이해할 수 있도록 노력하였다. 특히 본 개정에서 가장 많은 시간을 들인 부분은 기존 연습문제를 새로운 문제로 대폭 교체한 것이다. 연습문제에 한국공인회계사 및 세무사의 최근 시험문제를 포함시킴으로써 시험을 준비하는 학생들에게 편의성을 제공하고자 하였으며, 독자들이 학습한 본문의 내용을 확인할 수 있도록 하였다. 그리고 본문 내용을 쉽게 이해할 수 있도록 도표와 편집을 최적화하는 데에 노력을 했다.

저자들은 이 책을 집필함에 있어서 국내외의 많은 저서를 참고하였다. 기존의 좋은 저서들을 참고하여 작업하였으나 저자들의 능력부족으로 아직까지는 부족한 면이 많이 있다고 생각한다. 앞으로도 계속해서 여러분들의 비판을 겸허히 받아들여 수정·보완해 나갈 것을 약속한다.

이 책의 출판을 위해 도움을 주신 많은 분들께 감사를 드린다. 특히 신영사의 권영섭 사장님, 김종복 전무님, 권오석 상무님, 박지영 국장님과 편집부 직원들에게 깊은 감사를 드린다. 끝으로 우리 저자들에게 많은 힘이 되어주는 가족들에게도 깊은 감사의 마음을 전한다.

2023년 1월
저자들 씀

차 례

CHAPTER 1 원가회계 소개

CHAPTER 2 원가개념과 원가흐름

CHAPTER 3 개별원가계산

CHAPTER 4 종합원가계산

CHAPTER 5 공손, 재작업품 및 작업폐물

CHAPTER 6 원가배부

CHAPTER 7 활동기준원가계산시스템

CHAPTER 8 결합원가계산 : 연산품과 부산물

CHAPTER 9 변동원가계산

CHAPTER 10 표준원가계산과 차이분석

CHAPTER 11 전략적 원가회계 : 목표원가계산, 품질원가계산, 역류원가계산

chapter

1

원가회계 소개

이 장을 학습한 후에 다음을 할 수 있어야 한다 :

1-1 원가회계의 발전에 대해서 설명할 수 있어야 한다.

1-2 재무회계, 관리회계, 그리고 원가회계를 구분할 수 있어야 한다.

1-3 원가계산과 원가회계 그리고 원가의 의미를 설명할 수 있어야 한다.

1-4 원가회계의 적용, 목적과 기능에 대해서 설명할 수 있어야 한다.

1-5 원가정보의 확인 및 원가추정에 대해서 설명할 수 있어야 한다.

1-6 원가회계시스템의 형태 및 종류에 대해서 설명할 수 있어야 한다.

1-7 현재의 원가회계에 영향을 미친 요인들에 대해서 설명할 수 있어야 한다.

1-8 지속가능성, 기업의 사회적 책임 그리고 트리플 바텀 라인에 대해서 설명할 수 있어야 한다.

Introduction to Cost Accounting

원가회계의 발전

원가회계는 지난 몇 세기 동안 제한된 형태로 사용되었으며, 1800년대 중후반 미국 산업혁명 동안에 확장되어 왔다. 산업혁명은 제조방법과 원가에 큰 영향을 미쳤다. 원가회계에 대한 다양한 문헌에 따르면, 1800년대 후반과 1900년대 초반에 원가회계시스템을 사용한 주된 이유는 많은 기업이 자사의 회계시스템은 경쟁기업이 이용할 수 없는 비밀이라고 여겼기 때문이다. 대부분의 회사들은 심지어 그들의 원가회계시스템을 자사의 종업원에게도 공개하지 않았다.

산업혁명의 도래와 함께 단일활동(예 : 섬유, 철도 등)을 수행하는 대규모 공정산업이 생겨났다. 이 시기에는 중간 제품에 대한 시장이 부족했는데, 그 때문에 원가정보는 서로 다른 공정의 효율성을 측정하는 도구로서 중요해졌다. 1880년부터 1925년 사이에는 복잡한 제품 디자인이 개발되었고, 듀폰(Du Pont), 제너럴 모터스(General Motors) 등과 같은 다양한 활동을 하는 기업이 출현했다. 이 기간 동안 과학적 관리가 발달하여 회계사는 물리적 표준을 원가표준으로 전환하고, 이를 차이분석과 통제에 사용하였다.

19세기 후반 동안 서구 세계의 산업화의 광범위한 성장은 원가회계의 발전을 가져왔다. 공장시스템의 등장으로 정확한 원가정보의 필요성이 생산의 효율성을 가져왔다. 그럼에도 불구하고, 19세기 동안 원가회계는 천천히 발전했다. 원가회계에서 가장 빠른 발전은 1914년 이후 중공업 및 대량생산방법의 성장과 함께 이루어졌는데, 재료와 노동 이외의 원가(즉, 간접원가)가 총생산원가의 상당부분을 차지했을 때였다. 테일러(Frederick W. Taylor)가 주도한 과학적 관리운동은 원가회계의 발전에 자극을 주었는데, 그 이유는 원가회계가 제조운영의 계획과 성과의 평가에 표준원가를 사용하는 데 기여했기 때문이다.

최근 기업간의 경쟁 심화는 경영자에게 회계정보의 중요성을 재인식하게 해주었으며, 특히 기업의 장기 성공을 위한 전략적 의사결정은 원가정보의 필요성을 제고시켰다. 이는 회계의 초점을 전통적인 재무회계 중심에서 조직의 의사결정을 위한 회계로 확장시켰다. 그 결과 기업은 기존의 경영에 필요한 정보와는 다른 정보를 필요로 하게 되었다. 드러커(Peter F. Drucker)는 이러한 경영환경에서 필요한 것은 시장을 제대로 이해하고 대처할 수 있는 올바른 정보의 취득과 활용이라고 주장한다. 그는 이를 위해 회계가 항상 "재무적"이어야 한다는 사고에서 벗어나 운영회계(operational accounting)로 변해야 함을 강조한다.

재무회계, 관리회계, 원가회계

기업의 성공적인 운영을 위한 회계정보의 중요성은 오랫동안 인식되어 왔다. 회계는 주주, 경영자, 채권자, 세무당국 등과 같은 다양한 그룹의 사람들에게 기업의 활동에 관한 시기적절하고 정확한 재무정보를 제공한다. 이 정보가 사용되는 목적에 따라 회계는 재무회계, 원가회계, 경영회계 세 부분으로 나뉜다.

재무회계는 기업 외부이용자들을 위한 정보를 제공한다.

재무회계(financial accounting)는 주주, 채권자, 정부기관과 같은 기업 외부이용자의 의사결정에 유용한 정보를 제공하는 것을 목적으로 하는 회계이다. 따라서 재무회계는 외부보고에 초점을 둔다. 비록 재무회계에서 제공되는 재무제표가 외부이용자와 마찬가지로 경영자에게도 유용하게 이용되나, 경영자가 조직을 계획 및 통제하기 위해서는 추가적인 보고서나 분석된 정보가 필요하게 된다. 경영자는 조직의 전체를 바라봄과 동시에 개별 부서나 사업부의 문제와 기회를 평가하는 데에 대부분의 시간을 사용한다. 따라서 기업의 개괄적인 정보를 담고 있는 외부보고 목적의 재무제표는 경영자의 하루하루의 의사결정에는 큰 도움을 주지 못한다.

관리회계는 기업 내부이용자들을 위한 정보를 제공한다.

관리회계(management accounting)의 정의와 관련하여 미국의 IMA(구 NAA)는

도표 1-1 재무회계, 관리회계, 원가회계

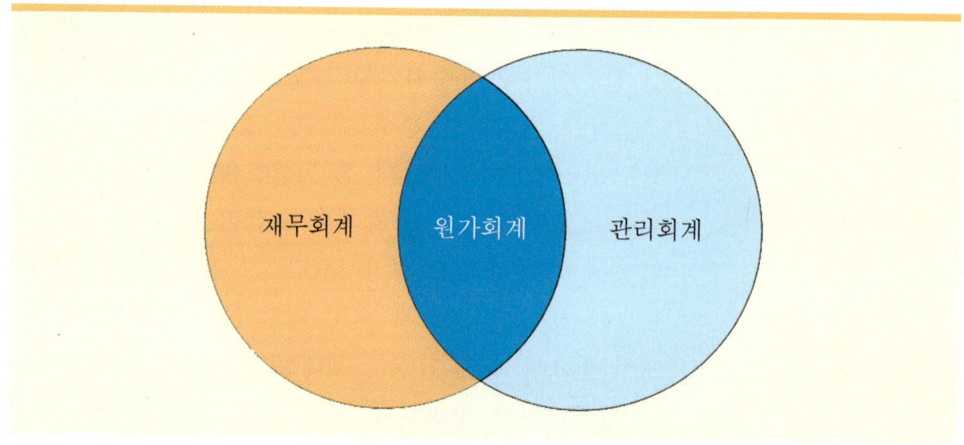

도표 1-2 재무회계, 원가회계, 관리회계의 비교

	재무회계	원가회계	관리회계
1. 정보이용자	기업 외부의 이해관계자 : 투자자, 채권자, 정부기관 등	기업 내부 및 외부의 이해관계자 : 관리자 및 종업원, 고객, 협력업체, 정부	기업 내부의 관리자
2. 정보의 목적	투자자 및 채권자의 투자 및 대출 결정에 도움	정확한 이익계산 및 의사결정에 관련되는 정보의 제공	경영자의 계획 및 통제 활동에 도움
3. 정보의 목표와 시간	정보의 신뢰성에 초점을 맞추며 과거지향적 정보	정보의 신뢰성 및 관련성 모두에 초점을 맞추며, 과거와 미래지향적 정보를 동시에 제공	정보의 관련성에 초점을 맞추며, 미래지향적 정보
4. 보고 유형	GAAP에 의한 재무제표 작성 및 공인회계사에 의한 감사 실시	원가계산준칙에 의한 제조원가명세서와 특정한 제약이 없는 내부보고서	특정한 제약이 없는 내부보고서, 감사가 필요치 않음
5. 정보의 범위	분기 및 연간 기준에 의한 회사 전체에 대한 요약보고서	연간 기준에 의한 회사 전체에 대한 요약보고서와 특정부문에 대한 짧은 기간에 대한 정보	정보 범위에 대한 특별한 제한이 없음(일별 혹은 주별 등) : 특정부문 혹은 회사 전체에 대한 정보 동시 제공
6. 행위	공시의 적정성에 대하여 관심을 가짐, 정보이용자의 행위에 어떻게 영향을 미치는지에 대한 관심은 이차적 문제임	공시의 적정성에 대하여 관심을 가짐	보고가 종업원의 행위에 어떻게 영향을 미치는지에 관심

"관리회계는 경영의사결정, 계획수립과 업적평가시스템의 관리, 재무회계 보고시 전문지식의 제공, 경영통제 등에 참여하고, 전략 수립과 실행에 경영진을 보좌하는 전문분야"로 정의하고 있다. 이러한 정의에 근거하여 관리회계담당자는 다양한 종류의 보고서를 작성한다. 예를 들면, 사업부단위의 성과 비교 보고서, 제품라인별 수익성 분석 보고서, 특별한 문제에 초점을 맞춘 보고서, 기업의 발전 상태나 기회를 분석한 보고서 등이다. 이를 위해 관리회계담당자는 과거자료 및 추정자료를 이용해 기업의 지속적인 운영 및 장기계획의 의사결정에 필요한 재무적 및 비재무적 정보를 생산하고 보고한다. 관리회계는 재무회계와는 달리 내부보고에 초점을 두며 보고형태에 특정한 제약을 두지 않는다.

원가회계는 재무회계와 관리회계를 위한 정보를 제공한다.

원가회계(cost accounting)는 관리회계(특수목적 보고서)와 재무회계(재무제표)를 위한 정보를 제공한다. 두 보고서의 목적은 다르지만 원가회계 자료는 관리회계 및 재무회계를 지원하는 기초자료이다. 즉, 원가회계의 첫 번째 역할은 협의의 원가회계 개념으로 외부보고 목적의 재무제표 작성에 필요한 제품원가를 산정하는 것이다. 두 번째 역할은 넓은 원가회계 개념으로 경영관리(계획과 통제)를 위해 원가자료를 변환하여 계획수립과 의사결정에 사용할 수 있도록 지원하는 것이다. 원가정보를 산출하는 원가회계와 산출된 원가정보를 경영관리에 사용하는 관리회계는 개념적으로는 구분할 수 있으나 실무적으로는 함께 사용하는 경우가 많다. 원가회계시스템은 재무회계정보와 관리회계정보를 생산하는 데 필수적인 원가정보를 제공하는 회계시스템이다. 원가회계시스템은 원가를 절감하고 사전에 설정된 목표원가를 유지하고 통제하는 데 필요한 원가관리(cost management)에 대한 정보를 산출한다.

원가관리

원가관리(cost management)는 장기 및 단기의 원가계획과 원가통제를 위한 경영자의 모든 활동을 의미한다. 이는 고객만족도를 유지하면서 원가의 절감과 통제 활동을 수행하기 위한 경영자의 의사결정을 의미한다. 원가관리는 원가절감활동과 원가통제활동 두 부분으로 구성된다.

- 원가절감활동(cost reduction) : 원가절감은 제조 이전 단계(연구개발단계와 제품설계단계)에서 설계변경, 신기술 개발, 그리고 제조공정의 혁신을 통해 원가의 수준을 감소시키는 활동이다.
- 원가통제활동(cost control) : 원가통제는 제조 이전 단계에서 결정된 원가목표를 제조 이후 단계(제조단계, 마케팅단계, 유통단계, 그리고 고객서비스단계)에서 유지 또는 지속적으로 개선시키려는 활동이다. 원가통제활동은 기업의 가치사슬에서 제조기능 및 그 하류 단계에서 주로 수행된다.

원가계산과 원가회계 그리고 원가의 의미

원가계산과 원가회계

'원가계산'과 '원가회계'라는 용어는 종종 서로 혼용되어 사용된다. 그러나 둘 사이에는 차이가 있다. 원가계산(costing)은 "원가에 대한 정보를 확인하는 기법 및 과정"으로 정의된다. 즉, 원가계산은 단순히 산출과정이나 비망록 기록 등과 같은 방법으로 제품 또는 서비스의 원가를 분류, 기록, 할당 및 합산하는 것이다. 그러나 원가회계(cost accounting)는 제품과 서비스의 원가를 확인하고 관리하는 수단으로 회계장부에 원가를 회계처리하는 공식적인 시스템이다. 쉽게 말해 원가계산이란 어떤 기법이나 방법으로든 제품이나 서비스의 원가를 알아내는 것을 의미하고, 원가회계란 복식부기제도를 이용해 원가에 대한 정보를 알아내는 것을 의미한다.

원가회계는 매우 광범위한 용어이다. 이는 기업의 자원 활용을 계획하고 통제하기 위해 사용되는 원칙, 관례, 기술 및 시스템을 의미하고 포함한다. 원가회계는 원가회계담당자의 과학이고, 기술이고, 실무이다. 원가회계담당자가 자신의 의무와 책임을 적절하게 수행하기 위해 갖춰야 하는 체계적인 지식의 집합체라는 의미에서 과학이다. 가격결정, 원가관리 등과 같은 다양한 관리 문제에 원가회계 원칙을 적용하는 데 원가회계담당자의 능력과 기술이 필요하기 때문에 원가회계는 기술이다. 실제로 실무를 하는 것은 원가회계 분야에서 원가회계담당자의 지속적인 노력을 의미한다. 이론적 지식만으로는 원가회계담당자가 관련된 다양한 복잡한 문제를 처리할 수는 없다. 따라서 원가회계담당자는 충분한 실무교육을 받아야 하며 실제 원가계산의 어려움에 노출되어야 한다.

원가의 의미

'원가(cost)'라는 용어는 명확한 의미를 갖지 않으며, 그 범위는 매우 광범위하고 일반적이다. 따라서 이 용어를 정의하거나 설명하는 데 있어 그 의미를 명확히 하기는 쉽지 않다. 모든 상황에 맞는 하나의 완전한 '원가'의 설명은 가능하지 않기 때문에 회계학자나 경제학자 그리고 전문가들은 자신의 필요에 따라 원가 개념을 개발한다. 우리나라 국가회계기준에 관한 규칙(제31조 제1항)에 따르면 원가는 "조직이 목표를 달성하고 성과를 창출하기 위하여 직접적 · 간접적으로 투입한 경제적 자원의 가치"로 정의한다. 한편, 원가에 대한 몇 가지 정의는 다음과 같다.

① 국립국어원 표준국어대사전에 따르면, 원가는 "상품의 제조, 판매, 배급 따위에 소비된 재화와 용역을 단위에 따라 계산한 가격"으로 정의하고 있다.

② 원가는 "특정물건에 발생하거나 귀속되는 지출의 금액"이다(IMA, 미국).
③ 원가는 "현재 또는 미래의 효익을 위해 소비된 재화나 서비스의 화폐적 가치"이다(Atkinson et al., 1997).

이 책에서 '원가'의 정의는 "특정목적을 달성하기 위해 수행된 활동에 소비된 자원의 화폐측정치"로 정의한다. 여기서 화폐측정치는 수행된 활동의 메타언어(metalanguage)이지 활동 자체는 아니다. 특정목적을 달성하기 위해 소비된 자원은 조직의 희소자원으로 회계학에서 자산과 동일한 개념이다. 자산은 미소멸원가(unexpired cost)이고 소멸원가(expired cost)는 비용(expense)과 손실(loss)로 구분된다. 즉, 소멸원가 중 수익창출에 소비된 원가는 비용(예를 들면, 판매된 제품의 매출원가)이고 수익창출과 무관한 원가의 소멸은 손실(예를 들면, 홍수로 인해 침수된 제품의 원가)이라고 한다. 원가라는 용어에 대한 확실한 의미를 부여하기 위해서는 사용목적에 따라 수식어 또는 형용사와 함께 사용해야 한다. 예를 들어, 직접원가, 고정원가, 변동원가, 통제가능원가, 재료원가, 판매원가, 기초원가, 전환원가(가공원가), 표준원가, 실제원가, 결합원가 등은 구체적인 의미를 갖는다. 이 모든 용어는 이 책에서 설명하고 있다.

도표 1-3 원가, 비용과 손실

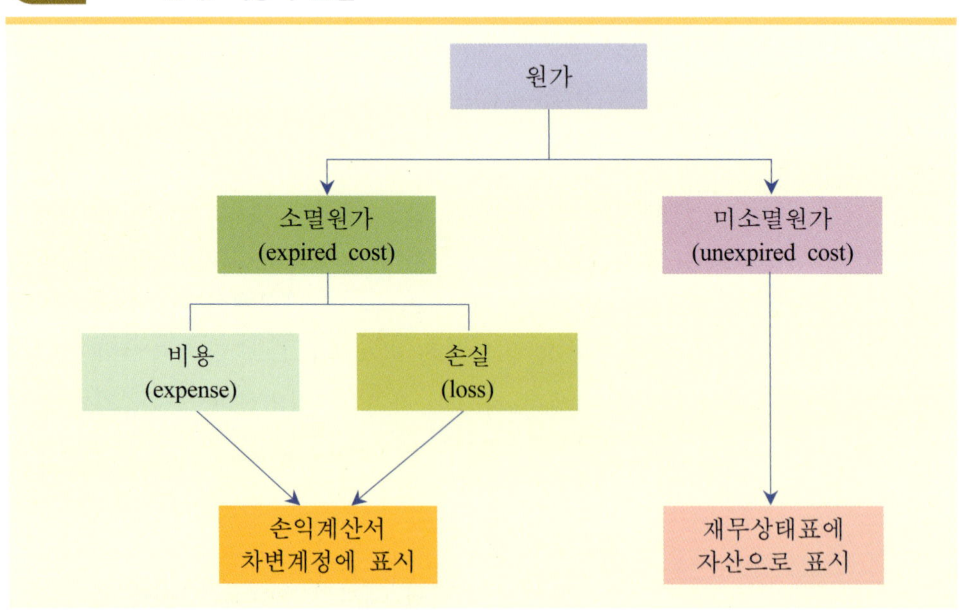

원가회계의 적용, 목표와 기능

원가회계의 적용

원가회계는 일반적으로 제조업에서만 적용되는 것으로 생각하나 사실 그렇지는 않다. 원가회계의 적용범위는 매우 넓다. 조직은 화폐적 가치가 수반되는 모든 유형의 활동에 원가회계의 이용을 고려해야 한다. 도매 및 소매업, 은행 및 보험회사, 철도, 항공, 해상 및 육상 운송회사, 호텔, 병원, 학교, 농업, 극장 그리고 공공기관 등 모든 조직은 효율적으로 운영하기 위해 원가회계 기술을 사용할 수 있다. 이러한 원가회계의 개념과 기법을 각자의 분야에서 적용할 수 있는지의 여부는 경영진에 의해 인식될 수 있는 문제일 뿐이다.

원가회계의 목표와 기능

원가와 이익에 대한 정보 확인

이것은 원가회계의 주요 목표이다. 원가회계에서는 생산, 작업, 공정 등의 각 단위의 원가와 이익에 대한 정보를 확인한다. 여기에는 실제로 발생한 원가뿐만 아니라 다양한 용도로 미리 정해져 있는 원가까지를 포함한다. 원가에 대한 진실하고 정확한 정보를 알아내기 위해 다양한 방법과 기술이 상이한 상황에서 사용된다.

원가통제 및 원가절감

원가회계는 원가를 통제하고 절감함으로써 수익성을 향상시키는 것을 목표로 한다. 이를 위해 표준원가계산, 예산관리, 재고관리, 가치분석 등 다양한 기법이 사용된다. 사업 세계에서 경쟁이 치열해짐에 따라 현재의 상황에서 원가통제와 원가절감이라는 목적은 점점 더 중요해지고 있다.

사업정책에 대한 지침 제공

원가회계는 최고의 효율로 사업을 수행하기 위한 경영진의 요구에 부응하는 것을 목표로 한다. 원가자료는 제조 또는 구매, 원가 이하 판매, 유휴설비 능력의 활용, 신제품 도입 등과 같은 다양한 경영의사결정에 대한 지침을 제공한다.

가격결정

원가회계는 재화나 용역의 판매가격 결정에 기준이 되는 원가정보를 제공한다. 불황기에 상황에 맞게 판매가격의 인하 수준을 결정할 때 원가회계는 중요한 지침을 제공한다. 이러한 목표를 실현하기 위해서 공식 원가회계시스템은 원가회계가 제공하는 데이터를 재분류, 재구성하고, 외부의 다른 관련 자료로 보완해야 할 필요도 있다.

FOCUS ON

회계담당자와 정보이용자는 서로 상호작용하기 때문에 회계를 잘 모르는 사람과의 의사소통은 특히 중요하다. 예를 들어, 경영진이 제품 변경을 결정했다면 회계담당자는 새로운 재료의 구입담당자와 함께 작업을 한다. 만일 회사가 신제품의 생산을 고려한다면 그 제품에 대한 원가를 정확히 분석하고 추정하여 처음부터 올바르게 통제해야 한다. 그러나 회계를 모르는 사람이 이를 수행하기 위해서는 많은 훈련이 요구된다.

회계를 잘 모르는 사람에게 효과적으로 정보를 전달하기 위해서는 어떻게 해야 하는가?

1. 예는 단순해야 한다.
2. 기술적인 용어는 피해야 한다.
3. 마케팅과 생산문제를 이해할 수 있게 보여주어야 한다.
4. 회계기록(분개 및 전기)에 대한 문제를 피해야 한다.

자료 : Joseph A. Barra, "Marketing the Financial Facts of Life," *Management Accounting*, March 1983, p. 29.

원가정보의 확인 및 원가추정

원가계산 방법과 기법은 원가회계담당자의 도구이지 특정 방법이나 기법이 다른 방법보다 우수하다고 해석되어서는 안 된다. 작업자가 다른 작업에 다른 도구를 사용하는 것과 마찬가지로, 원가회계담당자는 이러한 방법과 기술을 개별적으로 또는 조합하여 적절하게 사용해야 한다. 예를 들어 공정별 원가계산은 '공정별 표준원가계산'을 활용하기 위해 표준원가계산과 결합할 수 있다. 따라서 원가회계담당자는 각 방법이나 기법에 관련된 원칙을 명확하게 이해한다면, 이러한 방법이나 기법의 최선의 사용에 어려움이 없을 것이다.

원가정보 확인

원가정보 확인은 실제 발생한 원가의 계산과 관련이 있다. 이는 원가정보 확인에 사용되는 방법 및 과정을 말한다. 산업 유형이 다른 경우 경영자나 회계담당자는 원가정보 확인에 다른 원가계산방법을 사용한다. 이들 방법의 기본원리는 동일하지만 개별 사업 조건의 요구에 맞게 설계된다. 그러나 다음과 같은 이유로 실제 원가 정보의 확인에만 치중하는 것은 실효적이지 못하다.

① 실제원가는 가격 견적 및 입찰서 작성 목적으로 사용할 수 없다.
② 실제원가는 사실상 원가통제 목적에는 효용이 없다.
③ 실제원가는 성과의 효율성을 측정하는 수단으로서는 효과적이지 않다.

이러한 한계에도 불구하고, 실제원가의 정보 확인은 많은 경우에 매우 유용한 것으로 확인된다. 예를 들어, 실제원가 정보의 확인은 유휴시간, 과도한 작업폐물 등의 형태로 발생하는 수익성 없는 활동, 손실 그리고 비효율성을 드러낸다.

원가추정

실제원가 정보의 확인과는 달리 원가는 사전에 결정될 수 있다. 원가추정은 재화나 용역의 비용을 미리 결정하는 과정이다. 원가는 생산 및 운영 전에 결정된다. 추정원가는 분명히 미래원가이며 미래 예측변화에 따라 조정된 과거 실제원가의 평균에 기초한다. 원가추정은 다음에 사용될 수 있다.

① 원가추정치는 견적서 작성과 계약 입찰에 사용된다.
② 원가추정치는 예산편성에 사용된다.
③ 원가추정치는 성과평가에 도움을 준다.
④ 원가추정치는 예상재무제표 작성에 사용된다.
⑤ 원가추정치는 원가통제의 목표가 될 수 있다.

원가회계시스템의 형태

제품의 생산형태(혹은 생산방식)에 따라 원가계산(원가계산절차)의 형태가 달라진다. 원가계산방법은 생산형태에 따라 기본적으로 다음과 같이 분류된다.

개별원가계산시스템

작업별원가계산시스템이라고도 불리는 개별원가계산시스템은 종류를 달리하는 제품을 개별적으로 생산하는 생산형태에 적용된다. 즉, 원가대상에 대한 원가추적이 개별 제품별로 이루어진다. 이 원가계산시스템은 개별 제품이 한 단위 혹은 일정수량이 될 수도 있다. 이 원가시스템에서는 제품 생산과 관련하여 발행된 작업지시서에 의해 원가계산이 이루어진다. 조선업, 항공기제작업, 기계공업, 법률회사 및 회계법인 등에서 적용된다. 이와 관련해서는 제3장 개별원가계산에서 자세히 설명한다.

종합원가계산시스템

공정별 원가계산시스템이라고도 불리는 종합원가계산시스템은 제품을 반복하여 연속적으로 생산하는 생산형태에 적용한다. 생산되는 제품은 동질적인 특성을 갖는다. 따라서 제품의 생산은 표준화된 제조방법으로 가공되어 표준규격을 가지는 것이 특징이다. 이 시스템에서의 원가는 평균적으로 발생한다. 따라서 원가는 개별 제품별로 추적하지 않고 공정별로 추적해 공정에서 발생한 총원가를 총생산량으로 나누어 단위당 평균원가를 계산한다. 이 시스템은 동질적인 제품을 대량으로 생산하는 업종에서 사용한다. 이에 대해서는 제4장과 제5장에서 자세히 설명한다.

한편, 실무에서는 이 두 가지 원가계산방법이 혼합된 형태로 사용되곤 하는데, 이를 혼합원가계산(hybrid costing)이라고 한다. 예를 들어, 일반형과 프리미엄급 두 종류의 모터사이클을 생산하는 제조기업의 경우 일반형과 프리미엄급의 생산라인 사이에는 서로 다른 부품이 사용되므로 직접재료원가는 개별원가계산에서처럼 라인별로 구분되어 집계된다. 그러나 각 생산라인은 연속적으로 해당 제품을 생산하므로 종합원가계산의 완성품환산수량 개념을 사용하여 재공품과 완성품 원가를 계산한다.

역류원가계산시스템

역류원가계산시스템은 적시생산(JIT)방식에 의해 제품을 생산하는 기업에서 적용하는 원가계산시스템이다. 적시생산시스템에서 선행공정은 후속공정의 요구에 의해서만 필요한 수량만큼 생산한다. 적시생산시스템은 기업이 생산하는 제품에 대한 소비자의 수요가 먼저 파악되고 제조공정의 마지막 부문에서부터 시작하여 최종적으로 원재료의 구입활동에 이르기까지 제품에서, 재공품 그리고 원재료의 순으로 수요가 파악되어 이에 따른 제조활동이 이루어진다. JIT시스템하에서는 원재료의 구매, 생산 및 판매 활동이 연속적이면서 매우 빠르게 이루어지므로 전통적인 원가계산제도하에서의 원가흐름이나 재고자산평가방법 등에 대한 가정이 불필요하게 된다. 따라서 JIT시스템하에서는 보다 단순화된 원가계산제도를 이용하게 되는데, 이를 역류원가계산(backflush costing)이라고 부른다. 이에 대해서는 제11장에서 설명한다.

원가회계시스템의 종류

실제원가계산과 표준원가계산

실제원가계산(actual costing)은 제품의 제조에 실제로 소요된 원가를 이용하여 원가계산을 하는 것이다. 이는 다음과 같은 산식으로 나타낼 수 있다.

실제원가＝실제소비량×실제가격

이 원가계산의 목적은 경영활동의 모습을 있는 그대로 나타내고자 하는 데 있다. 그러나 이 목적의 지나친 강조는 비정상적 상태에서 발생한 소비량 내지 소비가격을 포함시키는 잘못을 범할 수 있으며 이 방법은 제조간접원가의 배부가 이루어지는 시점에서 원가계산이 종료되므로 너무 늦게 원가계산이 이루어진다는 단점이 있다. 이러한 단점을 개선하기 위한 방법으로 제시된 것이 정상원가계산(normal costing)이다. 이에 대해서는 제3장에서 자세히 설명한다.

정상원가＝정상적 실제소비량×예정가격

표준원가계산(standard costing)은 원가관리를 주목적으로 하는 원가계산이다. 즉, 표준원가는 재화의 소비량을 과학적 · 통계적 방법에 의해 능률의 척도가 되도록 예정하고, 이를 표준가격으로 계산한 것으로 다음과 같은 산식으로 나타낼 수 있다.

표준원가＝표준소비량×표준가격

표준원가는 사전원가계산을 통해 의사결정에의 활용과 실제원가와의 비교를 통해 원가관리에 이용된다. 이에 대해서는 제10장에서 자세히 설명한다.

전부원가계산과 변동원가계산

원가계산은 원가를 집계하는 범위에 따라 전부원가계산과 변동원가계산으로 구분된다. 전부원가계산(full costing 또는 absorption costing)은 제품의 제조에 소요된 모든 원가를 제품원가로 계산한다. 일반적으로 원가계산제도라고 하면 전부원가계산제도를 의미하고 있으며 우리나라 원가계산준칙도 전부원가계산을 기준으로 하고 있다.

변동원가계산(variable costing)은 제조원가를 변동원가와 고정원가로 구분하고 변동제조원가만을 제품원가로 계산하고 고정제조원가는 제품원가에서 제외하여 기간비용으로 취급하는 방법이다. 우리나라 원가계산준칙에서는 변동원가계산을 인정하고 있지 않지만 기업에서 관리목적을 위해 많이 사용된다. 이에 대해서는 제9장에서 자세히 설명한다.

현재의 원가회계에 영향을 미친 요인들

1970년대 이후 세계의 기업들은 경쟁 환경에서 큰 변화를 맞이했으며, 경영의 초점이 변하는 큰 변혁을 맞이했다. 여기서는 그 변화의 내용에 관해서 설명한다.

가치사슬

가치사슬은 조직의 재화나 용역에 가치를 부가시키는 기능을 말한다.

가치사슬(value chain)은 재화 및 용역의 제공과 관련된 모든 활동을 의미한다. 제조업에서의 가치사슬에는 연구개발, 제품설계, 원재료의 취득, 생산, 판매 및 마케팅, 유통, 고객관계 그리고 판매 후 서비스 등을 포함한다. [도표 1-4]는 제조기업의 가치사슬을 표현한 것이다.

기업의 성공은 가치사슬기능이 얼마나 효율적이고 효과적으로 수행되는지에 달려 있다. 따라서 가치사슬기능은 고객가치증대라는 관점에서 수행되고 평가되어야 한다. 가치사슬기능 중 핵심기능은 시간이 지남에 따라 변화하고 산업

도표 1-4 제조기업의 가치사슬

에 따라 달라질 수 있다. 가치사슬에서의 활동을 제거하거나 개선하기 전에 그 활동이 부가가치활동(value added activity)인지 아니면 비부가가치활동(non-value added activity)인지를 분류해야 한다. 부가가치활동은 고객에게 필요한 활동이며 고객은 이에 대해 대가를 지불할 준비가 되어 있는 반면, 비부가가치활동은 불필요하고 낭비를 유발하며 고객들은 그에 대해 대가를 지불할 용의가 없는 활동이다. 몇몇 조직들은 부가가치활동을 개선하는 것이 가능한지 아니면 비부가가치활동을 제거해야 하는지에 대해 지속적으로 평가한다.

가치사슬활동과 관련된 계획 및 통제 과정에서 원가회계시스템은 가치사슬활동을 효율적으로 수행하는 데 필요한 정보를 생산 및 보고해야 한다. 가치사슬에서의 원가절감과 생산성 향상을 위한 의사결정에는 당연히 원가회계정보가 필요하다.

공급사슬관리

조직은 재료와 서비스를 최초로 기업에 제공하는 공급업체와 제품과 서비스를 최종적으로 소비하는 고객의 상호의존적인 시스템 내에서 운영되며 이를 공급사슬(supply chain)이라고 한다. 공급사슬의 목적은 적절한 양을 적절한 시기에 적절한 원가로 올바른 위치에서 올바른 제품을 생산하는 데 있다. 일반적인 공급사슬관리에서는 재화 및 서비스를 어디서 조달할 것인지, 생산을 얼마나 할 것인지, 재고자산의 수준을 어떻게 결정할 것인지 그리고 유통을 어떻게 할 것인지에 대해서 결정을 해야 하며, 이와 관련된 모든 의사결정에는 다양한 유형의 원가회계정보가 필요하다. 기업이 원가를 효과적으로 절감하기 위해서는 공급사슬 전체에서 발생하는 활동을 조정 및 통제해야 한다. 이를 위해 기업들은 공급사슬관리시스템을 구현하고 이를 통해 전략적 우위를 확보하려고 한다. 기업의 전략적 우위의 확보는 결국 기업가치의 증가로 연결되기 때문이다. 기업의 전략적 우위의 확보를 감시하고 평가하기 위해서는 원가회계정보가 필요하다.

JIT 재고관리

JIT(just-in-time) 재고관리는 기업이 재고자산이 필요할 때에 필요한 만큼 주문을 함으로써 재고자산의 낭비와 재고자산 관리의 비효율성을 줄이기 위한 재고관리 전략에 초점을 맞추고 있다. JIT하에서는 고객이 주문을 하기 전까지는 수요를 예측해 미리 생산을 하지 않으며, 고객의 주문이 있어야만 생산을 시작하는 방법이다. 생산이 완료되면 제품은 즉시 고객에게 납품된다. 이 전략은 원재료나 제품의 보관비용을 크게 줄여준다.

전통적으로 기업들은 재료의 조달, 생산 그리고 유통 등에서 예상치 못한 문제가 발생할 것을 대비해 일정량의 재고자산을 보유함으로써 문제에 대비하는 방법을 써왔다. 그러나 이 전략은 많은 비용을 요구하는 전략이었다. 여유재고를 보관하기 위해서는 많은 공간이 필요했고, 이는 불필요한 비용(예를 들면, 창고의 임차비용 및 창고설비의 세금 그리고 보험료 등)을 발생시켰으며, 이는 결국 원가로 귀결되어 고객에게 가격으로 전가되는 문제를 지니고 있었다. JIT 재고관리시스템은 불필요한 재고자산을 제거시킴으로써 제품의 원가를 낮추고 경쟁력을 갖게 해주었다. 또한 이를 통한 불필요한 비용 억제는 기업이 새로운 투자자금을 확보할 수 있게 해주었다. JIT 재고관리시스템을 활용한 일부 기업들에서는 고객 수요에 영향을 미치지 않는 가운데 회사의 재고수준을 약 50~60% 이상 줄일 수 있었다고 보고하고 있다.

지속적 개선

글로벌 경쟁은 기업들로 하여금 그들의 운영에 있어서 지속적 개선을 요구한다. 지속적 개선(continuous improvement)은 낭비 제거, 응답시간의 단축, 제품 및 공정

지속적 개선은 소규모의 개량활동을 통한 지속적이고 점진적인 개선을 통해 오랜 시간에 걸쳐서 원가절감을 달성하는 것을 말한다.

의 단순화된 설계, 그리고 품질 및 고객서비스의 향상 등을 위해 지속적인 노력을 하는 것을 말한다. 지속적 개선이 필요한 한 가지 중요한 이유는 가격하락 혹은 원가절감에 있다. 이는 새로운 제품이 소개된 후에 수명주기를 거치면서 가격이 하락하는 경우에서 알 수 있다. 예를 들어, 노트북, 휴대폰 혹은 고화질 TV 등의 가격을 생각해보면 쉽게 이해가 될 수 있다. 이들 제품은 처음 시장에 소개될 때에 매우 높은 가격이 적용된다. 그러나 생산업체들은 제품에 대한 생산경험이 쌓이게 됨으로써 가격은 떨어지고 제품은 보다 많은 고객층이 사용하게 된다. 가격이 시간이 지나면서 떨어지기 위해서는 제조업체들은 지속적으로 원가절감을 해야 한다.

원가절감에 광범위하게 이용되는 한 가지 방법이 카이젠 원가계산(kaizen costing)으로 이는 기존 제품의 제조단계에서 원가절감을 하는 과정이다. 일본어로 카이젠은 기술에 대한 혁신적이거나 대규모 투자를 통한 큰 개선이나 혹은 급진적인 개선이라기보다는 소규모의 개량활동을 통한 지속적이고 점진적인 개선을 의미한다. 이 개념은 간단한다. 개선은 모든 조직구성원의 목표이며 책임이다. 모든 구성원들의 작지만 지속적인 노력을 통해 상당한 원가의 감소가 시간에 걸쳐서 달성될 수 있다.

지속가능성, 사회적 책임 그리고 트리플 바텀 라인

최근 몇 년간 소비자와 기업 모두에서 지속가능성과 사회적 책임에 대한 인식과 관심이 높아지고 있다. 지속가능성(Sustainability)의 사전 정의는 "시스템이 자체 생존가능성을 유지하거나 방해받지 않고 견디거나 자원을 사용하여 고갈되거나 영구적으로 손상되지 않도록 하는 능력"을 말한다. 다시 말해, 시스템이 무기한으로 계속 작동할 수 있는 능력을 의미한다. UN은 지속가능성을 "미래 세대가 자신의 요구를 충족시키는 능력을 손상시키지 않으면서 현재의 요구를 충족시키는 능력"으로 정의했다.[1)]

1) 1987 World commission on Environment and Development, www.un.org/documents/ga/res/42/ares42-187.htm.

[도표 1-5]에서 볼 수 있듯이 지속가능성에는 사회, 환경 및 경제의 세 가지 기둥이 있다. 사업 결정을 내릴 때 이 세 가지 요소를 모두 고려하면 회사는 장기적으로 생존할 수 있다. 예를 들어, 기업은 자신이 의존하는 천연자원(예를 들면, 공기, 물, 토양, 광물, 식물, 연료 공급 등)이나 사람(예를 들면, 공급업체, 고객, 직원, 커뮤니티)들이 위험에 처하게 되면 장기적으로 살아남을 수 없게 된다. 따라서 지속가능성은 [도표 1-6]에서 보듯이 세 가지 요소의 교차점으로 간주된다. 그 결과 많은 회사들이 트리플 바텀 라인(triple bottom line, TBL)이라는 개념을 고수하기 시작했다. TBL은 회사의 성과가 전통적으로 그랬던 것처럼 소유자에게 경제적 이익을 창출할 수 있는 능력뿐만 아니라 사람과 지구에 미치는 영향으로 볼 수 있다는 점을 인식하고 있다.

지속가능성으로 나아가기 위해 기업들은 지구 자원에 부정적인 영향을 미치지 않는 사업을 수행하는 "녹색 이니셔티브(green initiatives)"를 도입하고 있다. 그들은 매립지로 가는 폐기물의 양을 줄이기 위해 재활용 재료를 사용하는 새로운 제품과 제조공정을 혁신하고 있다. 또한 사업이 직원, 소비자, 시민 및 전체 커뮤니티에 미치는 영향을 신중하게 고려하여 사회적 책임이 필요하다는 사실을 인식하고 있다. 많은 회사들이 지역학교, 직원의 자원봉사 및 자선단체를 금전적으로 지원함으로써 지역사회에 환원하는 수단을 도입했다. 세계 대부분의 주요 기업들은 이제 사회적·환경적 영향을 전달하는 기업의 CSR(corporate social responsibility) 보고서를 발행하고 있다. 기업들은 이제 지속가능성과 사회적 책

도표 1-5 지속가능성의 3축

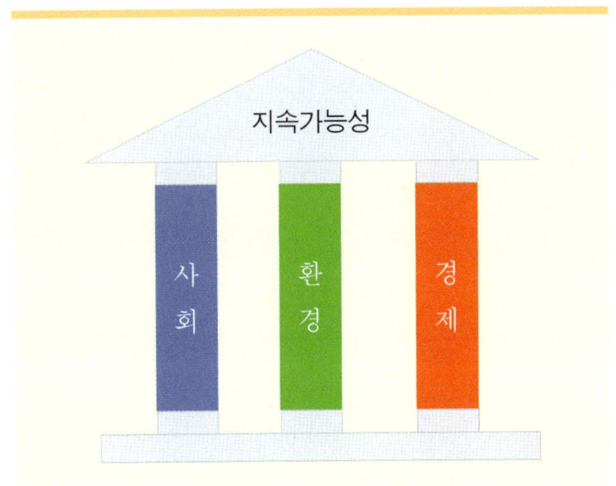

도표 1-6 세 가지 요인의 교차점으로서의 지속가능성

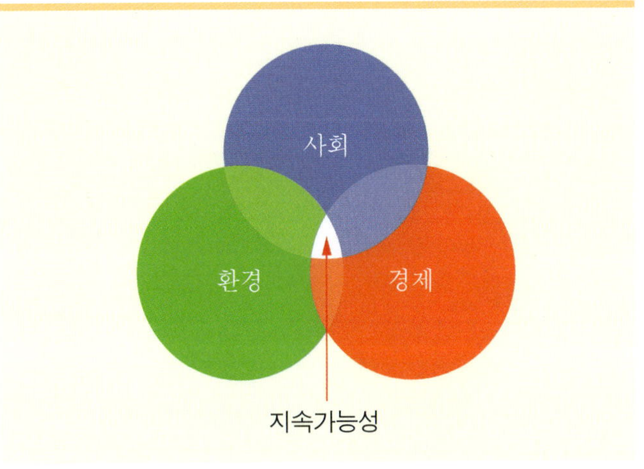

임을 혁신과 사업 개발의 기회로 보고 있다. 이러한 이니셔티브는 회사가 "올바른 일"을 할 수 있게 해줄 뿐만 아니라 회사의 제품과 서비스에 대한 수요를 늘리고 비용을 줄임으로써 경제적 이익을 가져올 수 있다.

chapter

2

원가개념과 원가흐름

이 장을 학습한 후에 다음을 할 수 있어야 한다 :

2-1 원가를 이해하고 원가에 대한 기본적인 용어를 구별할 수 있어야 한다.

2-2 원가행태 : 변동원가와 고정원가의 차이를 구별할 수 있어야 한다.

2-3 추적가능성 : 직접원가와 간접원가의 차이를 구별할 수 있어야 한다.

2-4 제조원가의 구성요소를 이해할 수 있어야 한다.

2-5 제조원가의 흐름과 계정 간의 관계를 이해할 수 있어야 한다.

2-6 제조원가명세서의 작성절차를 이해할 수 있어야 한다.

Cost Concepts and Flow

원가의 일반개념

모든 재화를 제조하고 용역을 수행하기 위해서는 재료, 노동, 그리고 간접지원 활동이라는 자원의 소비를 유발한다. 원가는 재화나 용역을 취득하는 과정에서 발생된 자원의 화폐가치를 나타낸다. 이러한 원가는 기업 운영에 다양하게 이용되므로 조직구성원들은 잘 이해하고 있어야 한다. 특히, 원가정보를 생산하는 회계담당자들은 원가의 다양한 유형들 간의 차이를 명확히 이해해야 하며, 그들을 계산하고 이용할 수 있어야 한다. 따라서 본장에서는 정확한 원가계산 및 이해에 필요한 용어와 기본개념을 설명한다.

원가의 의미

원가는 특정목적을 달성하기 위해 수행된 활동에 소비된 자원의 화폐측정치를 의미한다.

원가회계(cost accounting)를 공부하는 데 있어서 가장 중요한 것은 조직에서 발생하는 다양한 형태의 원가와, 조직이 이들 원가를 어떻게 관리하는지 이해하는 것이다. 원가(cost)에 대한 가장 일반적인 정의는 "특정목적을 달성하기 위해 수행된 활동에 소비된 자원의 화폐측정치"를 의미한다. 이 정의에는 크게 세 가지의 의미를 담고 있다. 첫째, 원가는 자원의 소비에 기인한다는 것이다. 경제적 자원이란 원재료, 노동력, 시설, 기타 서비스 등 경제적 가치를 가지는 자원을 말한다. 이는 이미 소비된 것뿐만 아니라 미래에 잠재적으로 소비될 것까지 포함한다.

둘째, 원가는 화폐가치 측정치를 말한다. 일반적으로 원가는 재화나 용역을 구성하는 각종 자원을 하나의 공통된 척도인 화폐를 이용하여 측정 · 표현한다.

셋째, 원가는 어떤 목적과 관련하여 측정된다. 원가는 파악하고자 하는 대상, 즉 의사결정상 관심을 갖는 '대상(object)'과 관련하여 파악되어야 한다. 이때 원가가 집계되어야 할 그 무엇(thing)을 원가대상(cost object)이라고 한다. 여기서 원가대상은 개별 제품이 될 수도 있고, 특정한 프로그램이 될 수도 있으며, 혹은 특정한 고객이 될 수도 있다. 이와 같이 원가대상은 어떤 한 가지로 특정되어진 것이 아니라 의사결정의 목적에 따라 달라진다.

제품원가와 기간비용

원가관리 및 재무보고에 있어서 가장 중요한 문제는 자산 및 서비스 취득에 따른 원가를, 언제 비용으로 인식할 것인가 하는 문제이다. 비용(expense)은 자산을 수익창출을 위해 사용하거나 혹은 판매할 때에 발생된 원가를 말한다. 여기서 원가는 제품원가와 기간비용으로 구분된다.

제품원가는 재화 및 용역을 판매하기 위한 구입 및 생산과 관련하여 발생한 원가를 말한다.

제품원가(product cost)는 재화 및 용역을 판매하기 위해 구입하거나 혹은 생산한 것과 관련하여 발생한 원가를 말한다. 제품원가는 그 제품이 팔리기 전까지는 재고자산으로 남아 있다가 제품이 팔리면 판매된 기간에 매출원가(cost of goods sold)로 불리는 비용으로 손익계산서에 보고된다. 제품원가의 이러한 속성을 재고가능원가(inventoriable cost)라고 한다.

기간비용은 제품원가가 아닌 원가를 말한다.

제품원가가 아닌 원가들을 기간비용이라고 한다. 기간비용(period expense)은 재화나 용역을 얻기 위해 치르는 경제적 희생을 화폐액으로 평가한 것으로 이 자원의 소비가 어떤 수익 또는 어느 시점에 발생한 수익과 대응되는지를 명확하게 구별하기 어려운 것이다. 이러한 자원의 소비는 발생하는 회계기간의 비용으로 기록한다. 예를 들면, 손익계산서에 표시되는 판매비와 관리비의 항목들이 이에 해당한다. [도표 2-1]은 재무제표에서의 제품원가, 기간비용을 표시한 것이다.

도표 2-1 재무제표에서의 제품원가와 기간비용

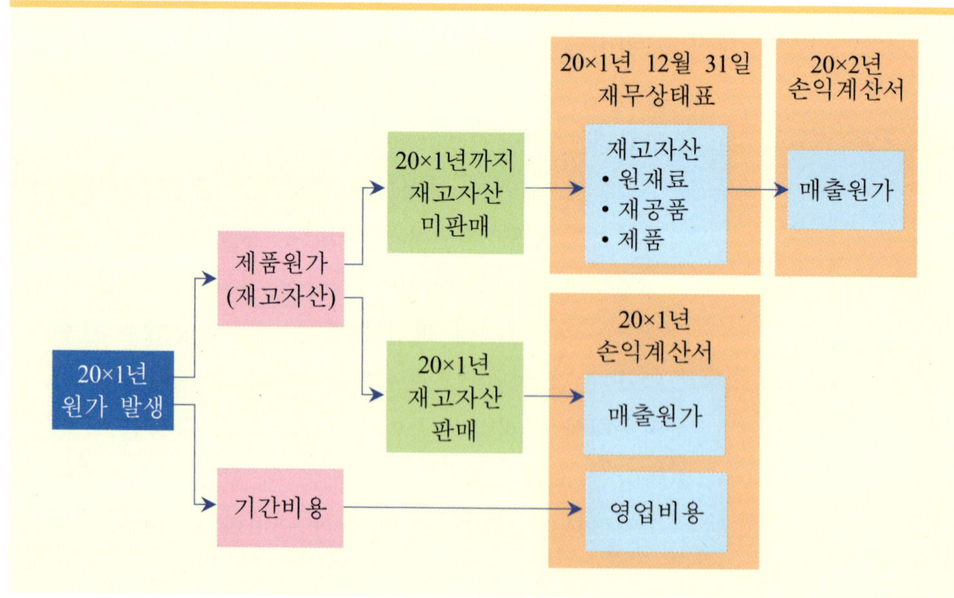

총원가와 단위당 원가

총원가는 일정기간의 모든 제조원가와 기간비용의 합계이다.

단위당 원가
=원가총액÷총수량

총원가는 원가정보이용자의 시각에 따라 원가의 범위가 달라질 수 있다. 예를 들면, 어떤 사람은 순수한 제품의 제조원가만을 총원가라고 하고, 어떤 사람은 제조원가에 기간비용을 가산한 금액을 총원가라고 한다. 일부 사람들은 제조원가와 기간비용을 합한 금액에 이윤을 포함한 금액을 총원가라고도 한다. 즉, 원가란 어떤 하나의 수치로 고정된 것은 아니며 원가정보이용자의 목적에 따라 달라질 수 있다는 것이다. 그러나 일반적으로 총원가(total cost)란 일정기간의 모든 제조원가와 기간비용을 총계한 것을 의미한다.

단위당 원가(unit cost)는 평균원가(average cost)라고도 하며 원가총액을 관련된 단위수로 나누어서 구한다. 단위는 생산수량, 작업시간, 사용시간 등 다양한 방법으로 표현될 수 있다.

예를 들어, 총 ₩400,000의 원가를 투입하여 400개의 제품을 생산했다면 총제조원가는 ₩400,000이 되고 단위당 원가는 총제조원가 ₩400,000을 생산량 400개로 나눈 ₩1,000이 된다.

$$\text{단위당 원가} = \frac{\text{총제조원가}}{\text{생산수량}} = \frac{₩400,000}{400\text{개}} = ₩1,000$$

원가동인

원가동인은 어떤 활동의 원가를 결정해주는 구조적 결정변수이다.

원가동인(cost driver)은 어떤 활동의 원가를 결정해주는 구조적 결정변수로서 자원의 소비를 일으키는 원천을 말한다. 기업이 이들을 얼마나 잘 통제할 수 있는가가 원가관리의 성패를 좌우한다. 원가 영향요인은 특정활동에의 원가행태를 결정해주며, 기업의 각 주요 활동별 원가는 다시 그 기업의 상대적 원가지위를 형성해준다.

가장 대표적인 원가동인은 조업도동인(volume driver)이다. 조업도는 기업이 보유하고 있는 시설능력의 활용 정도를 의미하는 것으로 생산량의 증가 혹은 감소가 원가의 변화를 초래하는 것으로 파악하는 것이다. 과거 노동력에 의한 생산시스템을 유지해오던 전통적 생산시스템하에서는 원가의 발생원인을 조업도동인으로 파악해왔다. 반면, 자동화된 현대 생산시스템에서는 이제 더 이상 생산(조업도)이 원가동인으로서의 역할을 수행하지 못하고 있다. 과거 노동력에 기초하던 생산시스템이 자동화됨으로써 노동력은 감소하게 되고 간접지원활동들이 원가발생에 영향을 미치게 되었다. 이러한 생산시스템하에서의 원가들은 생산량과는 무관하게 수행되는 활동의 수에 의해 비례하기도 한다. 이렇듯 다양한 활동을 이용한 원가계산을 활동기준원가계산(activity based costing)이라고 하며 이는 제7장에서 자세히 다룬다.

원가계산의 의의

원가계산의 정의

원가계산은 재화나 용역을 생산하는 데 소요된 원가를 파악하는 것을 의미한다.

원가계산(costing)은 정보이용자들이 관심을 갖는 원가대상별로 원가대상에 관련된 자원의 소비를 집계하는 것이다. 다시 말해서 원가계산은 제품이나 서비스와 같은 목적물을 만드는 데 소요된 원가를 파악하는 것으로 정의할 수 있다. 원가계산은 기본적으로 원가집계와 원가할당이라는 두 가지 단계를 거쳐 이루어진다.

원가집계는 조직 내에서 수행되는 활동으로 인한 자원의 소비를 파악하는 것을 의미한다.

첫째, 원가집계(cost accumulation)는 조직 내에서 수행되는 다양한 활동으로 인한 자원의 소비(즉, 원가)를 파악하는 것으로 원가계산을 위한 첫 단계이다. 원가집계는 회계시스템을 통해 체계적으로 파악되어야 한다. 예를 들면, 빵을 생산하기 위해 밀가루를 매입하는 제과점은 월별 밀가루매입원가의 총액을 파악하기 위하여 특정한 한 달 동안에 매입된 밀가루의 원가를 집계해야 할 것이다.

원가할당은 집계된 원가를 원가대상에 적절히 할당하는 것을 의미한다.

둘째, 원가할당(cost assignment)은 집계된 원가를 원가대상에 적절히 할당하는 것이다. 예를 들면, 빵의 종류별 혹은 고객별 수익성을 파악하기 위해서는 원가계산의 목적에 따라 빵의 종류나 고객에 대하여 원가를 할당하게 된다. 그러나 여기서 가장 중요한 질문은 원가가 특정 원가대상과 직접적인 관계를 갖는지의 여부이다. 이에 따라 원가할당은 다시 원가추적과 원가배부로 세분된다. 원가추적(cost tracing)은 자원의 소비, 즉 원가가 특정 원가대상 때문에 발생했음을 확인하는 것을 말한다. 반면, 원가배부(cost allocation)는 자원의 소비가 여러 원가대상을 위해 공통으로 발생한 원가를 관련원가대상에 적절히 나누는 것을 의미한다.

원가계산의 목적

'상이한 목적을 위해서는 상이한 회계(different costs for different purposes)를'이라는 표현처럼 원가계산은 정보이용자의 정보이용 목적에 따라 달라진다. 원가정보의 외부이해관계자를 위해서는 정확한 이익계산(재고자산 평가를 통한 정확한 매출원가의 산정)을 위한 재무제표 작성을 위해 원가계산이 이루어진다. 이러한 목적은 과거나 현재나 크게 변화하지 않았다. 반면 원가정보의 내부이해관계자를 위해서는 다양한 목적(예를 들면, 원가관리, 이익관리, 가격결정, 성과평가, 기타 의사결정 등)을 위한 다양한 원가분류를 통해 원가계산을 하게 된다. 특히, 기업간 경쟁이 치열해지고 시장에서의 지속적 경쟁우위의 확보가 중요하게 된 현대 기업에 있어서는 기존의 원가계산방법이 가지는 한계점을 보완하기 위한 목적으로 새로운 원가계산방법들이 소개되고 있다.

원가의 분류

원가행태에 의한 분류

원가계산시스템은 획득된 자원의 원가를 기록하고, 그것에 대한 사용을 계속해서 추적한다. 경영자는 이러한 원가의 추적을 통해서 이 원가가 어떻게 변동해 가는지를 알 수 있게 된다. 원가행태(cost behavior)란 원가동인(cost driver, 일반적으로 조업도를 의미함)의 변화에 반응하여 활동이 소비하는 원가가 변화하는 양상을 가리킨다. 이러한 원가행태에 의해서 원가는 변동원가와 고정원가로 분류된다.

변동원가

변동원가는 조업도의 증감에 따라 총원가가 증감하는 원가를 의미한다.

변동원가(variable cost)는 활동수준(원가동인)의 변화에 비례해서 변화하는 원가이다. 변동원가는 총변동원가와 단위당 변동원가로 구분된다. 총변동원가(total variable cost)는 활동량의 변화에 따라서 원가의 총계가 비례적으로 변화하는 원가를 의미한다. 예를 들면 제과점에서 빵을 생산할 때 빵의 생산량이 증가함에 따라 빵의 주원료인 밀가루의 소비원가가 증가하는 경우가 이에 해당한다. [도표 2-2]는 총변동원가와 단위당 변동원가의 행태를 잘 나타내고 있다.

도표 2-2 변동원가의 원가행태

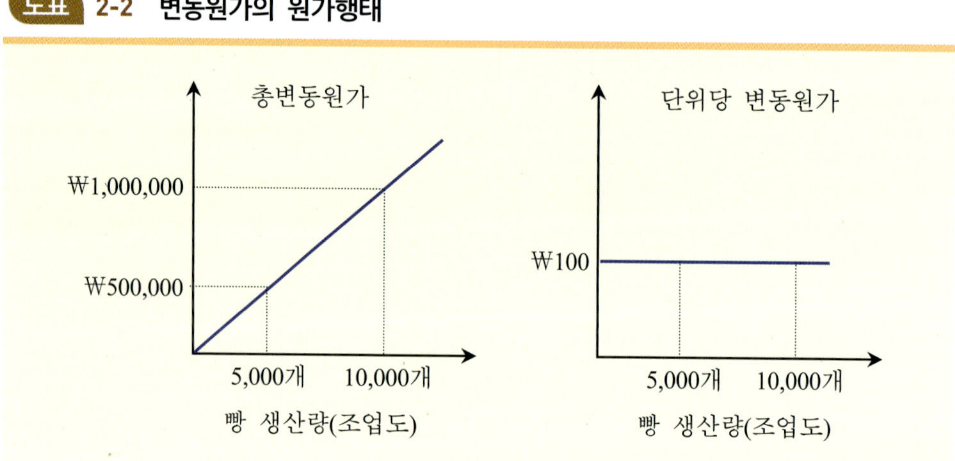

[도표 2-2]에서 보듯이 빵의 생산량이 증가하면 할수록 빵의 주원료인 밀가루의 소비량은 증가하여 총변동원가는 증가하게 된다. 이렇듯 조업도의 변화에 대응하여 비례적으로 원가가 증감하는 것을 총변동원가라고 한다.

단위당 변동원가는 활동량(조업도)이 변해도 일정한 원가를 의미한다.

반면, 단위당 변동원가(variable cost per unit)는 활동량이 변해도 일정한 원가를 의미한다. 여기서 단위당 원가는 발생한 총원가를 생산량으로 나누어 구한 것으로 해당 조업도수준에서의 평균원가를 의미한다. 예를 들어, 밀가루 1kg의 가격이 ₩2,000이고 밀가루 1kg으로 빵을 20개 만들었다면 빵 한 개당 밀가루의 원가는 ₩100이 된다. 이 ₩100을 단위당 변동원가라고 한다. [도표 2-2]에서 보듯이 빵의 생산량이 증가해도 빵 한 개당 밀가루의 단위당 변동원가는 일정하다.

예를 들면, 빵이 잘 팔려 생산량이 5,000개로 증가했다고 하자. 그러면 빵의 주원료인 밀가루의 소비량은 증가하게 된다. 따라서 빵 5,000개를 만들기 위해서는 밀가루가 250kg(=5,000개÷20개/1kg)이 소요되고 밀가루의 총변동원가는 ₩500,000(=250kg×₩2,000)이 된다. 그러나 단위당 변동원가는 ₩100(=₩500,000÷5,000개)으로 변화가 없다. 이렇듯 단위당 변동원가는 조업도가 변화하더라도 일정하게 발생한다.

고정원가

고정원가는 조업도의 변화와 무관하게 총원가가 일정한 원가를 말한다.

고정원가(fixed cost)는 활동수준(조업도)의 변화와 무관하게 총원가가 일정한 원가를 말한다. 이러한 고정원가는 총고정원가와 단위당 고정원가로 구분된다. 총고정원가(total fixed cost)는 관련범위 내에서는 활동량의 변화와 무관하게 총원가가 일정한 원가를 말한다. 예를 들면, 제과점이 내용연수 5년인 오븐(oven)을 ₩100,000에 구입했다고 하자. 이 경우 제과점은 오븐에 대해 매년 ₩20,000(=₩100,000÷5년)의 감가상각비를 인식하게 된다. 그런데 여기서 한 가지 중요한 점은 제과점은 오븐의 빵 생산능력 범위 내에서는 일정하게 고정원가가 발생한다는 것이다. 예를 들면, 오븐의 빵 생산능력이 연간 100,000개라면 연간 빵의 실제 생산량이 100,000개이든 혹은 10,000개이든 인식해야 하는 감가상각비는 동일하게 ₩20,000이 된다. 이렇듯 총고정원가는 생산량(조업도)의 변화에 상관없이 일정하게 발생한다. 이때 오븐의 최대 생산능력 100,000개를 관련범위(relevant range)라고 한다. [도표 2-3]은 고정원가의 행태를 잘 보여주고 있다.

도표 2-3 고정원가의 원가행태

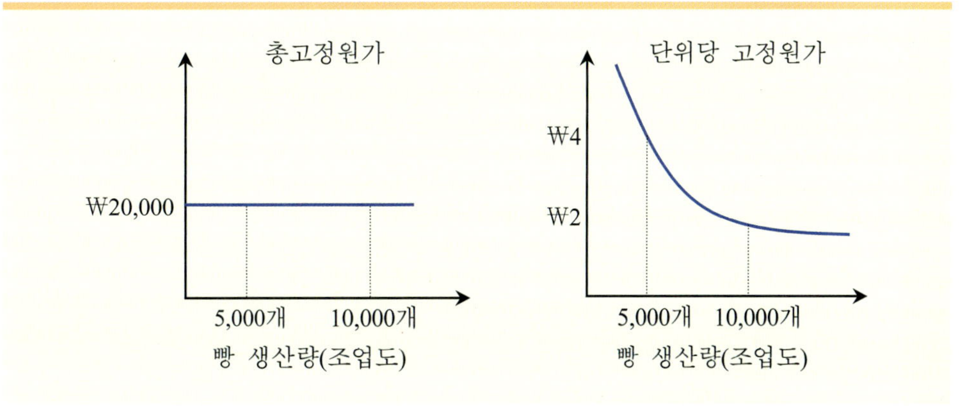

단위당 고정원가(fixed cost per unit)는 조업도의 변화에 따라 변화한다. 이때 단위당 고정원가는 선형이 아니라 곡선 형태로 줄어들게 된다. 왜냐하면 단위당 고정원가는 일정액의 총고정원가를 변수인 조업도로 나누어 계산하는바 $y=1/x$ 형태가 되기 때문이다. 예를 들면, 제과점의 오븐의 연간 감가상각비가 ₩20,000인데 이 오븐을 이용해서 연간 5,000개의 빵을 만들었다면 빵 한 단위의 고정원가는 ₩4(=₩20,000÷5,000개)이 된다. 그런데 빵을 10,000개 만들었다면 단위당 고정원가는 ₩2(=₩20,000÷10,000개)이 된다.

[도표 2-3]에서 알 수 있듯이 총고정원가는 일정한 상태에서 빵의 생산량이 늘어날수록 빵 한 개에 배부되는 감가상각비는 줄어들게 된다. 따라서 단위당 고정원가는 조업도에 대해 체감하는 행태를 보인다. 여기서 한 가지 주의할 점은 총고정원가는 관련범위 내에서만 일정하다는 점이다. 관련범위(relevant range)란 활동이나 조업도수준과 원가 사이의 일정한 관계가 유지되는 활동이나 조업도의 범위를 말한다. 즉, 제과점의 빵에 대한 고객들의 반응이 좋아짐에 따라 수요가 증가해 연간 고객들이 요구하는 빵의 양이 110,000개라면 현재 가지고 있는 오븐으로는 이 수요를 모두 충족시킬 수 없다. 따라서 제과점은 추가로 오븐을 구입해야 고객의 수요를 충족시킬 수 있게 된다. 이는 연간 인식해야 하는 감가상각비 총액에 변화를 가져온다. 즉, 이러한 총고정원가의 변화를 가져오기 전까지의 조업도를 관련범위라고 한다. 결국 제과점의 기존 오븐의 감가상각비에 대한 관련범위는 100,000개인 것이다. [도표 2-4]는 관련범위를 나타내고 있다.

관련범위란 활동이나 조업도 수준과 원가 사이의 일정한 관계가 유지되는 활동이나 조업도의 범위를 말한다.

도표 2-4 관련범위

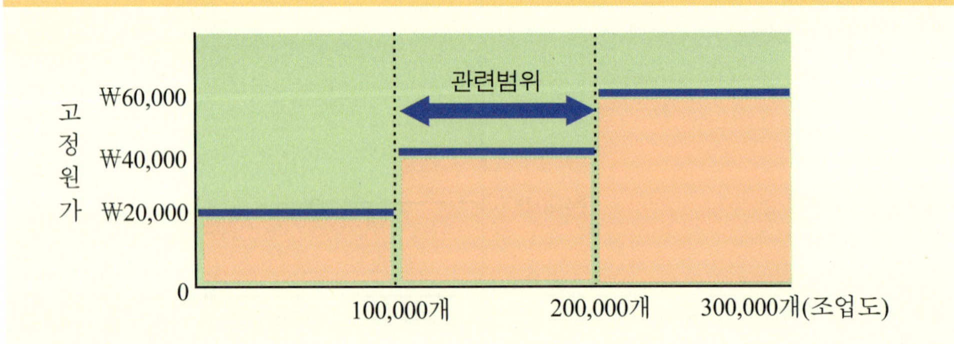

한편, 변동원가와 고정원가의 조업도수준과의 관계는 [도표 2-5]와 같이 요약할 수 있다.

도표 2-5 변동원가와 고정원가의 조업도수준과의 관계

	관련범위 내에서의 원가행태	
	총원가	단위당 원가
변동원가	총변동원가는 활동(조업도)수준의 변화에 따라 변화한다.	단위당 변동원가는 활동(조업도) 수준이 변화해도 일정하다.
고정원가	총고정원가는 활동(조업도)수준이 변화해도 일정하다.	단위당 고정원가는 활동(조업도) 수준이 증가하면 감소한다.

FOCUS ON

원가분류의 국제적 비교

실제로 기업들이 원가를 어떻게 분류하여 사용하고 있는가에 대한 조사는 매우 흥미로우며 기업들의 실제를 파악할 수 있다는 면에서 매우 유용하다. 비록 우리나라의 조사결과는 없지만 선진국 기업들의 실태를 살펴봄으로써 의미 있는 정보를 얻을 수 있을 것으로 본다.

현장조사결과 개별원가항목들을 변동원가, 고정원가, 혼합원가로 구분하는 비율이 국가별로 매우 다르다는 점을 알 수 있다. 일본기업은 미국이나 호주의 기업에 비해 노무원가를 고정원가로 분류하는 경향이 있다.

원가항목	미국기업			호주기업			일본기업		
	변동	고정	혼합	변동	고정	혼합	변동	고정	혼합
직접노무원가	86%	8%	6%	70%	10%	20%	52%	43%	5%
작업준비노무원가	60	15	25	45	22	33	44	50	6
재료취급노무원가	48	18	34	40	30	30	23	61	16
품질관리원가	34	30	36	21	52	27	13	75	12
공작기계노무원가	32	33	35	25	47	28	31	43	26
에너지	26	29	45	–	–	–	42	27	31
건물점유	1	93	6	–	–	–	0	100	0
감가상각비	1	92	7	–	–	–	0	100	0

자료 : * NAA Tokyo Affiliate, *Management accounting in the advanced manufacturing surrounding: comparative study on survey in Japan and USA*, 1988.

** Joye, M., and P. Blayney, *Cost and management accounting practices in Australian manufacturing companies : survey results*, Accounting Research Center, The University of Sydney, 1991.

혼합원가

혼합원가는 변동원가와 고정원가의 특성을 모두 갖고 있는 원가를 의미한다.

혼합원가(mixed costs)는 변동원가와 고정원가의 특성을 모두 갖고 있는 원가를 말한다. 따라서 혼합원가는 활동수준이 변하면 총원가는 변하지만 비례적으로 변하지는 않는다. 예를 들면, 휴대폰 요금은 혼합원가의 좋은 예이다. 우리는 휴대폰을 구입하면 다양한 요금체계 중 한 가지를 선택하게 된다. 예를 들어, 최신 스마트폰을 구입하면서 기본요금 ₩55,000에 음성통화 300분을 기본으로 사용할 수 있으며, 300분을 모두 사용하면 초과한 음성통화에 대해서는 1초당 요금이 ₩1.8 부과되는 요금제에 가입했다고 가정하자. 휴대폰의 한 달 통신요금은 음성통화를 300분 이내 사용한 경우 ₩55,000의 요금을 지불하면 된다. 그러나 음성통화를 300분 초과하여 사용한 경우 초과사용한 시간에 대해 1초당 ₩1.8의 통신요금을 추가하게 된다. 여기서 기본요금 ₩55,000은 고정원가이며, 음성통화 초과사용시간에 대한 추가요금은 변동원가가 된다. 이를 도표로 표현하면 다음과 같다.

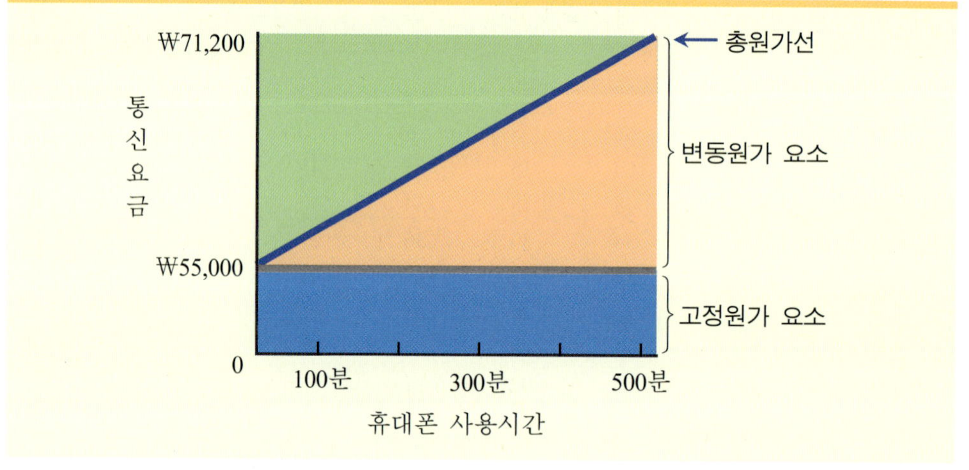

추적가능성에 의한 분류

특정 원가대상에 대한 추적가능성에 따른 분류는 원가의 분류체계에서 가장 중요한 분류 중의 하나이다. 추적가능성에 의한 원가의 분류는 직접원가와 간접원가로 구분된다.

직접원가는 원가대상에 관련 원가를 직접적으로 추적할 수 있는 원가를 말한다.

직접원가(direct cost)는 주어진 원가대상과 관련된 원가로서 자원의 소비를 특정 원가대상과 관련지어 직접 추적할 수 있는 원가를 말한다. 예를 들면, 제과점에서 빵을 만들면서 소비된 밀가루의 원가는 생산된 빵에 대해서 직접원가이다. 제과점에서 소비된 밀가루의 원가는 빵이라는 원가대상에 쉽게 추적될 수 있다. 또한 빵을 만드는 제빵사의 인건비도 빵이라는 원가대상에 직접 추적될 수 있다. 따라서 이러한 원가를 직접원가라고 하며 직접원가의 대표적인 예로는 직접재료원가(direct material cost, DM)와 직접노무원가(direct labor cost, DL)가 있다.

간접원가는 원가대상과 관련된 원가이지만 직접적으로 추적이 되지 않는 원가이다.

간접원가(indirect cost) 혹은 제조간접원가(manufacturing overhead cost)는 주어진 원가대상과 관련된 원가이지만 그 원가대상에 직접 추적이 되지 않는 원가이다. 예를 들면, 제과점의 임차료는 간접원가가 된다. 왜냐하면 제과점에서 생산하는 개별 빵들과 손님이 접대를 받는 공간에 대해 임차료를 추적하여 배부한다는 것은 거의 불가능하기 때문이다. 그러나 빵을 만드는 주방과 손님들이 서비스를 받는 공간이 차지하는 공간면적의 상대적 비율에 따라서 임차료를 배부하는 것은 가능할 것이다. 즉, 간접원가는 원가대상으로 할당되기 위해 일정한 방법에 의해 배부되어야 하는데 이를 원가배부(cost allocation)라고 한다. 직접재료원가와 직접노무원가를 제외한 모든 원가를 간접원가라고 한다.

원가배부란 간접원가를 원가대상에 일정한 방법에 의해 배부하는 것을 의미한다.

[도표 2-7]에서는 직접원가와 간접원가 그리고 원가할당의 두 가지 형태를 보여주고 있다.

도표 2-7 원가대상에 대한 원가할당

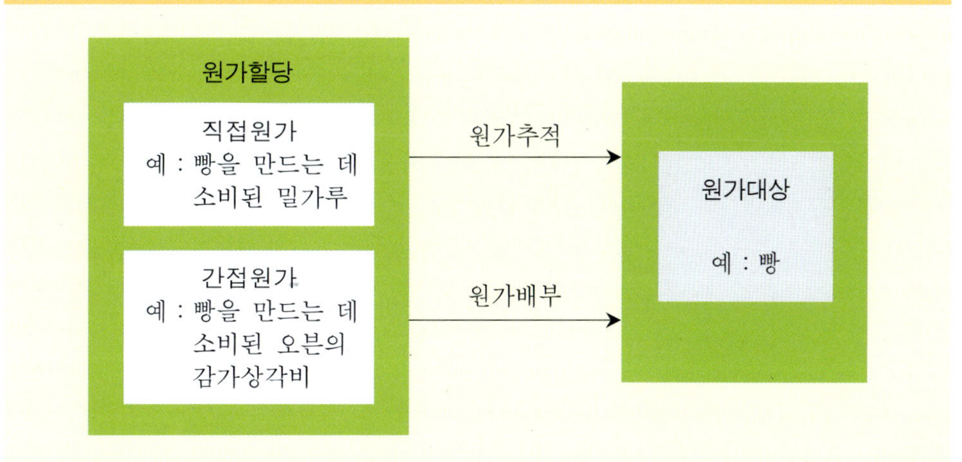

그러나 이러한 직접원가와 간접원가는 항상 고정되어 있는 것은 아니다. 이는 무엇을 원가대상으로 선정하느냐에 따라 원가의 추적가능성이 달라지며, 그에 따라 직접원가와 간접원가로 구분되기 때문이다. 지금까지 원가를 변동원가와 고정원가 그리고 직접원가와 간접원가로 분류했다. 원가는 이러한 두 가지 측면을 동시에 갖고 있다. [도표 2-8]은 이러한 두 가지 원가유형의 분류에 의한 네 가지 원가분류를 보여준다.

도표 2-8 직접원가, 간접원가, 변동원가, 고정원가의 결합에 의한 원가분류

		원가대상에 대한 원가의 할당	
		직접원가	간접원가
원가행태	변동원가	원가대상 : 크림빵 예 : 크림빵 생산에 소요된 밀가루	원가대상 : 크림빵 예 : 오븐 사용에 의한 가스사용료
	고정원가	원가대상 : 크림빵 예 : 크림빵을 생산하는 파티셰의 급료	원가대상 : 크림빵 예 : 제과점의 연간 임차료

제조활동과의 관련성에 의한 분류

원가의 또 다른 분류 중 하나는 제조활동과의 관련성에 의한 분류이다. 이 분류는 현대 회계에서 일반적으로 이용되고 있는 수익과의 대응관계에 따른 분류로서 제조원가(제품원가)와 비제조원가(기간비용)로 분류한다.

원가는 언젠가는 비용으로 바뀐다. 상품매매업처럼 재판매를 목적으로 구입한 상품이 구입시점에 취득원가로 재고자산에 기록되었다가 판매되면 손익계산서에 매출원가라는 비용으로 바뀌는 경우나, 빵을 만들기 위해 구입한 오븐이 취득시 재무상태표에 유형자산으로 기록되었다가 오븐을 이용해 빵을 생산하면 오븐의 감가상각비가 빵의 생산원가로 전환되어 재고자산에 기록된 후 빵을 판매하면 매출원가라는 비용으로 기록되는 것이 그것이다. 즉, 기업 자원의 소비는 결국 손익계산서에 비용으로 기록된다. [도표 2-9]에서 보듯이 단지 자원의 소비가 있고 난 후 바로 비용으로 기록되느냐 아니면 재무상태표에 자산으로 기록되었다가 비용으로 되느냐의 차이일 뿐이다.

도표 2-9 제조업의 원가흐름과 분류

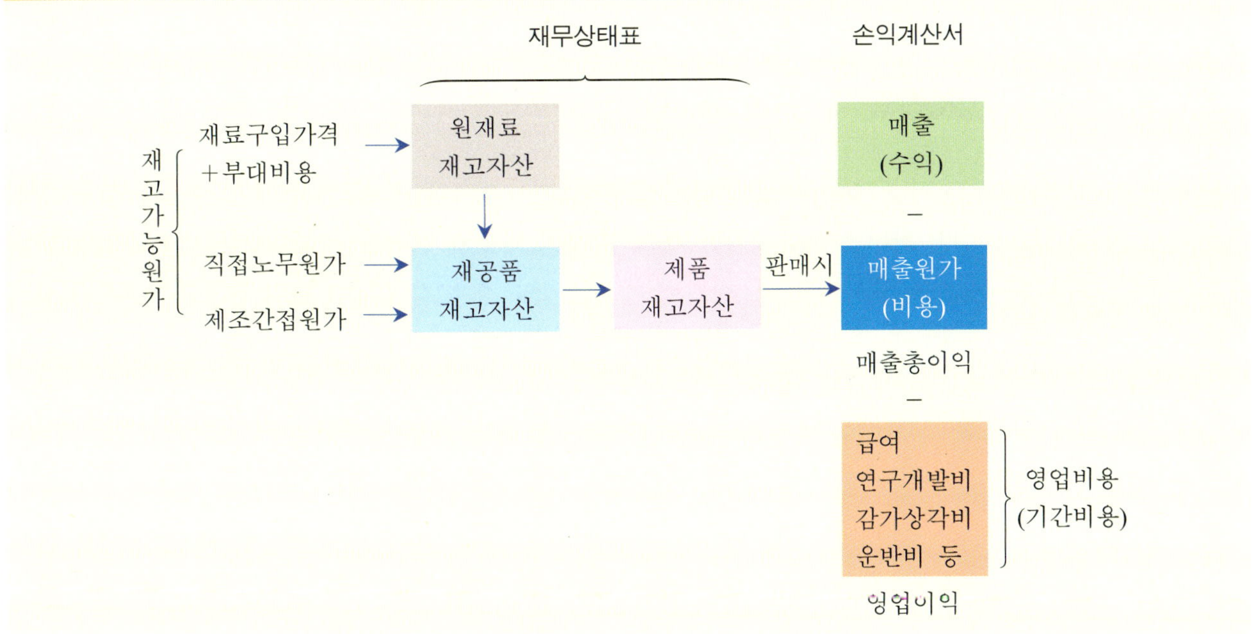

여기서 제조원가(manufacturing cost)란 원가 발생시 일단 제조원가로 파악되었다가 판매시점에 비용으로 처리되는 원가를 말한다. 제품원가를 구성하는 제조원가는 판매시점까지 원재료, 재공품 또는 완제품 등의 재고자산 형태로 존재하는 특징을 감안하여 재고가능원가(inventoriable cost)라고도 부른다.

비제조원가(non-manufacturing cost)는 자원이 소비된 경우에 한 번이라도 재고자산으로 간주되는 경우 없이 발생 즉시 당해기간의 비용으로 처리되어 수익에 대응된다. 예를 들어, 회사가 판매촉진을 위해 광고를 하는 경우, 그 광고효과가 어느 정도의 기간에 걸쳐 이루어질지는 아무도 모른다. 광고를 실시한 후 아무런 효과가 없을 수도 있고 혹은 몇 년이 지난 후에 광고효과가 나타날 수도 있다. 아니면 광고를 하자마자 바로 효과를 나타낼 수도 있다. 이렇듯 광고의 효과를 측정하는 것은 매우 주관적이다. 따라서 광고비는 지급한 회계연도에 바로 판매비 및 일반관리비라는 계정에 비용으로 처리하게 된다. 이것이 대표적인 기간비용의 예이다.

원가의 흐름

조직의 유형과 재고원가

조직의 유형에 따라 재고원가 측정의 복잡성과 어려움은 매우 상이하게 나타난다. 서비스업의 경우 무형의 용역을 제공하기 때문에 별도의 재고관련계정을 필요로 하지 않는다. 반면에 제조기업의 경우 직접 원재료를 제조공정에 투입하여 제품을 생산하기 때문에 생산과정의 진행상황에 따라 원재료, 재공품 그리고 제품이라는 재고관련계정을 필요로 한다.

기업의 유형은 다음 세 가지 형태로 분류된다.

- 서비스기업(service company) : 서비스기업은 무형의 용역을 제공하는 기업을 말한다. 회계법인, 법률회사, 호텔, 미용서비스 등을 예로 들 수 있다.
- 상품매매기업(merchandising company) : 상품매매기업은 재판매를 목적으로 상품을 구입하여, 기본적인 형태를 변경시키지 않은 채 재판매하는 기업을 말한다. 서점, 전자대리점, 스포츠용품 판매점, 도・소매점 등을 예로 들 수 있다.
- 제조기업(manufacturing company) : 제조기업은 재료와 부품을 구입하여, 그

도표 2-10 서비스기업, 상품매매기업, 제조기업의 비교

조직유형	예 시	재화 및 용역	재고자산계정
서비스기업	회계법인, 법률회사, 호텔, 미용서비스	무형의 서비스를 제공	없음
상품매매기업	서점, 전자대리점, 스포츠용품 판매점, 도・소매점	유형의 제품을 완성품 형태로 공급업자로부터 구입하여 제공	상품
제조기업	자동차생산업체, 전자제품생산업체, 제과점	원재료를 노동력과 기술을 이용하여 유형의 제품을 생산하여 제공	원재료, 재공품, 제품

것들을 다른 모양의 제품으로 변환시키는 기업을 말한다. 자동차생산업체, 전자제품생산업체, 제과점 등을 예로 들 수 있다.

제조기업은 재료와 부품을 구입하여 제조과정을 통해 다른 형태의 제품으로 전환시키는 회사이다. 따라서 제조기업의 재고자산은 제조과정의 진행단계에 따라 다르게 정의된다. 일반적으로 제조기업의 재고자산은 원재료, 재공품 그리고 제품으로 구분된다.

- 원재료(raw materials) : 제조과정에 사용되기 위해 대기중이거나 또는 보관중인 재료를 의미한다. 제과점의 밀가루 혹은 자동차생산업체의 타이어 등을 예로 들 수 있다.
- 재공품(work-in-process) : 원재료가 생산과정에 투입되어 부분적으로 작업이 이루어졌지만 아직까지 완전히 완성되지 않은 제품을 의미한다. 제빵 생산라인에서 작업중인 제과 혹은 자동차 생산라인에서 작업중인 자동차 등을 예로 들 수 있다.
- 제품(finished goods) : 완성되었지만 아직까지 판매되지 않은 제품을 의미한다. 판매를 위해 전시되어 있는 제빵 등을 예로 들 수 있다.

원재료(raw materials)

→ 재공품(work-in-process)

→ 제품(finished goods)

제조원가의 구성요소

제조원가를 구성하는 요소 중 가장 널리 사용되는 세 가지 용어는 직접재료원가, 직접노무원가 및 제조간접원가이다. 이를 원가의 3분류라고 한다. [도표 2-11]은 (주)위니의 제빵 제조원가의 구성요소를 보여준다.

- 직접재료원가(direct materials cost) : 직접재료원가는 특정제품을 생산하기 위해 투입한 재료원가 가운데 실질적으로 원가대상에 추적가능한 재료원가이다.
- 직접노무원가(direct labor cost) : 직접노무원가는 특정제품을 생산하기 위해 투입한 인간의 노동력 대가 가운데 실질적으로 원가대상에 추적가능한 노무원가이다.
- 제조간접원가(manufacturing overhead cost) : 제조간접원가는 제조과정에 투입한 원가 가운데 직접재료원가와 직접노무원가를 제외한 모든 원가이다.

도표 2-11 (주)위니의 제빵 제조원가의 구성요소

도표 2-12 원가의 3분류 vs 2분류

원가 3분류
직접재료원가
직접노무원가
제조간접원가

원가 2분류
직접재료원가
제조간접원가

일부 기업들은 직접노무원가를 제조간접원가에 포함해서 2분류로 관리하기도 한다([도표 2-12] 참조). 왜냐하면 현대의 자동화된 생산시스템에서는 직접노무원가가 제조원가에서 차지하는 비중이 상대적으로 많이 낮은 반면에 이를 관리하기 위한 노력은 많이 소요되기 때문이다. 따라서 직접노무원가를 제조간접원가에 포함해서 관리함으로써 직접노무원가의 관리를 위한 노력을 제조간접원가에 더 투입하여 실질적인 원가절감의 효과를 얻을 수 있다(focus on 참조). 한편, 제조원가의 3요소는 재료원가, 노무원가, 경비로도 구분할 수 있다. 이러한 분류는 원가의 외적 형태를 중시한 것이다. 현행 우리나라의 제조원가명세서는 이 분류에 의해 작성하도록 하고 있으며, 또는 기업이 채택하고 있는 원가계산방법

FOCUS ON

Harley-Davidson의 오토바이부문은 제조공장에서 원가를 직접재료원가, 직접노무원가 및 제조간접원가 등으로 분류해왔으나, 1980년대 중반에 제품제조의 원가구성에 대한 조사를 통해 제품별로 직접노무원가를 추적하는 것은 원가-효익측면에서 타당성이 없다고 결론을 내렸다. 직접노무원가는 총제조원가에서 10%만을 차지하지만, 원가관리를 위한 노력의 62%가 직접노무원가를 위해 소비되고 있었다. 이에 회사는 직접노무원가를 제조간접원가의 일부로 포함해 관리하고 있다. 즉, 회사는 2분법의 원가분류를 사용하고 있다. 한편, 1994년 안태식·이찬호가 우리나라 전기전자산업의 원가구조를 조사한 바에 의하면 총원가 중 직접노무원가가 15.6%, 제조간접원가가 23.3%인 것으로 보고하고 있다.

	제조원가의 구성*	관리원가	안태식·이찬호**
직접재료원가	54%	25%	61.1%
직접노무원가	10	62	15.6
제조간접원가	36	13	23.3

자료 : * Horngren T. C., G. Foster, and M. S. Datar, *Cost Accounting : A Managerial Emphasis*, 9th edition, 1997, p. 41의 개념의 실제적용에서 재인용.

** 안태식·이찬호, "한국 제조기업의 원가/관리회계 시스템 실태," 『회계저널』, 제2호, 1994, 116면.

도표 2-13 제조원가의 구분

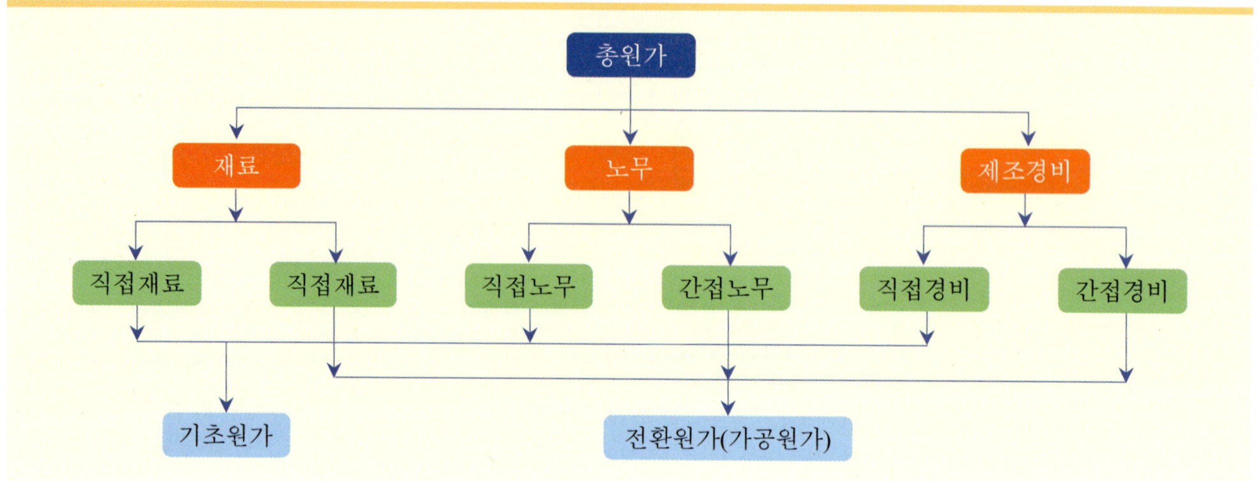

에 따라 직접재료원가, 직접노무원가 및 제조간접원가 등으로 분류할 수 있다([도표 2-13] 참조).

기초원가는 모든 직접제조원가로서 직접재료원가와 직접노무원가의 합계를 의미한다.

가공원가(전환원가)는 원재료를 제품으로 전환시키는 데 사용되는 원가를 말한다.

제조원가시스템에서 사용되는 용어 중에 기초원가와 가공원가가 있다. 기초원가(prime costs)는 모든 직접제조원가를 의미한다. 프라임(prime)이라는 단어는 존재의 첫 번째, 또는 순서에서 첫 번째를 의미하는 라틴어('protos')에서 유래했다. 소수(prime numbers)가 더 이상 나누어지지 않는 것처럼 기초원가는 재화 및 용역의 생산에 필수적인 원자재와 노동력의 직접원가임을 의미한다. 또한 정보수집기술이 향상됨에 따라 기업은 측정가능해진 직접경비를 직접원가의 범주로 추가할 수 있다. 반면, 가공원가(conversion costs, 일명 전환원가)는 직접재료원가 이외의 모든 제조원가를 의미한다. 즉, 직접노무원가와 제조간접원가의 합이 가공원가가 된다. 이는 말 그대로 가공을 통해 재료를 제품으로 전환시키는 데 사용되는 원가를 의미한다.

기초원가＝직접재료원가＋직접노무원가＋측정가능한 직접경비
가공원가＝직접노무원가＋제조간접원가

제조원가의 흐름과 제조원가명세서

제조원가의 흐름

제조원가의 구성요소인 직접재료원가, 직접노무원가, 제조간접원가 등의 흐름은 모두 재공품계정을 통해 이루어지게 된다. 생산에 이용되는 직접재료원가와 직접노무원가는 재공품계정에 직접적으로 추적된다. 반면, 간접재료원가, 간접노무원가 그리고 제조지원원가들은 모두 제조간접원가계정에서 집계된 후에 재공품계정으로 옮겨진다. 제품이 완성되면 제품생산에서 발생한 모든 원가는 재공품계정에서 제품계정으로 이체된다. 그리고 제품이 판매되면 판매된 제품의 제조원가는 제품계정에서 손익계산서의 매출원가계정으로 이체된다. [도표 2-14]는 제조원가의 흐름을 보여준다.

[도표 2-14]의 제조원가의 흐름을 바탕으로 보다 구체적으로 제품의 원가계산절차를 알아본다. (주)위니의 사례를 이용하여 제조원가의 흐름을 살펴보도록 하자. 제품의 제조원가를 계산하는 과정은 크게 4단계로 구분할 수 있다.

1단계 : 생산공정에 투입된 재료원가(직접재료원가)의 파악이다 재료원가는 생산과정에 투입된 재료의 원가이다. 재료는 생산에 투입되기 전에 구입되어 재료재고계정에 기록되어 있다가 필요할 때 생산에 이용된다. 따라서 당기에 사용된 재료원가를 계산하기 위해서는 재료재고의 변화와 당기의 매입액을 사용한다. 다음과 같이 재고등식을 이용하여 재료원가소비액을 계산할 수 있다.

기초재료재고액 + 당기재료구입액 − 기말재료재고액 = 재료원가소비액

도표 2-14 제조원가의 흐름

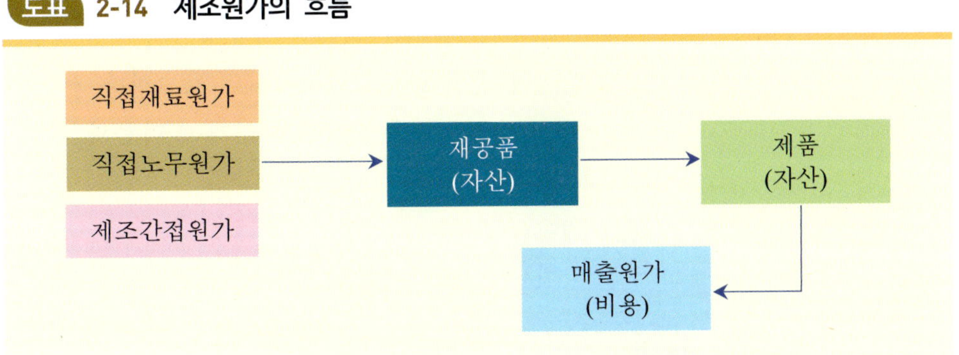

(주)위니의 20×1년 1월 1일 기초재료재고액은 ₩150이고, 1월중 재료구입액은 ₩10,800이며, 1월 기말재료재고액은 ₩50이다. 1월중 사용한 재료액은 얼마인가? 단, 모든 재료소비액은 직접원가의 성격을 갖는다. 재고등식을 이용할 경우 (주)위니의 1월중 재료소비액은 ₩10,900(=기초재료재고액(₩150)+당기재료구입액(₩10,800)−기말재료재고액(₩50))이 된다. 1월중 재료소비액 ₩10,900은 재공품계정으로 대체된다. 한편, 한 가지 주의할 점은 소비된 재료 중 원가대상에 직접적으로 추적되지 않는 부분은 제조간접원가계정으로 대체된 후에 재공품계정으로 대체된다. 재료소비액에 대한 분개는 다음과 같다.

(1) 재공품	10,900	
원재료		10,900

원재료

기초재료	150	(1) 재공품(소비액)	10,900
구입액	10,800		
기말재료	50		

당기총제조원가란 당기에 투입된 직접재료원가, 직접노무원가, 제조간접원가 총액을 말한다.

2단계 : 당기에 투입된 직접노무원가와 제조간접원가를 직접재료원가에 합하여 당기총제조원가를 파악한다 당기총제조원가는 다음과 같이 구해진다.

직접재료원가+직접노무원가+제조간접원가=당기총제조원가

직접노무원가는 제조공정에 투입한 생산직 근로자의 임금으로서 현금 혹은 미지급임금계정을 이용하여 구한다. 여기서 한 가지 주의할 것은 생산현장 직원에 대한 급여 및 임금은 제품의 제조원가이나 지원부문 직원의 급여 및 임금은 손익계산서의 판매비와 일반관리비로 보고한다. (주)위니는 1월 한 달간 직접노무원가로 ₩12,100이 발생하였다. 분개는 다음과 같다.

(2) 재공품	12,100	
현금(혹은 미지급임금)		12,100

제조간접원가는 직접재료원가와 직접노무원가를 제외한 제조지원원가로서 제조간접원가계정에서 구한다. 이 계정에는 간접재료원가, 간접노무원가 그리고 제조경비 등이 포함된다. (주)위니에서 1월 한 달간 발생한 제조간접원가는 ₩13,200이었다. 이들 직접노무원가와 제조간접원가는 재공품계정으로 대체된다. 따라서 당기총제조원가는 ₩36,200(=직접재료원가(₩10,900)+직접노무원가(₩12,100)+제조간접원가(₩13,200))이 된다.

	차변	대변
(3) 재공품 ································	13,200	
제조간접원가 ································		13,200

재공품

차변		대변	
기초재공품	800	(4) 제품	36,900
(1) 직접재료원가 (당기총제조원가)	10,900		
(2) 직접노무원가 (당기총제조원가)	12,100		
(3) 제소산접원가 (당기총제조원가)	13,200		
기말재공품	100		

3단계 : 재공품계정의 금액을 이용하여 당기제품제조원가를 계산한다 제조공정에 투입한 직접재료원가, 직접노무원가, 제조간접원가는 모두 재공품계정의 차변에 집계된다. 당기에 완성된 제품의 제조원가는 기초재공품재고액과 당기총제조원가를 가산한 금액에서 기말재공품재고액을 차감하여 구한다. 당기에 완성된 제품의 원가를 당기제품제조원가(cost of goods manufactured)라 한다. 이렇게 계산된 당기제품제조원가는 재공품계정에서 제품계정으로 대체된다.

당기제품제조원가란 기초재공품에 당기총제조원가를 추가하여 실제로 완성시킨 제품의 제조원가를 말한다.

(주)위니의 1월중 완성한 제품의 제조원가는 기초재공품 ₩800에 당기총제조원가 ₩36,200을 가산한 금액에서 기말재공품 ₩100을 차감한 ₩36,900이 된다. 당기제품제조원가 ₩36,900은 제품계정 차변으로 대체된다.

	차변	대변
(4) 제품 ································	36,900	
재공품 ································		36,900

제 품			
기초제품	300	(5) 매출원가	36,600
(4) 재공품(당기제품제조원가)	36,900		
기말제품	600		

4단계 : 제품계정을 이용하여 매출원가를 계산한다 당기에 판매한 제품의 원가, 즉 매출원가는 기초제품재고액에 당기에 완성한 제품의 제조원가를 가산한 금액에서 기말제품재고액을 차감하여 구한다. 이를 재고등식으로 표현하면 다음과 같다.

기초제품재고액＋당기제품제조원가－기말제품재고액＝매출원가

(주)위니의 1월중 판매된 제품의 매출원가는 ₩36,600(＝기초제품재고액(₩300)＋당기제품제조원가(₩36,900)－기말제품재고액(₩600))이 된다. 이들 제조원가의 흐름과 계정 간의 관계를 나타내면 [도표 2-15]와 같다.

도표 2-15 제조원가의 흐름과 계정 간의 관계

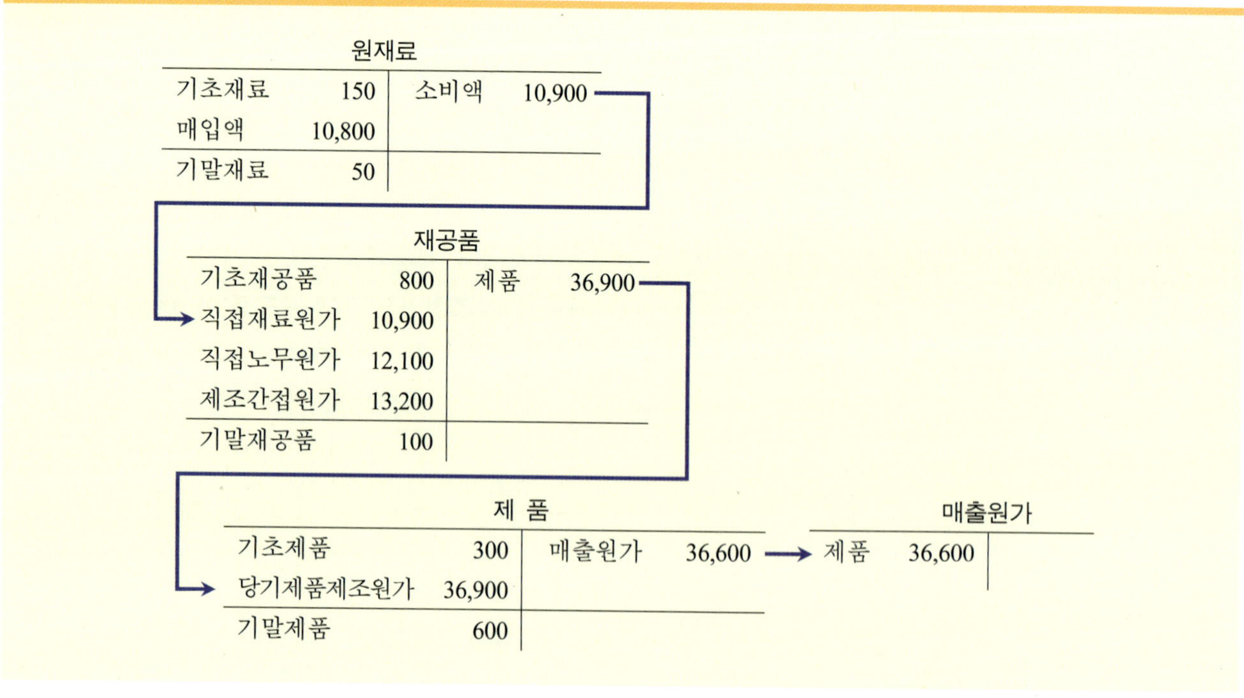

	차변	대변
(5) 매출원가 ························	36,600	
제품 ························		36,600

제조원가명세서

제조원가명세서란 원재료 및 재공품 계정의 변화를 포함하여 당기제품제조원가의 계산내역을 요약한 표를 말한다.

일정기간 동안의 제조활동과 관련된 원재료 및 재공품 계정의 변화를 포함하여 당기제품제조원가의 계산내역을 요약한 표를 제조원가명세서(statement of cost of goods manufactured, COGM)라고 한다. [도표 2-16]은 (주)위니의 예를 이용한 제조원가명세서를 나타내고 있다.

도표 2-16 (주)위니의 제조원가명세서

제조원가명세서

(주)위니 20×1년 1월 1일부터 1월 31일까지

• 직접재료원가		
기초재고액(20×1년 1월 1일 현재)	₩150	
(+) 당기매입액	10,800	
이용가능액	10,950	
(−) 기말재고액(20×1년 1월 31일 현재)	50	₩10,900
• 직접노무원가		12,100
• 제조간접원가		13,200
• 당기총제조원가		36,200
(+) 기초재공품(20×1년 1월 1일 현재)		800
(=) 총투입원가		37,000
(−) 기말재공품(20×1년 1월 31일 현재)		100
• 당기제품제조원가		₩36,900

도표 2-17 제조원가명세서 : △△자동차주식회사

제조원가명세서
제35기(20×2. 1. 1부터 20×2. 12. 31까지)
제34기(20×1. 1. 1부터 20×1. 12. 31까지)

△△자동차주식회사 (단위 : 백만원)

과 목	제35기	제34기
Ⅰ. 재 료 비	14,075,671	11,797,809
1. 기초재료재고액	194,945	156,806
2. 당기재료매입액	15,801,250	13,379,338
3. 기타매입액	63,605	59,979
4. 기말재료재고액	165,925	197,363
5. 타계정대체액	1,818,203	1,600,951
Ⅱ. 노 무 비	1,720,974	1,366,183
1. 임 금	647,239	551,395
2. 급 료	190,760	170,470
3. 잡 급	0	–
4. 퇴직급여충당금전입액	299,647	113,543
5. 상 여 금	549,045	498,963
6. 연월차수당	34,280	31,811
Ⅲ. 경 비	2,465,752	1,692,443
1. 복리후생비	200,275	172,842
2. 동력용수비	–	148,192
3. 조세공과금	13,751	12,635
4. 보 험 료	3,050	2,767
5. 접 대 비	874	894
6. 여비교통비	9,720	7,252
7. 차 량 비	5,147	5,636
8. 지급수수료	22,127	21,203
9. 사내용역비	212,885	157,001
10. 운 반 비	7,334	5,849
11. 통 신 비	2,322	2,441
12. 사무용품비	1,568	1,595
13. 도 서 비	835	737
14. 소 모 품 비	24,765	25,059
15. 수 선 비	116,348	70,011
16. 교육훈련비	6,596	3,417
17. 시 험 비	2,544	2,237
18. 리스임차료	0	185
19. 경상개발비	272,976	–
20. 특허사용료	15,880	17,827
21. 감가상각비	612,160	577,278
22. 송 무 비	36	29
23. 기 타	935,546	457,357
Ⅳ. 당기총제조비용	18,262,398	14,856,434
Ⅴ. 기초재공품재고액	125,739	151,711
Ⅵ. 타계정에서대체	13,195	41,847
Ⅶ. 합 계	18,374,941	15,049,992
Ⅷ. 기말재공품재고액	98,222	125,740
Ⅸ. 당기제조원가	18,276,719	14,924,252

* 백만원 단위에서 절사한 금액임

자습문제

다음은 (주)위니의 20×1년 1월중 총계정원장의 계정 잔액을 요약한 것이다.

	20×1. 1. 1	20×1. 1. 31	구입액
원재료	₩9,300		₩82,000
재공품	14,000	₩3,300	
제품	18,000	13,000	

(주)위니는 20×1년 1월 한 달 동안 피자 500개를 생산했다. 한편, 1월중 피자 생산을 위해 소비한 원가자료는 다음과 같다.

	소비액	소비유형
원재료	₩90,000	직접재료원가 ₩67,000 ; 간접재료원가 ₩23,000
노무원가	44,000	직접노무원가 ₩31,000 ; 간접노무원가 ₩13,000
경비원가	25,300	감가상각비 ₩20,000 ; 임차료 ₩5,300

[요구사항]

(1) 1월중 각 계정의 변화를 T-계정으로 표시하시오.

(2) 1월중 당기총제조원가는 얼마인가?

(3) 1월중 당기제품제조원가와 단위당 제조원가는 각각 얼마인가?

(4) 1월중 제조원가명세서를 작성하시오.

(5) 1월중에 발생한 기초원가와 가공원가는 각각 얼마인가?

(1) 각 계정의 표시

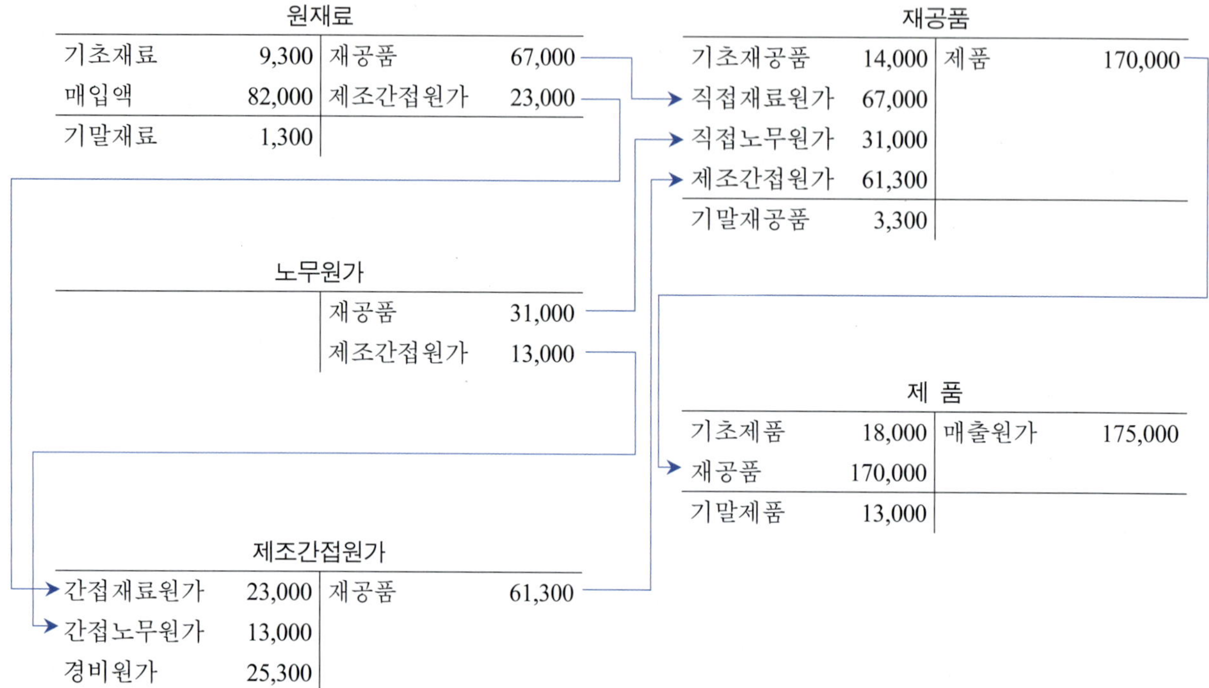

원재료

기초재료	9,300	재공품	67,000
매입액	82,000	제조간접원가	23,000
기말재료	1,300		

재공품

기초재공품	14,000	제품	170,000
직접재료원가	67,000		
직접노무원가	31,000		
제조간접원가	61,300		
기말재공품	3,300		

노무원가

		재공품	31,000
		제조간접원가	13,000

제 품

기초제품	18,000	매출원가	175,000
재공품	170,000		
기말제품	13,000		

제조간접원가

간접재료원가	23,000	재공품	61,300
간접노무원가	13,000		
경비원가	25,300		

(2) 1월중 당기총제조원가

당기총제조원가 = 직접재료원가 + 직접노무원가 + 제조간접원가
= ₩67,000 + ₩31,000 + ₩61,300
= ₩159,300

(3) 1월중 제품제조원가와 단위당 제조원가

(a) 총제품제조원가 = 기초재공품 + 당기총제조원가 − 기말재공품
= ₩14,000 + ₩159,300 − ₩3,300
= ₩170,000

(b) $\text{단위당 원가} = \dfrac{\text{총제품제조원가}}{\text{총생산량}} = \dfrac{₩170,000}{500\text{개}}$

= ₩340/개

(4) (주)위니의 20×1년 1월 제조원가명세서

제조원가명세서

(주)위니 20×1년 1월 1일부터 1월 31일까지

• 직접재료원가		
기초재고액(20×1년 1월 1일 현재)	₩9,300	
(+) 당기매입액	82,000	
이용가능액	91,300	
(−) 간접재료원가	23,000	
(−) 기말재고액(20×1년 1월 31일 현재)	1,300	₩67,000
• 직접노무원가		31,000
• 제조간접원가		61,300
• 당기총제조원가		159,300
(+) 기초재공품(20×1년 1월 1일 현재)		14,000
(=) 총투입원가		173,300
(−) 기말재공품(20×1년 1월 31일 현재)		3,300
• 당기제품제조원가		₩170,000

(5) 기초원가와 가공원가

(a) 기초원가=직접재료원가+직접노무원가
=₩67,000+₩31,000
=₩98,000

(b) 가공원가=직접노무원가+제조간접원가
=₩31,000+₩61,300
=₩92,300

문제 A형

2-1
L.O. 2-1, 3

BR아이스크림회사는 프랜차이즈로 운영되고 있으며, 아이스크림을 생산하여 전국의 슈퍼마켓과 기타 소매점에 판매하고 있다. 아래에 제시된 BR아이스크림회사에서 발생한 각 비용은 제품원가와 기간비용으로 분류된다. 다음의 비용이 제품원가로 분류된다면 직접재료, 직접노무, 간접재료, 간접노무 또는 기타제조간접으로 표시하시오.

a. 아이스크림 제조에 사용된 우유비용
b. 회사의 웹사이트를 디자인하는 그래픽 담당자에게 지급되는 급여
c. 아이스크림 공장에서 운송감독자에게 지급되는 급여
d. 아이스크림 공장에서 생산라인의 작업자에게 지급되는 임금
e. 고객에게 배송하기 위해 냉동창고에 있는 아이스크림 상자를 운반하는 지게차 운전자에게 지급되는 임금
f. 빈 아이스크림 종이팩의 비용
g. 생산라인 작업자가 착용하는 머리망의 비용
h. 아이스크림 팩을 밀봉하는 데 사용되는 접착제 비용
i. 판매문서를 출력하는 레이저프린터의 토너비용

2-2
L.O. 2-1, 2

휴먼(주)는 중소기업을 대상으로 인사 컨설팅 서비스를 제공한다. 작년에 휴먼(주)는 700명의 고객들에게 서비스를 제공했다. 총고정비용은 ₩159,000, 총변동비용은 ₩87,500였다. 이 정보를 바탕으로 다음 표를 작성하시오.

	고객 500명	고객 800명	고객 900명
총비용			
고정비용	?	?	?
변동비용	?	?	?
총비용	?	?	?
고객단위당 비용			
단위당 고정비용	?	?	?
단위당 변동비용	?	?	?
고객단위당 비용	?	?	?

2-3
L.O. 2-3, 4

위드는 레스토랑에 납품하는 초콜릿 쿠키를 만든다. 6월에 위드에서는 ₩15,500의 재료를 구입하였다. 6월 1일 재료의 재고는 ₩3,700이었고, 6월 30일 재료재고는 ₩1,600이었다.

[요구사항]

(1) 6월 동안 사용된 재료의 금액은 얼마인가?

(2) 생산에 사용된 직접재료금액과 구입된 직접재료금액의 차이가 발생하는 이유를 간략히 설명하시오.

2-4
L.O. 2-3, 4

바케트의 지난달 원가자료는 다음과 같다.

직접재료원가	₩7,000
직접노무원가	3,000
제조간접원가	2,000
판매비	8,000

바케트는 지난달 4,000개의 제품을 생산하여 판매하였다.

[요구사항]

(1) 각각의 원가를 제품원가와 기간비용으로 구분하시오.

(2) 지난달의 제품원가 총액은 얼마인가?

(3) 지난달의 제품단위당 원가는 얼마인가?

2-5
L.O. 2-3, 4

다음의 자료가 각각 독립적인 경우를 가정하여 빈칸을 채우시오.

(단위 : 백만)

	(1)	(2)	(3)	(4)
20×1년 12월 31일 직접재료재고	8	8	5	?
구입	5	9	?	8
사용	7	?	7	3
20×2년 12월 31일 직접재료재고	?	6	8	7

2-6
L.O. 2-3, 5

20×1년 5월 1일 순창산업은 재료를 ₩68,000 보유하고 있었다. 5월 동안 순창산업은 재료를 ₩210,000 구입하였으며, 5월 31일에는 재료가 ₩22,000 남아 있었다.

[요구사항]

5월의 재료원가는 얼마인가?

2-7
L.O. 2-4, 5

(주)대한의 20×1년 재고자산과 관련된 자료는 다음과 같다.

	원재료	재공품	제 품
기초금액	₩23,000	₩30,000	₩13,000
기말금액	12,000	45,000	28,000

20×1년 원재료매입액은 ₩55,000이며, 가공원가는 ₩64,000이다. (KICPA 2021)

[요구사항]

(주)대한의 20×1년 당기제품제조원가에서 매출원가를 차감한 금액은 얼마인가?

2-8
L.O. 2-4, 5

(주)대한은 의료장비를 생산하고 있으며, 20×1년 2월 원가 관련 자료는 다음과 같다. (KICPA 2022)

- 재료구입액은 ₩4,000, 재료 기말재고액은 ₩1,400이다.
- 노무원가는 공장에서 발생한 것이며, 노무원가의 80%는 생산직 종업원의 임금이다.
- 지급한 노무원가는 ₩3,700, 기초미지급노무원가는 ₩200, 기말미지급노무원가는 ₩500이다.
- 기본원가(기초원가, prime costs)는 ₩5,700이다.
- 제조경비는 ₩2,100이며, 전액 제조간접원가이다.

[요구사항]

20×1년 2월 (주)대한의 제조간접원가는 얼마인가? 단, 기초재고자산은 없다.

2-9
L.O. 2-5, 6

최신스포츠는 아이스하키 스틱을 제조하는 데 있어서 6월중에 18,000개의 스틱을 완성하였으며, 당기제품제조원가는 ₩486,000이었다. 최신스포츠의 6월 1일 기초제품재고가 5,000개이고, 기초제품의 원가가 ₩160,000이다. 또한 6월 30일 기말제품재고가 7,000개이고, 기말제품의 원가가 ₩215,000이다.

[요구사항]

(1) 6월 최신스포츠의 매출원가명세서를 작성하시오.

(2) 6월중 판매된 스틱은 몇 개인지 계산하시오.

2-10
L.O. 2-5, 6

다음은 당진강철의 20×1년 10월초와 10월말의 재고자료이다.

	20×1년 10월 1일	20×1년 10월 31일
원재료재고	₩12,000	₩16,000
재공품재고	70,000	86,000
제품재고	40,000	24,000

모든 원재료는 생산과정에서 직접재료로 사용되며, 다음은 10월의 생산원가에 대한 자료이다.

원재료구입액	₩130,000
직접노무원가	170,000
제조간접원가	130,000

[요구사항]

(1) 10월의 당기제품제조원가를 구하시오.

(2) 10월의 매출원가를 구하시오.

2-11
L.O. 2-4, 5

다음은 20×1년 4월 동물병원 멍멍이와 야옹이의 애완견 치료와 관련된 자료이다. 멍멍이와 야옹이의 개업 후 첫 달 동안 운영자료는 다음과 같다.

4월 수의사 임금	₩12,000
4월 보조인력 임금	4,200
4월 의약품구입액	1,800
4월 전기요금(80%는 애완견 치료와 관련됨)	900
사무인력 급여(20%는 애완견 치료와 관련됨)	2,600
4월 30일 의약품재고액	800
4월 의료장비 감가상각비	600
건물임차료(70%는 애완견 치료와 관련됨)	700

[요구사항]

4월에 제공된 서비스 원가는 얼마인가?

문제 B형

2-12
L.O. 2-3, 4, 5

탕정기업은 작년에 다음과 같은 원가가 발생하였다.

직접재료원가	₩216,000	판매원 급여	₩65,000
공장 임차료	24,000	광고비	37,000
직접노무원가	120,000	본사 건물 감가상각비	10,000
공장의 전기료	6,300	회사 접객직원의 급여	30,000
공장 감독자 급여	50,000	기타 관리직원 급여	175,000
공장의 간접노무비	30,000	공장 접객직원의 임금	28,000
공장설비의 감가상각비	9,000		
판매수수료	27,000		

[요구사항]

(1) 다음의 표를 사용하여 원가를 분류하고, 각 칸의 합계를 확인하시오.

원 가	제품원가			기간비용	
	직접재료원가	직접노무원가	제조간접원가	판매비	관리비
직접재료원가	₩216,000				

(2) 작년의 제품원가 총액은 얼마인가?
(3) 작년의 기간비용 총액은 얼마인가?
(4) 작년에 30,000개의 제품을 생산했다면 제품단위당 원가는 얼마인가?

2-13
L.O. 2-3, 4, 5

김정철 회계사는 그동안 일하던 대형 회계법인에서 독립하여 자신의 회계법인인 정민회계법인을 설립하였다. 그는 초기 사업은 중소기업의 세무신고와 회계업무를 대행해주는 일에 집중함으로써 사업의 안정성을 확보하려고 한다. 세무신고 및 회계업무 서비스 제공과 관련하여 정민회계법인은 연간 ₩500,000의 원가와 서비스 제공 한 건당 ₩10,000의 원가가 가산되어 발생한다. 민정회계법인의 서비스 제공 관련범위는 300건에서 500건이다.

[요구사항]

(1) 정민회계법인이 제공하는 서비스가 연간 300건, 400건, 500건일 경우에 발생하는 총원가는 각각 얼마인가? 고정원가, 변동원가, 총원가로 구분해서 표시하시오.
(2) 정민회계법인이 제공하는 서비스가 연간 300건, 400건, 500건일 경우에 발생하는 단위당 원가는 각각 얼마인가? 고정원가, 변동원가, 총원가로 구분해서 표시하시오. 단, 소수점 둘째자리까지 반올림해서 표시한다.
(3) 세 가지 활동수준(조업도)에서의 단위당 원가의 차이는 왜 발생하는가?

2-14
L.O. 2-4, 5

다음은 송정(주)의 제품제조와 관련한 T-계정 기록이다.

원재료(RM)

기초	10,000	???	60,000
	???	기말	12,000
합계	???	합계	???

재공품(WIP)

기초	15,000	???	???
직접재료	???		
직접노무	48,000		
제조간접	72,000	기말	23,000
합계	???	합계	???

제품(FG)

기초	25,000	???	???
	???	기말	16,000
합계	???	합계	???

[요구사항]

(1) 원재료구입액은 얼마인가?
(2) 원재료소비액은 얼마인가?
(3) 당기총제조원가는 얼마인가?
(4) 당기완성품제조원가는 얼마인가?
(5) 당기기초원가(prime cost)는 얼마인가?
(6) 당기가공원가(전환원가)는 얼마인가?

2-15 L.O. 2-4, 5

(주)세무의 20×1년 1월의 재고자산 자료는 다음과 같다. (세무사 2022)

	직접재료	재공품	제 품
20×1. 1. 1	₩80,000	₩100,000	₩125,000
20×1. 1.31	60,000	75,000	80,000

[요구사항]

20×1년 1월중 직접재료의 매입액은 ₩960,000이고, 직접노무원가는 제조간접원가의 40%이다. 1월의 매출액은 ₩2,500,000이며, 매출총이익률은 16%이다. 20×1년 1월의 기본원가(prime costs)는?

2-16 L.O. 2-5, 6

다음 자료를 참고로 하여 물음에 답하시오.

	20×1.1.1 재고	20×1년중 구입(투입)액	20×1.12.31 재고
원재료	₩90,000	₩720,000	₩120,000
재공품	120,000	–	140,000
직접노무원가	–	400,000	–
제조간접원가	–	510,000	–
제품	150,000	–	180,000

[요구사항]

20×1년도 당기제품제조원가와 매출원가를 계산하면 얼마인가?

2-17 L.O. 2-6

다음은 룩스조명(주)의 20×1년 12월 31일 부분재무상태표이다.

제품재고	₩23,000	소모품	₩41,000
선급보험료	23,000	재료재고	50,000
매출채권	60,000	현금	64,000
재공품재고	90,000		

[요구사항]

12월 31일 룩스조명(주)의 유동자산부분을 자세히 표시하시오.

2-18 (주)송정의 20×1년 9월 원가자료는 다음과 같다.
L.O. 2-4, 6

	9월 1일	9월 30일
원재료	₩168,000	₩139,000
재공품	240,000	260,000
제품	182,000	214,200
직접노무원가		475,000
9월중 재료구입액		302,000
기타제조경비		
간접노무원가		57,200
기계감가상각비		36,000
수도광열비		13,000
소모품비		10,000
세금과공과		9,800
잡비		18,200

[요구사항]

(1) 20×1년 9월 30일 (주)송정의 제조원가명세서를 작성하시오.

(2) 20×1년 9월의 매출원가는 얼마인가?

(3) 20×1년 9월 제조원가 중 기초원가는 얼마인가?

(4) 20×1년 9월 제조원가 중 가공원가(전환원가)는 얼마인가?

2-19 다음에 주어진 (주)한국제조의 손익계산서는 회계지식이 부족한 인턴직원이 작성한 것이다.
L.O. 2-4, 6

손익계산서

(주)한국제조 20×1. 1. 1～20×1. 12. 31

• 매출액		₩900,000
• 영업비용 :		
간접노무원가	₩24,000	
수도광열비	30,000	
직접노무원가	140,000	
감가상각비(공장설비)	42,000	
감가상각비(본사건물)	36,000	
당기원재료매입액	330,000	
보험료	8,000	
임차료	100,000	
판매 및 관리부서의 직원급여	64,000	
광고선전비	150,000	924,000
• 영업이익		(₩24,000)

그러나 위의 손익계산서에 표시된 매출액 및 영업비용 내역은 모두 올바른 자료이다. 만약 당신이 (주)한국제조의 20×1년도 손익계산서를 정확하게 작성하고자 하는 경우 필요한 추가 자료는 다음과 같다.

a. 수도광열비의 60%, 보험료의 75%와 임차료의 80%는 공장설비와 관련된 것이며, 나머지는 판매 및 일반관리활동과 관련하여 발생한 것이다.

b. 20×1년도 재고자산의 기초 및 기말 잔액은 다음과 같다. (KICPA 2015)

	기 초	기 말
원재료	₩16,000	₩26,000
재공품	32,000	42,000
제품	80,000	120,000

[요구사항]

20×1년도 (주)한국제조의 정확한 당기제품제조원가와 영업이익은 각각 얼마인가?

용어해설

가공원가(conversion cost) 또는 **전환원가** 재료를 제품으로 전환하는 과정에 소요된 원가로서 직접노무원가와 제조간접원가의 합계를 의미함

간접원가(indirect cost) 특정 원가대상과 관련된 원가이지만 그 원가대상으로 직접적으로 추적되지 않는 원가

고정원가(fixed cost) 조업도수준의 변동에 상관없이 총원가가 일정하게 발생하는 원가

기간비용(period expense) 발생 즉시 비용으로 처리되어 수익과 대응되는 원가

기초원가(prime cost) 직접재료원가와 직접노무원가의 합계를 의미함

단위당 원가(unit cost) 또는 **평균원가**(average cost) 원가총액을 관련된 단위수로 나누어서 구한 것

당기제품제조원가(cost of goods manufactured) 당 회계기간에 완성된 제품의 원가로서 기초재공품+당기총제조원가−기말재공품으로 계산됨

당기총제조원가(total manufacturing cost) 당 회계기간에 투입된 직접재료원가, 직접노무원가, 제조간접원가의 합계

변동원가(variable cost) 조업도수준의 변동에 따라 총원가가 비례적으로 변화하는 원가

비제조원가(non-manufacturing cost) 자원이 소비된 경우에 한 번이라도 재고자산으로 간주되는 경우 없이 발생 즉시 당해기간의 비용으로 처리되는 원가

원가(cost) 특정목적을 달성하기 위해 수행된 활동에 소비된 자원의 화폐측정치

원가대상(cost object) 경영자가 파악하고자 하는 원가집계의 목적물

원가동인(cost driver) 총원가의 변화를 초래하는 요인 또는 요소

원재료(raw materials) 제조과정에 사용되기 위해 대기중이거나 또는 처리중인 재료

재고가능원가(inventoriable cost) 판매시까지 원재료, 재공품 또는 제품 등의 재고자산 형태로 존재하는 자산의 원가

재공품(work-in-process) 원재료가 생산과정에 투입되어 현재 가공중인 상태인 제품

제조간접원가(manufacturing overhead cost) 제조과정에 투입한 원가 가운데 직접재료원가와 직접노무원가를 제외한 모든 원가

제조원가(manufacturing cost) 재화 및 용역을 생산하는 과정에서 발생된 원가

제조원가명세서(statement of cost of goods manufactured, COGM) 일정기간 동안의 제조활동과 관련된 원재료 및 재공품 계정의 변화를 포함하여 당기제품제조원가의 계산내역을 요약한 표

제품(finished goods) 완성되었으나 아직 판매가 되지 않은 제품을 의미

제품원가(product cost) 재화 및 용역을 판매하기 위해 구입하거나 혹은 생산한 것과 관련하여 발생한 원가

직접노무원가(direct labor cost) 특정제품을 생산하기 위해 투입한 인간의 노동력 가운데 실질적으로 원가대상에 추적가능한 노무원가

직접원가(direct cost) 자원의 소비를 특정 원가대상과 관련지어 직접 추적될 수 있는 원가

직접재료원가(direct materials cost) 특정제품을 생산하기 위해 투입된 재료원가 가운데 원가대상에 추적가능한 재료원가

총원가(total cost) 일정기간의 모든 제조원가와 기간비용을 총계한 것

chapter

3

개별원가계산

이 장을 학습한 후에 다음을 할 수 있어야 한다 :

3-1 기업에서 사용되는 원가계산시스템에 대해 설명할 수 있어야 한다.

3-2 개별원가계산시스템에서 원가추적을 위한 주요 문서의 사용을 설명할 수 있어야 한다.

3-3 개별원가계산시스템에서 원가흐름을 기록할 수 있어야 한다 : 재료원가, 노무원가 그리고 제조간접원가의 회계처리

3-4 개별원가계산시스템에서 제품의 완성 및 매출에 대해 설명할 수 있어야 한다.

3-5 실제원가계산과 정상원가계산의 차이를 구별하고, 기업이 정상원가계산을 이용하는 이유를 설명할 수 있어야 한다.

3-6 과대 혹은 과소 배부된 제조간접원가를 조정하는 방법에 대해 설명할 수 있어야 한다.

Job Costing

제품의 원가는 어떻게 구하는가?

원가회계시스템은 제품생산과 관련해 발생한 원가정보를 측정, 기록, 보고하는 시스템을 말한다.

원가계산시스템은 원가계산을 체계적으로 수행하기 위한 기본적인 체계를 의미한다.

원가회계시스템(cost accounting system)에서는 제품생산과 관련해 발생한 원가정보를 측정, 기록, 보고한다. 경영자는 원가회계시스템에서 얻은 원가정보를 제품가격 설정, 운영통제 및 재무제표 작성 등에 이용한다. 원가정보를 정확하게 집계하기 위해서는 정교한 원가계산시스템이 필요하다. 원가계산시스템(costing system)이란 원가계산을 체계적으로 수행하기 위한 기본적인 체계를 의미한다. 원가계산시스템은 사업의 성격, 생산하는 제품, 경영환경의 변화 정도 등에 따라 결정된다. 정확한 원가계산을 위해서는 원가대상, 원가집합, 원가배부기준 등 몇 가지 용어를 먼저 이해할 필요가 있는데, 이에 대해서는 앞서 제2장에서 설명한 바 있다. 이에 대해서 다시 한 번 요약하면 다음과 같다.

- 원가대상(cost object) : 원가의 개별적인 측정이 필요한 그 무엇을 말한다.
- 직접원가(direct costs) : 특정 원가대상과 관련되어 있고 그 원가대상에 직접적으로 추적될 수 있는 원가를 말한다.
- 간접원가(indirect costs) : 특정 원가대상과 관련되어 있지만 그 원가대상에 직접적으로 추적될 수 없는 원가로, 원가배부에 의해 원가대상에 원가를 할당한다.
- 원가집합(cost pool) : 개별적인 원가항목들의 집단으로, 원가집합은 매우 광범위한 개념에서 매우 협소한 개념까지 정의될 수 있다.
- 원가배부기준(cost-allocation base) : 간접원가를 원가대상에 체계적으로 연결시키는 공통분모가 되는 요소를 말한다.

이상의 다섯 가지 용어는 원가계산시스템을 이해하는 데에 매우 중요하므로 꼭 이해할 필요가 있다.

개별원가계산시스템과 종합원가계산시스템

일반적으로 기업에서 원가계산을 위해 사용되는 시스템은 크게 두 가지로 개별원가계산시스템(job order costing system, 또는 작업별원가계산시스템)과 종합원가계산시스템(process costing system, 또는 공정별원가계산시스템) 등이 있다.

개별원가계산시스템

개별원가계산은 특정제품별로 원가를 집계하는 원가계산시스템을 말한다.

개별원가계산(job costing)은 제품이나 서비스가 개별 또는 묶음(batch)의 작업단위로 인식되고, 각 단위에 대해 재료원가, 노무원가, 기타 제조간접원가 등의 원가요소가 다르게 투입되는 기업에서 이용되는 원가계산방식이다. 따라서 선박제작, 항공기제작, 영화제작, 법무법인, 회계법인 등의 기업에서 적용된다.

개별원가계산시스템을 사용하는 조직들은 다음과 같은 특징을 갖는다.

① 작업수행에 매우 다양한 자원과 시간이 요구된다.
② 제조 및 서비스 제공 과정이 매우 복잡하다.

이러한 특징을 갖는 조직은 수행하는 작업들이 서로 매우 다르기 때문에 각각의 원가대상에 원가를 동일하게 배분하는 것이 합리적이지 못한 경우가 많다. 따라서 이런 조직은 각 작업의 원가를 분리해서 집계해야 한다. 개별원가계산시스템에서 원가집계는 원가대상을 위해 수행된 작업을 나타내는 작업지시서(job order)별로 원가를 집계하기 때문에 작업지시서별로 재공품계정을 설정한다. 완성된 제품의 원가는 관련 있는 작업지시서별 재공품계정을 모두 합산함으로써 이루어진다.

작업지시서는 특정 원가대상을 위해 수행된 작업을 나타낸다.

종합원가계산시스템

종합원가계산은 공정별로 원가를 집계하여 총생산량으로 나누어 단위당 원가를 구하는 원가계산방법이다.

종합원가계산(process costing)은 동질적인 제품을 연속적인 공정(process)을 통해 대량으로 생산하는 제조환경에서 사용하는 원가계산방법이다. 화학산업, 정유업, 음료제조업, 제지업 등을 예로 들 수 있다. 종합원가계산은 제품의 총원가를 생산된 총단위수로 나누어 단위당 원가를 구한다. 이 평균단위원가는 생산된 제품단위 전체에 적용된다. 종합원가계산에 대해서는 제4장에서 자세하게 다룬다.

개별원가계산

개별원가계산시스템은 재료창고에서 생산현장 그리고 완제품으로 흐르는 원가를 작업별로 추적한다. 개별원가계산에서는 각 작업별로 발생한 다음의 원가를 집계한다.

- 직접재료원가(Direct Materials Cost, DM)
- 직접노무원가(Direct Labor Cost, DL)
- 제조간접원가(Manufacturing Overhead Cost, MOH)

경영자들은 생산되는 제품 및 용역과 관련하여 작업별로 발생한 원가를 알고 싶어 한다. 이들 원가정보는 다음 두 단계를 거쳐 집계된다.

1단계 : 모든 작업과 관련하여 발생한 모든 제조원가를 집계한다.

2단계 : 이들 원가를 개별 작업에 적절하게 할당한다. 이 단계에서는 특정 원가대상을 위해 수행한 특정작업에 대한 원가를 할당한다.

도표 3-1 작업별 제조원가의 할당

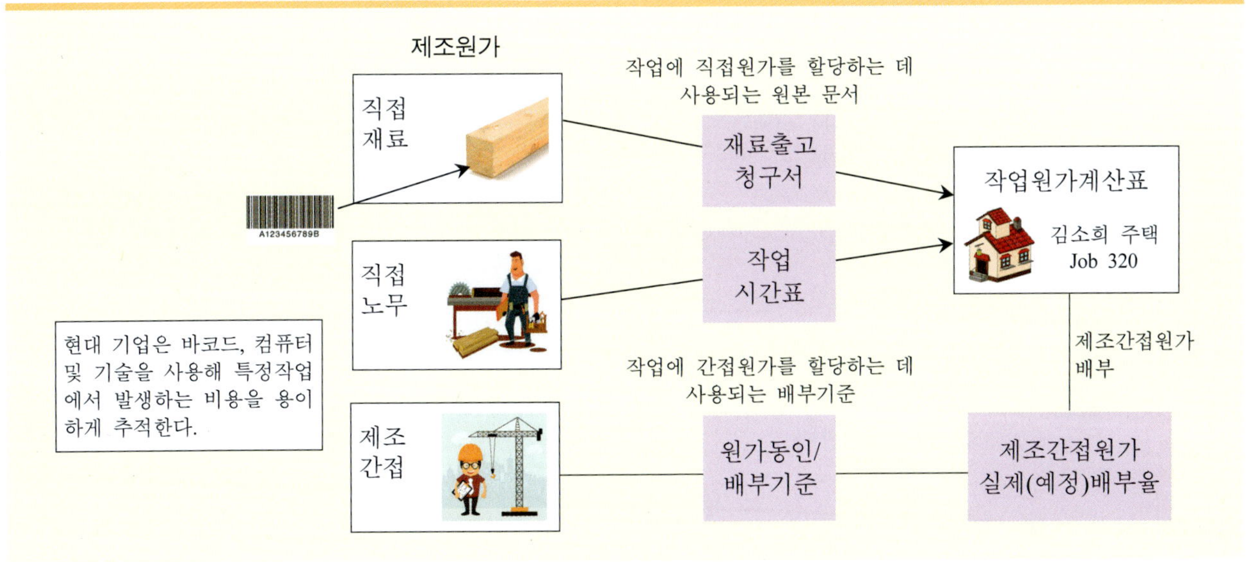

개별원가계산시스템에서는 특정작업에 의해 발생한 원가에 대한 자세한 기록을 제공하는 작업별원가계산표(job cost sheet)에 의해 기록된다. [도표 3-1]은 세 종류의 제조원가 구성요소가 개별원가계산시스템에서 어떻게 할당되는지를 보여준다. [도표 3-1]에서 주목해야 할 가장 중요한 점은 직접재료원가와 직접노무원가는 제조간접원가와는 다르게 할당한다는 것이다. 직접원가의 경우, 특정작업의 원가는 주요 문서(source documents)에 의해 추적된다.

재료출고청구서

재료를 작업에 사용하기 전에 재료출고청구서(materials requisition form)를 작성해야 한다. 이 서류는 원재료에서 생산으로 옮겨 가는 재료의 물리적 흐름을 통제하는 데에 사용된다. 이는 원재료 원가 기록에 필요한 정보를 제공해준다.

예를 들어, (주)솔샘건축이 김소희의 개인주택을 건설해주는 주문을 받아 건축을 시작했다고 가정하자. 이 작업에 대한 작업번호는 Job 320으로 부여되었다. 다음과 같이 재료출고청구서가 작성되었다.

재료출고청구서 번호 : MR 5326 일자 : 20×1. 03. 02
작업번호 : 320
작업내용 : 김소희 주택 Lot 98 경기도 양평지구

재료사양	수량	단위당 원가	총원가
3 × 7 외부 스터드	6,362 board ft	₩0.50	₩3,181
3 × 7 이중 금속판	2,600 board ft	0.49	1,274
3 × 7 압력 처리	450 board ft	0.68	306
2 × 4 내부 스터드	5,400 board ft	0.21	1,134
2 × 4 압력 처리	300 board ft	0.35	105
총원가			6,000

담당자 서명 : ______________________

이 서류는 개별원가계산시스템에서 직접재료원가 기록에 필요한 자세한 정보를 제공한다.

작업시간표

작업시간표(time ticket, in-and-out card)는 작업에 대해 작업자들이 얼마나 시간을 소비했는지를 보여준다. 작업시간표에는 작업자의 작업개시시간과 완료시간이 기재되며, 작업자의 임률에 따라 노무원가가 집계된다. 재료출고청구서와 마찬가지로, 작업시간표는 개별원가계산시스템에서 직접노무원가 기록에 필요한 자세한 정보를 제공한다.

직접노무시간표 :　　　　일자 : 20×1. 03. 10～03. 14

티켓 번호 : TT 335

작업자 : 김정철

일자	시작	종료	총시간	임률	총금액	작업번호
20×1.03.10	7:00 AM	3:00 PM	8시간	₩25	₩200	320
03.11	7:00 AM	3:00 PM	8시간	25	200	320
03.12	7:00 AM	3:00 PM	8시간	25	200	320
03.13	7:00 AM	11:00 AM	4시간	25	100	320
03.13	12:00 PM	4:00 PM	4시간	25	100	345
03.14	7:00 AM	3:00 PM	8시간	25	200	345
		주간 합계	40시간		1,000	

담당자 서명 : ________________

작업원가계산표

작업원가계산표(Job cost sheet)는 특정작업에서 발생한 모든 원가를 요약한 집계표이다. 예를 들면, 김소희 주택(Job 320)을 위한 작업원가계산표에는 재료출고청구서와 작업시간표에서 발생한 직접재료원가와 직접노무원가가 기록된다.

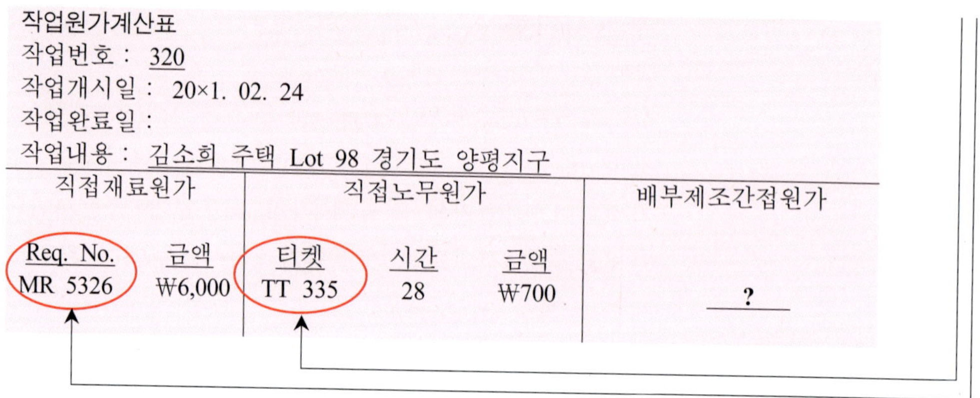
작업원가계산표
작업번호 : 320
작업개시일 : 20×1. 02. 24
작업완료일 :
작업내용 : 김소희 주택 Lot 98 경기도 양평지구

직접재료원가		직접노무원가			배부제조간접원가
Req. No.	금액	티켓	시간	금액	
MR 5326	₩6,000	TT 335	28	₩700	?

주의할 점은 이 작업원가계산표에는 Job 320에서 발생한 직접재료원가와 직접노무원가의 실제 금액이 표시된다는 것이다. 그러나 이 작업과 관련한 제조간접원가는 아직 표시되지 않았다. 제조간접원가의 할당에 대한 것은 아래에서 설명한다.

제조간접원가의 배부

직접재료원가와 직접노무원가를 제외한 모든 제조원가는 제조간접원가이다. 제조간접원가(manufacturing overhead cost)는 다음과 같은 다양한 원천에 의해 발생한다.

① 재료출고청구서에 표시된 간접재료원가
② 제품생산을 지원해주는 부문에서 발생하는 임금으로 감독자의 임금이나 관리직원의 임금 등
③ 공장의 유지 및 관리에 소요되는 비용
④ 공장설비에 대한 감가상각비 등

제조간접원가는 제품생산과정에서 필연적으로 발생하는 원가이지만 직접재료원가나 직접노무원가와는 달리 개별 작업에 간접적인 관계를 갖는다. 제조간접원가는 개별 작업에 직접 추적할 수 없기 때문에 적절한 배부기준을 선택하여 원가배부(cost allocation)라는 과정을 거쳐서 원가대상에 할당하게 된다.

공통으로 사용된 원가를 여러 원가대상에 배부하기 위해서는 선정된 배부

기준이 합리적이어야 한다. 만약 배부기준이 합리적이지 못한 상태에서 원가배부가 이루어지면 제품의 원가집계는 왜곡될 것이고 원가배부를 받는 사람들은 결과에 쉽게 승복하지 않게 된다. 따라서 원가배부기준은 가능한 한 인과관계(cause and effect)에 기초해 배부기준을 선정해야 한다.

제조간접원가는 개별 작업과 관련이 있는 공통 측정치를 이용하여 배부된다. 이 측정치를 원가동인(활동기준, 배부기준 등)이라고 부른다. 제조간접원가의 배부에 이용되는 원가동인은 제조간접원가의 소비 혹은 사용을 반영해야 한다. 예를 들면, 기계의 감가상각비는 개별 작업의 기계가동시간이나 생산량을 배부기준으로 이용할 수 있다.[1)]

제조간접원가배부율

제조간접원가배부율은 제조간접원가를 개별 작업에 배부하는 데에 이용된다.

개별 작업에 대한 제조간접원가의 배부는 실제제조간접원가배부율(actual manufacturing overhead rate)을 이용한다. 실제제조간접원가배부율 계산은 다음 산식에 의한다.

$$\text{실제제조간접원가배부율} = \frac{\text{한 회계기간의 총제조간접원가}}{\text{총배부기준량}}$$

작업별 제조간접원가배부액 = 실제제조간접원가배부율 × 각 작업지시서별 배부기준

위의 산식에서 분자의 총제조간접원가는 실제로 발생한 금액이다. 그러나 사전원가계산을 하기 위해서는 제조간접원가 예산을 이용할 수도 있는데 이를 이용해 계산한 배부율을 예정제조간접원가배부율(predetermined manufacturing overhead rate)이라고 한다. 이에 대해서는 정상원가계산(normal costing)에서 자세히 설명한다.

조업도는 일정한 생산능력을 전제로 그 이용도를 나타내는 것으로, 여러 종류의 조업도 중 특정목적에 사용하기 위해 선택된 조업도를 **기준조업도**라고 한다.

한편, 분모의 총배부기준량은 다른 말로 표현하면 기준조업도(denominator level 또는 base capacity)라고 한다. 조업도에는 여러 종류가 있으며, 경영자는 조직의 통제나 의사결정의 목적에 따라 조업도를 다양하게 선택하여 이용한다. 이에 대해서

1) 전통적인 원가계산시스템에서는 제조간접원가의 배부기준으로 조업도(volume)와 관련 있는 변수를 주로 이용하였다. 이는 원가의 발생원인이 생산과 관련이 있다고 보았기 때문이다. 즉, 생산이 이루어질수록 제품의 원가가 증가하므로 제조간접원가의 배부도 생산과 관련 있는 변수를 이용하는 것이 인과관계에 맞는다고 생각했다. 이는 과거 수작업에 의해 생산이 이루어지고 생산과정이 단순하며 총원가에서 간접원가의 비중이 적은 상황에서는 나름대로 의미가 있다. 그러나 최근 원가에서 차지하는 간접원가의 비중이 증가하고 제품생산과정이 복잡해지며, 직접 생산과 관련 없는 다양한 동인에 의해 원가가 발생하는 상황에서는 타당성을 갖기가 쉽지 않다.

는 정상원가계산(normal costing)에서 자세히 설명한다.

(주)솔샘건축은 제조간접원가를 직접노동시간을 기준으로 개별 작업에 배부한다고 가정하자. 한 해 동안 (주)솔샘건축에서 발생한 제조간접원가는 ₩720,000이며, 직접노동시간은 9,000시간이다. 따라서 제조간접원가배부율은 직접노동시간당 ₩80으로 계산된다.

$$\text{제조간접원가배부율} = \frac{₩720,000}{9,000\text{시간}} = ₩80$$

(주)솔샘건축의 건축물은 직접노동시간당 ₩80의 제조간접원가배부율을 이용하여 제조간접원가를 배부한다. 김소희 주택(Job 320)의 첫 주 동안 건설에 소요된 직접노무시간이 300시간이라고 가정하자. 제조간접원가배부율이 직접노무시간당 ₩80을 적용하므로 김소희 주택의 첫 주 작업에 대한 제조간접원가배부액은 ₩24,000(=₩80×300 직접노무시간)이 된다.

작업원가계산표

작업번호 : 320

작업개시일 : 20×1. 02. 24

작업완료일 :

작업내용 : 김소희 주택 Lot 98 경기도 양평지구

직접재료원가		직접노무원가			배부제조간접원가		
Req No.	금액	티켓	시간	금액	시간	배부율	금액
MR 2346	₩8,000	TT 335	28	₩700	28	₩80	₩2,240
MR 3372	6,000	TT 340	90	2,250	90	80	7,200
MR 4521	4,500	TT 358	90	2,250	90	80	7,200
MR 4627	5,500	TT 415	52	1,300	52	80	4,160
MR 5326	6,000	TT 435	40	1,000	40	80	3,200
	₩30,000		300	₩7,500	300	₩80	₩24,000

원가계산표

직접재료원가	₩30,000
직접노무원가	7,500
제조간접원가	24,000
총원가	₩61,500

다양한 제조간접원가배부율

단일배부율은 제조간접원가를 하나의 배부기준에 의해 배부하는 것을 말한다.

제조간접원가 배부에 사용되는 배부율은 하나 혹은 둘 이상의 배부기준을 이용할 수 있다. 앞서 우리는 하나의 배부기준에 의해 제조간접원가를 배부하였는데, 이를 제조간접원가 단일배부율(single overhead rate)이라고 한다. 이는 하나의 부문에서 작업이 이루어지는 단순한 공정을 가진 기업에서 이용되며, 특히 소규모 기업에서 주로 이용된다.

복수배부율은 제조간접원가를 복수의 배부기준에 의해 배부하는 것을 말한다. 일명, 이중배부율(dual-rate)이라고도 한다.

반면, 다양한 공정을 통해 생산이 이루어지는 경우에는 복수의 원가배부기준으로 간접원가를 배부하는 것이 더 합리적일 수 있다. 이때 적용되는 배부율을 제조간접원가 복수배부율(multiple overhead rate, 혹은 이중배부율(dual-rate))이라고 한다. 이 시스템에서는 공정별 혹은 부문별로 제조간접원가의 발생원인을 반영하여 배부하므로 복잡하지만 더욱 정확한 원가계산이 가능하다. 예를 들면, 노동집약적인 공정 혹은 부문에는 직접노동시간에 근거하여 배부하고, 상대적으로 기계집약적인 공정 혹은 부문에는 기계시간에 근거하여 간접원가를 배부하는 것이다. 이 시스템은 생산공정이 복잡성을 띠는 대규모 기업에서 흔히 사용된다.

개별원가계산 : 원가흐름 기록

이 절에서는 개별원가계산시스템에서 제조원가를 어떻게 기록하는지를 설명한다. 비록 이 기록이 자세한 분개기록을 보여주지는 않지만, 여기서 사용된 T-계정의 기록은 매출원가로 인식되기 이전까지 다양한 재고자산계정을 통해 제조원가를 어떻게 기록하는지를 충분히 보여준다. 제품이 판매되었을 때 제품계정의 재고자산은 매출원가계정으로 옮겨진다. [도표 3-2]는 (주)솔샘건축의 건축물에 대해 매출원가를 인식하기 이전에 재고자산계정을 통한 제조원가의 흐름 과정을 보여준다.

재료를 구입했을 때 최초 재고자산인 원재료계정에 기록된다. 재료가 사용되면 직접재료원가는 재공품계정으로, 간접재료원가는 제조간접원가계정으로 옮겨져 기록된다. 특정작업별로 발생한 원가들은 작업별 재공품계정에 기록되며,

도표 3-2 재고자산계정을 통한 제조원가의 흐름

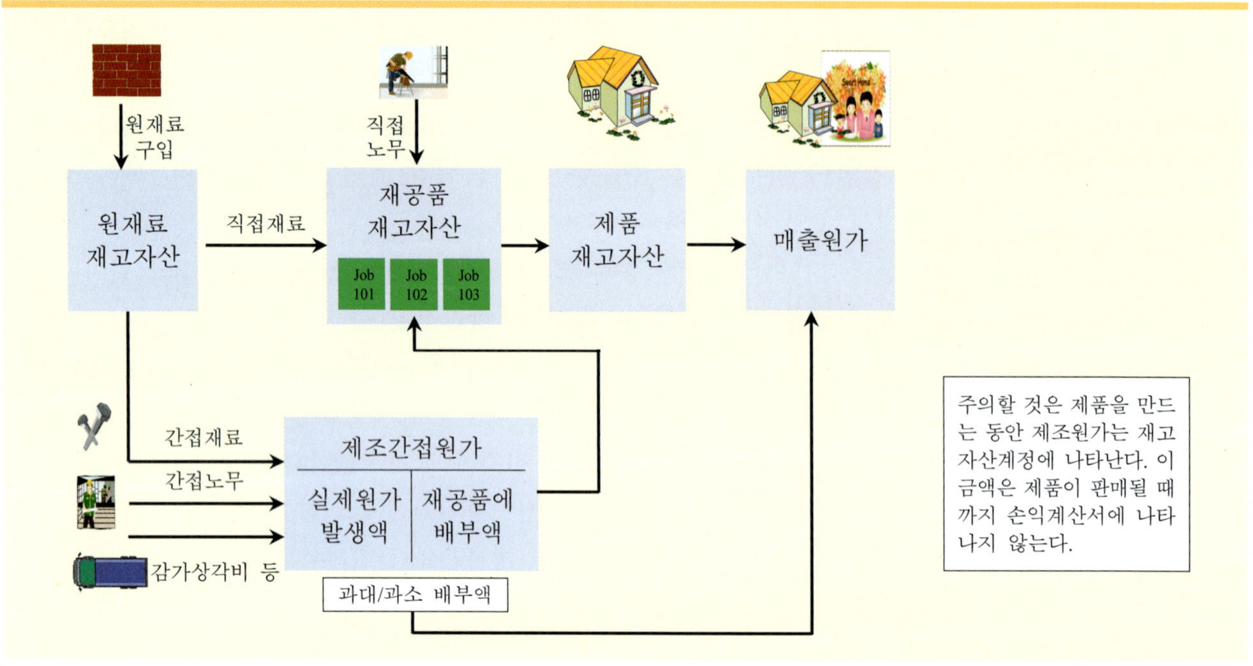

이 금액은 회계기말에 재공품계정으로 집계된다.

여기서 주의할 점은 직접재료원가와 직접노무원가는 추적가능하므로 특정 작업별 재공품계정에 직접적으로 기록한다는 것이다. 모든 간접원가는 제조간접원가계정을 통해 각 작업별 재공품계정에 배부하여 기록한다. 작업이 진행중일 때 재공품계정의 누적금액은 각 작업에 대한 직접재료원가와 직접노무원가는 실제원가로, 그리고 제조간접원가는 실제배부원가나 혹은 예정배부원가로 기록한다. 작업이 완료되면 총제조원가는 재공품계정에서 제품계정으로 옮겨 기록된다. 제품이 판매되면 이들 원가는 제품계정에서 손익계산서의 수익에 대응하여 매출원가로 옮겨져 기록된다.

재료원가의 회계처리

재료구입에 대한 회계처리

총계정원장의 재료계정은 통제계정이다. 기업은 재료유형별로 보조원장을 가지고 있으며, 모든 재료의 유출입은 보조원장에 기록된다. 보조원장의 기록내용은 집계되어 총계정원장의 재료계정으로 기록된다.

재료의 구입과 관련한 회계처리는 다음과 같다.

원재료 ························	×××	
현금(혹은 매입채무) ························		×××

(주)솔샘건축은 재료 ₩150,000을 구입하였다. 재료가 도착하면 담당자는 송장(invoice)과 재료를 비교하여 수량 및 품질상태를 확인한 후 내용물이 송장과 일치하면 재료를 수령한다. 그다음 그 내용을 재료수불장과 관련 계정에 기입한다. 이에 대한 거래는 송장에 의해 증빙되며, 회계처리는 다음과 같다.

원재료 ························	150,000	
현금(혹은 매입채무) ························		150,000

재료사용에 대한 회계처리

직접재료는 재공품계정 차변에 기록되며, 간접재료는 특정작업에 대해 추적할 수 없기 때문에 제조간접원가계정 차변에 기록한다.

원재료를 사용하기 전에 관리자는 재료가 사용될 작업을 나타내는 재료출고청구서를 작성해야 한다. 재료보관담당자는 재료출고청구서를 수령하면 원재료창고에서 작업현장으로 재료를 출고하게 되고, 이어서 제품생산이 시작된다. 직접재료는 특정작업에 대한 개별원가계산표와 재공품계정에 기록된다. 간접재료 또는 특정작업으로 추적할 수 없는 재료의 사용은 개별원가계산표와 재공품계정에 직접 기록되지 않는다. 간접원가는 제조간접원가계정에 누적되며, 정상잔액이 확정된 후 실제(혹은 예정)제조간접원가배부율을 사용하여 특정작업의 개별원가계산표와 재공품계정에 배부한다.

(주)솔샘건축은 재료 ₩150,000을 다음과 같이 사용했다고 가정하자.

Job 320에 직접재료 사용(김소희 주택)	₩100,000
Job 333에 직접재료 사용(김민기 주택)	40,000
간접재료 사용(못, 나사 및 단열재)	10,000
	₩150,000

[도표 3-3]은 직접재료와 간접재료가 어떻게 재공품계정과 제조간접원가계정에 기록되는지를 보여준다.

도표 3-3 직접재료원가와 간접재료원가의 기록

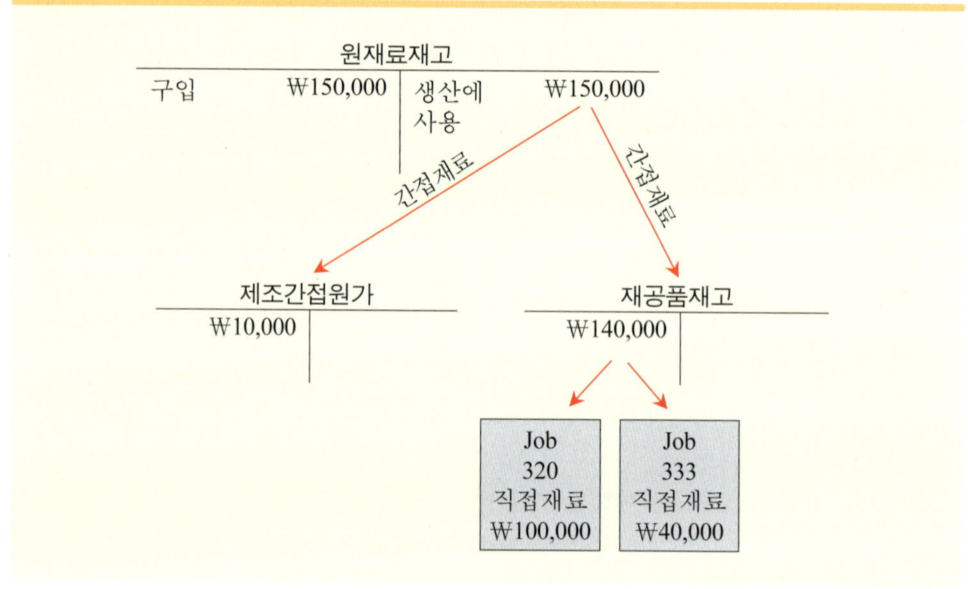

많은 제조업체들의 경우 직접재료원가가 제조원가의 50% 이상을 차지하는 것으로 알려져 있다. 이것이 재료를 통제해야 하는 중요한 이유이다.

여기서 주의할 점은 Job 320에 사용된 직접재료 ₩100,000과 Job 333에 사용된 직접재료 ₩40,000은 재공품계정에 직접 기록한다는 것이다. 반면, 간접재료(못, 나사 및 단열재)원가 ₩10,000은 개별 작업에 추적할 수 없으므로 제조간접원가계정의 차변에 기록한다. 회계처리는 다음과 같다.

재공품(Job 320) ································	100,000	
재공품(Job 333) ································	40,000	
제조간접원가 ································	10,000	
원재료 ································		150,000

이 과정을 T-계정으로 요약하면 다음과 같다.

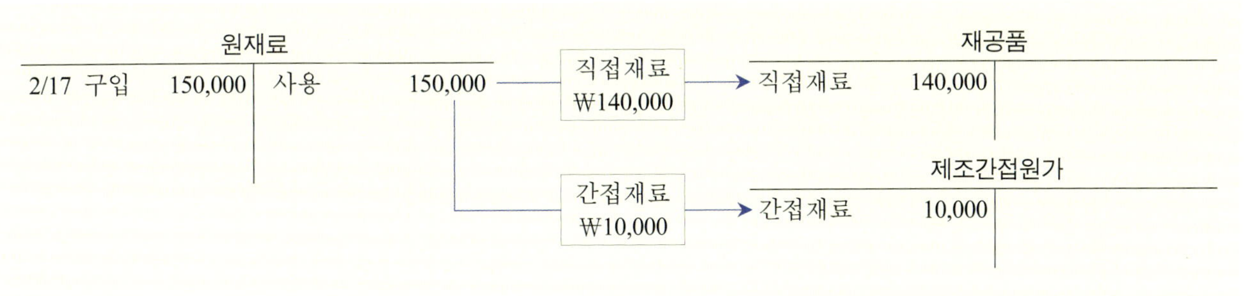

노무원가의 회계처리

노무원가(labor cost)는 직접재료와 같은 방법으로 기록한다. 노무시간의 사용이 특정작업에 대해 추적할 수 있으면 그 원가는 개별원가계산표와 재공품계정에 추가된다. 만일 특정작업에 대해 추적할 수 없으면 그 원가는 간접노무원가로 분류하여 제조간접원가계정 차변에 기록한다.

(주)솔샘건축은 노무원가 ₩55,000을 다음과 같이 사용했다고 가정하자.

Job 320에 직접노무 사용(김소희 주택)	₩30,000
Job 333에 직접노무 사용(김민기 주택)	20,000
간접노무 사용(수선 및 검사작업)	5,000
	₩55,000

[도표 3-4]는 직접노무원가와 간접노무원가가 어떻게 재공품계정과 제조간접원가계정에 기록되는지를 보여준다.

도표 3-4 직접노무원가와 간접노무원가의 기록

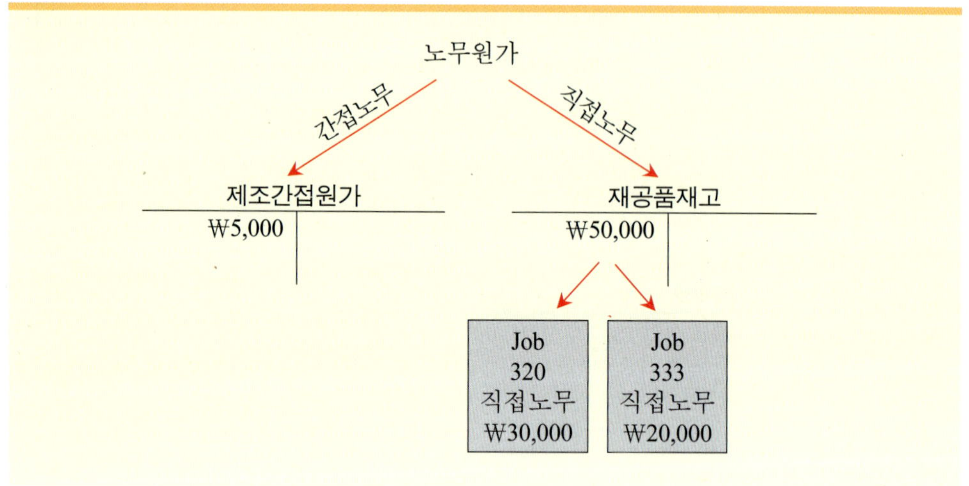

이에 대한 회계처리는 다음과 같다.

재공품(Job 320)	30,000	
재공품(Job 333)	20,000	
제조간접원가	5,000	
임금		55,000

이 과정을 T-계정으로 요약하면 다음과 같다.

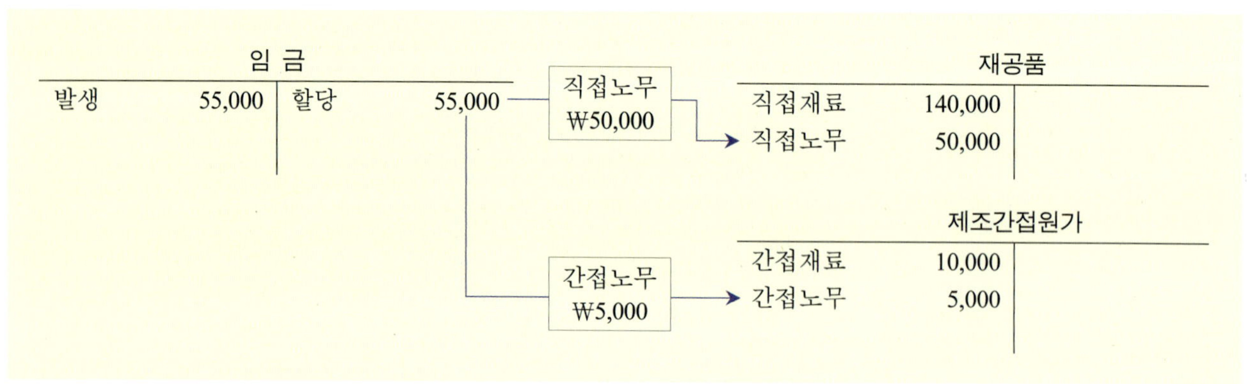

제조간접원가의 회계처리

직접재료원가와 직접노무원가를 제외한 모든 제조원가는 제조간접원가이다. 제조간접원가(manufacturing overhead cost)는 다음과 같은 다양한 원천에 의해 발생한다.

① 재료출고청구서에 표시된 간접재료원가
② 제품생산을 지원해주는 부문에서 발생하는 임금으로 감독자의 임금이나 관리직원의 임금 등
③ 공장의 유지 및 관리에 소요되는 비용
④ 공장설비에 대한 감가상각비 등

모든 간접원가를 포함하는 제조간접원가는 특정작업을 추적할 수 없다. 이들 원가는 재공품계정에 직접 기록되지 않는 대신에 제조간접원가계정에 누적 기록된다. 우리는 이미 간접재료원가와 간접노무원가는 제조간접원가계정에 기록하였다. 모든 제조간접원가의 발생은 제조간접원가계정 차변에 기록한다. 이에 대한 회계처리는 다음과 같다.

제조간접원가 ·········	×××	
제비용 ·········		×××

(주)솔샘건축은 이번 달에 추가로 다음과 같이 제조간접원가를 지출하였다.

건설현장 감독관의 급여 지급	₩12,000
건설현장 기술자의 급여 지급	8,000
재산세 미지급액	6,000
건설현장 산재보험료 지급	4,000
건설장비 감가상각비	19,000
	₩49,000

이에 대한 회계처리는 다음과 같다.

제조간접원가	49,000	
현금		24,000
미지급비용		6,000
감가상각누계액		19,000

우리의 주택 건축의 예에서, (주)솔샘건축의 실제제조간접원가배부율은 앞서 직접노무시간당 ₩80으로 계산되었다. 이 비율은 직접원가 그 자체가 아니라 주택 건축에 간접원가를 충당하기 위해 직접노동시간마다 추가해야 하는 제조간접원가의 양이다(감가상각비, 보험료, 감독비용 등).

(주)솔샘건축의 이번 달 직접작업시간표는 다음과 같다.

	Job No.	직접노무시간
김소희 주택	320	600
김민기 주택	333	200
총직접노무시간		800

제조간접원가배부율이 직접노무시간당 ₩80이므로 재공품계정에 제조간접원가로 총 ₩64,000(=600시간×₩80+200시간×₩80)을 배부한다. 이 금액은 제조간접원가계정 대변에 기록되면서 동시에 재공품계정 차변에 기록한다. 이 과정은 [도표 3-5]에서 보여주고 있다.

도표 3-5 제조간접원가 실제원가와 배부원가의 기록

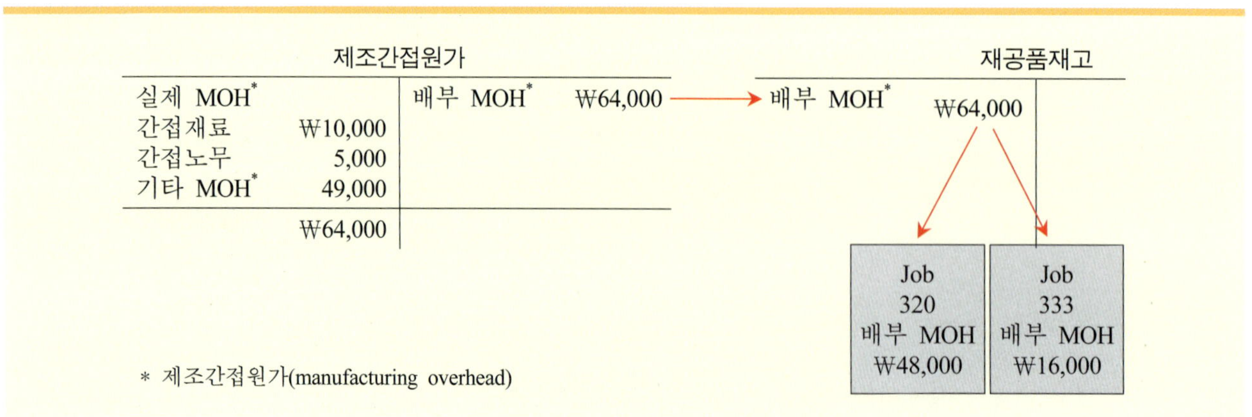

이에 대한 회계처리는 다음과 같다.

재공품(Job 320) ························	48,000	
재공품(Job 333) ························	16,000	
제조간접원가 ························		64,000

이를 T-계정으로 요약하면 다음과 같다.

제조간접원가

차변		대변	
간접재료	10,000	배부	64,000
간접노무	5,000		
기타 MOH*	49,000		
잔액	0		

Job 320 ₩48,000
Job 333 ₩16,000

재공품

차변		대변
직접재료	140,000	
직접노무	50,000	
제조간접	64,000	

* 제조간접원가(manufacturing overhead)

개별원가계산 : 제품의 완성 및 매출원가 회계처리

지금까지 우리는 한 회계기간 동안에 발생한 직접재료원가, 직접노무원가 그리고 제조간접원가를 개별 작업에 할당하는 방법에 대해 살펴보았다. 이어서 개별 작업이 종료되어 제품이 완성되는 경우에는 어떠한 회계처리가 필요한가에 대해서 설명한다.

작업의 종료 및 제품의 회계처리

작업이 종료되면 더 이상 작업과 관련된 원가를 재공품계정에 기록해서는 안 된다. 작업이 완료되면 완성된 제품은 작업현장을 떠나 제품보관소로 이동되며,

제품과 관련된 원가도 재공품계정에서 제품계정으로 전기됨과 동시에 완성품의 제조원가를 계산하게 된다.

제품 제조원가의 계산

작업이 종료되고 제품이 완성되면 개별원가계산표는 모든 직접재료원가, 직접노무원가 그리고 그 작업에 부과된 배부제조간접원가를 반영해 갱신되어야 한다. 김소희 주택에 대한 모든 제조원가는 최종적으로 개별원가계산표에 다음과 같이 갱신된다.

작업원가계산표
작업번호 : 320
작업개시일 : 20×1. 02. 24
작업완료일 :
작업내용 : 김소희 주택 Lot 98 경기도 양평지구

원가계산표	
직접재료원가	₩100,000
직접노무원가	30,000
제조간접원가	48,000
총원가	₩178,000

완성된 제품의 원가는 재공품계정에서 제품계정으로 대체된다. 이때 완성된 제품이 재공품계정에서 제품계정으로 옮겨지는 과정은 두 단계를 거쳐 이루어진다.

① 작업지시에 의해 기록되던 개별 제품의 재공품계정의 원가를 원장의 재공품계정으로 전기한다.
② 재공품계정으로 집계된 개별 제품 중 완성된 제품의 원가를 제품계정으로 전기한다.

개별 재공품계정의 원가가 원장의 재공품계정으로 집계되는 시점은 다음 중 한 가지에 해당될 때이다.

- 개별 작업이 종료되어 제품이 완성되었을 때
- 제품이 판매되었을 때
- 회계기간 기말

보조원장인 개별 재공품계정의 원가기록을 이용하여 원장의 재공품계정에서 제품계정으로 전기되는 회계처리는 다음과 같다.

제품	×××	
재공품		×××

제품이 생산부서에서 제품 창고로 이전되는 것과 동시에 원가시스템 안에서도 재공품계정에서 제품계정으로 이전된다. 이 두 계정 사이에 이전된 금액의 총합계는 당기에 완성된 제품의 제조원가를 나타낸다.

(주)솔샘건축은 Job 320이 완성되었으므로 Job 320의 원가를 재공품에서 제품으로 이전하기 위해 다음과 같은 회계처리를 수행한다.

제품	178,000	
재공품		178,000

이번 달에는 Job 320만 완성되었으므로 ₩178,000은 당기제품제조원가가 된다. Job 333은 기말까지 완성되지 않았으므로, Job 333의 ₩76,000은 재공품계정에 남게 되고 다음 달로 이월된다. 이 금액은 재무상태표의 재고자산 중에서 재공품계정의 기말 잔액으로 표시된다. 이를 T-계정으로 요약하면 다음과 같다.

재공품

차변		대변	
기초	0	제품	178,000
직접재료	140,000		
직접노무	50,000		
제조간접	64,000		
잔액	76,000		

당기제품제조원가 →

제 품

차변		대변
기초	0	
재공품	178,000	

매출원가

제품이 고객에게 인도될 때, 인도된 제품의 원가는 제품계정에서 매출원가계정으로 전기된다. (주)솔샘건축은 의뢰인 김소희에게 완성된 주택을 넘겨주고 ₩280,000의 대금을 현금으로 받았다. 이 경우 매출과 관련한 회계처리를 하면 다음과 같다.

현금	280,000	
매출		280,000

매출원가	178,000	
제품		178,000

이를 T-계정으로 요약하면 다음과 같다.

제 품

기초	0	매출원가	178,000
재공품	178,000		
잔액	0		

당기매출원가 →

매출원가

제품	178,000		

이 회계처리로 개별원가계산시스템에서의 원가흐름이 완성된다. [도표 3-6]은 (주)솔샘건축의 주택 건축과 관련된 제조계정 전반에 대한 원가흐름을 요약한 것이다.

도표 3-6 (주)솔샘건축의 김소희 주택 Lot 98 양평지구(Job 320) 원가의 흐름

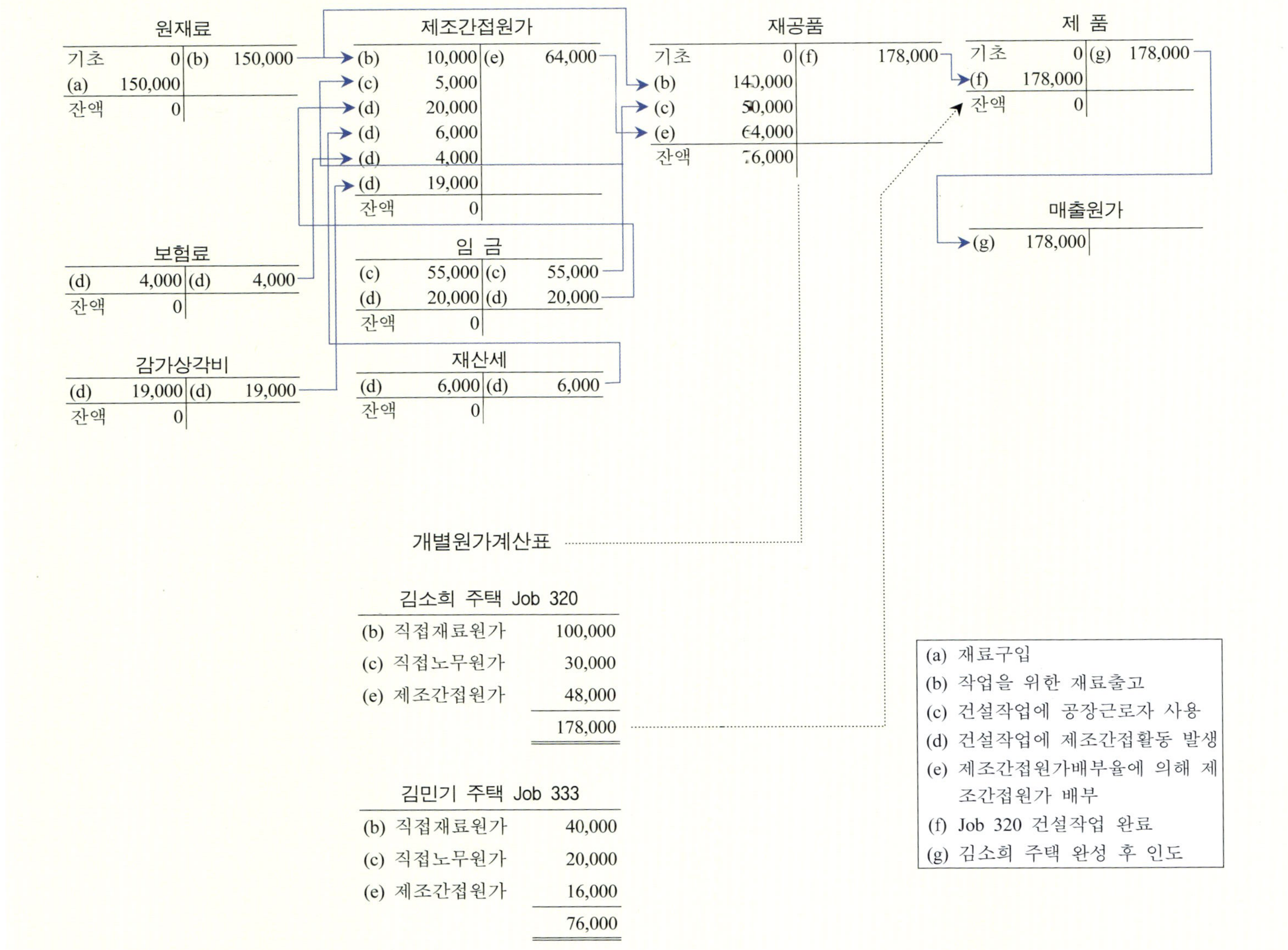

원재료

기초	0	(b)	150,000
(a)	150,000		
잔액	0		

제조간접원가

(b)	10,000	(e)	64,000
(c)	5,000		
(d)	20,000		
(d)	6,000		
(d)	4,000		
(d)	19,000		
잔액	0		

재공품

기초	0	(f)	178,000
(b)	140,000		
(c)	50,000		
(e)	64,000		
잔액	76,000		

제 품

기초	0	(g)	178,000
(f)	178,000		
잔액	0		

매출원가

(g)	178,000		

보험료

(d)	4,000	(d)	4,000
잔액	0		

임 금

(c)	55,000	(c)	55,000
(d)	20,000	(d)	20,000
잔액	0		

감가상각비

(d)	19,000	(d)	19,000
잔액	0		

재산세

(d)	6,000	(d)	6,000
잔액	0		

개별원가계산표

김소희 주택 Job 320

(b) 직접재료원가	100,000
(c) 직접노무원가	30,000
(e) 제조간접원가	48,000
	178,000

김민기 주택 Job 333

(b) 직접재료원가	40,000
(c) 직접노무원가	20,000
(e) 제조간접원가	16,000
	76,000

(a) 재료구입
(b) 작업을 위한 재료출고
(c) 건설작업에 공장근로자 사용
(d) 건설작업에 제조간접활동 발생
(e) 제조간접원가배부율에 의해 제조간접원가 배부
(f) Job 320 건설작업 완료
(g) 김소희 주택 완성 후 인도

개별원가계산 : 정상원가계산

실제원가계산은 작업별로 발생한 실제원가를 이용해 원가 계산하는 방법이다.

우리는 앞서 (주)솔샘건축의 주택 건축과 관련하여 실제로 발생한 직접재료원가와 직접노무원가 그리고 제조간접원가를 집계하여 두 종류의 기타 제조원가를 계산하였다. 이렇게 제품생산과 관련하여 실제발생한 원가를 이용해 원가계산을 하는 것을 실제원가계산(actual costing)이라고 한다. 실제원가계산은 생산된 제품의 원가가 정확하게 계산된다는 장점은 있으나 다음 두 가지 단점을 갖는다.

① 제품원가의 변동성이다. 제조간접원가를 개별 제품에 배부할 때 동일한 재료로 동일한 공정을 거쳐 생산되어도 조업도의 변화에 따라 배부율이 달라지고 이는 배부액에 변화를 가져와 제품원가가 변동하게 된다. 이는 원가정보의 신뢰성을 떨어뜨린다.

② 원가계산이 지연된다. 제조간접원가의 실제배부는 실제발생한 제조간접원가총액을 사후적으로 배부하게 되므로 완성된 제품이라도 결산시점까지 기다려야 원가계산을 할 수 있다.

많은 제조간접원가들은 제품이 완성되거나 고객에게 전달되기 전에 정확히 알기가 쉽지 않다. 따라서 많은 기업들이 **정상원가계산**을 이용한다.

이러한 문제를 해결하기 위해 실제원가계산 대신에 등장한 것이 정상원가계산이다.

고정제조간접원가의 변동성

ENSPERT사가 생산 및 판매하고 있는 K-PAD의 월별 총고정제조간접원가는 ₩100,000이고 단위당 변동제조원가는 ₩100이다. ENSPERT사는 1월에 50,000대를 생산하였으나 제품이 잘 팔리지 않은 관계로 2월에는 10,000대만 생산하였다. ENSPERT사가 실제원가를 이용해 제품단위당 원가를 계산하면 다음과 같다.

월 별	생산수량	단위당 변동원가	단위당 고정원가	단위당 원가
1월	50,000	₩100	₩100,000 ÷ 5,000 = ₩20	₩120
2월	10,000	100	₩100,000 ÷ 1,000 = ₩100	200

단위당 원가의 이러한 변동은 두 제품의 실제원가를 명확하게 나타내지 못하며 경영자도 바라는 바가 아니다. 그러나 제조간접원가 예정배부율은 쉽게 적용할 수 있으며, 조업도 및 제조간접원가의 변화에 의해 발생하는 원가의 변동성을 감소시켜준다.

정상원가계산

정상원가계산(normal costing)은 직접재료원가와 직접노무원가는 실제수량에 실제발생된 직접원가율을 곱해 구한 실제원가를 원가대상에 추적하고, 제조간접원가는 실제수량에 사전에 정한 예정제조간접원가배부율(예정배부율)을 곱해 구한 값을 원가대상에 배부하는 원가계산방법이다. 간접원가 배부를 위한 예정배부율은 다음과 같이 구한다.

$$\text{예정제조간접원가배부율} = \frac{\text{제조간접원가 예산액}}{\text{기준조업도}}$$

작업별 예정제조간접원가배부액 = 실제배부기준소비량 × 예정제조간접원가배부율

대개 기업들은 연초에 예정배부율을 계산한다. 예정배부율은 한 회계기간에 발생을 예상한 제조간접원가 예산액을 기준조업도로 나누어 단위당 예정배부율을 계산한다. 만약 제조간접원가 예산액과 기준조업도가 매년 일정하다면 제조간접원가배부율은 일정하게 된다. 따라서 조업도 변화에 따른 제품원가의 변동성 문제를 상당부분 해소할 수 있으며, 회계기간중이라도 제품이 완성되면 즉시 원가계산을 할 수 있게 되어 실제원가계산이 가지고 있는 문제를 해소시켜준다.

도표 3-7 실제원가계산과 정상원가계산

		실제원가계산	정상원가계산
원가계산	직접원가	• 실제직접원가율×직접원가의 실제투입량	• 실제직접원가율×직접원가의 실제투입량
	간접원가	• 실제간접원가율×원가배부기준의 실제량	• 예정간접원가율×원가배부기준의 실제량
장 점		• 원가가 정확히 집계된다.	• 원가계산이 신속히 이루어진다. • 제품원가의 변동성을 줄여준다. • 원가통제가 가능해진다.
단 점		• 원가계산이 지연된다. • 제품원가의 변동성이 발생한다. • 원가통제가 어렵다.	• 실제발생원가와 차이가 생길 수 있다. • 실제발생액과의 차이조정을 위해 연말에 추가적인 회계처리가 필요하다.

기준조업도의 종류와 선정

예정제조간접원가배부율 계산식에서 핵심은 기준조업도이다. 기준조업도(base capacity)란 배부율 계산에서 분모로 이용되는 조업도를 지칭한다. 조업도(ratio of capacity, volume)는 여러 가지 방법으로 측정될 수 있는 활동수준(activity level)에 대한 일반적인 용어이다. 보통 조업도는 비율(%)로 표현되나 실무적으로는 여러 가지 단위로 표시된다. 조업도는 산출물과 투입물 두 가지 척도로 표현된다.

측정단위	내 용
투입물 척도	재료소비량, 직접노무원가, 노동작업시간, 기계작업시간, 전력소비량, 운행거리 등
산출물 척도	제품완성량, 발전량, 용수톤수 등

기준조업도를 선정할 때에는 다음 세 가지 상황을 고려해야 한다.

① 원가변동과의 인과관계 또는 상관관계가 있어야 한다. 제조간접원가의 변화와 밀접한 관계가 있는 요인을 선정해야 한다.

② 자료수집이 용이하고 이해가능성이 높아야 한다. 제조간접원가 배부의 결과를 정보이용자들이 수긍할 수 있어야 하며, 자료수집에 가급적 비용이 들지 않아야 한다.

③ 외부영향요인으로부터 독립적이어야 한다. 판매가격이나 임률 등과 같은 가격요인에 의해 좌우되는 화폐척도보다는 물량척도를 이용함으로써 배부결과에 대한 예측의 불확실성을 줄일 필요가 있다.

조업도에는 다음 몇 가지 종류가 있다.

- 이론적 조업도(theoretical capacity) : 기계고장이나 수선 등에 의해 발생하는 생산중단 없이 생산활동이 항상 최고의 효율을 유지하고 있는 환경에서 달성할 수 있는 생산능력의 이용정도를 뜻한다.
- 실제최대조업도(practical capacity) : 정기적인 기계수선, 휴일의 가동중단 등과 같은 불가피한 생산중단을 허용하면서 달성할 수 있는 생산능력의 이용정도를 말한다.
- 정상조업도(normal capacity) : 수요의 계절적 · 주기적 변동 및 추세에 따른 변동을 평준화할 만큼 장기에 걸쳐(보통 5년 정도) 소비자의 평균수요를 충족하는 데 필요한 생산능력의 이용정도를 뜻한다.
- 예산조업도(master budget capacity) : 경영자가 예상한 당해연도의 기대조업도를 말한다.

이들 조업도 중 제조간접원가배부율 계산에 이용되는 조업도를 기준조업도라고 한다. 제품원가계산을 위해서는 견해의 차이에 따라 이들 조업도 중 어떤 것이든 사용할 수 있다. 그러나 제품원가가 경영의사결정에 중요한 영향을 미치는 경우에는 기준조업도의 선택문제가 매우 중요해진다.

예를 들어, 주기적 산업(cyclical industry)의 경우에 예산조업도를 기준조업도로 사용한다면, 호경기에는 제조원가가 낮아지고 불경기에는 제조원가가 높아진다. 한편, 당기의 계획과 통제라는 측면에서 보면, 정상조업도는 장기계획을 위한 기준으로 사용되기 때문에 적합하지 못하다. 오히려 예산조업도가 더 적합한 기준이 된다. 정상조업도와 실제최대조업도는 종합예산편성에 반영되어 있지 않기 때문에 이들 조업도는 당기의 운영문제를 해결할 수 있는 적절한 도구가 되지 못한다.* 조업도들간의 관계를 표시하면 다음과 같다.**

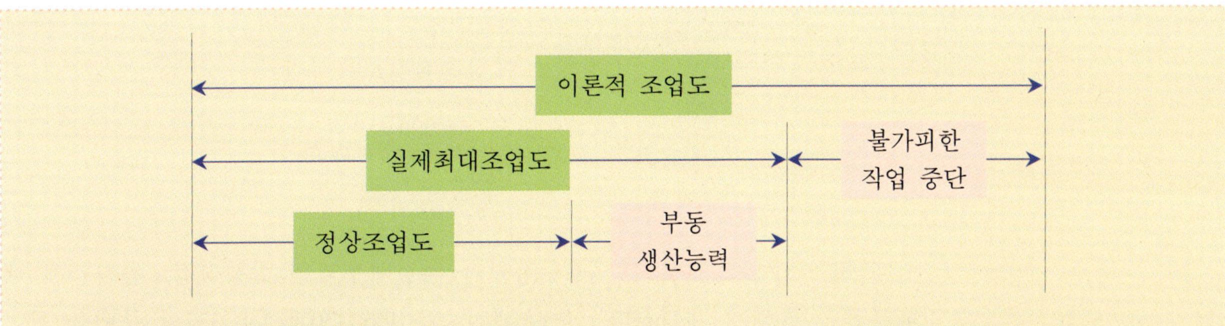

* Chales T. Horngren, “A contribution margin approach to the analysis of capacity utilization”, *The Accounting Review* Vol. XLII, No. 2, 1967, pp. 254-264.
** 정준수, 『원가 · 관리회계』, 경문사, 2008, p. 361.

예정배부율을 이용한 제조간접원가 배부

제조간접원가를 예정배부하는 경우에 회계처리는 다음 두 단계를 거쳐서 이루어진다.

① 제품이 완성되면 예정배부율을 이용하여 간접원가를 배부한다.
② 실제제조간접원가와 예정배부제조간접원가의 금액 차이를 회계기말에 조정한다.

제조간접원가를 예정배부하는 경우에 회계처리는 다음과 같이 이루어진다.

재공품	×××	
배부제조간접원가		×××

(주)솔샘건축의 주택 건축과 관련해서 제조간접원가를 예정배부율을 이용하여 배부해보자. (주)솔샘건축의 연간 총제조간접원가의 예산액은 ₩750,000이며, 연간 총직접노동시간은 10,000시간 발생할 것으로 예상하고 있다. (주)솔샘건축은 간접원가 배부기준으로 직접노동시간을 이용하고 있다. 이 정보를 이용할 경우 (주)솔샘건축의 예정배부율은 직접노무시간당 ₩75이 된다.

$$\text{예정배부율} = \frac{\text{제조간접원가 예산액}}{\text{예상총직접노동시간}}$$

$$= \frac{₩750{,}000}{10{,}000\text{시간}} = ₩75$$

[도표 3-8]에서 보듯이 제조간접원가 예정배부액은 실제직접노동시간에 예정배부율을 곱해서 계산한다. (주)출샘건축은 Job 320과 Job 333의 주택을 건설하는 데에 총 800시간(Job 320에 600시간, Job 333에 200시간)의 직접노동시간이 사용되었다.

	직접노동시간	예정제조간접원가 배부율	제조간접원가 예정배부액
Job 320	600	₩75	₩45,000 (600시간×₩75)
Job 333	200	₩75	15,000 (200시간×₩75)
합계	800		₩60,000

예정제조간접원가배부율이 직접노무시간당 ₩75이므로 재공품계정에 제조간접원가로 총 ₩60,000(=600시간×₩75+200시간×₩75)을 배부한다. 이 금액은 제조간접원가계정 대변에 기록되면서 동시에 재공품계정 차변에 기록된다. 이 과정은 [도표 3-8]에서 보여주고 있다.

도표 3-8 제조간접원가 실제원가와 배부원가의 기록

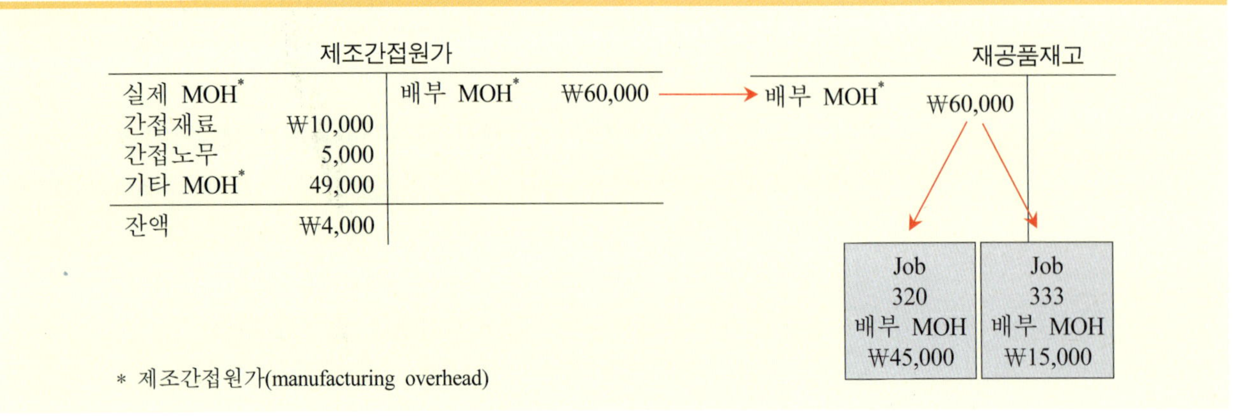

이에 대한 회계처리는 다음과 같다.

재공품(Job 320)	45,000	
재공품(Job 333)	15,000	
배부제조간접원가		60,000

위 분개에서 보듯이 재공품계정 차변에는 제조간접원가 예정배부액이 기록됨과 동시에 임시계정으로 배부제조간접원가계정 대변에 예정배부액을 기록한다. 이를 T-계정으로 요약하면 다음과 같다.

배부제조간접원가

차변		대변	
		재공품	60,000

제조간접원가 예정배부 →

재공품

차변		대변	
기초	0		
직접재료	140,000		
직접노무	50,000		
배부제조간접	60,000		

(주)솔샘건축은 Job 320이 완성되었으므로 Job 320의 원가를 재공품에서 제품으로 이전하기 위해 다음과 같은 회계처리를 수행한다.

제품	175,000	
재공품		175,000

이번 달에는 Job 320만 완성되었으므로 ₩175,000은 당기제품제조원가가 된다. Job 333은 기말까지 완성되지 않았으므로, Job 333의 ₩75,000은 재공품계정에 남게 되고 다음 달로 이월된다. 이 금액은 재무상태표의 재고자산 중에서 재공품계정의 기말잔액으로 표시된다. 이를 T-계정으로 요약하면 다음과 같다.

재공품

차변		대변	
기초	0	제품	175,000
직접재료	140,000		
직접노무	50,000		
배부제조간접	60,000		
잔액	75,000		

당기제품 제조원가 →

제 품

차변		대변	
기초	0		
재공품	175,000		

제품이 고객에게 인도될 때, 인도된 제품의 원가는 제품계정에서 매출원가 계정으로 대체된다. (주)솔샘건축은 의뢰인 김소희에게 완성된 주택을 넘겨주고 ₩280,000의 대금을 현금으로 받았다. 이 경우 매출과 관련한 회계처리를 하면 다음과 같다.

현금	280,000	
매출		280,000

매출원가	175,000	
제품		175,000

이를 T-계정으로 요약하면 다음과 같다.

제 품

기초	0	매출원가	175,000
재공품	175,000		
잔액	0		

— 당기매출원가 →

매출원가

제품	175,000		

제조간접원가 예정배부와 차이조정

제조간접원가의 배부에 있어서 예정배부율의 이용은 실제배부율의 이용보다 더 시기적절하다는 장점이 있다. 제조간접원가의 예정배부는 실제원가를 알 수 있는 회계기말까지 기다리지 않고 작업종료시점에 바로 간접원가를 배부할 수 있다. 그러나 실제원가와 차이를 보일 수 있다는 단점이 있다. 여기서는 제조간접원가의 실제원가와 예정배부원가의 차이조정에 대해서 설명한다.

제조간접원가의 과대 혹은 과소 차이는 예정배부한 제조간접원가와 실제발생한 제조간접원가의 차이에서 발생한다. 제조간접원가 과소배부(underallocated manufacturing overhead cost)는 회계기간중에 예정배부된 금액이 실제발생액보다 작을 때 발생한다. 반면, 제조간접원가 과대배부(overallocated manufacturing overhead cost)는 회계기간중에 예정배부된 금액이 실제발생액보다 클 때 발생한다.

제조간접원가 과대배부
실제발생액 < 배부제조간접원가
제조간접원가 과소배부
실제발생액 > 배부제조간접원가

과소 및 과대 배부 제조간접원가=실제제조간접원가－예정배부 제조간접원가

(주)솔샘건축의 실제제조간접원가와 예정배부제조간접원가를 보면 다음과 같다.

제조간접원가			배부제조간접원가		
잔액	64,000			잔액	60,000

배부제조간접원가계정의 대변 잔액 ₩60,000은 Job 320과 Job 333의 작업으로부터 발생한 실제직접노동시간 800시간에 시간당 예정배부율 ₩75을 곱한 것이다. (주)솔샘건축의 두 작업으로부터 발생한 실제제조간접원가는 ₩64,000이다. 실제발생액과 예정배부액의 차이 ₩4,000은 실제발생액이 예정배부액보다 크므로 제조간접원가는 과소배부되었다. 이 차이는 예정배부율 계산에 이용된 제조간접원가 예산액과 조업도의 변화 등 두 가지 이유에서 발생한다. 이에 대해서는 제10장에서 자세히 설명한다.

제조간접원가 차이조정 방법에는 비례배분법과 매출원가조정법이 있다.

제조간접원가의 과대(과소)배부액을 조정하는 방법에는 다음 두 가지가 있다.

① 비례배분법 : 재공품, 제품, 매출원가 계정에 비례해서 배분
② 매출원가조정법 : 매출원가에서 일괄하여 조정

비례배분법

비례배분법은 제조간접원가 배부차이를 재공품, 제품, 매출원가 잔액에 비례하여 배분해 조정하는 방법이다.

비례배분법(proration)은 과소 및 과대 배부된 제조간접원가를 기말재공품, 기말제품 그리고 매출원가 금액에 비례하여 배분하는 방법이다. 재료계정에는 과소 및 과대 배부된 제조간접원가를 배부하지 않는다. (주)솔샘건축의 예정배부된 제조간접원가는 ₩60,000이고, 실제발생한 금액은 ₩64,000으로 ₩4,000이 과소배부되었다. 이 과소배부된 금액을 어떻게 비례배분해야 할까? (주)솔샘건축은 기말재공품, 기말제품 그리고 매출원가에 포함된 제조간접원가의 금액을 기준으로 비례배분해야 한다.

계정 (1)	배분 전 계정잔액 (2)	계정잔액에 포함된 제조간접원가 (3)	과소배부된 제조간접원가 ₩4,000의 비례배분 (4)		배분 후 계정잔액 (5)=(2)+(4)
재공품	₩75,000	₩18,000 (30.0%)	₩4,000×0.30=	₩1,200	₩76,200
제품	0	0 (0.0%)	4,000×0.00=	0	0
매출원가	175,000	42,000 (70.0%)	4,000×0.70=	2,800	177,800
	₩250,000	₩60,000 (100.0%)		₩4,000	₩254,000

(3)열의 비율은 재공품, 제품 및 매출원가에 포함되어 있는 제조간접원가를 집계하여 계산한 비율이다. 과소배부된 ₩4,000에 각각의 비율을 곱하여 과소배부된 제조간접원가를 배분한다. 비례배분된 결과는 (5)열의 기말잔액으로 표시된다. 또는 (주)솔샘건축의 배부제조간접원가(₩60,000)는 실제발생액(₩64,000)보다 6.67%(=₩4,000÷₩60,000) 과소배부되었으므로 (3)열의 잔액에 6.67%를 곱하여 구할 수도 있다.

이러한 비례배분에 대한 회계처리는 다음과 같다.

배부제조간접원가 …………	60,000	
재공품 …………	1,200	
매출원가 …………	2,800	
제조간접원가 …………		64,000

재공품, 제품 그리고 매출원가에 포함되어 있는 배부제조간접원가 금액의 비율에 비례하여 과대 혹은 과소 배부된 제조간접원가를 각 계정에 배분하는 것이 정확하기는 하나 이들 금액을 집계하는 데에는 많은 시간이 소요된다. 그래서 일부 기업들은 좀더 간단하게 배분하기 위해 앞서 (2)열 잔액을 기준으로 비례배분하기도 한다. 만약 재공품, 제품 그리고 매출원가 계정에 있어서 직접원가와 제조간접원가의 비율이 일정하다면, 앞에서 구한 비례배분법과 동일한 결과를 가져오게 된다. 왜냐하면 총원가를 기준으로 한 비례배분과 배부제조간접원가를 기준으로 한 비례배분이 동일한 비율이 될 것이기 때문이다. 그러나 대부분의 경우는 동일하지 않다.

계정 (1)	계정잔액에 포함된 제조간접원가 (2)	과대배부된 제조간접원가 ₩4,000의 비례배분 (3)		배분 후 계정잔액 (4)=(2)+(3)
재공품	₩75,000 (30.0%)	₩4,000×0.30=	₩1,200	₩76,200
제품	0 (0.0%)	0×0.00=	0	0
매출원가	175,000 (70.0%)	4,000×0.70=	2,800	177,800
	₩250,000 (100.0%)		₩4,000	₩254,000

이 방법은 앞선 방법보다는 정확성이 다소 떨어지나 시간과 비용이 적게 든다는 장점이 있다.

매출원가조정법

매출원가조정법은 제조간접원가 배부차이를 매출원가계정에서 일괄 가감처리하는 방법이다.

매출원가조정법은 과대 혹은 과소 배부된 제조간접원가를 연말에 매출원가계정에서 가감처리하는 방법이다. (주)솔샘건축의 과소배부된 제조간접원가 ₩4,000의 회계처리는 다음과 같이 이루어진다.

배부제조간접원가 ·································	60,000	
매출원가 ·································	4,000	
제조간접원가 ·································		64,000

과대 혹은 과소 배부된 제조간접원가를 배분하는 방법으로 어떤 방법을 선택해야 할까? 그것은 경영자의 의사결정 목적이 무엇이냐에 따라 달라진다. 재고자산과 매출원가의 정확한 보고를 위한 것이라면 비례배분법이, 예정배부액과 실제발생액의 차이가 크지 않고 중요하지 않다면 간단하게 처리될 수 있는 매출원가조정법이 선택될 수도 있다. 최근 들어서 기업들은 재고자산 잔액이 적어지는 반면, 매출원가의 재공품과 제품에 대한 상대비중은 높아지고 있다. 이런 상황에서 경영자는 원가-효익 분석을 통해 가장 적절한 방법을 선택해야 할 것이다.

서비스기업에서의 개별원가계산

본장 서두에서 개별원가계산시스템은 법무법인, 회계법인, 영화사, 컨설팅기업, 병원 등 다양한 서비스기업에서도 사용할 수 있다고 설명했다. 서비스기업에서 각 고객을 위해 수행되는 작업은 각각의 작업으로 간주될 수 있다. 서비스기업의 작업원가는 고객을 위해 처리하는 작업에 따라 개별원가계산표에 매일 집계된다. 서비스기업에서 가장 중요한 원가는 직접노무원가와 제조간접원가이다. 고객 서비스에 사용되는 재료와 소모품들은 그렇게 중요한 것이 아니기 때문에 이들 원가들은 제조간접원가의 일부분으로 포함된다.

제조기업과 마찬가지로 고객 서비스를 위해 사용된 직접노무원가와 제조간접원가는 재공품계정에서 집계되며, 이는 고객별 개별원가계산표에 의해 관리된다. 직접노무원가는 개별 작업에 추적되고 제조간접원가는 원가배부기준을 사용하여 각 작업에 배부한다. 작업이 완료되고 고객에게 비용을 청구하게 되면 작업원가는 매출원가계정으로 전기된다. 서비스기업에서는 제품계정이 불필요하다.

서비스기업의 개별원가계산은 제조업의 개별원가계산과 매우 유사하다. 직접원가는 작업에 대해 추적되며, 간접원가는 작업에 배부된다. 요약하자면, 개별원가계산은 다양한 제품이나 서비스를 제공하는 어떤 조직에도 적용할 수 있는 원가계산방법이다. [도표 3-9]는 서비스기업의 원가흐름을 보여준다.

도표 3-9 서비스기업의 원가흐름

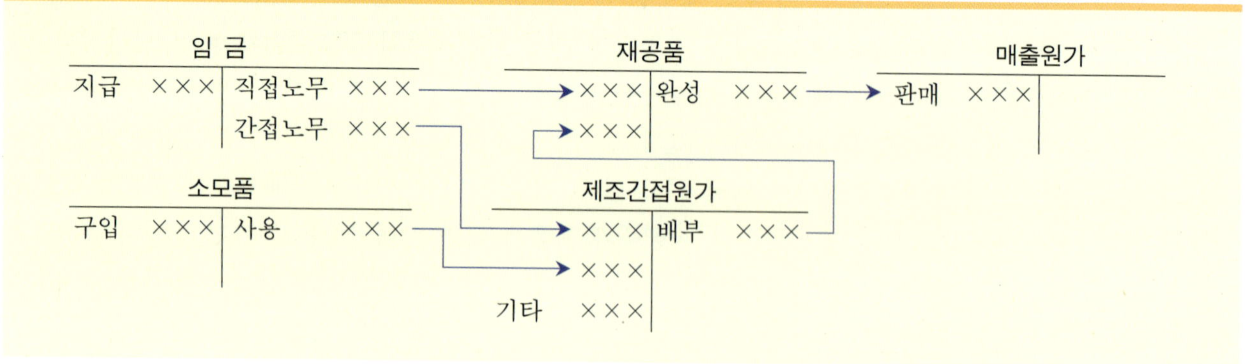

자습문제

로엠(주)는 정상원가계산시스템을 사용한다. 로엠(주)는 자동화된 생산시설을 갖추고 있으며 제조간접원가는 기계시간에 기초해 배부한다. 로엠(주)는 20×1년 한 해 동안 연간 제조간접원가가 ₩240,000 발생할 것으로 예상하고 있으며, 기계는 12,000시간 가동할 것으로 예상하고 있다. 다음은 로엠(주)의 20×0년 말 시산표에서 일부 자료를 추출한 것이다.

원재료(SM-201, ₩3,000; ST-400, ₩2,000; 간접재료, ₩5,000)	₩10,000
재공품(Job 301)	6,000
제품(Job 300)	10,000

20×1년 1월중 발생한 로엠(주)의 거래내용이다.

a. 1월중 구입한 직접재료와 간접재료에 대한 보고서이다. 대금은 모두 현금으로 지급하였다.

재료 SM-201	₩10,000
재료 ST-400	10,000
간접재료	5,000
합계	₩25,000

b. 1월중 발행된 재료출고청구서는 다음과 같다.

	Job 301	Job 402	합 계
재료 SM-201	₩5,000	₩3,000	₩8,000
재료 ST-400	4,000	3,000	7,000
계	₩9,000	₩6,000	₩15,000
간접재료			8,000
합계			₩23,000

c. 노무원가 ₩25,000이 발생하였으며, 임금은 아직 미지급된 상태이다.

d. 1월중 노무원가는 작업시간표를 통해 다음과 같이 확인되었다.

Job 301	₩12,000
Job 402	8,000
간접노무	5,000
합계	₩25,000

e. 기타 제조간접원가 ₩18,000이 발생하였다. 대금은 미지급된 상태이다.

f. 1월중 Job 301에 1,200기계시간 그리고 Job 402에 800기계시간을 사용하였으며, 이에 대해 1월분 제조간접원가를 예정배부했다.

g. 1월중 Job 301은 완성되었으며, Job 402는 미완성된 상태이다.

h. Job 300과 Job 301을 제조원가에 20%의 이익을 가산하여 고객에게 인도하고 대금은 현금으로 받았다.

[요구사항]

(1) 로엠(주)의 20×1년 예정제조간접원가배부율을 구하시오.

(2) a-h 거래에 대한 분개를 표시하시오.

(3) a-h 거래에 대한 분개를 다음 T-계정에 전기하시오.

(4) 제조간접원가 과대 혹은 과소 배부액은 얼마인가?

(5) 제조간접원가 배부차이를 매출원가계정에서 조정하는 회계처리를 하고 T-계정에 전기하시오.

(6) 배부차이 조정 전 세 가지 재고자산계정의 잔액과 매출원가계정 잔액은 얼마인가?

(1) 예정제조간접원가배부율 $= \dfrac{\text{총제조간접원가예산액}}{\text{총예정배부기준량}} = \dfrac{₩240,000}{₩12,000\text{기계시간}} = ₩20\text{기계시간}$

(2) a. (차) 원재료 ······ 25,000
(대) 현금 ······ 25,000

b. (차) 재공품 ······ 15,000
제조간접원가 ······ 8,000
(대) 원재료 ······ 23,000

c. (차) 임금 ······ 25,000
(대) 미지급임금 ······ 25,000

d. (차) 재공품 ······ 20,000
제조간접원가 ······ 5,000
(대) 임금 ······ 25,000

e. (차) 제조간접원가 ······ 18,000
(대) 미지급비용 ······ 18,000

f. (차) 재공품 ······ 40,000
(대) 배부제조간접원가 ······ 40,000

g. (차) 제품 ······ 51,000
(대) 재공품 ······ 51,000

Job 301 작업원가계산표

기초재공품	₩6,000
직접재료원가	9,000
직접노무원가	12,000
제조간접원가	24,000
합계	₩51,000

h. (차) 현금 ······ 73,200*
(대) 매출 ······ 73,200

(차) 매출원가 ······ 61,000
(대) 제품 ······ 61,000

* [Job 300(₩10,000)+Job 301(₩51,000)]×120%=₩73,200

(3)

원재료

1/1	10,000	(b)	23,000
(a)	25,000		
잔액	12,000		

재공품

1/1	6,000	(g)	51,000
(b)	15,000		
(d)	20,000		
(f)	40,000		
잔액	30,000		

제 품

1/1	10,000	(h)	61,000
(g)	51,000		
잔액	0		

임 금

(c)	25,000	(d)	25,000

배부제조간접원가

		(f)	40,000

제조간접원가

(b)	8,000		
(d)	5,000		
(e)	18,000		

매출원가

(h)	61,000		

(4) 제조간접원가배부액차이 = 실제발생액 − 예정배부액
= ₩31,000 − ₩40,000
= ₩9,000(과대배부액)

(5) (차) 배부제조간접원가 ········· 40,000
(대) 제조간접원가 ········· 31,000
매출원가 ········· 9,000

제조간접원가

(b)	8,000		31,000
(d)	5,000		
(e)	18,000		
잔액	0		

배부제조간접원가

	40,000	(f)	40,000
		잔액	0

매출원가

(h)	61,000		9,000
잔액	52,000		

(6)

원재료	₩12,000
재공품	30,000
제품	0
매출원가	52,000

연습문제

문제 A형

3-1
L.O. 3-1

다음의 보기를 참조하여 물음에 답하시오.

a. 병원서비스
b. 주문형 캐비넷 제작
c. 장난감 제조
d. 탄산음료를 희석하여 병에 담는 공장
e. 비행기 제조
f. 개인용 PC 조립
g. 할인점에서 판매하는 가구 제작
h. 주문형 가구 제작
i. 치과서비스
j. 제지산업
k. 볼트와 너트 제조
l. 자동차 수리
m. 건축서비스
n. 정원 디자인 서비스
o. 전구 제조업

[요구사항]

위의 사업이 개별원가계산을 이용해야 하는지 아니면 종합원가계산이 적합한지를 밝히시오.

3-2
L.O. 3-1, 2, 3, 4

의류업체 멋짐은 고급 T-셔츠라인에 대해 주문을 받아 제작하며, 이 제품에 대해서는 개별원가계산시스템을 적용하고 있다. 회사는 다음 Job LOT21을 완성하는 데 직접재료원가 ₩13,700과 직접노무원가 ₩4,800이 발생했다. 그리고 이 작업을 완료하는 데 관리비용 ₩1,400과 판매비용 ₩5,600이 함께 발생했다. Job LOT21에는 기계시간 800시간이 사용되었다. 공장의 제조간접원가는 기계시간당 ₩25의 배부율을 적용해 배부한다.

[요구사항]

Job LOT21에서 7,000장의 셔츠를 생산했다면 단위당 매출원가는 얼마인가?

3-3
L.O. 3-2, 3

(주)세무는 개별원가계산제도를 채택하고 있으며, 제품 A와 제품 B를 생산하고 있다. 기초재공품은 없으며, 제품이 모두 기말에 완성되었다. (주)세무의 20×1년 원가자료는 다음과 같다.

	제품 A	제품 B
직접재료원가		
기초재고액	₩20,000	₩10,000
당기매입액	40,000	30,000
기말재고액	10,000	15,000
직접노무원가		
전기말 미지급액	₩22,000	₩30,000
당기지급액	45,000	60,000
당기말 미지급액	20,000	27,000
제조간접원가	₩30,000	

[요구사항]

제조간접원가를 직접노무원가 발생액에 비례하여 배부하는 경우, (1) 제품 A의 제조원가와 (2) 제품 B의 제조원가는 얼마인가?

3-4 L.O. 3-5, 6

다음 자료는 20×1년 12월 31일 송정(주)의 재무상태표의 일부 계정의 기말잔액이다.

재공품 기말재고액	₩14
제품 기말재고액	175
직접재료 기말재고액	65
제조간접원가 발생액	180
제조간접원가 직접노무원가의 150% 배부	150
매출원가	350

20×1년 동안에 직접재료를 ₩275 구입하였고, ₩235 사용하였다.

[요구사항]

20×1년중에 제품 ₩493이 완성되었다. 20×1년 말에 제조간접원가 과대 혹은 과소 배부액을 조정하기 전의 직접재료, 재공품, 제품 등의 기초재고자산을 각각 구하시오.

3-5 L.O. 3-2, 4, 5

영웅주식회사는 개별원가계산제도를 운영하고 있으며, 제조간접원가는 직접노무시간을 기준으로 한 공장전체의 배부율을 사용하여 배부하고 있다. 당기에 대해 추정한 자료는 다음과 같다.

제조간접원가	₩789,000
직접노무시간	100,000

영웅주식회사는 7월에 5개의 주문을 수행하였으며, 관련 자료는 다음과 같다.

	#741	#742	#743	#744	#745
7월 1일 기초잔액	₩29,870	₩55,215	₩27,880	–	–
직접재료원가	25,500	39,800	14,450	₩13,600	₩8,420
직접노무원가	61,300	48,500	28,700	24,500	21,300
직접노무시간	4,000	3,400	1,980	1,600	1,400

7월 31일 #741, #743은 완성되어 판매되었고, 나머지는 여전히 미완성된 상태로 있다.

[요구사항]

(1) 영웅주식회사의 제조간접원가배부율을 구하시오.

(2) 7월 31일 각 작업에 대한 원가를 집계하시오.

(3) 7월 31일 기말재공품 잔액을 구하시오.

(4) 7월의 매출원가는 얼마인가?

3-6
L.O. 3-2, 4, 5

다우닝가구는 가정용 고급소파를 주문제작하는 업체이다. 다우닝가구의 각각의 주문은 특정고객만을 위한 것이며, 따라서 다우닝가구는 제품원가계산에 개별원가계산시스템을 이용한다. 9월 한 달 동안 다우닝가구는 3개의 주문(카우치 소파, 침대, 옷장)에 대해 작업을 했다. 카우치 소파와 침대는 8월에 작업을 시작해 9월에 완료되었으며, 옷장은 9월에 작업을 시작했으나 아직까지 완료되지 않았다. 다우닝가구는 기계시간에 기초해 각 작업에 제조간접원가를 배부한다. 전년도에 경영자는 금년도의 제조간접원가를 ₩800,000 그리고 기계시간은 40,000시간으로 추정하였다. 3개의 주문에 대한 추가정보는 다음과 같다.

	카우치 소파	침 대	옷 장
9월 1일 기초잔액	₩3,000	₩2,300	–
9월 직접재료원가	4,000	7,000	₩2,250
9월 직접노무원가	2,000	3,100	1,300
9월 제조간접원가	?	?	?
9월 기계시간	4,000	5,200	2,225

[요구사항]

(1) 다우닝가구의 예정제조간접원가배부율은 얼마인가?

(2) 9월에 각 작업에 배부될 제조간접원가는 각각 얼마인가?

(3) 9월 말 재공품계정의 잔액은 얼마인가?

3-7
L.O. 3-2, 5

삼익건설의 회계팀을 맡고 있는 김시험 부장은 회계담당자인 김재능 군에게 개별원가계산에 대해 얼마나 지식이 있는지 알아보기 위해 하나의 퀴즈를 제시했다. 삼익건설의 개별원가계산은 정상원가계산제도를 사용하고 있으며, 제조간접원가는 직접노무원가기준으로 배부한다. 김재능 군에게 5월의 자료를 다음과 같이 제시하였다.

	직접재료원가	직접노무원가	제조간접원가	합 계
#167	₩17,703	₩6,920	₩7,958	₩32,581
#169	54,936	7,240	8,326	70,502
#170	1,218	2,000	2,300	5,518
#171	154,215	28,500	32,775	215,490
#172	28,845	2,200	2,530	33,575

누락된 작업번호를 묻자 김재능 군에게 작업번호 #168은 4월에 완성되었다는 정보를 주었으며, 작업번호 #167은 5월의 유일한 기초재공품이었다는 정보도 주었다. 또한 5월 초까지 #167의 직접재료원가는 ₩12,900이었으며, 직접노무원가는 ₩3,600이었다는 정보도 주었다. 김재능 군이 현장에서 파악한 정보로는 5월 말에 작업번호 #171은 완성되어 있지 않았고, 나머지 모두는 완성되었다. 이러한 정보를 기초로 김시험 부장이 다음과 같은 질문을 하였다. 요구사항에 답하시오.

[요구사항]

(1) 삼익건설이 사용하는 제조간접원가 예정배부율은 얼마인가?
(2) 기초재공품의 원가는 얼마인가?
(3) 5월에 발생한 총직접제조원가는 얼마인가?
(4) 5월의 완성품원가는 얼마인가?

3-8
L.O. 3-5, 6

(주)세무는 단일제품을 생산하며, 정상원가계산제도를 채택하고 있다. 제조간접원가는 기계시간을 기준으로 배부한다. 20×1년 제조간접원가예산은 ₩40,000이고, 예정기계시간은 2,000시간이다. 20×1년 실제 기계시간은 2,100시간, 제조간접원가 과대배부액은 ₩3,000이다. (세무사 2020)

[요구사항]

(주)세무의 제조간접원가 실제발생액은?

3-9
L.O. 3-5, 6

(주)대한은 정상원가계산제도를 채택하고 있다. 제조간접원가예정배부율은 직접노무원가의 50%이며, 제조간접원가 배부차이는 전액 매출원가에서 조정한다. (주)대한의 20×1년 2월 원가 관련 자료는 다음과 같다. (KICPA 2022)

- 직접재료 구입액은 ₩40,000이다.
- 직접노무원가는 기본원가(기초원가, prime costs)의 40%이다.
- 직접재료 기말재고액은 ₩10,000, 제품 기말재고액은 ₩4,000이다.
- 당기제품제조원가에는 직접재료원가 ₩25,500이 포함되어 있다.
- 기말재공품에는 제조간접원가배부액 ₩1,500이 포함되어 있다.
- 실제 발생한 제조간접원가는 ₩8,000이다.

[요구사항]

제조간접원가 배부차이를 조정한 후 (주)대한의 2월 매출원가는 얼마인가? 단, 기초재고자산은 없다.

3-10
L.O. 3-2, 3, 4

아름기업은 소비자에게 인테리어 서비스를 제공해주는 기업이다. 8월 1일 진행중인 주문이 두 개가 있는데, #547은 기초잔액이 ₩9,300이고, #548은 기초잔액이 ₩7,800이었다. 아름기업은 제조간접원가 배부율로 직접노동시간당 ₩9을 적용한다. 직접노무원가는 시간당 평균 ₩15이다. 8월중 수행된 작업에 대한 원가자료는 다음과 같다.

	#547	#548	#549	#550
직접재료원가	₩950	₩4,500	₩3,300	₩1,300
직접노무원가	2,700	6,000	2,100	900

8월중 #549와 #550이 새로이 시작되었으며, #547의 작업은 8월 17일에 완료되어 원가에 30%를 가산한 금액으로 고객에게 청구하였다. 그 외 모든 작업은 여전히 진행중에 있다.

[요구사항]

(1) 8월중에 각 작업을 위해 수행한 직접작업시간을 계산하시오.

(2) 8월중에 각 작업에 배부된 제조간접원가를 계산하시오.

(3) 8월 1일 기초재고 잔액에 직접재료원가, 직접노무원가를 더하고, 8월에 발생한 제조간접원가를 배부한 다음 8월 31일 기말 잔액을 표시하는 방법으로 네 가지 작업에 대한 간략한 원가계산양식을 작성하시오.

(4) 8월 31일 기말재공품 잔액을 구하시오.

(5) #547의 가격은 얼마인가?

(6) 연중에 아름기업이 대규모 주문을 소화하기 위해 인테리어 설비자산을 ₩38,000에 취득하였다. 이 설비자산은 대규모 인테리어 작업에 필요한 설비이다. 소형 주문의 경우에는 여전히 현재 사용하고 있는 소형 설비자산을 이용한다. 아름기업이 대규모 설비자산을 필요로 하는 작업에 원가를 배부하는 방법은 무엇인가?

문제 B형

3-11
L.O. 3-2, 3

테크아워는 지역단위의 네트워크를 위한 하드웨어를 생산한다. 테크아워는 직접노무원가의 120%로 제조간접원가를 배부한다. 20×1년 12월 31일 홍수로 인해 테크아워의 전산화된 원가정보가 훼손되었다. 20×1년 테크아워에 남아 있는 정보는 다음과 같다.

직접재료원가

차변	금액	대변
기초재고	6,150	
당기매입	?	
	2,050	

재공품

차변	금액	대변
기초재고	14,000	
직접재료원가	?	?
직접노무원가	45,000	
제조간접원가	?	
	12,000	

제 품

기초재고	22,500	
당기제품제조원가	?	342,500
	21,000	

매출원가

?	

테크아워의 계정잔액을 참조하여 다음의 질문에 답하시오.

[요구사항]

(1) 매출원가는 얼마인가?

(2) 당기완성품원가는 얼마인가?

(3) 당기직접재료원가는 얼마인가?

(4) 당기제조간접원가는 얼마인가?

(5) 당기매입직접재료원가는 얼마인가?

3-12

L.O. 3-2, 3

Steeler Towle(주)는 제조간접원가를 ₩250,000으로 추정한다. 이 회사는 100,000시간의 직접노동에 ₩2,500,000의 인건비가 들며 12,500기계시간을 활용할 것으로 예상된다. 다음을 사용하여 예정제조간접원가배부율을 계산하시오.

[요구사항]

(1) 직접노무시간

(2) 직접노무원가

(3) 기계시간

3-13

L.O. 3-2, 4

환상조경은 고객에게 조경에 관한 디자인을 해주고 조경수를 심어 공사를 진행한다. 4월 1일에 #39, #40, #41의 주문에 대한 작업이 진행중이었다. 4월 동안 #42와 #43의 추가주문을 받아 공사를 시작하였으며, 4월 30일까지 #40, #41, #43의 작업이 완료되어 고객에게 인도되었다. 각 작업과 관련하여 아래와 같은 자료가 수집되었다.

	#39	#40	#41	#42	#43
4월 1일 기초잔액	₩540	₩3,400	₩2,990	–	–
직접재료원가	700	560	375	₩3,500	₩6,900
직접노무원가	500	600	490	2,500	3,000

제조간접원가는 직접노무원가의 110%로 배부되며, 모든 작업은 원가에 30%의 이익을 가산하여 판매된다. 4월중 판매비와 관리비는 모두 ₩4,575으로 집계되었다.

[요구사항]

(1) 4월 1일 기초재고 잔액에 직접재료원가, 직접노무원가를 더하고, 4월에 발생한 제조간접원가를 배부한 다음 4월 30일 기말 잔액을 표시하는 방법으로 각 작업에 대한 간략한 원가계산양식을 작성하시오.

(2) 4월 말의 기말재공품재고액과 매출원가를 각각 구하시오.
(3) 환상조경의 4월 손익계산서를 작성하시오.

3-14
L.O. 3-3, 4, 5, 6

(주)대한은 정상개별원가계산을 사용하고 있으며, 제조간접원가 배부기준은 기본원가(prime costs)이다. 20×1년 제조간접원가 예정배부율은 기본원가의 40%이었다. 20×1년도 생산 및 판매 자료는 다음과 같다.

a. 기초재고자산 중 재공품 및 제품의 작업별 원가는 다음과 같다.

	기초재공품		기초제품
	작업 #102	작업 #103	작업 #101
기본원가	₩4,000	₩3,500	₩5,000
제조간접원가	2,000	1,750	2,500
합계	₩6,000	₩5,250	₩7,500

b. 당기에 작업 #102와 #103에 소비된 기본원가는 각각 ₩1,500과 ₩1,000이었다.
c. 당기에 신규로 착수된 작업은 없었고, 작업 #102와 #103은 완성되었다.
d. 당기에 작업 #101과 #102는 각각 ₩8,300과 ₩10,000에 판매되었다.
e. 당기에 제조간접원가 실제발생액은 ₩1,250이었다. (KICPA 2019)

[요구사항]

(1) 제조간접원가 배부차이 금액은 얼마인가?
(2) 배부차이를 원가요소기준비례배부법으로 조정하는 경우 배부차이 조정 후 매출총이익은 얼마인가?

3-15
L.O. 3-3, 4, 5, 6

다음은 와우기업의 20×1년 1월 한 달 동안 발생된 자료들 중 일부를 총계정원장에서 추출한 자료이다.

재공품재고	₩0
원재료재고	21,000
제품재고	44,000

추가자료는 다음과 같다.

a. 1월 동안 실제제조간접원가는 ₩59,000이다.
b. 1월 동안 총직접노무원가는 ₩56,000이다.
c. 제조간접원가 예정배부율은 직접노무원가기준으로 배부된다. 20×1년 직접노무원가 예산은 ₩300,000이고, 제조간접원가 예산은 ₩369,000이다.
d. 20×1년 1월 31일 현재 유일하게 미완성된 작업 410은 총노무원가가 ₩5,600(직접작업시간 700시간)이고, 총직접재료원가는 ₩10,000이다.
e. 1월중 생산에 투입된 총직접재료원가는 ₩100,000이다. 20×1년에 발생한 간접재료원가는 없다.
f. 1월 31일 재료재고는 ₩29,000이다.

g. 1월 31일 제품재고는 ₩30,000이다.

[요구사항]

(1) 제조간접원가 예정배부율을 구하시오.
(2) 1월중 구입된 재료는 얼마인가?
(3) 1월중 완성품원가는 얼마인가?
(4) 1월 31일 기말재공품 잔액은 얼마인가?
(5) 1월의 매출원가는 얼마인가?
(6) 제조간접원가가 과대 또는 과소 배부되었는가? 1월 31일 기말잔액은 얼마인가?

3-16
L.O. 3-2, 3

MOVE(주)는 소수의 고객으로부터 수제화를 주문받아 생산하는 회사이다. MOVE(주)의 경영자는 개별원가계산의 원가자료를 이용하여 다양한 원가정보를 생산해 업무에 활용하고 있다. 총원가정보, 제품유형 그리고 생산수량에 대한 정보는 다음과 같다.

일 자	Job No.	수 량	재 료	금 액	단위당 원가
1월 2일	1	300	XKR1	₩6,600	₩22
1월 15일	26	1,300	M-Z4	11,700	9
2월 3일	34	1,100	M-Z4	14,300	13
3월 7일	44	460	XKR1	7,360	16
3월 24일	51	1,850	SL500	12,950	7
3월 19일	62	2,200	SL500	19,800	9
6월 12일	76	400	XKR1	4,800	12
8월 18일	80	2,750	SL500	30,250	11
9월 2일	88	900	M-Z4	9,000	10
11월 14일	96	540	XKR1	4,320	8
12월 12일	102	2,350	SL500	32,900	14

[요구사항]

(1) X축에 Job No. 그리고 Y축에 단위당 원가를 이용하여 각 제품별 그래프를 작성하시오(그래프 3개 작성). 이 정보는 세 가지 제품의 시간경과에 따른 원가성과를 결정하는 데 사용된다.
(2) MOVE(주)의 더 정확한 원가성과를 조사하기 위해 어떤 추가정보가 필요한가?

3-17
L.O. 3-6

(주)한국은 20×1년 1월 초에 영업을 개시하였다. 회사는 정상개별원가계산을 사용하고 있으며, 제조간접원가 배부기준은 직접노무시간이다. 회사는 당기초에 연간 제조간접원가를 ₩640,000으로, 직접노무시간을 80,000시간으로 예상하였다. (주)한국의 20×1년 1월의 생산 및 판매 관련 자료는 다음과 같다. 1월중 작업 #101, #102, #103을 착수하였는데, 당월중 작업별 실제 발생한 제조직접원가와 실제 사용된 직접노무시간은 다음과 같다.

	#101	#102	#103	합 계
직접재료원가	₩34,000	₩39,000	₩13,000	₩86,000
직접노무원가	₩16,000	₩20,600	₩1,800	₩38,400
직접노무시간	2,750시간	3,800시간	400시간	6,950시간

1월중 실제 발생한 제조간접원가는 총 ₩51,600이다. 1월중 작업 #101과 #102는 완성되었으나, 작업 #103은 1월 말 현재 작업중이다. 작업 #101은 1월중에 판매되었으나, 작업 #102는 1월 말 현재 판매되지 않았다. (KICPA 2017)

[요구사항]

(1) (주)한국의 제조간접원가배부율을 구하시오.

(2) 제조간접원가 과대 혹은 과소 배부액을 구하시오.

(3) 총원가기준 비례배부법으로 배부차이조정 후 20×1년 1월 말 재공품 및 제품, 그리고 20×1년 1월 매출원가는?

3-18
L.O. 3-5, 6

(주)한국은 두 개의 제조부문인 절단부문과 조립부문을 운영하고 있다. 제조간접원가의 부문별 배부기준으로 절단부문에 대해서는 기계가동시간, 조립부문에 대해서는 직접노무시간을 사용한다. (주)한국은 20×1년 말에 제조간접원가 배부차이를 재공품과 제품 및 매출원가에 포함된 원가요소(제조간접원가 예정배부액)의 비율에 따라 조정한다.

- 20×0년 12월 31일 재공품 ₩617,000의 내역은 다음과 같다.

작 업	수 량	항 목	총원가
#101	4,000단위	A제품	₩259,000
#102	4,800단위	B제품	₩358,000

- 20×0년 12월 31일 제품 ₩1,032,500은 다음의 두 가지 항목으로 구성되어 있다.

항 목	수 량	총원가
A제품	11,500단위	₩977,500
B제품	500단위	₩55,000

- 20×1년 1월 초에 예측한 당기 회계연도의 각 제조부문에 대한 원가 및 생산 자료는 다음과 같다.

	절단부문	조립부문
직접노무원가	₩65,000	₩100,000
제조간접원가	₩40,000	₩75,000
기계가동시간	500시간	180시간
직접노무시간	1,000시간	2,000시간

- 20×1년에 (주)한국은 C제품 1,000단위를 생산하기 위해 새롭게 작업 #103을 착수하였다.

• 20×1년 말 현재 #101은 작업이 진행중이며, 나머지 작업은 완료되었다.
• 20×1년의 각 작업별 제조원가 발생액은 다음과 같다.

	#101	#102	#103
직접재료원가	₩30,000	₩105,000	₩46,000
직접노무원가	₩39,000	₩84,000	₩37,500
	총제조간접원가 : ₩137,400		

• 20×1년의 각 제조부문에서 사용된 기계가동시간과 직접노무시간은 다음과 같다.

작 업	절단부문		조립부문	
	기계가동시간	직접노무시간	기계가동시간	직접노무시간
#101	200시간	300시간	50시간	400시간
#102	100시간	250시간	90시간	1,200시간
#103	100시간	150시간	60시간	600시간

• 20×1년의 A제품 판매량은 10,000단위, B제품 판매량은 4,400단위, 그리고 C제품 판매량은 1,000단위이다. (KICPA 2022)

[요구사항]

(1) 20×1년의 각 제조부문별 제조간접원가 예정배부율을 구하시오.
(2) 20×1년 말 제조간접원가 배부차이 금액을 계산하고, 그 배부차이가 과대배부 또는 과소배부인지 밝히시오.

3-19
L.O. 3-4, 5, 6

타운기업은 정상원가시스템을 사용하고 있다. 기말 제조간접통제원가 계정잔액이 차변에 ₩50,000이다. 관련 계정잔액에 대한 정보는 아래와 같다. 제조간접원가는 직접노무원가에 비례하여 배부한다.

	기말재공품원가	당기완성품원가	매출원가
직접재료원가	₩20,000	₩40,000	₩60,000
직접노무원가	10,000	20,000	25,000
공장제조간접원가	20,000	40,000	50,000
	₩50,000	₩100,000	₩135,000

[요구사항]

(1) 해당기간 동안 사용된 제조간접원가배부율은 얼마인가?
(2) 기간 말에 제조간접원가 잔액을 어떻게 배부할지 결정하는 데 사용된 요인이 무엇인지 제시하시오.
(3) 적절한 계정의 상대적 크기에 따라 제조간접원가 계정잔액을 배부하시오.
(4) 적절한 계정잔액의 상대적 제조간접원가 구성비에 따라 제조간접원가 잔액을 배부하시오.
(5) 왜 타운기업의 기말제조간접원가 잔액이 차변잔액인지 가능한 이유를 제시하시오.

3-20 오스틴엔지니어링은 개별원가계산을 사용한다. 20×1년 9월 1일 오스틴엔지니어링의 계정잔액은 다음과 같다.
L.O. 3-2, 3, 6

원재료재고	₩332,400
재공품재고	1,056,300
매출원가	4,732,000

재공품재고는 주문별원가 보조원장의 통제계정이다. 9월 1일 주문원가 원장 3개 계정의 잔액은 다음과 같다.

#75	₩593,200
#78	316,800
#82	146,300

9월중에 다음과 같은 거래가 발생하였다.

a. 9월 1일 : ₩970,000의 원재료를 외상으로 구입하였다.

b. 9월 4일 : 다음과 같이 원재료를 공정에 투입하였다.

#75 ₩44,800	#78 ₩226,800
#82 ₩396,600	#86 ₩256,200
간접재료 ₩25,600	

c. 9월 15일 : 1일에서 15일 사이의 임금 ₩368,500을 지급하였다. 지급된 임금을 분석한 결과 다음과 같은 정보를 얻을 수 있었다.

#75	4,430시간	₩44,300
#78	11,160시간	111,600
#82	12,150시간	121,500
#86	5,540시간	55,400
간접노무원가		35,700

d. 9월 16일 : 오스틴엔지니어링은 직접노무시간당 ₩7.50의 배부율을 사용하여 각 작업에 제조간접원가를 배부하였다.

e. 9월 16일 : #75가 완성되어 고객에게 인도되었다. 또한 원가에 25%를 가산한 가격으로 고객에게 대금을 청구하였다.

f. 9월 20일 : 다음과 같이 공장에서 발생한 대금을 지급하였다.

전기료 ₩17,800	임차료 ₩38,300
8월에 발생한 외상매입금 ₩90,400	

g. 9월 24일 : 외상으로 원재료 ₩412,000을 구입하였다.

h. 9월 25일 : 다음과 같이 작업에 원재료를 투입하였다.

#78 ₩74,400	#82 ₩108,300
#86 ₩192,500	간접재료 ₩27,200

i. 9월 30일 : 다음과 같은 추가적인 제조간접원가를 기록하였다.

감가상각비 ₩209,500	재산세 ₩13,000
선급보험료 사용기간 만료분 ₩32,100	

j. 9월 30일 : 16일에서 30일까지 총임금 ₩357,200을 기록하였다. 임금을 분석한 자료는 다음과 같다.

#78	8,840시간	₩88,400
#82	11,650시간	116,500
#86	11,980시간	119,800
간접노무원가		32,500

k. 9월 30일 : 보름간의 제조간접원가를 각 작업에 배부하였다.

[요구사항]

(1) 20×1년 9월의 거래에 대한 분개를 하시오.

(2) 위의 분개를 T-계정을 사용하여 작업별원장과 총계정원장에 전기하시오.

(3) 9월 30일 기말재공품 금액은 얼마인가?

(4) 9월의 제조간접원가 배부차액이 얼마인지 계산하시오.

용어해설

개별원가계산(job costing, job order costing) 특정제품별로 원가를 집계하는 원가계산시스템

기준조업도(base capacity) 제조간접원가배부율 계산에서 분모로 사용되는 조업도

단일배부율(single overhead rate) 제조간접원가를 하나의 배부기준에 의해 배부하는 것

매출원가조정법(write-off to COGS) 제조간접원가 배부차이를 매출원가계정에서 일괄 가감처리하는 방법

복수배부율(multiple overhead rate) 또는 **이중배부율** 제조간접원가를 복수의 배부기준에 의해 배부하는 것

비례배분법(proration) 과소 및 과대 배부된 제조간접원가를 기말재공품, 기말제품 및 매출원가 금액에 비례하여 배분하는 방법

실제원가계산(actual costing) 작업별로 발생한 실제원가를 이용해 원가계산을 하는 방법

실제최대조업도(practical capacity) 정기적인 기계수선, 휴일의 가동중단 등과 같은 불가피한 생산중단을 허용하면서 달성할 수 있는 생산능력의 이용정도

예산조업도(master budget capacity) 경영자가 예상한 당해연도의 기대조업도

예정제조간접원가배부율(predetermined manufacturing overhead rate) 제조간접원가를 예정배부하기 위해 계산된 배부율로 제조간접원가 총예산액을 총배부기준량으로 나누어서 구함

이론적 조업도(theoretical capacity) 기계고장이나 수선 등에 의해 발생하는 생산중단 없이 생산활동이 항상 최고의 효율을 유지하고 있는 환경에서 달성할 수 있는 생산능력의 이용정도

작업시간표(time ticket) 수행해야 할 특정작업 내용과 시간이 기재되어 있으며, 노무원가 집계에 사용됨

작업지시서(job order) 특정 원가대상을 위해 수행된 작업을 나타내는 서류

재료출고청구서(material requisition form) 특정작업을 위해 소요될 재료의 출고를 지시하는 서류로, 재료원가 집계에 사용됨

정상원가계산(normal costing) 직접원가는 실제수량에 실제원가율을 곱해 구하고 간접원가는 실제수량에 예정배부율을 곱해 구한 값을 합해서 원가계산하는 방법

정상조업도(normal capacity) 수요의 계절적 · 주기적 변동 및 추세에 따른 변동을 평준화할 만큼 장기에 걸쳐 소비자의 평균수요를 충족하는 데 필요한 생산능력의 이용정도

제조간접원가 과대배부(overallocated manufacturing overhead cost) 제조간접원가 실제발생액 < 예정배부액

제조간접원가 과소배부(underallocated manufacturing overhead cost) 제조간접원가 실제발생액 > 예정배부액

제조간접원가배부(manufacturing overhead allocated) 관련 있는 작업에 적절하게 간접원가를 할당하는 과정

제조간접원가배부율(manufacturing overhead rate) 제조간접원가를 개별 작업에 배부하는 데에 이용되는 배부율

조업도(rate of capacity, volume) 일정한 생산능력을 전제로 그 이용도를 나타낸 것

종합원가계산(process costing) 공정별로 원가를 집계하여 총생산량으로 나누어 단위당 원가를 구하는 원가계산방법

chapter

4

종합원가계산

이 장을 학습한 후에 다음을 할 수 있어야 한다 :

4-1 종합원가계산시스템을 이해하고 개별원가계산과 종합원가계산의 차이점을 구별할 수 있어야 한다.

4-2 종합원가계산시스템에서 관련 계정의 흐름을 이해하고 관련 회계처리를 설명할 수 있어야 한다.

4-3 가중평균법에 의한 종합원가계산을 설명할 수 있어야 한다.

4-4 선입선출법에 의한 종합원가계산을 설명할 수 있어야 한다.

4-5 전공정원가(전입원가)가 있는 경우의 종합원가계산을 설명할 수 있어야 한다.

4-6 혼합원가계산에 대해 설명할 수 있어야 한다.

Process Costing

종합원가계산

종합원가계산은 동질적인 제품을 연속적으로 생산하는 업종에서 적용된다.

종합원가계산(process costing)은 같은 제품을 반복하여 연속적으로 생산하는 대량 생산형태(또는 흐름생산형태)의 업종에서 적용된다. 이러한 업종에서 생산되는 제품은 서로 동질적이어서 동일한 재료와 동일한 제조부문에서 표준화된 제조방법으로 가공되는 특징을 갖는다. 따라서 동일한 공정에서 생산된 제품은 모두 동일한 자원을 소비했을 것이므로 단위당 제조원가는 평균적으로 발생했다고 가정한다. 즉, 종합원가계산은 평균화과정(averaging process)을 통하여 제품단위 원가를 계산하는 방법이다. 여기서 평균화란 일정기간 동안의 총제조원가를 총 제조수량으로 나누어 단위당 원가를 계산한다는 의미이다.

$$\text{제품단위당 제조원가} = \frac{\text{원가계산기간의 총제조원가}}{\text{원가계산기간의 총생산량}}$$

개별원가계산시스템과 종합원가계산시스템의 차이점

제품생산에 소요된 원가를 집계하고, 원재료, 재공품 및 제품이라는 계정을 사용하며, 기본적인 제조원가의 흐름이 동일하다는 측면에서 개별원가계산과 종합원가계산은 유사하다. 그러나 다음 몇 가지 면에서 종합원가계산은 개별원가계산과 차이점을 갖는다.

첫째, 개별원가계산은 차별화된 작업을 요하는 다양한 제품을 생산하는 경우에 사용되는 반면에 종합원가계산은 동질적인 제품을 연속적으로 생산하는 경우에 사용된다. 둘째, 개별원가계산은 제품을 위해 수행된 작업이 상이함에 따라 수행된 작업에 대해 직접재료원가, 직접노무원가, 제조간접원가 추적에 신중을 기하나 종합원가계산은 그러한 노력을 크게 기울이지 않는다. 종합원가계산은 공정별로 원가를 집계하고 이 원가를 공정을 거쳐 간 모든 제품에 균등하게 할당하기 때문이다.

[도표 4-1]은 개별원가계산과 종합원가계산의 차이점을 요약하고 있다.

도표 4-1 개별원가계산과 종합원가계산의 차이점

개별원가계산	종합원가계산
다품종 주문생산형태 기업에서 적용	동종제품 대량생산형태 기업에서 적용
원가는 개별 작업별로 집계된다.	원가는 공정별로 집계된다.
단위당 원가는 개별원가계산표상의 작업별로 계산된다.	단위당 원가는 공정별로 집계된다.

종합원가계산의 흐름

종합원가계산시스템을 이해하기 위해서는 제조원가가 어떤 계정을 통해 어떻게 흘러가는지를 살펴볼 필요가 있다. 종합원가계산에서는 원가의 집계가 공정을 중심으로 이루어지기 때문에 공정을 이해해야 한다. 공정(processing department)은 제품에 대한 작업이 수행되고 직접재료원가, 직접노무원가 및 제조간접원가가 발생하는 조직단위이다. 동일한 공정을 통과한 제품은 공정 내에서는 동질적이며, 수행된 작업은 동일하다. 따라서 공정 내에서 생산된 제품의 원가는 모두 같다.

종합원가계산시스템은 개별원가계산시스템과 유사한 계정(직접재료원가, 직접노무원가 및 제조간접원가)을 이용하나, 보다 간단하게 원가를 집계한다. 이는 개별원가계산은 수많은 작업별로 원가가 추적되나 종합원가계산은 몇몇 공정에만 추적되기 때문이다. [도표 4-2]는 종합원가계산시스템에서 직접재료원가, 직접노무원가 그리고 제조간접원가 계정의 흐름을 T-계정으로 보여주고 있다.

[도표 4-2]에서 보듯이 각 공정은 별도의 재공품계정을 유지한다. 예를 들면, 조립공정에서 작업을 수행하면서 발생된 직접재료원가, 직접노무원가 및 제조간접원가는 모두 조립공정의 재공품계정으로 집계된다. 그다음 조립공정에서 완성된 완성품은 후속공정인 포장공정으로 대체된다. 포장공정에서는 조립공정에서 대체된 완성품에 추가작업을 수행한다. 이때 포장공정에서 발생한 원가는 모두 포장공정의 재공품계정에 기록한다. 마지막으로 포장공정을 통과한 완성품은 제품계정으로 대체된다. 이 과정에서 우리는 다음 사항을 유의해야 한다.

첫째, 포장공정에서 완성된 제품의 원가는 조립공정에서 대체된 완성품의 원가에 포장공정에서 발생된 원가를 가산하여 계산된다. 이때 조립공정에서 대

도표 4-2 종합원가계산시스템에서 작업 및 원가의 흐름

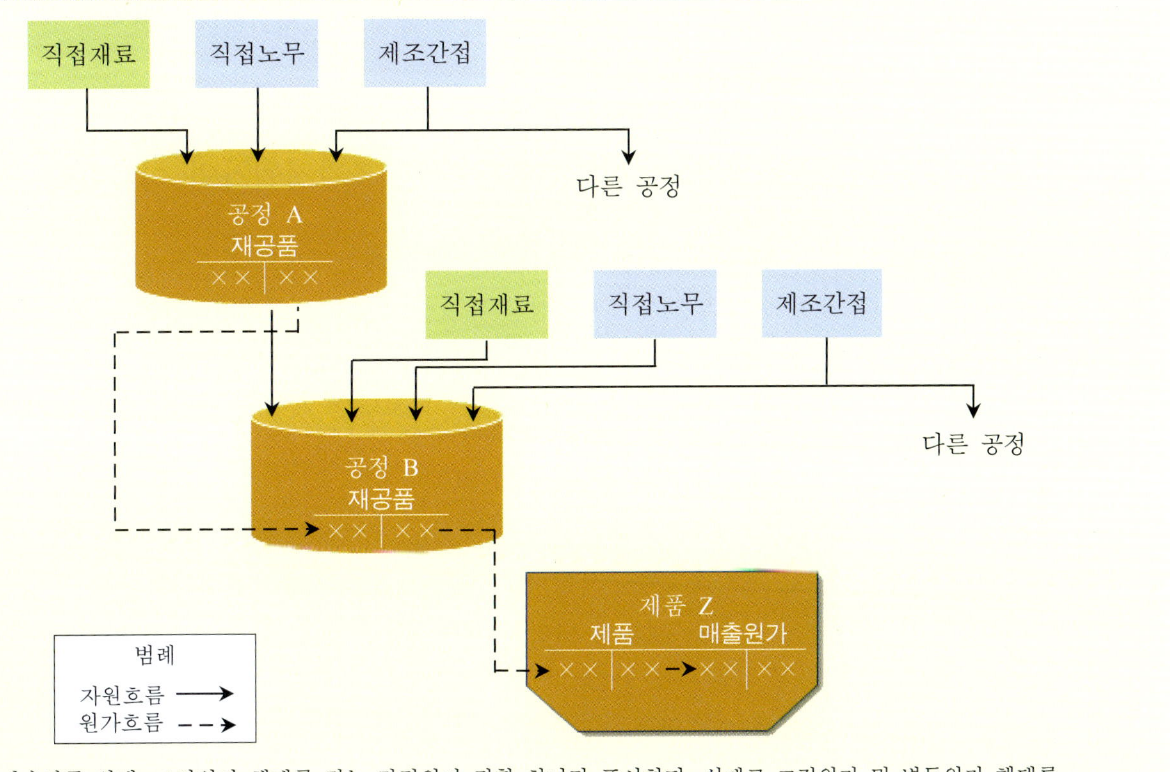

단순화를 위해, 고정원가 행태를 갖는 간접원가 집합 하나만 표시한다. 실제로 고정원가 및 변동원가 행태를 가진 여러 원가 집합이 있다. 이러한 간접원가 집합 각각은 적절한 방법을 사용하여 할당된다.

전공정원가는 이전 공정에서 완성되어 다음 공정으로 대체된 완성품의 제조원가를 의미한다.

가공원가(전환원가)는 직접노무원가에 제조간접원가를 합한 원가를 말한다.

체된 완성품의 원가를 전공정원가(transferred-in costs 또는 전입원가)라고 한다. 이에 대해서는 뒤에서 자세하게 설명한다.

둘째, [도표 4-2]에서 보면 공정에 관련 있는 계정으로 직접재료원가, 직접노무원가 및 제조간접원가 계정 등 세 가지 계정을 이용하나 상당수의 기업들은 직접재료원가와 가공원가(conversion cost, 전환원가) 계정으로 두 개의 계정을 이용하기도 한다. 왜냐하면 공정에 자원이 투입될 때 대개 직접재료원가는 공정의 특정시점(예를 들면, 공정 초기나 공정 중간에 혹은 공정 마지막)에 투입되나, 가공원가는 공정 전반에 걸쳐서 평균적으로 발생하는 특징을 갖기 때문이다. 따라서 상당수의 기업들은 직접노무원가와 제조간접원가를 하나로 묶어서 가공원가로 처리한다. 물론 이들 자원의 공정 투입이 상이하게 이루어진다면 계정을 분리해서 처리해야 한다.

셋째, 제조간접원가는 공정별로 발생하며 대개 정상원가계산을 이용하므로 예정배부된다. 제조간접원가의 실제발생액과 예정배부액의 차이에 대한 조정은 개별원가계산에서 설명한 조정방법과 동일하게 처리하면 된다.

직접재료원가, 직접노무원가 및 제조간접원가의 회계처리

종합원가계산에서의 회계처리는 개별원가계산에서의 회계처리와 별반 차이가 없다. 단지 공정별로 재공품계정을 유지하며, 직접노무원가와 제조간접원가를 묶어 가공원가(전환원가)계정으로 처리한다는 점만 유의하면 된다. 직접노무원가와 제조간접원가가 공정에 투입되는 시점이 다르다면 계정을 분리해서 기록하면 된다.

직접재료원가

원재료는 재료출고청구서를 통해 재료창고에서 출고된다. 첫 번째 공정인 조립공정에서 사용된 재료에 대한 회계처리는 다음과 같다.

재공품-조립공정	×××	
원재료		×××

두 번째 공정인 포장공정에서 사용된 재료에 대한 회계처리는 다음과 같다.

재공품-포장공정	×××	
원재료		×××

직접노무원가

종합원가계산에서의 직접노무원가는 개별 작업이 아닌 공정별로 추적된다. 따라서 조립공정에서 사용된 직접노무원가의 회계처리는 다음과 같다.

재공품-조립공정	×××	
미지급임금		×××

만일 직접노무원가를 제조간접원가와 묶어서 회계처리한다면 일단 재공품계정이 아닌 가공원가계정으로 처리한 후에 재공품계정으로 대체하는 회계처리를 하면 된다.

가공원가-조립공정 ································	×××	
미지급임금 ································		×××

포장공정의 직접노무원가에 대해서도 유사하게 회계처리를 한다.

제조간접원가

종합원가계산에서 제조간접원가는 공정별로 기록한다. 제조간접원가 발생에 대한 회계처리는 다음과 같다.

제조간접원가-조립공정 ································	×××	
미지급비용 ································		×××

만일 기업이 정상원가계산시스템을 적용한다면 제조간접원가는 공정별로 예정배부한다. 조립공정에서의 제조간접원가에 대한 회계처리는 다음과 같다.

재공품-조립공정 ································	×××	
배부제조간접원가 ································		×××

제조간접원가의 실제발생액과 예정배부액의 차이는 개별원가계산에서 설명한 것처럼 회계기말에 조정해주면 된다. 포장공정의 제조간접원가에 대해서도 이와 유사하게 회계처리하면 된다.

제품의 완성 및 판매

[도표 4-2]에서 보듯이 한 공정에서 완성된 완성품은 반제품의 형태로 판매되거나 혹은 다음 공정으로 대체되어 추가적인 가공을 통해 완제품으로 전환된다. 조립공정에서의 완성품이 포장공정으로 대체되는 회계처리는 다음과 같다.

도표 4-3 종합원가계산의 공정별 원가흐름

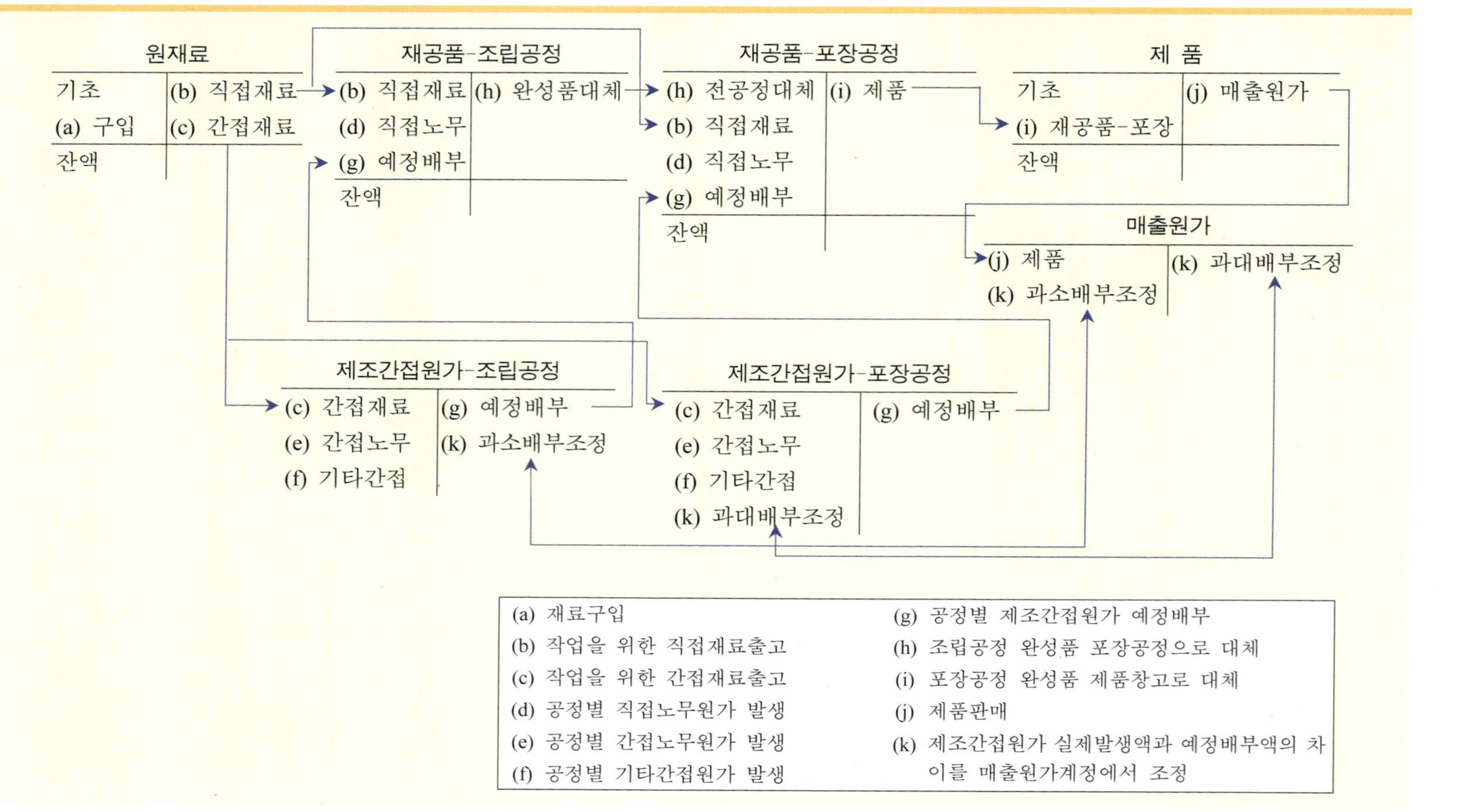

재공품-포장공정 …………………………	×××	
재공품-조립공정 …………………………		×××

포장공정에서 완성된 완성품은 제품계정으로 대체된다.

제품 …………………………	×××	
재공품-포장공정 …………………………		×××

마지막으로 제품이 판매되면, 판매된 제품의 원가는 매출원가계정으로 대체된다.

매출원가 …………………………	×××	
제품 …………………………		×××

요약하면, 종합원가계산에서 계정들간의 원가흐름은 기본적으로 개별원가계산과 동일하다. 단지 차이점은 종합원가계산은 공정별로 재공품계정을 가진다는 점이다. 이들 계정의 흐름을 정리하면 [도표 4-3]과 같다.

종합원가계산의 절차

종합원가계산의 기본과제는 각각의 공정에 투입된 원가를 각 공정의 산출품에 평균원가(단위당 원가)로 배분하는 것이다. 그러나 기초재공품과 기말재공품의 존재 유무에 따라 단위당 원가계산과정이 복잡해진다. 여기서는 기초재공품 및 기말재공품의 존재 유무에 따른 종합원가계산과정에 대해 설명한다.

기초재공품과 기말재공품이 없는 경우의 종합원가계산

종합원가계산은 공정별로 제조작업이 연속적으로 이루어진 것을 가정한다. 종합원가계산에서의 제품원가계산은 먼저 공정별로 발생한 직접재료원가와 가공원가(=직접노무원가+제조간접원가)를 집계하고 이들 집계된 원가를 생산한 수량에 균등하게 배부하여 제품의 단위당 원가를 계산한다. 그다음 판매수량에 제품의 단위당 원가를 곱하여 매출원가를 계산하고, 판매되지 않은 수량에 제품의 단위당 원가를 곱하여 기말재고자산을 계산한다. 이 계산단계를 요약하면 다음과 같다.

① 공정에서 발생한 직접재료원가 총액을 결정한다.
② 완성수량으로 나누어 직접재료 단위당 원가를 계산한다.
③ 공정에서 발생한 가공원가 총액을 결정한다.
④ 완성수량으로 나누어 가공원가 단위당 원가를 계산한다.
⑤ 단계 ②와 ④를 합하여 총단위당 원가를 계산한다.
⑥ 완성품 제조원가=완성품수량×단계 ⑤
⑦ 기말재고자산=판매되지 않은 수량×단계 ⑤

다음은 위니비니(Weeny Beeny)의 20×1년 9월 혼합공정의 생산 및 원가 자료이다.

자료 1

위니비니는 혼합공정과 포장공정 등 두 개의 공정을 통해 초콜릿 볼을 생산한다. 혼합공정에서는 원재료가 공정 초기에 전부 투입된다. 가공원가는 공정 전체를 통해 균등하게 발생한다. 20×1년 9월 혼합공정의 생산 및 원가 자료는 다음과 같다.

	수 량	금 액		
		직접재료	가 공	합 계
기초재공품	0개	−	−	−
10월 착수량	1,800개	₩819,000	₩963,000	₩1,782,000
10월 완성, 포장공정 대체	1,800개			
기말재공품	0개			

위니비니의 혼합공정의 단위당 직접재료원가는 ₩455, 단위당 가공원가는 ₩535으로 총단위당 원가는 ₩990이 된다.

단위당 직접재료원가(₩819,000÷1,800개)	₩455
단위당 가공원가(₩963,000÷1,800개)	535
단위당 혼합부문 원가	₩990

위니비니의 9월중 혼합부문의 완성품원가는 총원가를 총생산량으로 나눈 평균으로 구할 수 있다. 혼합부문에서 생산된 완성품은 각 단위가 동질적이기 때문에 모든 단위가 같은 금액의 직접재료원가와 가공원가를 소비하는 것으로 가정한다.

기초재공품은 없으나 기말재공품이 있는 경우의 종합원가계산

위니비니의 20×1년 10월 혼합부문의 생산 및 원가 자료는 다음과 같다.

자료 2

10월중에 위니비니는 혼합공정에 새로이 1,900개를 생산에 투입하였다. 9월중 생산에 착수한 제품은 9월에 모두 완성되었기에 10월 1일 혼합부문에서 기초재공품은 없다. 10월의 혼합공정에 대한 자료는 다음과 같다.

	수 량	금 액		
		직접재료	가 공	합 계
기초재공품	0개	–	–	–
10월 착수량	1,900개	₩798,000	₩1,066,151	₩1,864,151
10월 완성, 포장공정 대체	1,700개			
기말재공품(70% 완성)	200개			

위니비니의 10월 생산은 9월의 생산과 달리 모든 작업을 완료하지 못하고 있다. 위니비니는 10월에 생산이 시작된 1,900개 중 1,700개를 완성시켜 포장공

정으로 전출시켰으며, 200개는 70%의 가공이 진행된 상태에서 작업이 중지됐다. 이를 재공품계정을 이용해 살펴보면 다음과 같다.

재공품

당기투입량 (1,900개)	당기완성량 (1,700개)
	기말재공품 (200개)
투입량(1,900개)	산출량(1,900개)

위니비니가 10월에 1,900개의 생산에 투입한 ₩1,864,151을 완성품 1,700개와 미완성품 200개에 어떻게 배분해야 할까? 물량의 완성비율을 기준으로 ₩1,864,151을 완성품에 89.5%(=1,700/1,900), 기말재공품에 10.5%(=200/1,900)을 배분하면 어떨까? 그러나 이것은 올바른 방법이 아니다. 왜냐하면, 위니비니는 초콜릿 볼 혼합공정에서 직접재료와 가공원가가 공정에 투입되는 시점이 서로 상이하기 때문이다. 따라서 직접재료원가와 가공원가를 구분해서 완성품원가를 계산해야 한다. 이를 위해 일반적으로 종합원가계산은 다음 5단계를 이용하여 원가를 계산한다.

종합원가계산에서의 5단계는 물량흐름의 파악, 완성품환산수량 계산, 총원가의 요약, 완성품환산수량 단위당 원가 계산, 원가할당 등의 단계를 말한다.

① 물량단위의 흐름을 요약한다.
② 완성품환산수량을 계산한다.
③ 직접재료원가 및 가공원가 계정의 총원가를 요약한다.
④ 완성품환산수량 단위당 원가를 계산한다.
⑤ 완성품 제조원가 및 기말재공품에 원가를 할당한다.

물량단위의 흐름과 완성품환산수량 파악(1단계와 2단계)

종합원가계산에서 1단계는 생산을 위해 공정에 투입된 작업물량 중 완성된 수량과 가공중인 수량을 파악하는 단계이다. 물량흐름은 다음과 같이 계산된다.

기초재공품+당기투입량=당기완성량+기말재공품

위니비니의 10월중 초콜릿 볼 생산은 기초재공품 0개에 당기투입량 1,900개를 투입해 작업을 수행한 결과 1,700개가 완성되어 포장공정으로 전출되고 200개가 가공중에 있음을 파악했다.

2단계에서는 완성품환산수량의 계산으로 10월중 생산량을 완성품단위로 측정하는 단계이다. 종합원가계산의 목적은 생산에 투입된 원가를 공정에서 생산된 완성품과 기말재공품에 배부하는 것이다. 기초재고나 기말재고가 없는 경우에는 발생된 총원가를 총생산량에 배부하면 된다. 그러나 재공품이 있는 경우에는 그렇지 못하다. 공정별 완성품수량을 파악함에 있어 미완성된 기말재공품을 완성품과 동일하게 취급하는 것은 합리적이지 않다. 따라서 부분적으로만 완성된 기말재공품들은 완성품과 비교가능한 수량으로 바꾸어야 하는데, 이를 완성품환산수량이라고 한다.

완성품환산수량은 투입된 재료와 노력으로부터 얻을 수 있는 완성품수량을 말한다.

완성품환산수량(equivalent units)은 종합원가계산에서 가장 기본이 되는 개념으로, 공정에 투입된 생산요소의 양을 그 기간 동안 완성품만을 생산하는 데 투입했다면 완성시킬 수 있었던 수량으로 나타낸 수치이다.

도표 4-4 완성품환산수량의 개념

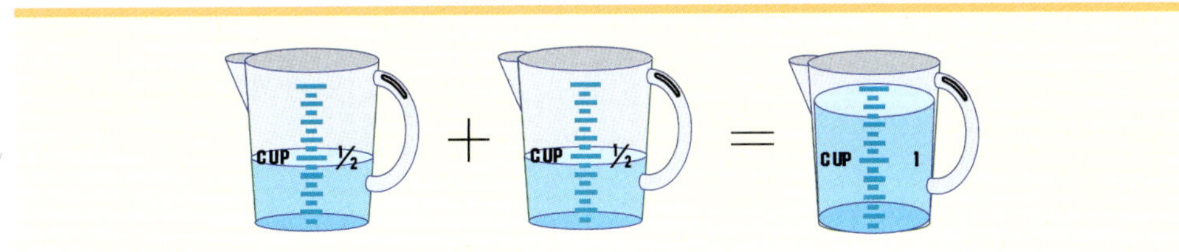

[도표 4-4]에서 보듯이 주전자에 있는 물을 두 사람에게 동일한 양으로 한 잔씩 주기 위해 두 컵에 물을 동시에 따랐다. 그러나 두 컵에 물이 반잔이 채워진 상태에서 주전자 물이 떨어졌다. 이때 주전자에는 몇 잔의 물이 있었던 것일까? 정답은 한 잔이다. 즉, 두 컵에 물을 동시에 따르지 않고 한 컵에 먼저 물을 채우고 그다음 컵에 물을 채웠다면 컵 하나는 가득 채우고 다른 한 컵에는 물을 하나도 채우지 못했을 것이다. 이렇듯 생산에 투입된 자원으로 한 단위씩 완성시키는 경우 완성시킬 수 있는 총수량을 완성품환산수량이라고 한다.

따라서 완성품환산수량은 다음과 같이 계산된다.

완성품환산수량 = 부분적으로 완성된 수량 × 완성률(%)

도표 4-5 위니비니 혼합공정의 완성품환산수량의 인식(10월)

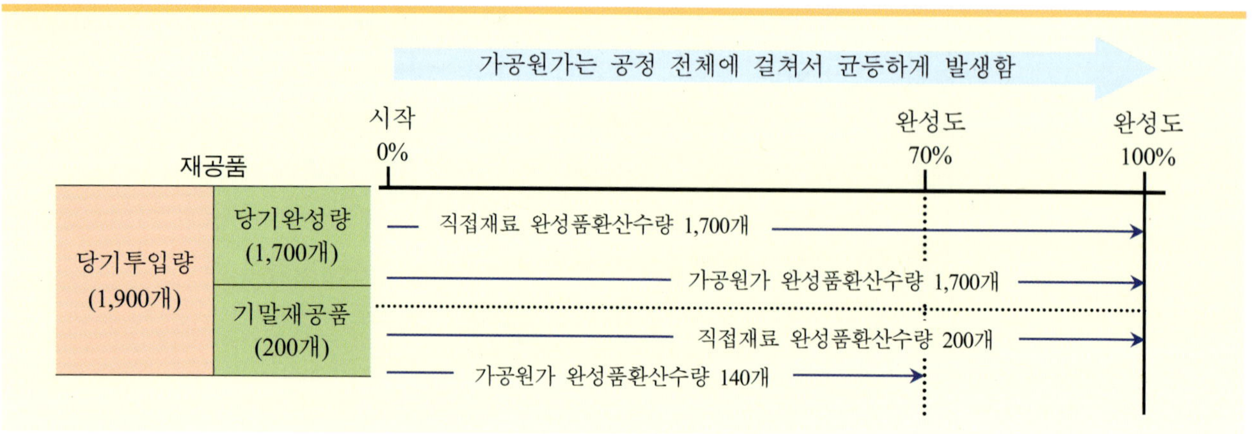

이 개념을 이용하여 위니비니의 10월중 혼합공정의 완성품환산수량 계산과정을 그림으로 표현하면 [도표 4-5]와 같다. 완성품환산수량을 계산하기 위해서는 직접재료원가와 가공원가를 구분하는 것이 일반적이다. 왜냐하면, 직접재료원가는 대개 생산공정의 특정한 시점에 투입되나 가공원가는 공정 전체에 걸쳐서 균등하게 투입되기 때문이다. 따라서 공정을 통과한 완성품의 경우에는 직접재료원가와 가공원가가 100% 투입되어 있으나 기말재공품의 경우 가공이 중단된 상태에서 직접재료원가와 가공원가의 투입 정도가 다르기 때문이다. 위니비니의 10월중 혼합공정의 물량흐름과 완성품환산수량을 계산하면 다음과 같다.

[도표 4-5]에서 보듯이 직접재료는 혼합공정 초기에 전량 투입된 후 추가로 투입되지 않는다. 따라서 당기완성량 1,700개뿐만 아니라 기말재공품 200개에도 직접재료는 100% 투입되어 있으므로 완성품환산수량은 1,900개가 된다. 반면, 가공원가는 당기완성수량에는 가공원가가 100% 투입이 되었으나, 기말재공품 200개는 현재 70% 가공된 상태이므로 가공원가가 총투입될 원가 중 70%만 소비된 상태이다. 따라서 기말재공품을 하나씩 완성시켰다면 100% 완성시킬 수 있었던 수량은 140개(=200개×70%)가 된다. 따라서 가공원가의 완성품환산수량은 1,840개(=1,700개+140개)가 된다.

물량흐름	1단계 수량(개)		2단계 완성품환산수량 직접재료	가공원가
기초재공품	0			
당기투입량	1,900			
합계	1,900			
당기완성량	1,700		1,700	1,700
기말재공품	200	(완성도 70%)	200	140
합계	1,900		1,900	1,840

공정별 원가집계와 완성품환산수량 단위당 원가의 계산(3단계와 4단계)

3단계와 4단계에서는 공정에 투입된 직접재료원가와 가공원가를 집계하여 2단계에서 구한 완성품환산수량을 이용하여 단위당 원가를 계산한다. 위니비니의 10월중 혼합공정에 사용된 직접재료원가와 가공원가 그리고 완성품환산수량 단위당 원가는 다음과 같다.

		직접재료원가	가공원가	합 계
	기초재공품원가	0	0	0
	당기투입원가	₩798,000	₩1,066,151	₩1,864,151
3단계	총원가	₩798,000	₩1,066,151	₩1,864,151
	완성품환산수량	÷1,900	÷1,840	
4단계	완성품환산수량 단위당 원가	₩420	₩579.43	₩999.43

10월중 혼합공정에 직접재료원가 ₩798,000, 가공원가 ₩1,066,151이 투입되었다. 이 금액으로 10월중 생산한 완성품환산수량이 직접재료원가는 1,900개, 가공원가는 1,840개였다. 따라서 직접재료 완성품환산수량 단위당 원가는 ₩420(=₩798,000÷1,900개)이고 가공원가는 ₩579.43(=₩1,066,151÷1,840개)이 된다.

제품원가와 기말재공품원가의 계산(5단계)

5단계에서는 4단계에서 구한 완성품환산수량 단위당 원가를 이용해 총원가를 완성품 및 기말재공품에 할당한다. 당기완성품 1,700개는 100% 가공이 끝난 상태이므로 직접재료원가와 가공원가가 모두 투입되어 있다.

따라서 완성품의 제조원가는 ₩1,699,031(=1,700개×₩999.43)이 된다. 기말재공품은 직접재료원가와 가공원가의 투입 정도가 다르므로 구분해서 계산해야 한다. 기말재공품에서 직접재료는 공정 초기에 전부 투입되므로 가공중인 200개에는 직접재료가 100% 투입되어 있다. 따라서 기말재공품의 직접재료원가는 ₩84,000(=200개×₩420)이 된다. 그러나 가공원가는 70% 가공된 상태이므로 140개(=200개×70%)에 ₩579.43을 곱한 ₩81,120이 된다. 따라서 기말재공품 총원가는 ₩165,120(=₩84,000+₩81,120)이다.

	수량(개)	직접재료원가	가공원가	합 계
5단계 원가할당				
당기완성품	1,700	1,700×₩420=₩714,000	1,700×₩579.43=₩985,031	₩1,699,031
기말재공품	200			
직접재료	(200)[a]	200×₩420=84,000	–	84,000
가공원가	(140)[a]	–	140×₩579.43=81,120	81,120
총기말재공품		₩84,000	₩81,120	₩165,120
총원가	1,900	₩798,000	₩1,066,151	₩1,864,151

a. 2단계에서

분 개

종합원가계산에서의 분개는 개별원가계산에서의 회계처리와 기본적으로 동일하다. 단지 차이는 개별원가계산은 작업별로 재공품계정을 가지나 종합원가계산은 공정별로 재공품계정을 갖는다는 것이다. 다음은 위니비니의 초콜릿 볼 혼합공정에 대한 회계처리를 위한 분개를 간단히 설명한다.

a. 재료 ₩950,000을 외상으로 구입하였다.

	차변	대변
원재료	950,000	
매입채무(혹은 현금)		950,000

b. 10월중 초콜릿 볼 1,900개 생산을 위해 혼합공정에 작업 초기에 원재료 ₩798,000을 투입하였다.

	차변	대변
재공품-혼합공정	798,000	
원재료		798,000

c. 10월중 혼합공정에서 직접노무원가 ₩522,000이 발생했다.

	차변	대변
재공품-혼합공정	522,000	
미지급임금		522,000

d. 10월중 혼합공정의 설비에 대한 비용 ₩544,151이 발생했다.

	차변	대변
제조간접원가-혼합공정	544,151	
제 비용		544,151

e. 10월중 혼합공정에 제조간접원가 ₩544,151을 예정배부했다.

	차변	대변
재공품-혼합공정	544,151	
배부제조간접원가		544,151

f. 10월중 혼합공정에서 완성된 제품 ₩1,699,031(1,700개)을 포장공정으로 전출시켰다.

	차변	대변
재공품-포장공정	1,699,031	
재공품-혼합공정		1,699,031

[도표 4-6]은 위니비니의 10월중 초콜릿 볼 혼합공정의 계정의 흐름을 요약한 것이다.

도표 4-6 위니비니 혼합공정의 원가흐름

원재료

차변		대변	
기초	0	(b)	798,000
(a)	950,000		
잔액	152,000		

재공품-혼합공정

차변		대변	
(b)	798,000	(f)	1,699,031
(c)	522,000		
(e)	544,151		
잔액	165,120		

재공품-포장공정

차변		대변	
(f)	1,699,031		

제조간접원가-혼합공정

차변		대변	
(d)	544,151	(e)	544,151

위니비니의 혼합공정 제조원가보고서(10월)

	물량흐름	1단계 수량(개)	2단계 완성품환산수량 직접재료	2단계 완성품환산수량 가공원가	
1	기초재공품	0			
2	당기투입량	1,900			
3	합계	1,900			
4	당기완성량	1,700	1,700	1,700	
5	기말재공품(70% 완성)	200	200	140	
6	합계	1,900	1,900	1,840	
7			3단계 : 총원가		
8			직접재료	가공원가	합 계
9	기초재공품원가		0	0	0
10	당기투입원가		₩798,000	₩1,066,151	₩1,864,151
11	총원가		₩798,000	₩1,066,151	₩1,864,151
12	완성품환산수량 (6번 행)		÷1,900	÷1,840	
13	완성품환산수량 단위당 원가 : 4단계		₩420	₩579.43	₩999.43
14					
15	원가할당		5단계		
16	당기완성품원가 (4번 행×13번 행)		₩714,000	₩985,031	₩1,699,031
17	기말재공품원가				
18	직접재료원가 (5번 행×13번 행)		84,000	–	84,000
19	가공원가 (5번 행×13번 행)		–	81,120	81,120
20	총기말재공품		₩84,000	₩81,120	₩165,120
21	총원가		₩798,000	₩1,066,151	₩1,864,151

기초재공품과 기말재공품이 있는 경우의 종합원가계산

11월 현재 위니비니의 혼합공정의 자료는 다음과 같다.

자료 3

11월중에 위니비니는 혼합공정에 새로이 1,800개를 생산에 투입하였다. 11월의 혼합공정에 대한 자료는 다음과 같다.

	수 량	금 액		
		직접재료	가 공	합 계
기초재공품(70% 완성)	200개	₩84,000	₩81,120	₩165,120
11월 착수량	1,800개	810,000	918,000	1,728,000
11월 완성, 포장공정으로 대체	1,600개			
기말재공품(60% 완성)	400개			

기초재공품과 기말재공품을 가지고 있는 상태에서 원가계산은 앞서 이용한 5단계를 이용하면 된다. 그러나 기초재공품이 있는 경우에 물량흐름을 어떻게 가정하느냐에 따라 완성품환산수량이 달라진다. 따라서 경영자는 "공정에 투입된 자원 중 어떤 것이 그 기간중에 먼저 완성되는가?"에 답을 해야 한다. 여기에는 두 가지 대체적인 재고원가흐름법으로 가중평균법(weighted average)과 선입선출법(first-in, first-out, FIFO)이 있다.

가중평균법에 의한 종합원가계산

가중평균법은 당기와 전기에 발생한 원가를 합해 당기에 처음부터 생산이 이루어진 것으로 보고 단위당 원가를 계산한다.

가중평균법(weighted average)은 기초재공품원가와 당기투입원가를 구분하지 않고 이를 가중평균하여 당기완성품과 기말재공품에 원가를 할당하는 방법이다. 가중평균법에서는 기초재공품의 완성도는 아무 의미가 없으며, 이는 새로이 투입된 재료와 섞여 처음부터 다시 작업이 이루어지는 것으로 가정한다. 따라서 가중평균법은 투입측면보다는 산출측면을 강조하는 방법으로 당기말까지 완성한 총작업량을 기준으로 원가를 할당한다. 이 방법은 계산과정이 간단하므로 실무적으로 많이 이용하는 방법이다.

위니비니의 11월 혼합공정의 재공품계정을 살펴보면 다음과 같다.

재공품	
기초재공품 (200개) + 당기투입량 (1,800개)	당기완성량 (1,600개) 기말재공품 (400개)
투입량(2,000개)	산출량(2,000개)

위니비니는 10월에 생산하다가 70% 완성된 상태에서 중단된 기말재공품 200개에 추가하여 11월에 새로이 1,800개를 투입하여 가공을 시작하였다. 따라서 11월에는 2,000개를 가공했다. 이때 70% 가공되어 있던 기초재공품은 새로이 투입된 수량과 섞여 처음부터 가공되는 것으로 가정한다. 위니비니는 가공을 통해 11월중에 1,600개를 완성하여 포장공정으로 전출시켰으며, 400개는 60% 완성시킨 상태에서 공정이 중지됐다. 가중평균법에서의 완성품환산수량은 다음과 같이 계산된다.

기초재공품 완성품환산수량 + 당기작업분 완성품환산수량 = 당기완성품 완성품환산수량 + 기말재공품 완성품환산수량

도표 4-7 위니비니 혼합공정의 완성품환산수량의 인식(11월)

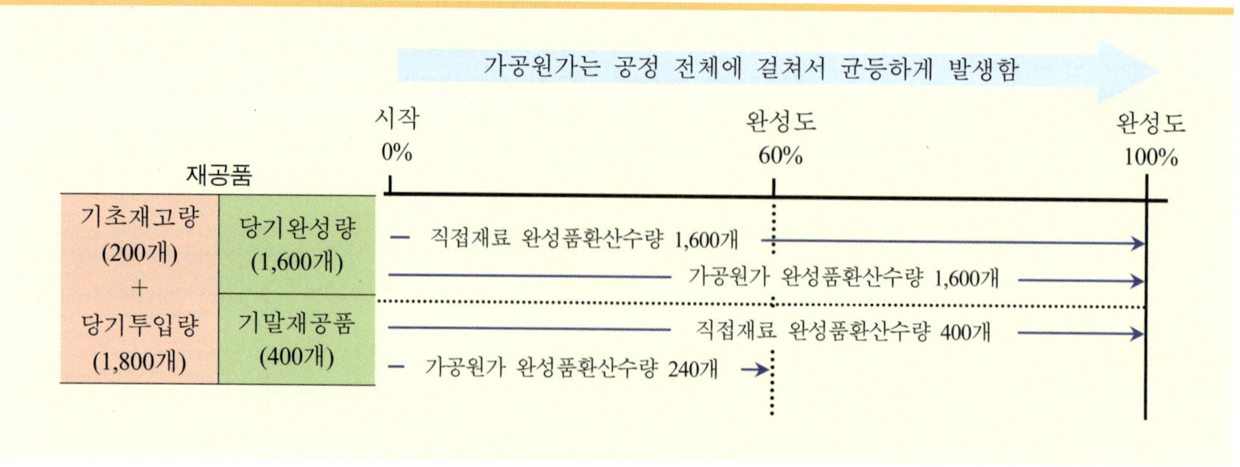

물량흐름 및 완성품환산수량 계산

위니비니의 11월 혼합공정의 물량흐름 및 완성품환산수량을 가중평균법에 의해 계산하면 다음과 같다.

물량흐름	1단계 수량(개)		2단계 완성품환산수량 직접재료	2단계 완성품환산수량 가공원가
기초재공품	200	(완성도 70%)		
당기투입량	1,800			
합계	2,000			
당기완성량	1,600		1,600	1,600
기말재공품	400	(완성도 60%)	400	240
합계	2,000		2,000	1,840

위에서 보듯이 기초재공품 200개에 1,800개를 새로 투입하여 총 2,000개를 작업하였다. 기초재공품과 당기투입량이 합쳐져 새로운 작업이 이루어지므로 기초재공품의 완성도는 아무 의미가 없다. 직접재료는 공정 초기에 전부 투입되기 때문에 직접재료측면에서는 부분적으로 가공된 단위도 완성된 것이다. 따라서 직접재료원가의 완성품환산수량은 1,600개이며, 가공원가의 완성품환산수량은 당기완성량 1,600개에 60% 가공된 기말재공품 완성품환산수량 240개(=400×60%)를 합한 1,840개가 된다.

공정별 원가집계와 완성품환산수량 단위당 원가의 계산

11월 혼합공정의 원가집계액 및 직접재료원가와 가공원가의 완성품환산수량 단위당 원가는 다음과 같다.

		직접재료원가	가공원가	합 계
	기초재공품원가	₩84,000	₩81,120	₩165,120
	당기투입원가	810,000	918,000	1,728,000
3단계	총원가	₩894,000	₩999,120	₩1,893,120
	완성품환산수량	÷2,000	÷1,840	
4단계	완성품환산수량 단위당 원가	₩447	₩543	₩990

가중평균법에서 완성품환산수량 단위당 원가는 기초재공품원가에 당기투입원가를 합한 금액을 완성품환산수량으로 나누어 계산된다. 따라서 직접재료원가 완성품환산수량 단위당 원가는 기초재공품원가 ₩84,000에 당기투입원가 ₩810,000을 합한 금액 ₩894,000을 완성품환산수량 2,000개로 나누어 완성품환산수량 단위당 원가 ₩447을 계산한다. 기말재공품 완성품환산수량 단위당 원가는 ₩543(=(₩81,120+₩918,000)÷1,840개)이 된다.

제품원가와 기말재공품원가의 계산

여기서는 완성품의 제조원가와 기말재공품의 원가를 계산한다. 완성품의 제조원가는 완성수량에 완성품환산수량 단위당 원가를 곱하여 계산하며, 기말재공품원가는 기말재공품 완성품환산수량에 완성품환산수량 단위당 원가를 곱하여 계산한다.

	수량(개)	직접재료원가	가공원가	합 계
5단계 원가할당				
당기완성품	1,600	1,600×₩447=₩715,200	1,600×₩543=₩868,800	₩1,584,000
기말재공품	400			
직접재료	(400)[a]	400×₩447=178,800	—	178,800
가공원가	(240)[a]	—	240×₩543=130,320	130,320
총기말재공품		₩178,800	₩130,320	₩309,120
총원가	2,000	₩894,000	₩999,120	₩1,893,120

a. 2단계에서

위니비니의 혼합공정 제조원가보고서(11월) : 가중평균법

		1단계	2단계		
			완성품환산수량		
	물량흐름	수량(개)	직접재료	가공원가	
1	기초재공품(70% 완성)	200			
2	당기투입량	1,800			
3	합계	2,000			
4	당기완성량	1,600	1,600	1,600	
5	기말재공품(60% 완성)	400	400	240	
6	합계	2,000	2,000	1,840	
7			3단계 : 총원가		
8			직접재료	가공원가	합 계
9	기초재공품원가		₩84,000	₩81,120	₩165,120
10	당기투입원가		810,000	918,000	1,728,000
11	총원가		₩894,000	₩999,120	₩1,893,120
12	완성품환산수량 (6번 행)		÷2,000	÷1,840	
13	완성품환산수량 단위당 원가 : 4단계		₩447	₩543	₩990
14					
15	원가할당		5단계		
16	당기완성품원가 (4번 행×13번 행)		₩715,200	₩868,800	₩1,584,000
17	기말재공품원가				
18	직접재료원가 (5번 행×13번 행)		178,800	–	178,800
19	가공원가 (5번 행×13번 행)		–	130,320	130,320
20	총기말재공품원가		₩178,800	₩130,320	₩309,120
21	총원가		₩894,000	₩999,120	₩1,893,120

선입선출법에 의한 종합원가계산

선입선출법은 당기에 발생한 원가만을 가지고 단위당 원가를 계산한다.

앞의 예를 선입선출법으로 다시 계산해보자. 이를 통해 두 방법의 차이를 명확하게 이해할 수 있을 것이다. 선입선출법(first-in, first-out, FIFO)은 기초재공품이 먼저 완성되고 그다음에 새로이 투입된 수량이 완성된다고 가정한다. 선입선출법의 특징은 이전의 기초재공품 작업분과 당기작업분이 별도로 구분된다는 점이다. 따라서 기초재공품의 완성품원가는 전기제조원가와 당기제조원가 두 개층으로 구성되며, 당기완성품환산수량 단위당 원가는 당기투입원가를 당기완성품환산수량으로 나누어 계산한다.

선입선출법을 이용하는 경우 위니비니의 11월 혼합공정의 재공품계정을 살펴보면 다음과 같다.

재공품

차변	대변
기초재공품 (200개)	기초재공품 (200개)
당기투입량 (1,800개)	당기투입 당기완성 (1,400개)
	기말재공품 (400개)
투입량(2,000개)	산출량(2,000개)

위니비니는 11월에 기초재공품 200개(70% 가공)에 추가하여 새로이 1,800개를 투입해 가공을 시작하였다. 따라서 11월에는 기초재공품 200개의 미완성된 부분 30%가 가공되고 난 다음에 새로 1,800개를 가공한다. 위니비니는 가공을 통해 11월중에 1,600개(=기초재공품 200개+당기투입 당기완성 1,400개)를 포장공정으로 전출시켰으며, 400개는 60% 완성시킨 상태에서 공정이 중지됐다. 선입선출법에서의 완성품환산수량은 [도표 4-8]과 같이 계산된다.

도표 4-8 위니비니 혼합공정의 완성품환산수량의 인식(11월)

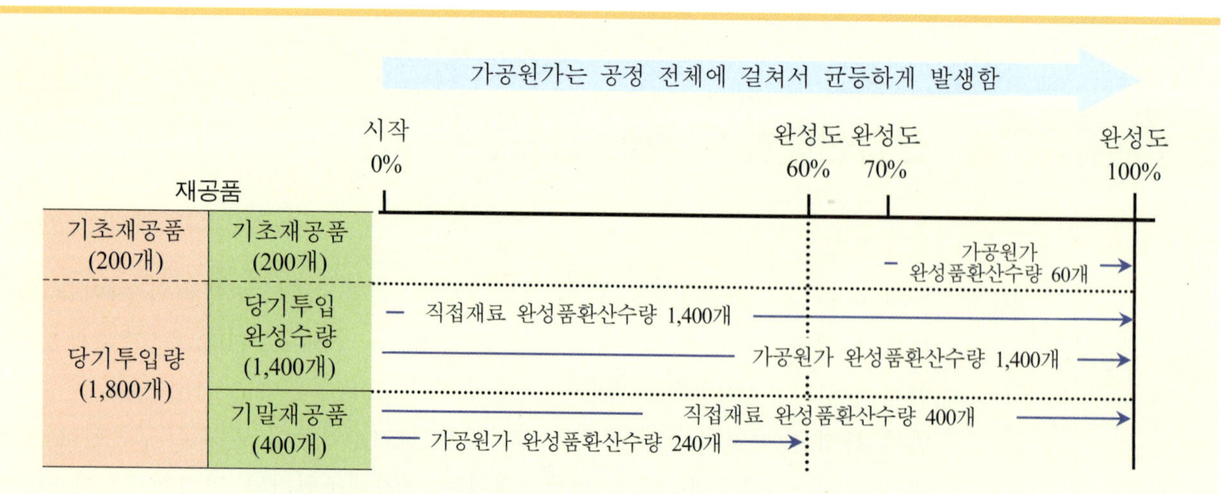

물량흐름 및 완성품환산수량 계산

위니비니의 11월 혼합공정의 물량흐름 및 완성품환산수량을 선입선출법에 의해 계산하면 다음과 같다.

물량흐름	1단계		2단계	
	수량(개)		완성품환산수량	
			직접재료	가공원가
기초재공품	200	(완성 70%)		
당기투입량	1,800			
합계	2,000			
당기완성량(1,600)				
기초재공품완성	200		0	60
당기착수완성	1,400		1,400	1,400
기말재공품	400	(완성 60%)	400	240
합계	2,000		1,800	1,700

위에서 보듯이 선입선출법에서 당기완성량 1,600개는 기초재공품 200개와 당기에 착수한 1,800개 중 완성시킨 1,400개로 구성된다. 그리고 당기에 착수한 부분에서 400개는 60% 가공된 상태에서 작업이 중지된 상태로 파악된다. 이를 통해 투입된 물량 2,000개와 산출된 물량 2,000개가 같음을 알 수 있다.

2단계 완성품환산수량 계산에서 선입선출법은 당기에 작업한 완성품환산수량에만 초점을 맞춘다. 선입선출법은 가중평균법과는 달리 당기에 투입된 자원은 당기작업을 통해 이루어진 완성품환산수량에만 할당이 이루어진다. 11월중 기초재공품 200개를 완성품으로 만들기 위해서는 30%만 추가가공하면 된다. 기초재공품은 이미 70%가 가공된 상태이기 때문이다. 그러나 기초재공품을 100% 완성시키기 위해 11월에 추가로 직접재료를 투입하지는 않는다. 왜냐하면 직접재료는 공정 초기에 모두 투입되므로 11월에 추가로 투입할 직접재료는 없기 때문이다. 반면, 가공원가는 30%의 가공이 이루어져야 하므로 60개(=200개×30%) 가공을 위한 자원이 투입되어야 한다. 그러므로 11월중 기초재공품 완성품환산수량은 직접재료원가 0개, 가공원가 60개가 된다.

다음으로 당기에 투입돼 당기에 완성된 1,400개에는 직접재료원가와 가공원가가 100% 투입되어 있다. 따라서 완성품환산수량은 직접재료원가와 가공원가 모두 1,400개가 된다.

마지막으로 당기에 작업은 착수하였으나 완성되지 못한 기말재공품 400개에는 직접재료원가는 100% 투입되었다(공정 초기에 직접재료는 모두 투입되기 때문). 가공원가는 공정 전체에 걸쳐 평균적으로 투입되므로 60% 가공된 상태에서 작업이 중지되었으므로 총투입되어야 할 자원 중 60%가 투입되었다. 따라서 완성품환산수량은 240개(=400개×60%)가 된다.

공정별 원가집계와 완성품환산수량 단위당 원가의 계산

11월 혼합공정의 원가집계액 및 직접재료원가와 가공원가의 완성품환산수량 단위당 원가는 다음과 같다.

		직접재료원가	가공원가	합 계
	기초재공품원가	—	—	—
	당기투입원가	810,000	918,000	1,728,000
3단계	총원가	₩810,000	₩918,000	₩1,728,000
	완성품환산수량	÷1,800	÷1,700	
4단계	완성품환산수량 단위당 원가	₩450	₩540	₩990

선입선출법에서 단위당 원가는 당기에 투입된 원가로만 집계된다. 기초재공품에 포함되어 있는 원가는 포함시키지 않는다. 왜냐하면 70% 가공된 기초재공품의 원가는 전기에 발생한 원가이지 당기에 발생한 원가가 아니며 당기에 투입된 원가로 나머지 30%를 가공하기 때문이다. 따라서 당기완성품환산수량 단위당 원가는 당기투입원가를 완성품환산수량으로 나누어 직접재료원가 ₩450 그리고 가공원가 ₩540을 얻을 수 있다.

제품원가와 기말재공품원가의 계산

마지막으로 5단계에서는 선입선출법에 따른 완성품의 제조원가와 기말재공품의 원가를 계산한다. 완성품의 제조원가는 완성수량에 완성품환산수량 단위당 원가를 곱하여 계산하며, 기말재공품원가는 기말재공품 완성품환산수량에 완성품환산수량 단위당 원가를 곱하여 계산한다.

완성품 1,600개의 제조원가는 두 가지 종류로 구성되어 있다. 200개는 기초재공품의 제조원가이고 1,400개는 당기투입완성품의 제조원가이다. 기초재공품의 제조원가는 두 개의 원가층으로 구성된다. 기초재공품은 70%가 전기에 가공돼 ₩165,120(=직접재료원가 ₩84,000+가공원가 ₩81,120)의 원가가 발생했었다. 여기에 나머지 부분 30%를 당기에 가공해 완성품을 만들었으며 ₩32,400이 발생했다. 따라서 기초재공품의 완성품 제조원가는 ₩197,520(=기초재공품 ₩165,120+당기투입 가공원가 ₩32,400)이 된다. 당기투입 당기완성품 1,400개에는 직접재료원가와 가공원가가 모두 투입되었으므로 ₩1,386,000(=직접재료원가 ₩630,000+가공원가 ₩756,000)이 된다. 따라서 11월 완성품의 제조원가는 ₩1,583,520(=직접재료원가 ₩714,000+가공원가 ₩869,520)이 된다.

한편, 기말재공품원가는 당기에 착수하였으나 완성되지 않은 원가로 직접재료원가는 ₩180,000(=400×₩450), 가공원가는 ₩129,600(=240×₩540)으로 총 ₩309,600이 된다.

	수량(개)	직접재료원가	가공원가	합 계
5단계 원가할당				
당기완성품	1,600			
기초재공품	200	₩84,000	₩81,120	₩165,120
기초재공품 당기완성		–	60×₩540=32,400	32,400
기초재공품 당기완성원가		₩84,000	₩113,520	₩197,520
당기투입 당기완성	1,400	1,400×₩450=630,000	1,400×₩540=756,000	₩1,386,000
당기완성품 제조원가		₩714,000	₩869,520	₩1,583,520
기말재공품	400			
직접재료	(400)[a]	400×₩450=₩180,000	–	₩180,000
가공원가	(240)[a]	–	240×₩540=₩129,600	₩129,600
총기말재공품		₩180,000	₩129,600	₩309,600
총원가	2,000	₩894,000	₩999,120	₩1,893,120

a. 2단계에서

위니비니의 혼합공정 제조원가보고서(11월) : 선입선출법

	물량흐름	1단계	2단계		
		수량(개)	완성품환산수량		
			직접재료	가공원가	
1	기초재공품(70% 완성)	200			
2	당기투입량	1,800			
3	합계	2,000			
4	당기완성량(1,600)				
5	기초재공품완성	200	0	60	
6	당기착수완성	1,400	1,400	1,400	
7	기말재공품(60% 완성)	400	400	240	
8	합계	2,000	1,800	1,700	
9			3단계 : 총원가		
10			직접재료	가공원가	합 계
11	기초재공품원가		–	–	–
12	당기투입원가		810,000	918,000	1,728,000
13	총원가		₩810,000	₩918,000	₩1,728,000
14	완성품환산수량 (8번 행)		÷1,800	÷1,700	
15	완성품환산수량 단위당 원가 : 4단계		₩450	₩540	₩990
16					
17	원가할당		5단계		
18	당기완성품원가				
19	기초재공품		₩84,000	₩81,120	₩165,120
20	기초재공품 당기완성 (5번 행×15번 행)		–	32,400	32,400
21	기초재공품 당기완성원가		₩84,000	₩113,520	₩197,520
22	당기투입 당기완성 (6번 행×15번 행)		630,000	756,000	1,386,000
23	당기완성품 제조원가		₩714,000	₩869,520	₩1,583,520
24	기말재공품원가				
25	직접재료원가 (7번 행×15번 행)		₩180,000	–	₩180,000
26	가공원가 (7번 행×15번 행)		–	₩129,600	129,600
27	총기말재공품		₩180,000	₩129,600	₩309,600
28	총원가		₩894,000	₩999,120	₩1,893,120

가중평균법과 선입선출법의 비교

다음은 앞서 가중평균법과 선입선출법에 의해 계산된 완성품 제조원가와 기말재공품원가를 보여준다.

	가중평균법 (1)	선입선출법 (2)	차이 (1)−(2)
완성품 제조원가	₩1,584,000	₩1,583,520	+₩480
기말재공품	309,120	309,600	−480
합계	₩1,893,120	₩1,893,120	

선입선출법에 의한 기말재공품이 가중평균법에 의한 기말재공품보다 ₩480 더 높다. 이는 선입선출법에 의할 경우 매출원가가 낮아지고 결과적으로 영업이익이 높아짐을 의미한다. 이로 인해 기업은 세금을 더 납부해야 한다. 이 두 방법간에 원가차이는 단위당 원가들이 기간별로 크게 다른 경우와 재공품수량이 완성품수량에 비해 큰 경우에 크게 차이가 나타날 수 있다. 따라서 기간간 단위가격의 차이를 줄이고, 재고수준을 감소시킴에 따라 두 방법간의 완성품원가차이는 감소된다.

다음은 위니비니의 11월 혼합공정의 가중평균법과 선입선출법에 의해 계산된 완성품환산수량을 보여준다.

	직접재료원가	가공원가
가중평균법	2,000	1,840
선입선출법	1,800	1,700
차이	200	140

두 방법의 완성품환산수량 차이는 기초재공품 가공도의 고려여부에 의해서 발생한다. 가중평균법에서는 기초재공품의 가공도를 0%로 보고 처음부터 작업이 이루어지는 것으로 가정하나 선입선출법은 기초재공품의 가공도를 인정해 당기에 작업한 것만 고려해 완성품환산수량을 계산한다. 따라서 선입선출법의 완성품환산수량은 가중평균법의 완성품환산수량에서 기초재공품의 완성품환산수량을 차감함으로써 쉽게 계산이 된다. 즉, 가중평균법의 직접재료 완성품환산수량 2,000개에서 기초재공품 완성품환산수량 200개를 차감하면 선입선출법의 완성품환산수량 1,800개가 구해진다. 가공원가 완성품환산수량도 동일한 방법에 의해 계산하면 된다.

가중평균법 완성품환산수량－기초재공품 완성품환산수량
＝선입선출법 완성품환산수량

복수공정에서의 종합원가계산

많은 기업들은 두 개 이상의 공정을 거쳐서 제품을 생산한다. 우리는 앞서 위니비니의 혼합공정에서의 완성품 원가계산에 대해 살펴보았다. 이제 혼합공정을 통과한 완성품이 다음 공정인 포장공정을 거쳐 최종 완성품이 되는 과정을 검토해보자.

연속되는 제조공정에서 한 공정에서 완성된 완성품은 다음 공정으로 대체되어 직접재료와 가공원가가 추가되어 최종 완성품이 된다. 위니비니는 혼합공정에서의 완성품은 다음 공정인 포장공정으로 전부 대체하여 완제품으로 판매하기 위한 마지막 포장 작업을 수행한다. 포장재료는 공정의 마지막 시점에 전부 투입되며, 가공원가는 공정 전체에 걸쳐서 평균적으로 발생한다. 포장공정이 끝나면 완성품은 즉시 제품 창고로 옮겨진다. 이 과정을 계정으로 표현하면 [도표 4-9]와 같다.

[도표 4-9]에서 보듯이 혼합공정에서의 완성품은 전부 다음 공정인 포장공

도표 4-9 복수공정에서의 물량흐름

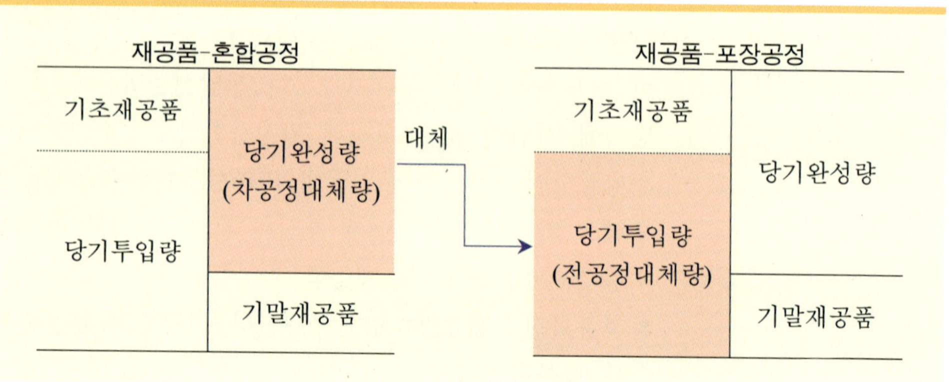

전공정원가는 연속되는 공정에서 이전 공정에서 완성되어 다음 공정으로 대체된 완성품의 원가를 의미한다.

정으로 대체되는데, 혼합공정에서는 이것을 차공정대체량(transfer-out, TO)이라고 하며 이 원가를 차공정원가(transfer-out cost 또는 전출원가)라고 한다. 반면, 포장공정에서는 이것을 전공정대체량(transfer-in, TI)이라고 하며 이 원가를 전공정원가(transfer-in cost 또는 전입원가)라고 한다.

다음은 위니비니의 11월중 포장공정의 물량 및 원가자료이다.

다음은 위니비니의 11월중 포장공정의 물량 및 원가 자료이다. 포장공정은 혼합과정과 마찬가지로 가중평균법을 적용한다. 직접재료는 공정 마지막에 투입한다.

	수 량	금 액			
		전공정	직접재료	가 공	합 계
기초재공품(40%)	300개	₩297,000	–	₩76,200	₩373,200
11월 착수량	1,600개	1,584,000	₩450,000	564,300	2,598,300
11월 완성수량	1,800개				
기말재공품(30%)	100개				

11월 포장공정의 완성품환산수량은 [도표 4-10]과 같이 계산된다.

도표 4-10 위니비니 포장공정의 가중평균법에 의한 완성품환산수량의 인식(11월)

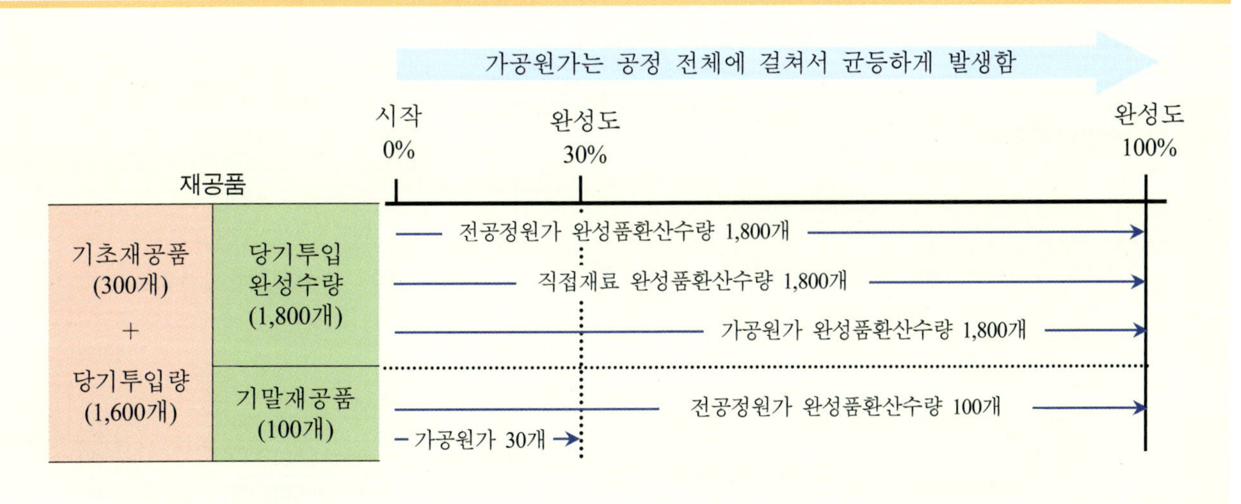

전공정원가와 가중평균법

전공정원가가 있는 경우에도 가중평균법에 의한 원가계산은 전공정원가를 추가한 것 이외에 혼합공정에서의 종합원가계산과 기본적으로 다른 점은 없다. 그러나 한 가지 주의할 점은 전공정원가는 공정 초기에 별개의 직접재료를 모두 투입한 것과 같이 취급한다는 것이다. [도표 4-11]은 위니비니의 11월 포장공정의 가중평균법에 의한 종합원가계산을 요약한 것이다.

[도표 4-11]에서 보듯이 완성품환산수량 단위당 원가를 계산하기 위해 기초재공품원가와 당기투입원가를 합한다는 것에 주의해야 한다. 그리고 기말재공품 완성품환산수량 계산에서 전공정원가는 공정 초기에 별개의 재료를 전부 투입한

도표 4-11 위니비니의 포장공정의 가중평균법에 의한 종합원가계산(11월)

	물량흐름	수량(개)	완성품환산수량			
			전공정원가	직접재료	가공원가	
1	기초재공품(40%)	300				
2	전공정대체량	1,600				
3	합계	1,900				
4	당기완성량	1,800	1,800	1,800	1,800	
5	기말재공품(30%)	100	100	0	30	
6	합계	1,900	1,900	1,800	1,830	
7						
8			전공정원가	직접재료	가공원가	합 계
9	기초재공품원가		₩297,000	0	₩76,200	₩373,200
10	당기투입원가		1,584,000	450,000	564,300	2,598,300
11	총원가		₩1,881,000	₩450,000	₩640,500	₩2,971,500
12	완성품환산수량 (6번 행)		÷1,900	÷1,800	÷1,830	
13	완성품환산수량 단위당 원가		₩990	₩250	₩350	₩1,590
14						
15	원가할당					
16	당기완성품원가 (4번 행×13번 행)		₩1,782,000	₩450,000	₩630,000	₩2,862,000
17	기말재공품원가					
18	전공정원가 (5번 행×13번 행)		99,000	–	–	99,000
19	직접재료원가 (5번 행×13번 행)		–	–	–	–
20	가공원가 (5번 행×13번 행)		–	–	10,500	10,500
21	총기말재공품		99,000	–	10,500	109,500
22	총원가		₩1,881,000	₩450,000	₩640,500	₩2,971,500

것으로 간주하므로 100% 완성된 것으로 파악하는 한편, 직접재료는 공정 마지막에 투입되므로 30% 가공한 현 시점에는 직접재료가 투입되지 않았으므로 완성품환산수량이 0개가 된다는 점에 주의해야 한다.

다음은 위니비니의 11월중 포장공정의 물량 및 원가자료이며 포장공정은 선입선출법을 적용한다.

자료 5

다음은 위니비니의 11월중 포장공정의 물량 및 원가 자료이다. 포장공정은 선입선출법을 적용한다. 직접재료는 공정 마지막에 투입한다.

	수 량	금 액			
		전공정	직접재료	가 공	합 계
기초재공품(40%)	300개	₩297,480	–	₩76,200	₩373,680
11월 착수량	1,600개	1,583,520	₩450,000	564,300	2,597,820
11월 완성수량	1,800개				
기말재공품(30%)	100개				

11월 포장공정의 완성품환산수량은 [도표 4-12]와 같이 계산된다.

도표 4-12 위니비니 포장공정의 선입선출법에 의한 완성품환산수량의 인식(11월)

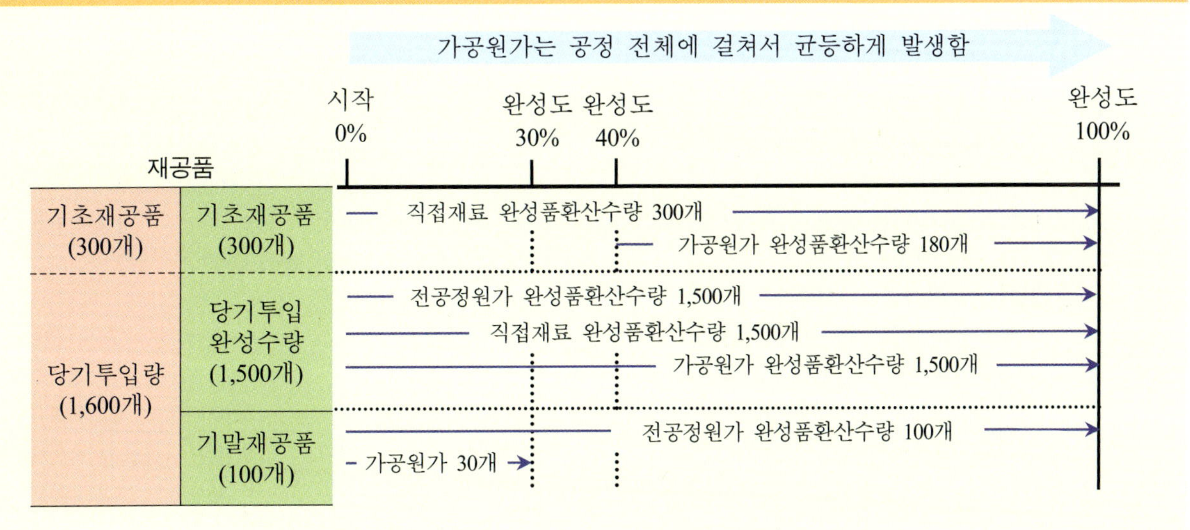

전공정원가가 존재하는 경우의 선입선출법은 앞서 혼합공정에서의 선입선출법에 의한 원가계산과 동일하다. [도표 4-13]은 위니비니의 포장공정의 선입선출법에 의한 종합원가계산을 요약하고 있다.

도표 4-13 위니비니의 포장공정의 선입선출법에 의한 종합원가계산(11월)

	물량흐름	수량(개)	완성품환산수량			
			전공정원가	직접재료	가공원가	
1	기초재공품(40%)	300				
2	전공정대체량	1,600				
3	합계	1,900				
4	당기완성량(14,500)					
5	기초재공품완성	300		300	180	
6	당기착수완성	1,500	1,500	1,500	1,500	
7	기말재공품(30%)	100	100	0	30	
8	합계	1,900	1,600	1,800	1,710	
9						
10			전공정원가	직접재료	가공원가	합 계
11	기초재공품원가		–	–	–	–
12	당기투입원가		1,583,520	450,000	564,300	2,597,820
13	총원가		₩1,583,520	₩450,000	₩564,300	₩2,597,820
14	완성품환산수량 (8번 행)		÷1,600	÷1,800	÷1,710	
15	완성품환산수량 단위당 원가		₩989.7	₩250	₩330	₩1,569.7
16						
17	원가할당					
18	당기완성품원가					
19	기초재공품원가		₩297,480	–	₩76,200	₩373,680
20	당기완성 (5번 행×15번 행)		–	75,000	59,400	134,400
21	완성원가		₩297,480	₩75,000	₩135,600	₩508,080
22	당기투입 당기완성 (6번 행×15번 행)		1,484,550	375,000	495,000	2,354,550
23	당기완성품 제조원가		₩1,782,030	₩450,000	₩630,600	₩2,862,630
24	기말재공품원가					
25	전공정원가 (7번 행×15번 행)		98,970	–	–	98,970
26	직접재료원가 (7번 행×15번 행)		–	–	–	–
27	가공원가 (7번 행×15번 행)		–	–	9,900	9,900
28	기말재공품 합계		98,970	–	9,900	108,870
29	총원가		₩1,881,000	₩450,000	₩640,500	₩2,971,500

자습문제 1

롯데제과(주)는 최근 부드러우면서 카카오 성분이 더 높아진 프리미엄급 밀크 초콜릿을 생산하기로 했다. 혼합공정에서는 직접재료로 밀크와 초콜릿 시럽이 공정 초기에 투입되며 1갤런의 밀크와 초콜릿 시럽이 투입되면 1갤런의 초콜릿이 생산된다. 가공원가는 공정 전체에 걸쳐 균등하게 발생한다.

롯데제과(주)의 초콜릿 생산부서의 10월 혼합공정 원가자료는 다음과 같다.

	수 량	금 액		
		직접재료	가 공	합 계
기초재공품(70% 완성)	200개	₩84,000	₩81,120	₩165,120
10월 착수량	1,800개	810,000	918,000	1,728,000
10월 완성, 포장공정으로 대체	?			
기말재공품(60% 완성)	400개			

[요구사항]

(1) 선입선출법을 이용하여 혼합공정의 원가보고서를 작성하시오.

(2) 혼합공정에서 포장공정으로 대체된 원가는 얼마인가? 혼합공정에서 포장공정으로의 대체에 대한 분개를 표시하시오[(1)의 풀이를 이용].

(3) 가중평균법을 이용하여 혼합공정의 원가보고서를 작성하시오.

(4) 혼합공정에서 포장공정으로 대체된 원가는 얼마인가? 혼합공정에서 포장공정으로의 대체에 대한 분개를 표시하시오[(3)의 풀이를 이용].

(1) 선입선출법에 의한 종합원가계산보고서

	물량흐름	1단계	2단계		
			완성품환산수량		
		수량(개)	직접재료	가공원가	
1	기초재공품(70% 완성)	200			
2	당기투입량	1,800			
3	합계	2,000			
4	당기완성량				
5	기초재공품완성	200	0	60	
6	당기착수완성	1,400	1,400	1,400	
7	기말재공품(60% 완성)	400	400	240	
8	합계	2,000	1,800	1,700	
9			3단계 : 총원가		
10			직접재료	가공원가	합 계
11	기초재공품원가		–	–	–
12	당기투입원가		810,000	918,000	1,728,000
13	총원가		₩810,000	₩918,000	₩1,728,000
14	완성품환산수량 (8번 행)		÷1,800	÷1,700	
15	완성품환산수량 단위당 원가 : 4단계		₩450	₩540	₩990
16					
17	원가할당		5단계		
18	당기완성품원가				
19	기초재공품		₩84,000	₩81,120	₩165,120
20	기초재공품 당기완성 (5번 행×15번 행)		–	32,400	32,400
21	기초재공품 당기완성원가		₩84,000	₩113,520	₩197,520
22	당기투입 당기완성 (6번 행×15번 행)		630,000	756,000	1,386,000
23	당기완성품 제조원가		₩714,000	₩869,520	₩1,583,520
24	기말재공품원가				
25	직접재료원가 (7번 행×15번 행)		₩180,000	–	₩180,000
26	가공원가 (7번 행×15번 행)		–	129,600	129,600
27	총기말재공품		₩180,000	₩129,600	₩309,600
28	총원가		₩894,000	₩999,120	₩1,893,120

(2) 혼합공정에서 포장공정으로 대체된 금액은 ₩1,583,520이며 이에 대한 회계처리는 다음과 같다.

(차) 재공품-포장공정 ··· 1,583,520
　　(대) 재공품-혼합공정 ··· 1,583,520

(3) 가중평균법에 의한 종합원가계산보고서

	물량흐름	1단계	2단계		
		수량(개)	완성품환산수량		
			직접재료	가공원가	
1	기초재공품(70% 완성)	200			
2	당기투입량	1,800			
3	합계	2,000			
4	당기완성량	1,600	1,600	1,600	
5	기말재공품(60% 완성)	400	400	240	
6	합계	2,000	2,000	1,840	
7			3단계 : 총원가		
8			직접재료	가공원가	합 계
9	기초재공품원가		₩84,000	₩81,120	₩165,120
10	당기투입원가		810,000	918,000	1,728,000
11	총원가		₩894,000	₩999,120	₩1,893,120
12	완성품환산수량 (6번 행)		÷2,000	÷1,840	
13	완성품환산수량 단위당 원가 : 4단계		₩447	₩543	₩990
14					
15	원가할당		5단계		
16	당기완성품원가 (4번 행×13번 행)		₩715,200	₩868,800	₩1,584,000
17	기말재공품원가				
18	직접재료원가 (5번 행×13번 행)		178,800	–	178,800
19	가공원가 (5번 행×13번 행)		–	130,320	130,320
20	총기말재공품원가		₩178,800	₩130,320	₩309,120
21	총원가		₩894,000	₩999,120	₩1,893,120

(4) 혼합공정에서 포장공정으로 대체된 금액은 ₩1,584,000이며 이에 대한 회계처리는 다음과 같다.

(차) 재공품-포장공정 ··· 1,584,000
　　(대) 재공품-혼합공정 ··· 1,584,000

혼합원가계산

개별원가계산과 종합원가계산은 제품원가계산시스템의 양 극단에 위치해 있다. 그러나 최근의 생산공정은 개별원가계산과 종합원가계산이 혼합된 특징을 갖는 경우가 많아졌다. 이들 생산공정에서는 비록 직접재료는 제품별로 크게 다를 수 있지만 가공활동들은 회사의 모든 제품라인에 걸쳐 매우 유사하거나 동일하게 이루어진다. 이런 생산공정을 배치제조공정(batch manufacturing processes)이라고 하며, 이런 공정에 적용할 수 있는 원가계산시스템을 혼합원가계산(hybrid costing) 혹은 작업공정별원가계산이라고 한다.

작업공정별원가계산(operation costing)은 개별원가계산과 종합원가계산의 혼합형태이다([도표 4-14] 참조). 이 제품원가계산시스템은 가공활동들이 제품라인 전체에 걸쳐서 매우 유사하나 직접재료는 서로 다를 때 이용되는 방법이다. 가공원가는 부문(혹은 공정)별로 집계되어 종합원가계산방법에 의해 제품에 할당된

도표 4-14 혼합원가계산(작업공정별원가계산)

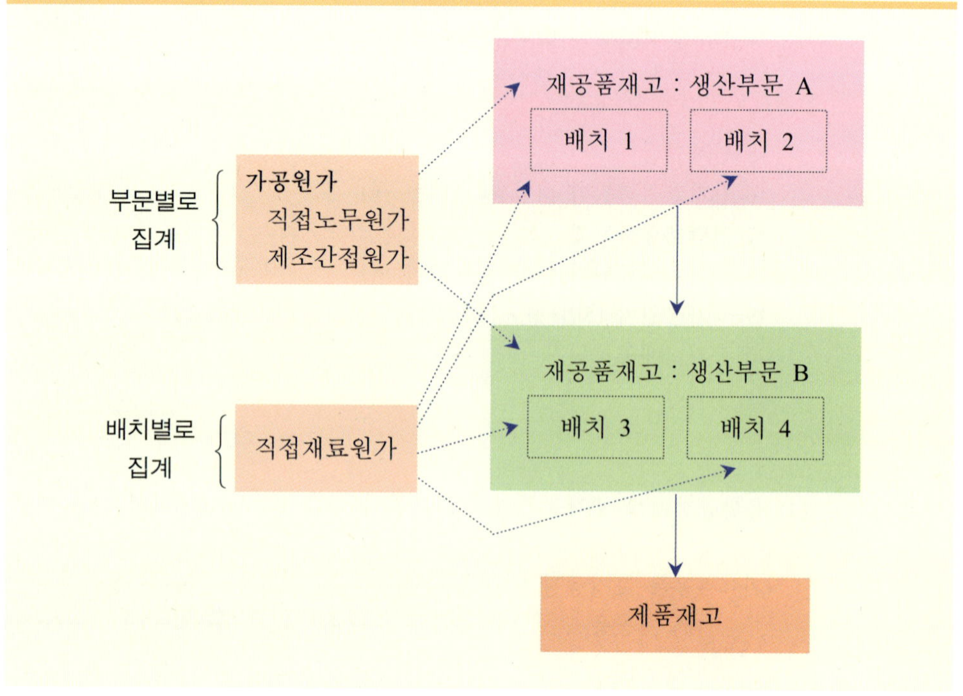

다. 반면, 직접재료원가들은 작업별 혹은 배치별로 집계되며, 개별원가계산방법을 이용하여 제품에 직접재료원가를 할당한다.

작업공정별원가계산의 주요 특징은 제품은 연속적으로 생산부문 A와 B를 통과한다. 이때 직접재료원가는 각 배치별로 직접 추적되어 부과되나 가공원가는 부문별 배부기준에 의해 배부된다.

송정(주)는 새해에 판매할 제품을 준비하면서 두 종류의 모터사이클(motorcycle)에 대한 작업지시를 내렸다. 각 작업은 배치작업으로 이루어진다. 두 종류의 제품에 대한 작업에 대한 생산 및 원가 자료는 다음과 같다.

		작업지시	
		15-14	15-15
수 량	합 계	2,000(바람)	5,000(번개)
재료			
부문 1	₩3,400,000	₩1,400,000	₩2,000,000
부문 2	450,000	200,000	250,000
부문 3	200,000	200,000	0
총재료원가	₩4,050,000	₩1,800,000	₩2,250,000
가공			
부문 1	₩525,000		
부문 2	840,000		
부문 3	174,000		
총가공원가	₩1,539,000		

작업공정별원가계산시스템에 의해 두 종류의 모터사이클의 생산원가를 계산하면 다음과 같다. 직접재료는 제품별로 사용이 다르기 때문에 재료를 사용한 특정제품에 직접 추적하여 할당한다. 예를 들면, 고유한 엔진은 직접재료재고자산에서 가져와 특정한 모터사이클에 사용되며, 이를 기록하게 된다(각 엔진은 각각의 모델에 따라 다르다). 따라서 직접재료원가는 개별원가계산시스템과 같은 원가계산시스템을 적용한다.

반면 두 제품에 대한 부문 내 가공원가의 사용에 대한 차이를 구별할 수가 없다. 따라서 원가시스템은 두 모터사이클을 동질적인 제품으로 취급하며, 가공원가에 대해 종합원가계산시스템을 적용한다. 송정(주)는 재공품재고를 가지고 있지 않기 때문에 종합원가계산은 매우 간단하게 이루어진다. 가공원가는 총가공원가를 모터사이클의 개수로 나누어 각 제품에 배부하면 된다.

송정(주)의 모터사이클에 대한 원가계산을 요약하면 다음과 같다.

		작업지시	
		15-14	15-15
수 량	합 계	2,000(바람)	5,000(번개)
재료			
부문 1	₩3,400,000	₩1,400,000	₩2,000,000
부문 2	450,000	200,000	250,000
부문 3	200,000	200,000	0
총재료원가	₩4,050,000	₩1,800,000	₩2,250,000
가공			
부문 1	₩525,000	₩150,000	₩375,000
부문 2	840,000	240,000	600,000
부문 3	174,000	174,000	0
총가공원가	₩1,539,000	₩564,000	₩975,000
총제품원가	₩5,589,000	₩2,364,000	₩3,225,000
생산수량		2,000	5,000
단위당 원가		₩1,182	₩645

위 표에서 보듯이 부문 2의 가공원가는 총생산량을 기준으로 두 모터사이클에 할당된다. 따라서 각 모터사이클의 부문 2의 단위당 가공원가는 ₩120(=₩840,000÷7,000단위)이 되며, 모터사이클 바람에는 ₩240,000(=단위당 ₩120×2,000단위)의 가공원가가 할당된다.

송정(주)의 두 제품의 원가흐름에 대한 분개장 기록은 다음과 같다.

(1) 부문 1에서는 두 제품 바람과 번개의 생산을 위해 원재료 ₩1,400,000과 ₩2,000,000을 청구했다.

재공품-부문 1 : 바람 ····························	1,400,000	
재공품-부문 1 : 번개 ····························	2,000,000	
원재료 ··		3,400,000

(2) 부문 1에 가공원가 ₩525,000이 배부되었다.

재공품-부문 1	525,000	
가공원가		525,000

(3) 부문 1에서 완성된 바람과 번개가 부문 2로 대체되었다.

재공품-부문 2 : 바람	1,550,000	
재공품-부문 2 : 번개	2,375,000	
재공품-부문 1 : 바람		1,550,000
재공품-부문 1 : 번개		2,375,000

(4) 부문 2에서는 두 제품 바람과 번개의 생산을 위해 원재료 ₩200,000과 ₩250,000을 청구했다.

재공품-부문 2 : 바람	200,000	
재공품-부문 2 : 번개	250,000	
원재료		450,000

(5) 부문 2에 가공원가 ₩840,000이 배부되었다.

재공품-부문 2	840,000	
가공원가		840,000

(6) 부문 2에서 완성된 바람이 부문 3으로 대체되었으며, 번개는 부문 2에서 완성되어 완제품 창고로 옮겨졌다.

재공품-부문 3 : 바람	1,990,000	
제품 : 번개	3,225,000	
재공품-부문 2 : 바람		1,990,000
재공품-부문 2 : 번개		3,225,000

(7) 부문 3에서는 바람의 생산을 위해 원재료 ₩200,000을 청구했다.

	차변	대변
재공품-부문 3 : 바람	200,000	
원재료		200,000

(8) 부문 3에 가공원가 ₩174,000이 배부되었다.

	차변	대변
재공품-부문 3	174,000	
가공원가		174,000

(9) 부문 3에서 완성된 바람은 완제품 창고로 옮겨졌다.

	차변	대변
제품 : 바람	2,364,000	
재공품-부문 3 : 바람		2,364,000

[도표 4-15]는 모터사이클 바람과 번개의 T-계정을 통한 원가흐름을 보여준다.

도표 4-15 (주)송정의 모터사이클 제조원가흐름과 T-계정 : 선입선출법

원재료

	차변	대변	
기초	3,000,000	1,400,000	(1-바람)
		2,000,000	(1-번개)
		200,000	(4-바람)
		250,000	(4-번개)
		200,000	(7-바람)

가공원가

	차변	대변	
		525,000	(2)
		840,000	(5)
		174,000	(8)

재공품-부문 1

	차변	대변	
(1-바람)	1,400,000	1,550,000	(3-바람)
(1-번개)	2,000,000	2,375,000	(3-번개)
(2)	525,000		

재공품-부문 2

	차변	대변	
(3-바람)	1,550,000	1,990,000	(6-바람)
(3-번개)	2,375,000	3,225,000	(6-번개)
(4-바람)	200,000		
(4-번개)	250,000		
(5)	840,000		

재공품-부문 3

	차변	대변	
(6-바람)	1,990,000	2,364,000	(9-바람)
(7-바람)	200,000		
(8)	174,000		

제 품

	차변	대변	
(6-번개)	3,225,000		
(9-바람)	2,364,000		

자습문제 2

아산(주)는 나침반 기능이 있는 여행용 알람 M-42와 T-21 두 가지 모델을 생산한다. 이들 제품은 케이스에 사용되는 플라스틱의 질에서 차이가 난다. 생산은 제조 및 마무리의 두 부문에서 이루어진다. 2월의 두 제품에 대한 작업자료를 보면 다음과 같다. 가공원가는 생산수량에 기초해 배부된다. 재공품재고는 없다.

	합 계	M-42(5,000단위)	T-21(9,000단위)
직접재료원가			
제조	₩42,500	₩20,000	₩22,500
가공원가			
제조	42,000		
마무리	21,000		
총가공원가	₩63,000		

[요구사항]

M-42와 T-21의 완성품 단위당 원가는 얼마인가?

제품제조원가보고서

	합 계	M-42(5,000단위)	T-21(9,000단위)
직접재료원가			
제조	₩42,500	₩20,000	₩22,500
가공원가			
제조	42,000	15,000[a]	27,000[b]
마무리	21,000	7,500[c]	13,500[d]
총가공원가	₩63,000	₩22,500	₩40,500
총제품제조원가	₩105,500	₩42,500	₩63,000
생산수량		5,000	9,000
단위당 원가		₩8.50	₩7.00

a. ₩15,000 = 5,000단위 × [₩42,000 ÷ (5,000 + 9,000)]
b. ₩27,000 = 9,000단위 × [₩42,000 ÷ (5,000 + 9,000)]
c. ₩7,500 = 5,000단위 × [₩21,000 ÷ (5,000 + 9,000)]
d. ₩13,500 = 9,000단위 × [₩21,000 ÷ (5,000 + 9,000)]

문제 A형

4-1
L.O. 4-2

(주)신창이 의자 생산에 사용할 수 있는 직접재료원가는 ₩15,000, 직접노무원가는 ₩22,000, 제조간접원가는 ₩16,500, 판매비용은 ₩6,900, 관리비용은 ₩15,200이다. 다음 물음에 답하시오.

[요구사항]

(1) 기본원가(prime cost)는 얼마인가?
(2) 전환원가(가공원가)는 얼마인가?
(3) 총제품원가는 얼마인가?
(4) 총기간비용은 얼마인가?
(5) 만약 7,750단위의 완성품환산수량이 생산된다면, 완성품환산수량 재료원가는 얼마인가?
(6) 만약 22,000단위의 완성품환산수량이 생산된다면, 완성품환산수량 전환원가는 얼마인가?

4-2
L.O. 4-2

대동엔진에서는 엔진을 제조하는 데 실린더를 사용한다. 6월 동안 대동엔진의 주물부문에서 다음과 같은 자료를 얻었다.

기초재공품 단위	–
완성품 단위	50,000
기말재공품(완성도 40%)	7,500

[요구사항]

대동엔진의 주물부문에서 6월의 완성품환산수량은 몇 단위인가?

4-3 L.O. 4-2, 3

다음 자료는 자동차 브레이크 패드를 생산하는 상신(주)의 6월중 1공정에 대한 생산과 관련된 장부기록이다. 1공정은 평균법에 의해 계산된다.

계정 : 재공품-1공정 계정 No.

일 자		적 요	차 변	대 변	잔 액	
					차 변	대 변
4월	1	기초재고 500단위, 40% 완성			4,400	
	30	직접재료, 4,900단위	56,075		60,475	
	30	직접노무	31,600		92,075	
	30	제조간접	24,700		116,775	
	30	완성품 이체, 4,700단위		?	?	
	30	기말재공품, 700단위, 70% 완성			?	

[요구사항]

(1) 완성품환산수량은 몇 개인가?

(2) 완성품 제조원가는 얼마인가?

(3) 기말재공품원가는 얼마인가?

4-4 L.O. 4-4

(주)세무는 20×1년에 영업을 시작하였으며, 표준원가계산제도를 적용하고 있다. 20×2년의 제품단위당 표준원가는 20×1년과 동일하게 다음과 같이 설정하였다. 직접재료는 공정의 초기에 전량 투입되며, 전환원가(conversion costs)는 공정 전반에 걸쳐 균등하게 발생한다.

직접재료원가	4kg×₩6=	₩24
직접노무원가	2시간×₩4=	8
변동제조간접원가	2시간×₩4=	8
고정제조간접원가	2시간×₩5=	10
		₩50

(주)세무의 20×2년 기초재공품은 1,000단위(완성도 40%), 당기완성량은 5,500단위이며, 기말재공품은 700단위(완성도 60%)이다. (세무사 2022)

[요구사항]

표준종합원가계산하에서 완성품원가와 기말재공품원가는? 단, 원가흐름은 선입선출법을 가정하고, 공손 및 감손은 없다.

4-5 L.O. 4-2, 4

(주)한국은 단일공정에서 단일의 제품 X를 생산·판매하고 있다. 회사는 실제원가에 의한 종합원가계산을 적용하고 있으며, 재공품 평가방법은 선입선출법이다. 제품생산을 위해 직접재료는 공정 초기에 전량 투입되며, 전환원가(가공원가 : conversion costs)는 공정 전반에 걸쳐 균등하게 발생한다. 20×1년 2월중 (주)한국의 완성품수량은 7,000단위이며, 생산 및 원가 자료는 다음과 같다. 단, 괄호 안의 숫자는 전환원가의 완성도를 의미하고, 공손품은 발생하지 않는다. (KICPA 2016)

	물량단위	직접재료원가	전환원가
월초재공품	2,000단위(30%)	₩42,500	₩22,900
당월 착수 및 투입	①	216,000	276,000
월말재공품	4,000단위(70%)	②	③

[요구사항]

(1) ①, ②, ③에 알맞은 수치를 채우시오.

(2) (주)한국이 20×1년 2월중 완성한 제품을 제품계정으로 대체하는 월말분개를 하시오.

4-6
L.O. 4-2, 4

(주)대한은 단일상품을 제조하는 기업으로 종합원가계산제도를 채택하고 있으며, 재고자산 평가방법은 선입선출법(FIFO)을 사용한다. 제품제조시 직접재료는 공정 초에 전량 투입되며 전환원가(가공원가)는 공정에 걸쳐 균등하게 발생한다. 다음은 (주)대한의 당기 생산 및 제조에 관한 자료이다.

기초재공품(가공완성도 90%)	1,800개
당기착수물량	15,000개
기말재공품(가공완성도 30%)	3,000개

당기에 발생한 직접재료원가는 ₩420,000이며, 전환원가는 ₩588,600이다. 당기매출원가는 ₩1,070,000, 기초제품재고는 ₩84,600, 기말제품재고는 ₩38,700이다. (KICPA 2020)

[요구사항]

당기기초재공품은 얼마인가?

4-7
L.O. 4-2, 4

상진기업은 재고자산을 선입선출법으로 평가하는 종합원가계산제도를 운영하고 있다. 모든 원재료는 공정 초기에 전량 투입된다. 직접노무원가와 제조간접원가는 공정에 걸쳐서 균등하게 투입된다. 상진기업의 20×1년 10월의 생산자료는 다음과 같다.

기초재공품재고(완성도 70%)	120,000개
10월 생산시작수량	170,000개
10월 완성품수량	260,000개

10월말 기말재공품재고는 25% 완성도를 나타낸다.

[요구사항]

(1) 직접재료원가의 완성품환산수량은 몇 개인가?

(2) 직접노무원가와 제조간접원가의 완성품환산수량은 몇 개인가?

4-8
L.O. 4-4

붐박스는 소형 스피커를 대규모로 생산하는 업체이다. 아래의 계정은 20×1년 2월의 붐박스에 대한 원가정보를 나타낸다.

재공품

2월 1일 기초재공품의 직접재료원가	₩2,701	
2월 1일 기초재공품의 가공원가	404	
2월 직접재료 투입	10,656	
2월 직접노무원가 발생	2,510	
2월 배부된 제조간접원가	1,241	

붐박스는 2월 1일 500개의 기초재공품이 있었다. 이 재공품은 직접재료원가의 완성도는 60%이고, 가공원가의 완성도는 30%이다. 2월 동안 1,400개의 작업을 시작하였으며, 150개가 기말재공품으로 남아 있다. 기말재공품은 직접재료원가의 완성도는 20%이고, 가공원가의 완성도는 70%이다.

[요구사항]

(1) 선입선출법으로 재고자산을 평가할 때 직접재료원가와 가공원가의 완성품환산수량 단위당 원가는 각각 얼마인가?

(2) 선입선출법을 사용할 때 2월의 완성품원가는 얼마인가?

4-9
L.O. 4-2, 3, 4

(주)세무는 종합원가계산제도를 채택하고 있다. (주)세무의 20×1년 당기제조착수량은 100단위, 기말재공품은 40단위(전환원가 완성도 25%)이며, 당기투입원가는 직접재료원가 ₩40,000, 전환원가(conversion cost) ₩70,000이다. (세무사 2020)

[요구사항]

직접재료는 공정이 시작되는 시점에서 전량 투입되며, 전환원가는 공정 전반에 걸쳐 균등하게 발생할 때, 기말재공품의 원가는? 단, 기초재공품, 공손 및 감손은 없다.

4-10
L.O. 4-3

생생식품에서는 다양한 종류의 아이스크림을 생산한다. 생산부문 2에서는 생산부문 1로부터 대체된 크림과 원재료인 설탕 및 향신료를 공정초반에 첨가하여 아이스크림을 만든다. 다음의 자료는 8월 생산부문 2에서 얻은 것이다.

8월 1일 기초재공품(완성도 25%)	40,000
8월중 완성품	120,000
8월 31일 기말재공품(완성도 60%)	30,000

[요구사항]

(1) 물량흐름을 파악하시오.

(2) 가중평균법을 사용하여 전공정원가, 직접재료원가, 가공원가의 완성품환산수량을 계산하시오.

4-11 L.O. 4-2, 3, 5

다음은 두 개의 공정을 통해 제품을 생산하고 있는 기업의 두 번째 공정에 대한 20×1년 1월의 자료이다.

1월 기초재고수량, 50% 완성	10,000단위
1월중 완성 및 차공정 대체 수량	40,000단위
1월중 작업착수수량	50,000단위
1월 기말재고수량, 30% 완성	???
기초직접재료원가	₩40,000
당기투입 직접재료원가	120,000
기초가공원가	30,000
당기투입 가공원가	246,000
기초전공정원가	50,000
당기전공정원가	250,000

가공원가는 공정중에 균일하게 발생하며, 직접재료원가는 공정이 40% 완료된 때에 전부 투입된다.

[요구사항]

가중평균법을 이용하여 1월의 제조원가보고서를 작성하시오.

4-12 L.O. 4-6

국제종합기계(주)는 농업용 기계 세 가지 모델 X-10, X-20, 그리고 X-40을 제작해 판매한다. 국제종합기계(주)는 부문 A와 부문 B로 이루어진 두 개의 조립부문에서 기계를 제작한다. 세 가지 모델은 모두 부문 A에서 처음 작업이 이루어지며, 모든 직접재료들은 공정 초기에 투입된다. X-10 모델은 부문 A에서의 조립이 끝나면 완제품재고로 이체된다. 부문 A에서의 작업이 끝나면 X-20과 X-40은 부문 B로 대체되어 최종 조립이 이루어지며, 조립이 끝나면 완제품재고로 이체된다.

4월 1일 기초재공품재고는 없었으며 생산자료는 다음과 같다. 부문 A의 가공원가에 대한 완성도는 25%이며, 부문 B의 가공원가에 대한 완성도는 60%이다. 가공원가는 각 부문에서의 완성품환산수량에 기초하여 배부된다.

	합 계	X-10	X-20	X-40
작업시작수량		500	300	200
부문 A 완성수량		400	260	180
부문 B 완성수량			225	165
직접재료원가	₩450,000	₩75,000	₩135,000	₩240,000
가공원가				
부문 A	₩264,000			
부문 B	42,000			
총가공원가	₩306,000			

[요구사항]

(1) 각 제품의 4월 완성품 제조원가는 얼마인가?

(2) 4월 30일 부문 A와 부문 B의 재공품재고액은 얼마인가?

문제 B형

4-13
L.O. 4-2, 3

(주)한국은 종합원가계산을 적용하여 제품원가를 계산하고 있다. 직접재료는 공정초에 전량 투입되며, 가공원가(전환원가)는 공정 전반에 걸쳐 균등하게 발생한다. 20×1년 2월 1일에 처음으로 생산을 시작한 (주)한국의 당월중 완성품수량은 9,000단위이다. (주)한국은 20×1년 2월 말 재공품의 각 원가요소를 다음과 같이 보고하였다.

	금 액	완성도	완성품환산량
직접재료원가	₩75,000	100%	5,000단위
가공원가	40,000	50%	2,500단위

(주)한국의 외부감사인은 위의 자료를 검토하였는데, 20×1년 2월 말 재공품의 직접재료원가 관련 항목들은 모두 올바른 것으로 파악하였다. 그러나 외부감사인은 20×1년 2월 말 재공품의 가공원가 완성도가 50%로 과다하게 추정되었음을 발견하고, 추가로 검토하였는데 실제는 20%인 것으로 확인하였다. 게다가 위의 가공원가 ₩40,000은 완성도 50%에서는 올바르게 배부된 금액이었지만, 실제로 파악된 완성도 20%에서는 적절하게 수정되어야 한다. (KICPA 2017)

[요구사항]

(주)한국이 20×1년 2월 말 재공품의 가공원가 금액 및 완성품환산량을 올바르게 수정하는 경우, 20×1년 2월 말 재공품원가와 20×1년 2월 완성품원가는? 단, 공손이나 감손은 없다고 가정한다.

4-14
L.O. 4-2, 3, 4

(주)세무는 종합원가계산제도를 채택하고 있다. 직접재료는 공정의 초기에 전량 투입되며, 전환원가(conversion costs)는 공정 전반에 걸쳐 균등하게 발생한다. 당기 제조활동과 관련하여 가중평균법과 선입선출법에 의해 각각 계산한 직접재료원가와 전환원가의 완성품환산량은 다음과 같다. (세무사 2022)

	직접재료 완성품환산량	전환원가 완성품환산량
가중평균법	3,000단위	2,400단위
선입선출법	2,000단위	1,800단위

[요구사항]

기초재공품의 전환원가 완성도는?

4-15
L.O. 4-2, 4

비너스초콜릿(주)는 막대사탕 안에 초콜릿을 넣어 생산한다. 혼합부문에서 직접재료(초콜릿, 우유 그리고 설탕)가 사용되며, 이들은 공정 초기에 모두 생산에 투입된다. 혼합이 된 이후에 밀크 초콜릿은 성형부문으로 대체되며, 여기서 밀크 초콜릿은 막대사탕 모양으로 완성된다. 다음은 20×1년 1월 31일의 혼합부문의 재공품에 대한 부분 자료이다.

계정 : 재공품-혼합부문 계정 No.

일 자		적 요	차 변	대 변	잔 액	
					차 변	대 변
1월	1	기초재고 6,000단위, 60% 완성			21,840	
	31	직접재료, 240,000단위	768,000		789,840	
	31	직접노무	153,200		943,040	
	31	제조간접	38,160		981,200	
	31	완성품 이체, 242,000단위		?		
	31	기말재공품, ? 단위, 20% 완성			?	

[요구사항]

(1) 혼합부문의 제조원가보고서를 작성하고 누락된 기말재공품수량을 파악하시오. 비너스초콜릿(주)는 혼합부문의 생산에 선입선출법을 적용한다.

(2) 1월 1일 재공품계정에 직접재료 ₩18,600이 포함되어 있다고 가정할 경우 1월의 직접재료와 가공원가의 완성품환산수량 단위당 원가는 12월에 비해 얼마나 증가 혹은 감소했는가?

4-16
L.O. 4-2, 3, 4

다음은 신창(주)의 혼합부문의 4월 자료이다.

수량	
3월 31일 재공품수량	0
착수수량	50,000
완성 및 마감부문으로 대체	40,000
원가	
직접재료	
플라스틱 합성	₩450,000
카본 합성	60,000
가공원가	₩220,000

플라스틱 합성은 공정 시작과 함께 시작되나 카본 합성은 80% 생산이 완료된 시점에 시작된다. 가공원가는 공정 전반에 걸쳐서 균일하게 발생한다. 기말재공품은 40%가 완성된 상태이다.

[요구사항]

(1) 4월의 완성품환산수량과 완성품환산수량 단위당 원가를 계산하시오.

(2) 완성품 제조원가와 기말재공품원가를 계산하시오.

4-17
L.O. 4-3, 4

(주)대한은 종합원가계산을 적용하고 있다. 직접재료는 공정의 시작시점에서 100% 투입되며, 가공원가는 공정 전반에 걸쳐 균등하게 발생한다. (주)대한의 생산 관련 자료는 다음과 같다.

	물 량	재료원가	가공원가
기초재공품	2,000단위(가공비 완성도 60%)	₩24,000	₩10,000
당기착수량	10,000단위		
기말재공품	4,000단위(가공비 완성도 50%)		
당기투입원가		1,500,000	880,000

당기중에 공손이나 감손은 발생하지 않았다.

[요구사항]

(1) 평균법을 적용할 경우 기말재공품원가는 얼마인가?

(2) 선입선출법을 적용할 경우 완성품 제조원가는 얼마인가?

4-18
L.O. 4-2, 4, 5

다음은 A회사의 제1공정에 관한 자료이다. 원재료는 공정초에 모두 투입되며, 가공원가는 전체공정에 걸쳐 균등하게 발생한다. 제1공정에서는 선입선출법을 적용하여 제품원가를 계산하고 있다.

생산자료

	물량단위	가공원가 완성도
기초재공품	10,000	80%
기말재공품	20,000	40%
당기투입	100,000	
완성품	90,000	

원가자료

	직접재료원가	가공원가	합 계
기초재공품	₩315,000	₩138,800	₩453,800
당기투입	1,500,000	900,000	2,400,000

[요구사항]

(1) 제1공정의 완성품환산수량과 환산수량 단위당 원가를 계산하시오.

(2) 제1공정의 완성품원가와 기말재공품원가를 계산하시오.

(3) 다음은 제2공정에 관한 자료이다.

완성품환산수량 단위당 원가 : 전공정원가 ₩20, 직접재료원가 ₩30, 가공원가 ₩15
기말재공품 수량 : 30,000개(가공원가 완성도 60%)

제2공정의 원재료는 공정말에 투입되며, 가공원가는 전공정에 걸쳐 균등하게 발생한다. 기말재공품원가는 얼마인가?

4-19
L.O. 4-2, 4

한샘가구에서는 주방용 가구를 생산하는데, 몰딩공정, 마름질공정, 마무리공정이라는 세 개의 공정을 거쳐서 완성품을 생산한다. 재료는 몰딩공정의 초반에 투입되며, 나머지 재료는 마름질공정에 걸쳐서 균등하게 발생한다. 다음은 마름질공정의 20×1년 5월의 자료이다.

기초재공품(완성도 : 전공정원가 100%, 직접재료 80%, 직접노무원가 40%, 제조간접원가 30%)	8,000
당월 투입수량	40,000
기말재공품(완성도 : 전공정원가 100%, 직접재료 70%, 직접노무원가 50%, 제조간접원가 40%)	4,000
마무리공정 대체수량	?

	기초재공품	당기발생원가
전공정원가	₩66,000	₩320,000
직접재료원가	24,960	161,600
직접노무원가	6,720	85,600
제조간접원가	3,580	43,200

[요구사항]

마름질공정의 원가를 선입선출법으로 평가할 때 완성품원가와 기말재공품원가는 각각 얼마인가?

4-20
L.O. 4-2, 4

스냅샷(주)는 1회용 플라스틱 사진기를 생산 및 판매하고 있다. 생산공정은 성형과 마무리 등 두 개의 부문으로 이루어져 있다. 성형부문에서는 뜨거운 플라스틱 액체를 성형 틀에 주입한 후 냉각하여 틀을 만드는 작업을 한다. 이렇게 이루어진 제품은 마무리부문으로 이동되어 플라스틱의 가장자리를 다듬는 작업을 하여 완성시킨다. 다음은 1월의 생산과 관련된 원가자료이다.

재공품	1월 1일		1월 31일	
	수 량	원 가	수 량	원 가
성형부문	–	–	–	–
마무리부문	5,000	₩15,000	2,000	?

마무리부문의 월초와 월말 재공품의 완성도는 40%로 추정되었다. 1월중 생산정보는 다음과 같다.

	직접재료원가	가공원가
성형부문	₩450,000	₩90,000
마무리부문	–	80,000

성형부문에서의 직접재료 사용량은 50,000kg이며, 회사는 선입선출법을 적용한 종합원가계산시스템을 이용하여 원가를 계산하고 있다.

[요구사항]

성형부문과 마무리부문의 1월 제조원가보고서를 작성하시오. 보고서에는 물량흐름, 완성품환산수량, 완성품환산수량 단위당 원가, 완성품 제조원가 그리고 기말재공품원가 등이 표시되어야 한다.

4-21
L.O. 4-6

인디안 아웃도어 장비(IOE)는 네 종류의 야외용 텐트를 생산한다. 이 모델의 이름은 Rookie, Novice, Hiker, Expert이다. IOE는 제품을 바느질부문과 주문작업부문 등 두 부문에서 제작한다. 네 종류의 텐트는 먼저 바느질부문에서 작업이 시작되며, 텐트의 기본적인 내용은 이 부문에서 바느질되고 조립된다. Rookie 모델은 바느질부문에서 완성되면 완제품 창고로 옮겨지며, 나머지 세 종류의 텐트들은 바느질부문에서의 작업이 끝나면 주문작업부문으로 대체되어 추가작업이 이루어진 후 완제품 창고로 옮겨진다.

3월 1일 기초재공품재고는 없었으며, 3월 말 바느질부문의 기말재공품의 완성도는 40%이고 주문작업부문의 완성도는 20%이다. 가공원가는 각 부문에서의 완성품환산수량에 의해 배부된다.

	합 계	Rookie	Novice	Hiker	Expert
작업시작수량		600	480	290	150
바느질부문 완성수량		540	450	270	120
주문작업부문 완성수량			440	250	100
직접재료원가	₩59,580	₩18,000	₩17,280	₩13,050	₩11,250
가공원가					
바느질부문	₩60,312				
주문작업부문	28,800				
총가공원가	₩89,112				

[요구사항]

(1) 각 제품의 3월 완성품 제조원가는 얼마인가?

(2) 3월 31일 바느질부문과 주문작업부문의 재공품재고액은 각각 얼마인가?

4-22
L.O. 4-6

(주)카이는 고객의 주문에 따라 고급 카메라를 생산하고 있다. 고객은 외부표면재료 및 도료 등을 선택할 수 있지만, 카메라의 기본적인 조립 및 가공 작업은 주문별로 차이가 없다. 이러한 점을 감안하여 (주)카이는 직접재료원가에 대해서는 주문별로 집계하는 개별원가계산방법을 적용하고, 가공원가에 대해서는 종합원가계산방법을 적용하는 소위 혼합원가계산(hybrid costing)을 사용하고 있다. 가공원가는 공정 전체를 통해 균등하게 발생하며, 동 원가에 종합원가계산방법을 적용할 때 사용하는 원가흐름가정은 선입선출법이다. (주)카이의 4월 생산 및 원가 관련 자료는 다음과 같다.

(1) 월초재공품

주문번호-#101	
수량	200개
직접재료원가	₩1,500,000
가공원가	₩960,000
가공원가 완성도	80%

(2) 당월 주문 및 생산착수

주문번호	수 량
#105	200개
#206	100개
#207	150개

(3) 당월 발생원가

	#101	#105	#206	#207	합 계
직접재료원가	₩500,000	₩1,800,000	₩3,200,000	₩2,400,000	₩7,900,000
가공원가	?	?	?	?	₩4,092,000

(4) 월말재공품

	#105	#207
수량	200개	150개
가공원가 완성도	50%	60%

[요구사항]

4월 완성품 제조원가는 얼마인가?

4-23
L.O. 4-5

아산(주)는 6월중 수행중인 여러 작업 중에서 두 작업주문(제조지시서 #215와 #216)원가를 계산해야 한다. 제조지시서 #215는 1,200개의 디너 롤빵을 생산하는 작업이고, 제조지시서 #216은 1,400개의 복합곡물빵을 제조하는 작업이다. 디너 롤빵은 먼저 혼합공정을 거쳐 개별 롤로 절단된 후 굽기공정을 거쳐 포장된다. 복합곡물빵은 먼저 혼합공정을 거쳐 덩어리 형태로 만든 후 굽기공정을 거쳐 얇은 조각으로 절단되어 포장된다. 다음 자료는 제조지시서 #215와 #216에 관한 것이다.

	제조지시서 #215	제조지시서 #216
물량단위(포장수량)	1,200	1,400
작업		
혼합	사용	사용
덩어리 제조	사용하지 않음	사용
롤 절단	사용	사용하지 않음
굽기	사용	사용
조각 절단	사용하지 않음	사용
포장	사용	사용

6월중 회사 전체의 예산자료는 다음과 같다.

	디너 롤빵	복합곡물빵	합 계
포장수량	4,800	6,500	11,300
직접재료원가	₩2,640	₩5,850	₩8,490

6월 회사 전체의 작업공정별 가공원가예산은 다음과 같다.

혼합	₩9,040
덩어리 제조	1,625
롤 절단	720
굽기	7,345
조각 절단	650
포장	8,475

[요구사항]

(1) 예정포장수량을 배부기준으로 사용하여 작업공정별로 가공원가 예정배부율을 계산하시오.

(2) (1)의 정보를 이용하여 2개의 제조지시서에 대한 제조원가예산을 계산하시오.

(3) 제조지시서 #215(디너 롤빵에 대한 작업)와 제조지시서 #216(복합곡물빵에 대한 작업)의 포장단위당 원가를 계산하시오.

용어해설

가공원가(conversion cost) 또는 **전환원가** 직접노무원가에 제조간접원가를 합한 원가

가중평균법(weighted average) 당기와 전기에 발생한 원가를 합하여 당기에 처음부터 생산이 이루어진 것으로 보고 단위당 원가를 계산하는 방법

공정(processing department) 제품에 대한 작업이 수행되고 제반 원가가 발생하는 조직단위

선입선출법(first-in, first-out, FIFO) 오직 당기에 발생한 원가만을 가지고 단위당 원가를 계산하는 방법

완성품환산수량(equivalent units) 투입된 재료와 노력으로부터 얻을 수 있는 완성품수량

작업공정별원가계산(operation costing) 혼합원가계산 참조

전공정원가(transferred-in costs) 또는 **전입원가** 이전 공정에서 완성되어 다음 공정으로 대체된 완성품의 제조원가

종합원가계산(process costing) 공정별로 원가를 집계하여 총생산량으로 나누어 단위당 원가를 구하는 원가계산방법

혼합원가계산(hybrid costing) 운영원가계산이라고도 하며, 개별원가계산과 종합원가계산의 혼합형태임. 이 원가계산시스템은 가공활동들이 제품라인 전체에 걸쳐서 매우 유사하나 직접재료는 서로 다를 때 이용되는 방법임. 가공원가는 부문(혹은 공정)별로 집계되어 종합원가계산방법에 의해 제품에 이들 원가들이 할당됨. 반면, 직접재료원가들은 작업별 혹은 배치별로 집계되며, 개별원가계산방법을 이용하여 제품에 직접재료원가를 할당함.

chapter

5

공손, 재작업품 및 작업폐물

이 장을 학습한 후에 다음을 할 수 있어야 한다 :

5-1 정상공손과 비정상공손을 계산할 수 있어야 한다.

5-2 가중평균법에 의한 종합원가계산에서 공손에 대한 회계처리를 할 수 있어야 한다.

5-3 선입선출법에 의한 종합원가계산에서 공손에 대한 회계처리를 할 수 있어야 한다.

5-4 재작업품에 대한 회계처리를 할 수 있어야 한다.

5-5 작업폐물에 대한 회계처리를 할 수 있어야 한다.

Spoilage, Rework, and Scrap

종합원가계산과 공손

최근 기업간 경쟁이 치열해지면서 기업이 정상이라고 생각했던 과거 품질수준은 더 이상 정상이 아닌 상황이 되었다. 이에 기업들은 불량률을 줄이면서 품질을 향상시키기 위해 부단한 노력을 기울이고 있다. 많은 기업들은 불량의 원인을 제거하는 것이 원가를 낮추고 경쟁력을 제고시키는 원동력인 것으로 믿고 있다. 예를 들면, LGD사는 TV 및 각종 전자제품에 사용되는 패널(panel)을 생산한다. LGD사의 경우 생산한 패널의 품질은 원가 및 경쟁력의 핵심요인이다. 이에 LGD사는 내부 실패원가의 1% 증감이 회사이익에 미치는 효과를 종업원들에게 알려줌으로써 종업원 스스로 불량률 감소를 위해 활동하도록 유도하고 있다.

본장에서는 생산과정에서 발생하는 공손(감손), 재작업품 및 작업폐물의 회계처리에 대해서 설명한다.

정상공손과 비정상공손의 발생

공손은 생산과정에서 생산기준에 미달하는 불합격품을 그리고 **감손**은 생산과정에서 제품화되지 못한 투입원재료의 일부분을 말한다.

공손(spoilage)은 생산과정에서 원료, 기계, 사람 등 여러 가지 원인에 의해 품질 및 규격표준에 미달하는 불합격품이 발생한 경우를 가리킨다. 한편, 감손(waste, shrinkage)은 생산과정에서 증발, 가스화 등으로 소실되거나 제품화되지 못한 투입원재료의 일부분을 말한다. 이 둘의 차이는 공손은 품질 및 규격에 미달한 제품이 생산된 것을 의미하고, 감손은 생산에 투입된 원재료가 전부 산출물이 되지 못하고 사라진 것을 의미한다. 공손 및 감손의 개념은 개별원가계산이나 종합원가계산이나 구분 없이 모두 적용가능하다.

기업에서 공손이 발생하는 형태에는 두 가지 유형이 있다. 하나는 공정 전반에 걸쳐서 발생하는 경우(continuous loss)이다. 예를 들면, 커피 로스팅을 하는 경우나 파손되기 쉬운 유리 공예품을 생산하는 경우에 공정 전반에 걸쳐서 균일하게 공손이 발생한다. 다른 하나는 공손검사가 이루어지는 특정시점에 발생하는 경우(discrete loss)이다. 대개 기업은 특정시점에서 검사를 통해 양품과 불량품을 분리한다. 물론 여러 번의 검사시점을 두고 검사를 하는 경우도 있다. 검사시

도표 5-1 양품과 공손품의 분리

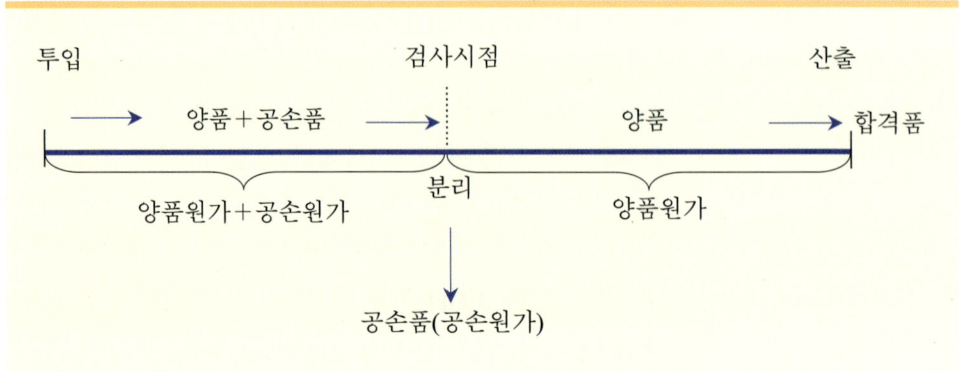

점을 통과한 재공품은 양품이 되며 통과하지 못한 재공품은 공손품이 된다. 따라서 검사시점이 공손품의 완성도가 된다. 공손품은 검사시점까지는 양품과 동일한 원가를 부담한다. 공손이 분리될 때까지 공손품에 투입된 원가를 공손원가라고 한다. 공손 및 감손은 발생원인에 따라 정상공손(감손)과 비정상공손(감손)으로 구분된다.

정상공손

정상공손은 일정한 작업조건에서도 불가피하게 발생하는 공손을 말한다.

정상공손(normal spoilage)은 특정 생산공정에 본질적으로 내재된 결과로서 일정한 작업조건에서도 양품을 얻기 위해 불가피하게 발생하는 공손이다. 여기서 불가피하게란 불가항력적인 상황을 의미하는 것은 아니다. 지금보다 현저하게 개선된 작업조건이나 원재료를 이용함으로써 이 문제를 극복할 수 있다. 그러나 이에 지불되는 비용이 얻게 되는 효익보다 더 크기 때문에 일정수준의 공손을 허용하게 된다. 이 허용수준 내의 공손을 정상공손이라고 한다. 정상공손의 원가는 제품제조원가에 포함시킨다.

정상공손율은 합격품 총수량을 기준으로 계산한다.

정상공손율을 계산할 때에는 실제투입량이 아닌 합격품 총수량을 기준으로 해야 한다. 왜냐하면, 실제투입량에는 정상공손뿐만 아니라 비정상공손도 포함하고 있어 결과적으로 비정상공손을 기준으로 정상공손을 계산하는 오류를 범하기 때문이다.

비정상공손

비정상공손은 정상공손율 수준을 넘어서 발생하는 공손을 말한다.

비정상공손(abnormal spoilage)은 정상공손율 수준을 넘어서 발생하는 공손을 말한다. 즉, 능률적인 작업조건에서는 발생해서는 안 될 공손이다. 비정상공손은 회피가능하고 통제가능한 것으로 기계의 고장이나 사고 등을 최소화함으로써 감소시킬 수 있다. 비정상공손을 제거함으로써 기업은 불량률을 낮추고 원가를 절감할 수 있다. 따라서 기업은 이에 대한 최신의 정보를 알기 위해 정상공손과 비정상공손을 구분하여 보고한다. 비정상공손원가는 비정상적인 환경에서 발생한 것이므로 제조원가에 포함시켜서는 안 되며 발견되는 회계기간에 영업외비용으로 회계처리한다.

도표 5-2 발생유형에 따른 공손의 인식

발생유형	종 류	원가의 처리	원가할낭
공정 전체에 걸쳐서 발생	정상	기말재공품과 완성품에서 모든 원가를 흡수	제품원가
	비정상	영업외비용으로 처리	기간비용
특정 검사시점에 발생	정상	특정 검사시점을 통과한 기말재공품과 완성품에서 모든 원가를 흡수	제품원가
	비정상	영업외비용으로 처리	기간비용

공손의 인식방법

인식법은 완성품 환산수량 계산에서 정상공손수량을 구분해 인식하는 방법이다.

종합원가계산에서 정상공손을 처리하는 방법에는 인식법과 무인식법 두 가지가 있다. 먼저, 인식법(recognizing spoiled units)은 정상공손원가를 합격품에만 배부하는 방법으로, 완성품환산수량 계산에서 정상공손수량을 구분해 공손품원가를 별도로 인식한다. 공정 전반에 걸쳐서 공손이 발생하는 경우(continuous loss)에는 비정상공손수량을 그리고 특정 검사시점에 공손이 확인되는 경우(discrete loss)에는 정상공손수량과 비정상공손수량을 완성품환산수량 계산에 포함한다. 인식된 공손품원가는 기말재공품의 완성도에 따라 완성품과 기말재공품에 배부한다. 기말재공품이 공손검사시점을 통과한 상태라면 기말재공품에도 공손품원가가 포함되어 있으므로 공손품원가를 완성품과 기말재공품에 배부해야 한다. 그러나 기말재공품이 공손검사를 통과하지 않은 상태라면 기말재공품에 공손품원가가 포함되어 있지 않은 상태이므로 공손품원가는 전부 완성품에만 배부되어야 한다. 이에 대한 회계처리는 뒤에서 자세히 설명한다.

무인식법은 완성품환산수량 계산에서 정상공손수량을 인식하지 않는 방법이다.

무인식법(not counting spoiled units)은 공손품원가를 모든 산출량에 흡수시키는 방법으로, 완성품환산수량 계산에서 정상공손수량을 인식하지 않는다. 특히 생산과정의 일환으로 공정 전반에 걸쳐서 공손이 발생하는 경우에 정상공손수량은 완성품환산수량 계산에 포함시키지 않는다. 따라서 정상공손수량을 인식하는 경우보다 완성품환산수량이 적게 계산되어 단위당 제조원가는 높아진다.

LGD사의 TFT-LCD 패널 생산과정에서 품질관리 직원이 다양한 설비를 이용하여 패널의 품질을 검사하고 있다. LCD 패널의 품질수준은 원가경쟁력의 핵심이며, 시장경쟁력의 원천이기도 하다. (자료 : LG디스플레이)

다음의 간단한 예를 이용하여 두 가지 공손의 인식방법의 효과를 비교해보자. (주)송정은 OLED 패널을 생산한다. 모든 직접재료는 패널 공정초기에 투입된다. 기초재공품은 없다고 가정한다. 9월에 직접재료 ₩540,000이 투입되었다. 9월 생산자료에 따르면 1,000개가 착수되어 600개가 완성되고 100개는 공손(정상공손)이 되었다. 기말재공품 300개는 50% 가공된 상태였다. 공손은 공정의 완성단계에서 확인된다. 공손의 인식방법에 따른 직접재료원가의 완성품환산수량 인식효과를 살펴보면 [도표 5-3]과 같다.

도표 5-3 직접재료원가에 대한 공손의 인식효과

	무인식법	인식법
할당대상원가	₩540,000	₩540,000
완성품환산수량(개)	÷900	÷1,000
환산수량 단위당 원가	₩600	₩540
원가할당		
완성품원가		
정상제품(600개×₩600; ₩540)	₩360,000	₩324,000
정상공손품(100개×₩540)	–	54,000
소계	₩360,000	₩378,000
기말재공품(300개×₩600; ₩540)	180,000	162,000
합계	₩540,000	₩540,000

[도표 5-3]에서 보듯이 공손의 무인식법에서는 완성품환산수량이 900개로 계산되고, 인식법에서는 완성품환산수량이 1,000개로 계산된다. 따라서 무인식법의 단위당 원가(₩600)가 인식법의 단위당 원가(₩540)보다 높다. 무인식법에서 완성품의 직접재료원가는 ₩360,000이 할당되며, 여기에는 정상공손품원가가 일부 포함된다. 반면 인식법에서 완성품원가는 ₩378,000으로, 여기에는 정상공손품원가 ₩54,000을 전부 포함한다. 따라서 무인식법은 인식법에 비해 완성품원가가 ₩18,000(=₩360,000−₩378,000) 과소배부된다. 한편, 기말재공품은 완성도가 50%로 공손의 검사시점을 통과하지 않았으므로 인식법의 경우 공손원가를 포함하지 않는다. 그러나 무인식법은 공손수량을 완성품환산수량 계산에 포함하지 않으므로 공손원가의 일부분이 기말재공품에 포함된다. 따라서 무인식법은 인식법에 비해 기말재공품원가가 ₩18,000(=₩180,000−₩162,000) 과대배부된다.

한편, 인식법에서 정상공손원가를 분리해서 보고하는 이유는 공손원가에 대한 경영자의 주의를 환기시킴으로써 공손을 줄이려는 노력을 하도록 유도하기 위해서이다.

공손의 회계처리

공손품이 있는 경우 종합원가계산에서 공손수량 및 공손원가의 계산은 기존 종합원가계산방법에 공손원가를 한 줄 추가해서 표시하는 것 이외에는 큰 차이점이 없다. 다음은 (주)송정의 OLED 패널공정의 11월 생산자료이다.

자료 1

다음은 (주)송정의 OLED 패널공정의 11월 생산자료이다. 공정의 시작시점에 직접재료는 전량 투입하며, 가공원가는 공정 내에서 균등하게 발생한다. 제품에 대한 공손검사는 공정의 70%단계에서 실시하며, 일반적인 상황에서 공손품은 정상제품의 5%이다. OLED 패널공정의 물량흐름 및 완성품환산수량은 가중평균법에 의해 계산한다.

	수 량	금 액		
		직접재료	가 공	합 계
기초재공품(70% 완성)	200개	₩84,000	₩81,120	₩165,120
10월 착수량	1,800개	810,000	918,000	1,728,000
10월 완성, 포장공정으로 대체	1,500개			
기말재공품(60% 완성)	400개			

제4장에서 설명한 종합원가계산의 5단계를 공손에 적용할 때에는 약간만 수정하면 된다. 이 중 핵심적인 부분은 1단계의 공손수량을 계산하는 것이다.

(주)송정의 11월 패널공정의 재공품계정을 살펴보면 다음과 같다.

재공품

차변	대변
기초재공품 (200개) + 당기투입량 (1,800개)	당기완성량 (1,500개)
	공손(100개)
	기말재공품(400개)
투입량(2,000개)	산출량(2,000개)

(주)송정의 11월 패널공정의 공손품수량을 계산하면 물량흐름에서 파악할 수 있듯이 100개가 된다.

도표 5-4 (주)송정 OLED 패널공정의 완성품환산수량의 인식(11월)

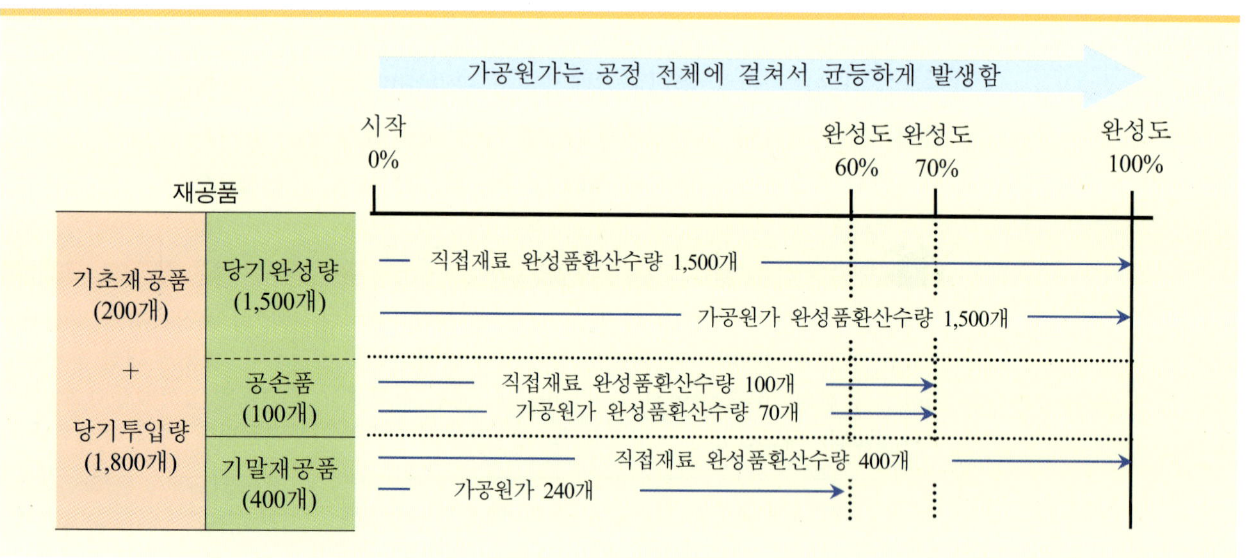

물량흐름의 요약

(주)송정 패널공정의 11월 공손품수량을 계산하면 앞서 재공품계정에서 보듯이 100개가 된다. 공손수량은 다음과 같이 계산된다.

총공손수량=(기초수량+착수량)−(합격품대체량+기말수량)
=(200+1,800)−(1,500+400)
=100개

(주)송정 패널공정의 정상공손은 합격품 1,500개의 5%인 75개이다. 따라서 비정상공손수량은 다음과 같다.

비정상공손수량=총공손수량−정상공손수량
=100−75
=25개

산출량에 대한 완성품환산수량 계산

2단계에서는 완성품과 기말재공품에 추가하여 공손의 완성품환산수량을 구한다. 공손의 완성품환산수량도 완성품 및 기말재공품과 마찬가지로 수량×완성도로 계산한다. 공손은 검사시점에서 양품과 분리되기 이전까지는 양품과 동일한 원가가 투입된다. 따라서 가공원가의 완성도는 검사시점의 위치와 같으며, 직접재료의 완성도는 직접재료의 투입시점과 검사시점을 고려하여 판단한다. 즉, 직접재료가 공손검사 이전에 투입되었다면 공손에 직접재료는 이미 투입되었으므로 완성도는 100%가 되며, 검사시점 이후에 투입된다면 공손에는 직접재료가 투입되지 않았으므로 완성도는 0%가 된다.

공정별 원가집계와 완성품환산수량 단위당 원가의 계산

이 단계는 제4장의 설명과 유사하다.

원가할당 : 완성품, 기말재공품 그리고 공손품 원가의 계산

여기서는 완성품, 기말재공품 그리고 공손품의 수량에 완성품환산수량 단위당 원가를 곱하여 각각의 원가를 계산한다. 이 단계는 제4장의 설명과 유사하다.

정상공손품원가의 배부

5단계에서 구한 정상공손품원가는 공손의 검사시점과 완성도를 비교하여 완성품과 기말재공품에 각각 배부하여 최종 제조원가를 계산한다. 즉, 완성도가 공손의 검사시점을 지났으면 정상공손품원가를 배부받으며, 완성도가 공손의 검사시점을 지나지 않았으면 정상공손품원가를 배부받지 않는다.

가중평균법과 공손

[도표 5-5]의 1단계 및 2단계에서는 완성품환산수량의 계산과정을 보여준다. 여기에는 공손품수량을 정상공손과 비정상공손의 완성품환산수량 계산과정을 포함하고 있다. 앞서 설명한 바와 같이 (주)송정의 패널공정에서의 정상공손율은 정상제품의 5%이므로 정상공손수량은 정상제품 1,500개의 5%인 75개(=1,500×5%)가 된다. 따라서 비정상공손수량은 총공손수량 100개에서 정상공손수량 75개를 차감한 25개가 된다. 공손의 검사는 공정 70% 시점에 이루어지나 직접재료원가는 공정 초기에 전량 투입되므로 정상 및 비정상 공손의 완성품환산수량은 각각 75개(=75×100%)와 25.5개(=25×100%)가 되며, 가공원가의 정상 및 비정상 공손의 완성품환산수량은 각각 52.5개(=75×70%)와 17.5개(=25×70%)가 된다.

3단계와 4단계에서는 가중평균법에 의한 완성품환산수량 단위당 원가의 계산과정을 보여주고 있다. 먼저 3단계에서는 각 원가범주별로 기초재공품의 원가와 당기제조원가를 합산하여 할당대상 원가를 요약한다. 다음 4단계에서는 각 범주별 원가를 당기중 완성품환산수량으로 나누어 가중평균 단위당 원가를 계산한다. 5단계에서는 2단계에서 구한 완성품환산수량에 4단계에서 구한 완성품환산수량 단위당 원가를 곱해서 총원가를 합격품, 공손품, 그리고 기말재공품에 할당한다. 여기서 주목할 부분은 완성품의 제조원가는 ₩1,498,500이 아니라 정상공손원가 ₩62,505을 더한 ₩1,561,005이 된다는 점이다. 기말재공품의 완성도가 60%로 공손의 검사시점을 통과하지 않았으므로 정상공손원가는 전부 완성품

도표 5-5 (주)송정의 OLED 패널공정 제조원가보고서(11월) : 가중평균법

	물량흐름	1단계	2단계		
			완성품환산수량		
		수량(개)	직접재료	가공원가	
1	기초재공품(70% 완성)	200			
2	당기투입량	1,800			
3	합계	2,000			
4	당기완성량	1,500	1,500	1,500	
5	정상공손[a]	75	75	52.5	
6	비정상공손[b]	25	25	17.5	
7	기말재공품(60% 완성)[c]	400	400	240	
8	합계	2,000	2,000	1,810	
9			3단계 : 총원가		
10			직접재료	가공원가	합 계
11	기초재공품원가		₩84,000	₩81,120	₩165,120
12	당기투입원가		810,000	918,000	1,728,000
13	총원가		₩894,000	₩999,120	₩1,893,120
14	완성품환산수량 (8번 행)		÷2,000	÷1,810	–
15	완성품환산수량 단위당 원가 : 4단계		₩447	₩552	₩999
16	원가할당		5단계		
17	당기완성품원가 (4번 행×15번 행)		₩670,500	₩828,000	₩1,498,500
18	정상공손원가[d] (5번 행×15번 행)		33,525	28,980	62,505
19	완성품 제조원가		₩704,025	₩856,980	₩1,561,005
20	비정상공손원가[d] (6번 행×15번 행)		11,175	9,660	20,835
21	기말재공품원가				
22	직접재료원가 (7번 행×15번 행)		₩178,800	–	₩178,800
23	가공원가 (7번 행×15번 행)		–	132,480	132,480
24	총기말재공품		₩178,800	₩132,480	₩311,280
25	총원가		₩894,000	₩999,120	₩1,893,120

a. 정상공손은 합격품 완성품 대체량의 5%이다(1,500개×5%=75개). 이 공정의 정상공손의 완성도는 직접재료원가 100%, 가공원가 70%이다.
b. 비정상공손은 25개이다(실제공손수량−정상공손=100−75=25개). 이 공정의 비정상공손의 완성도는 직접재료원가 100%, 가공원가 70%이다.
c. 기말재공품의 완성도는 직접재료원가 100%, 가공원가 60%이다.
d. 정상공손원가는 완성품원가에 포함시키며, 비정상공손원가는 영업외비용으로 처리한다.

에만 배부되기 때문이다. 따라서 당기완성품의 단위당 제조원가는 ₩999이 아닌 ₩1,040.67(=₩1,561,005÷1,500개)이 된다. 만약 기말재공품의 완성도가 공손의 검사시점인 70%를 초과했다면 정상공손원가는 완성품과 기말재공품의 수량에 비례해서 배부되어야 한다. 완성품과 기말재공품으로의 정상공손원가의 배부를 식으로 표현하면 다음과 같다.

$$\text{완성품 : 정상공손원가} \times \frac{\text{당기완성품수량}}{\text{당기완성품수량} + \text{기말재공품수량}}$$

$$\text{기말재공품 : 정상공손원가} \times \frac{\text{기말재공품수량}}{\text{당기완성품수량} + \text{기말재공품수량}}$$

여기서 한 가지 주의할 점은 정상공손원가를 배부할 때 완성품이나 기말재공품의 수량은 완성품환산수량을 기준으로 하지 않고 실제물량을 기준으로 한다는 것이다. 검사시점을 통과하여 정품임이 확인된 검사시점에서 보면 완성품과 기말재공품이 동등한 입장이기 때문이다. 한편, 비정상공손원가 ₩20,835은 영업외비용으로 처리되고 합격품 단위당 원가에는 표시되지 않는다.

선입선출법과 공손

[도표 5-6]에서는 선입선출법에 의한 종합원가계산을 보여주고 있다. 선입선출법은 가중평균법과는 달리 기초재공품의 원가와 당기중에 투입한 원가를 분리해서 계산한다. 따라서 모든 공손원가는 당기의 완성품과 관련된 것으로 가정하여 당기의 단위당 원가를 사용한다. 공손에 대한 회계처리를 제외하면 제4장에서 설명한 선입선출법과 동일하다.

선입선출법에서의 정상공손원가 배부는 가중평균법보다는 좀더 주의를 요한다. 가중평균법에서는 기초재공품도 당기에 착수한 것으로 가정하기 때문에 기초재공품과 당기투입완성품의 구분이 불필요하다. 그러나 선입선출법에서는 기초재공품이 먼저 완성되고, 그 다음에 당기착수분이 완성된다고 가정한다. 따라서 완성품은 기초재공품을 추가가공한 부분과 당기에 착수한 부분으로 이루어지는데, 선입선출법은 이를 구분해야 한다. 여기서는 기초재공품의 완성도가 공손검사시점을 통과했는지의 여부를 잘 살펴야 한다. 먼저, 기초재공품이 공손

도표 5-6 (주)송정의 OLED 패널공정 제조원가보고서(11월) : 선입선출법

	물량흐름	1단계	2단계		
		수량(개)	완성품환산수량		
			직접재료	가공원가	
1	기초재공품(70% 완성)	200			
2	당기투입량	1,800			
3	합계	2,000			
4	당기완성량(1,500개)				
5	기초재공품완성	200	–	60	
6	당기착수완성	1,300	1,300	1,300	
7	정상공손[a]	75	75	52.5	
8	비정상공손[b]	25	25	17.5	
9	기말재공품(60% 완성)[c]	400	400	240	
10	합계	2,000	1,800	1,670	
11			3단계 : 총원가		
12			직접재료	가공원가	합 계
13	기초재공품원가				–
14	당기투입원가		₩810,000	₩918,000	₩1,728,000
15	총원가		₩810,000	₩918,000	₩1,728,000
16	완성품환산수량 (10번 행)		÷1,800	÷1,670	
17	완성품환산수량 단위당 원가		₩450	₩549.70	₩999.70
18	원가할당		5단계		
19	당기완성품(10,000개)				
20	기초재공품원가		₩84,000	₩81,120	₩165,120
21	기초재공품 당기완성원가 (5번 행×17번 행)		–	32,983	32,983
22	합계		₩84,000	₩114,103	₩198,103
23	당기투입완성원가 (6번 행×17번 행)		585,000	714,610	1,299,610
24	정상공손원가[d] (7번 행×17번 행)		33,750	28,859	62,609
25	완성품 제조원가		₩702,750	₩857,572	₩1,560,322
26	비정상공손원가[d] (8번 행×17번 행)		11,250	9,620	20,870
27	기말재공품원가				
28	직접재료원가 (9번 행×17번 행)		₩180,000	–	₩180,000
29	가공원가 (9번 행×17번 행)		–	131,928	131,928
30	총기말재공품		₩180,000	₩131,928	₩311,928
31	총원가		₩894,000	₩999,120	₩1,893,120

a. 정상공손은 합격품 완성품 대체량의 5%이다(1,500개×5%=75개). 이 공정의 정상공손의 완성도는 직접재료원가 100%, 가공원가 70%이다.

b. 비정상공손은 25개이다(실제공손수량−정상공손=100−75=25개). 이 공정의 비정상공손의 완성도는 직접재료원가 100%, 가공원가 70%이다.

c. 기말재공품의 완성도는 직접재료원가 100%, 가공원가 60%이다.

d. 정상공손원가는 완성품원가에 포함시키며, 비정상공손원가는 영업외비용으로 처리한다.

의 검사시점을 통과한 상태라면, 당기에 발생한 정상공손원가를 기초재공품에 배부할 필요는 없다. 왜냐하면, 기초재공품에는 이미 전기에 정상공손품원가가 배부되었기 때문이다. 따라서 완성품과 기말재공품의 정상공손원가 배부를 위한 식은 다음과 같다.

$$\text{완성품 : 정상공손원가} \times \frac{\text{당기착수완성수량}}{\text{당기착수완성수량} + \text{기말재공품수량}}$$

$$\text{기말재공품 : 정상공손원가} \times \frac{\text{기말재공품수량}}{\text{당기착수완성수량} + \text{기말재공품수량}}$$

(주)송정 패널공정의 11월 작업활동에 의하면 기초재공품과 기말재공품의 완성도는 각각 70%와 60%이므로 정상공손원가는 전부 완성품에만 배부된다. 따라서 완성품 제조원가는 ₩1,497,713(=₩198,103+₩1,299,610)이 아닌 ₩1,560,322(=₩198,103+₩1,299,610+₩62,609)이 된다.

그러나 기초재공품의 완성도가 공손검사시점에 미달했다면 당기에 기초재공품의 추가가공과정에서 공손의 검사시점을 통과하게 되었을 것이다. 따라서 정상공손원가는 당기착수완성품과 공손검사시점을 통과한 기말재공품뿐만 아니라 기초재공품 중 당기완성수량에 대해서도 배부가 이루어져야 한다. 이 경우 정상공손원가 배부를 위한 식은 다음과 같다.

완성품 :

$$\text{정상공손원가} \times \frac{\text{기초재공품완성수량} + \text{당기착수완성수량}}{\text{기초재공품완성수량} + \text{당기착수완성수량} + \text{기말재공품수량}}$$

기말재공품 :

$$\text{정상공손원가} \times \frac{\text{기말재공품수량}}{\text{기초재공품완성수량} + \text{당기착수완성수량} + \text{기말재공품수량}}$$

공손품의 처분가치가 있는 경우

정상공손원가를 배부함에 있어서 먼저 고려할 것은 공손품의 처분가치가 있는가이다. 만약 공손품의 처분가치가 없다면 발생한 정상공손원가 전부를 배부하면 된다. 그러나 공손품의 처분가치가 있다면 공손품의 순실현가치를 공손원가에서 제외한 나머지를 앞서 설명한 바와 같이 배부하면 된다. 공손품의 순실현가치는 공손품의 예상판매가치에서 예상판매비를 차감하여 계산한다.

공손품의 순실현가치＝예상판매가치－예상판매비

따라서 순공손원가는 공손원가에서 공손품의 순실현가치를 차감한 금액이 된다.

정상공손의 순원가＝정상공손원가－정상공손품의 순실현가치

비정상공손의 순원가＝비정상공손원가－비정상공손품의 순실현가치

예를 들어, (주)송정이 가중평균법으로 원가계산한 정상공손품과 비정상공손품을 각각 개당 ₩550과 ₩450에 판매할 수 있고 판매비용은 각각 ₩150이 발생한다고 하자. 이 경우에 완성품에 배부될 정상공손의 순원가는 ₩32,505이 되며, 다음과 같이 계산된다.

정상공손의 순원가＝₩62,505－[75개×(550－150)]
＝₩32,505

한편, 영업외비용으로 처리될 비정상공손의 순원가는 ₩13,335이 된다.

비정상공손의 순원가＝₩20,835－[25개×(450－150)]
＝₩13,335

재작업품과 작업폐물

재작업품

재작업품은 재작업을 거쳐 판매되는 불합격품을 말한다.

재작업품(reworked units)은 차후에 재작업을 거쳐 판매되는 불합격품을 말한다. 재작업에 따른 회계처리는 공손의 경우와 같이 재작업의 성질에 따라 달라진다. 재작업이 정상적이고 특정작업과 관련하여 발생한 것이라면 원가는 모두 그 작업에 배부된다. 그러나 재작업이 정상적이나 모든 작업에 공통적인 작업과 관련하여 발생한 것이라면 제조간접원가로 처리하여 작업(공정)별로 배부한다. 마지막으로 재작업이 비정상적인 성질이라면 손실계정으로 처리한다.

(주)송정 패널공정의 예에서 공손품 75개를 재작업하였으며, 재작업 결정 이전에 공손품 75개에 할당된 원가 ₩62,505은 직접재료원가 ₩33,525, 직접노무원가 ₩18,000, 제조간접원가 ₩10,980이라고 가정하자. 이에 대한 분개는 다음과 같다.

재공품	62,505	
원재료		33,525
미지급임금		18,000
제조간접원가		10,980

재작업과 관련하여 직접재료원가 ₩6,000, 직접노무원가 ₩3,500, 제조간접원가 ₩2,500이 발생했다고 가정하자.

정상적이면서 특정작업과 관련되는 재작업품 재작업이 정상적이고 특정작업과 관련하여 발생하는 것이라면 그 재작업원가는 특정작업에 전부 배부된다. 이에 대한 분개는 다음과 같다.

재공품	12,000	
원재료		6,000
미지급임금		3,500
제조간접원가		2,500

정상적이면서 모든 작업에 공통되는 재작업품 재작업이 정상적이기는 하나 모든 작업에 공통되는 경우에 재작업원가는 제조간접원가에 대체되고 이 금액은 제조간접원가 배부과정을 거쳐 모든 작업에 배부된다. 이에 대한 분개는 다음과 같다.

제조간접원가	12,000	
원재료		6,000
미지급임금		3,500
제조간접원가		2,500

비정상적 재작업품 재작업이 비정상적이라면 재작업원가는 손실계정에 기록한다. 이에 대한 분개는 다음과 같다.

비정상공손	12,000	
원재료		6,000
미지급임금		3,500
제조간접원가		2,500

작업폐물

작업폐물은 생산과정중에 발생하는 폐물로서, 제품에 비해 판매가치가 아주 작다.

작업폐물(scarp)은 생산과정중에 발생하는 폐물로서, 투입재료의 잔재물이며 그 경제적 가치는 비교적 작다. 만약 경제적 가치가 전혀 없다면, 감손으로서 나타낸다. 작업폐물은 정상작업폐물과 비정상작업폐물로 구분되지 않고 대신 특정작업과 관련되는 작업폐물과 모든 작업에 공통적인 작업폐물로 구분된다. 작업폐물은 즉시 판매 또는 폐기되거나 미래에 판매, 폐기 또는 재사용할 목적으로 보관하기도 한다.

작업폐물에 대한 회계처리에서 고려해야 할 문제는 첫째, 작업폐물 가치의 인식시점(생산시점 또는 판매시점)과 둘째, 작업폐물에서 발생한 수익을 어떻게 처리할 것인가이다.

처분시점에서 인식하는 경우

작업폐물의 금액이 중요하지 않을 때, 가장 간단한 회계처리방법은 창고로 되돌아오는 작업폐물수량을 메모하고, 작업폐물의 판매액을 기타수익항목으로 처리하는 것이다. (주)송정은 패널공정에서 발생한 작업폐물인 패널 100개를 ₩30,000에 판매하였으며, 이 금액의 크기는 중요하지 않다고 가정하자. 이에 대한 회계처리는 다음과 같다.

현금(혹은 매출채권)	30,000	
기타수익		30,000

그러나 작업폐물의 금액이 중요하고 빠른 시간 내에 처분되는 경우에 그 작업폐물이 특정작업에만 관련되는지 혹은 모든 작업에 공통적으로 발생하는지에 따라 회계처리는 달라진다.

특정작업과 관련 있는 작업폐물 작업폐물이 특정작업(공정)과 관련하여 발생하고 그 금액을 특정작업(공정)에 추적할 수 있다면, 작업폐물의 수익은 작업폐물이 발생된 작업(공정)의 재료원가를 직접 감소시킨다. 여기서 한 가지 중요한 것은 작업폐물에는 공손이나 재작업처럼 추가된 원가가 없기 때문에 정상 혹은 비정상 작업폐물로 구분되지 않는다는 점이다.

작업폐물이 창고로 반송된 경우 : 회계처리 없음(수량과 관련된 작업만 비망기록함)

작업폐물 처분 :

현금(혹은 매출채권)	30,000	
재공품		30,000

모든 작업에 공통인 작업폐물 작업폐물이 특정작업(공정)과 관계를 맺지 않고 공통적으로 발생하는 경우 작업폐물 판매수익은 제조간접원가를 감소시킨다. 이 방법은 작업폐물이 공통작업에서 발생한 것이므로 개별 제품이나 작업(공정)의 원가에서 직접 차감하지 않고 모든 제품이나 작업(공정)에 부담시키는 방법이다.

이에 대한 회계처리는 다음과 같이 이루어진다.

작업폐물이 창고로 반송된 경우 : 회계처리 없음(수량과 관련된 작업만 비망기록함)

작업폐물 처분 :

계정	차변	대변
현금(혹은 매출채권)	30,000	
제조간접원가		30,000

생산시점에서 인식하는 경우

처분시점에서 작업폐물을 인식하는 방법은 작업폐물이 즉시 판매된다고 가정한다. 따라서 작업폐물은 재고자산으로 기록되지 않는다. 그러나 일부 작업폐물의 경우, 예를 들면 금속처럼 시장가격의 변화가 크거나, 판매 및 재이용에 긴 시차가 발생하는 경우가 있다. 이 경우에는 보수적으로 예측된 순실현가치로 작업폐물을 자산화시켜야 한다.

특정작업과 관련 있는 작업폐물 (주)송정 패널공정의 작업폐물에 대한 회계처리는 다음과 같다.

작업폐물이 창고로 반송된 경우 :

계정	차변	대변
원재료	30,000	
재공품		30,000

작업폐물 처분 :

계정	차변	대변
현금(혹은 매출채권)	30,000	
원재료		30,000

모든 작업에 공통인 작업폐물 이 경우의 회계처리는 다음과 같다.

작업폐물이 창고로 반송된 경우 :

원재료	30,000	
제조간접원가		30,000

작업폐물 처분 :

현금(혹은 매출채권)	30,000	
원재료		30,000

작업폐물의 재사용 때때로 작업폐물은 처분되지 않고 직접재료로 재사용되는 경우가 있다. 이 경우에는 원재료계정에 추정순실현가치로 기록해야 한다. 작업폐물을 재사용한 경우의 회계처리는 다음과 같다.

재공품	30,000	
원재료		30,000

자습문제

신성테크(주)는 LED 리드 프레임(lead frame)을 생산하고 있으며, 이 제품은 최근 LED 제품 시장의 성장에 힘입어 시장에서 좋은 반응을 보이고 있다. LED 리드 프레임의 생산과 관련한 모든 재료는 조립공정 초기에 전부 투입되며, 가공원가는 공정 전반에 걸쳐서 평균적으로 발생한다. 제품에 대한 품질검사는 공정 마지막 단계에서 이루어지며, 신성테크(주)는 완성품의 10%를 정상공손으로 허용하고 있다. 다음은 9월달 LED 리드 프레임 조립공정의 운영자료이다.

	수 량	금 액		
		직접재료	가 공	합 계
기초재공품(75% 완성)	2,000개	₩120,000	₩51,000	₩171,000
9월 착수량	10,000개	540,000	346,800	886,800
9월 완성수량	9,500개			
기말재공품(70% 완성)	1,000개			

[요구사항]

(1) 가중평균법을 이용하여 LED 리드 프레임의 원가보고서를 작성하시오.

(2) 선입선출법을 이용하여 LED 리드 프레임의 원가보고서를 작성하시오.

(3) (2)의 자료를 이용하여 비정상공손원가에 대한 회계처리를 표시하시오.

(1) 가중평균법에 의한 원가계산보고서

	물량흐름	1단계 수량(개)	2단계 완성품환산수량 직접재료	가공원가	
1	기초재공품(75% 완성)	2,000			
2	당기투입량	10,000			
3	합계	12,000			
4	당기완성량	9,500	9,500	9,500	
5	정상공손[a]	950	950	950	
6	비정상공손	550	550	550	
7	기말재공품(70% 완성)	1,000	1,000	700	
8	합계	12,000	12,000	11,700	
9			3단계 : 총원가		
10			직접재료	가공원가	합 계
11	기초재공품원가		₩120,000	₩51,000	₩171,000
12	당기투입원가		540,000	346,800	886,800
13	총원가		₩660,000	₩397,800	₩1,057,800
14	완성품환산수량 (8번 행)		÷12,000	÷11,700	−
15	완성품환산수량 단위당 원가 : 4단계		₩55	₩34	₩89
16	원가할당		5단계		
17	당기완성품원가 (4번 행×15번 행)		₩522,500	₩323,000	₩845,500
18	정상공손원가[a] (5번 행×15번 행)		52,250	32,300	84,550
19	완성품 제조원가		₩574,750	₩355,300	₩930,050
20	비정상공손원가 (6번 행×15번 행)		30,250	18,700	48,950
21	기말재공품원가				
22	직접재료원가 (7번 행×15번 행)		₩55,000	−	₩55,000
23	가공원가 (7번 행×15번 행)		−	23,800	23,800
24	총기말재공품		₩55,000	₩23,800	₩78,800
25	총원가		₩660,000	₩397,800	₩1,057,800

a. 기말재공품의 완성도는 70%로 공손검사시점을 통과하지 않았으므로 정상공손원가는 전부 완성품에만 배부된다.
정상공손수량＝합격품×10%＝9,500×10%＝950개

(2) 선입선출법에 의한 원가계산보고서

	물량흐름	1단계 수량(개)	2단계 완성품환산수량 직접재료	2단계 완성품환산수량 가공원가	
1	기초재공품(75% 완성)	2,000			
2	당기투입량	10,000			
3	합계	12,000			
4	당기완성량(9,500개)				
5	기초재공품완성	2,000	–	500	
6	당기착수완성	7,500	7,500	7,500	
7	정상공손[a]	950	950	950	
8	비정상공손	550	550	550	
9	기말재공품(70% 완성)	1,000	1,000	700	
10	합계	12,000	10,000	10,200	
11			3단계 : 총원가		
12			직접재료	가공원가	합 계
13	기초재공품원가				–
14	당기투입원가		₩540,000	₩346,800	₩886,800
15	총원가		₩540,000	₩346,800	₩886,800
16	완성품환산수량 (10번 행)		÷10,000	÷10,200	
17	완성품환산수량 단위당 원가		₩54	₩34	₩88
18	원가할당		5단계		
19	당기완성품(9,500개)				
20	기초재공품원가		₩120,000	₩51,000	₩171,000
21	기초재공품 당기완성원가 (5번 행×17번 행)		–	17,000	17,000
22	합계		₩120,000	₩68,000	₩188,000
23	당기투입완성원가 (6번 행×17번 행)		405,000	255,000	660,000
24	정상공손원가[a] (7번 행×17번 행)		51,300	32,300	83,600
25	완성품 제조원가		₩576,300	₩355,300	₩931,600
26	비정상공손원가 (8번 행×17번 행)		29,700	18,700	48,400
27	기말재공품원가				
28	직접재료원가 (9번 행×17번 행)		₩54,000	–	₩54,000
29	가공원가 (9번 행×17번 행)		–	23,800	23,800
30	총기말재공품		₩54,000	₩23,800	₩77,800
31	총원가		₩660,000	₩397,800	₩1,057,800

a. 기말재공품의 완성도는 70%로 공손검사시점을 통과하지 않았으므로 정상공손원가는 전부 완성품에만 배부된다.

(3) 비정상공손원가의 회계처리

계정	차변	대변
비정상공손(영업외비용)	48,400	
재공품		48,400

문제 A형

5-1
L.O. 5-1

인정기업의 원가계산기간 동안 기초재공품수량은 500개(진척도 60%)이고, 당기착수량은 1,500개이다. 당기완성량은 1,600개이며, 기말재공품이 200개(진척도 40%)이다. 공손검사는 진척도 30%일 때 이루어진다. 요구사항이 독립적이라고 할 때 정상공손수량과 비정상공손수량을 각각 구하시오.

[요구사항]

(1) 정상공손을 당월에 검사시점을 통과한 정상품의 2%로 할 때
(2) 정상공손을 당월에 검사시점에 도달한 물량의 2%로 할 때
(3) 선입선출법을 적용하여 종합원가계산을 할 경우, 정상공손원가가 ₩50,000일 때 완제품에 배분될 정상공손원가는 얼마인가?

5-2
L.O. 5-1

제철공장에서 정상적 공손은 검사를 통과한 합격품의 6%이다. 3월에 총 10,000단위가 공손되었다. 다른 자료는 다음과 같다.

3월중 착수량	120,000단위
기초재공품(가공원가 완성도 20%)	14,000단위
기말재공품(가공원가 완성도 70%)	11,000단위

[요구사항]

검사가 완성도 15%, 40%, 100% 단계에서 이루어진다는 것을 가정하여 다음 표의 형태로 정상적 공손과 비정상적 공손을 계산하시오.

	검사시점		
	15%	40%	100%
기초재공품			
:			

5-3
L.O. 5-1, 2

완전기업의 20×1년 3월 생산자료는 다음과 같다. 원재료는 공정 초에 투입되며, 기초재공품은 70% 완성되었고, 기말재공품은 40% 완성되었다. 검사는 생산완료시점에서 이루어진다.

3/1	기초재공품	30,000개
	3월 착수량	120,000개
	완성 후 제품계정에 대체	99,000개
	비정상적 공손	6,000개
3/31	기말재공품	45,000개

[요구사항]

평균법을 사용하여 원가계산을 할 경우 가공원가의 완성품환산수량은 몇 개인가?

5-4
L.O. 5-1

밀림기업은 종합원가계산에 의하여 제품을 생산한다. 직접재료는 공정의 초기단계에 투입되며, 가공원가는 전체 공정에 고르게 투입된다. 20×1년 6월 1일의 재공품 10,000단위에 대해서는 공정이 50% 진행되었고, 동년 6월 30일의 재공품 20,000단위에 대해서는 공정이 90% 진행되었다. 품질검사는 공정이 80% 진행되었을 때에 실시하며, 불합격품에 대해서는 재작업을 실시하지 않는다. 정상공손은 당월의 품질검사에서 합격한 제품의 5%로 설정하고 있다. 6월 중 55,000단위가 착수되었으며, 총 40,000단위가 완성되었다.

[요구사항]

6월에 발생한 비정상공손품의 가공원가의 완성품환산수량은 얼마인가?

5-5
L.O. 5-1, 2

유토피아기업은 가중평균법으로 재고자산을 평가하는 종합원가계산제도를 운영하고 있다. 모든 직접재료는 공정의 초기에 전량 투입된다. 유토피아기업의 경영자는 정상손실을 회계기간 동안 투입된 생산량의 5%를 초과할 수 없는 것으로 규정하고 있다. 모든 손실은 증발 때문에 발생한다. 3월의 공정자료는 다음과 같다.

기초재공품(가공원가의 완성도 30%)	10,000개
당월 투입수량	60,000개
당월 완성수량	58,200개
기말재공품(가공원가의 완성도 60%)	8,000개

[요구사항]

(1) 회계처리해야 하는 수량의 합계는 몇 개인가?
(2) 정상손실은 몇 개인가?
(3) 비정상손실은 몇 개인가?
(4) 직접재료원가와 가공원가의 완성품환산수량은 몇 개인가?

5-6
L.O. 5-1, 3

선입선출법을 사용하여 재고자산을 평가하는 종합원가계산제도를 채택하고 있는 북경기업의 생산활동에 관한 당기자료는 다음과 같다.

기초재공품(완성도 60%)	20,000단위
당기투입	100,000단위
당기중 완성되어 타부문 대체	90,000단위
기말재공품(완성도 50%)	15,000단위
당기직접재료원가발생액	₩300,000
당기가공원가발생액	₩366,000

직접재료는 생산시작시점에서 투입하며, 가공원가는 전공정을 통해 균일하게 발생한다. 북경기업은 과거의 경험으로 검사시점을 통과한 합격품의 10%를 정상공손으로 처리한다. 단, 회사는 완성도가 40%일 때 검사를 실시한다.

[요구사항]

북경기업의 당기비정상공손원가는 얼마인가?

5-7
L.O. 5-1, 3

(주)대한은 유리컵을 생산하는 기업으로 종합원가계산제도를 채택하고 있으며, 재고자산 평가방법은 선입선출법(FIFO)을 사용한다. 직접재료는 공정 초에 전량 투입되며, 전환원가(가공원가)는 공정에 걸쳐 균등하게 발생한다. 다음은 (주)대한의 생산 및 제조에 관한 자료이다.

기초재공품(가공완성도 70%)	800개
당기착수물량	6,420개
기말재공품(가공완성도 40%)	1,200개

품질검사는 가공완성도 80% 시점에 이루어지며, 당기에 품질검사를 통과한 물량의 5%를 정상공손으로 간주한다. (KICPA 2020)

[요구사항]

당기에 착수하여 당기에 완성된 제품이 4,880개일 때 (주)대한의 비정상공손은 몇 개인가?

5-8
L.O. 5-1, 2

청도기업은 단일공정을 거쳐 제품 X를 생산하고 있다. 청도기업은 공정 초기에 직접재료 A를 전량투입하고 있으며, 공정의 60% 시점에서 직접재료 B는 전량투입되고, 가공원가는 전공정을 거쳐 균등하게 발생한다. 청도기업은 두 차례에 걸쳐 품질검사를 실시하는데, 첫 번째 품질검사는 직접재료 B를 투입하기 직전에 실시되며, 첫 번째 품질검사를 통과한 수량에 대해 직접재료 B를 투입하게 된다. 두 번째 품질검사는 제품완성시점에서 실시된다. 20×1년 4월중 생산 및 원가 자료는 다음과 같다.

수량자료 :

기초재공품(완성도 50%)	3,000단위
당기착수량	25,000단위
당기완성량	22,000단위
기말재공품(완성도 80%)	2,500단위

원가자료 :

기초재공품 :	직접재료 A	₩50,000
	가공원가	20,400
당기투입원가 :	직접재료 A	510,000
	직접재료 B	390,000
	가공원가	300,000

공손품은 첫 번째 품질검사에서 2,000단위가 발생하였으며, 나머지는 두 번째 품질검사에서 발생한 것이다. 청도기업은 품질검사를 통과한 수량의 5%를 정상공손으로 간주한다.

[요구사항]

평균법을 사용하여 청도기업의 20×1년 4월의 제소원가보고서를 작성하시오.

5-9
L.O. 5-1, 3

삼화페인트에서는 친환경페인트를 생산한다. 페인트의 생산과정에서 휘발성 원재료 때문에 연속적인 기준으로 공손이 발생한다. 삼화페인트의 경영자는 생산과정에서 원재료 투입수량 중 0.4% 미만의 정상공손이 발생할 것으로 생각하고 있다. 다음은 삼화페인트의 20×1년 6월의 운영에 대한 통계자료이다.

기초재공품(완성도 : 직접재료원가 20%, 가공원가 30%)	8,000단위
당월 투입수량	180,000단위
기말재공품(완성도 : 직접재료원가 70%, 가공원가 80%)	4,000단위
공손품	1,400단위

[요구사항]

(1) 완성품수량은 얼마인가?
(2) 정상공손은 몇 단위인가?
(3) 비정상공손은 몇 단위인가?
(4) 선입선출법에 의한 재료원가와 가공원가의 완성품환산수량은 얼마인가?

5-10
L.O. 5-1, 3

(주)대한은 선입선출법에 의한 종합원가계산을 적용하여 제품원가를 계산하고 있다.

- 원재료는 공정 초에 전량 투입되고, 전환원가는 공정 전반에 걸쳐 균등하게 발생한다.
- 공정의 80% 시점에서 품질검사를 실시하며, 정상공손 허용수준은 합격품의 10%이다. 정상공손원가는 합격품원가에 가산되고, 비정상공손원가는 기간비용으로 처리된다.
- 공손품은 모두 폐기되며, 공손품의 처분가치는 없다.

다음은 20×1년 2월 공정의 생산 및 원가 자료이다. 단, 괄호 안의 숫자는 전환원가의 완성도를 의미한다.
(KICPA 2022)

	물량단위	직접재료원가	전환원가
기초재공품	2,000(70%)	₩70,000	₩86,000
당기투입	10,000	₩2,000,000	₩860,000
완성품	8,000		
기말재공품	3,000(40%)		

[요구사항]

(1) (주)대한의 20×1년 2월 직접재료원가와 전환원가의 완성품환산량 단위당 원가를 계산하면 각각 얼마인가?

(2) (주)대한의 20×1년 2월 완성품 단위당 원가는 얼마인가?

문제 B형

5-11
L.O. 5-1, 2, 3

(주)대한은 20×1년 1월 1일에 처음으로 생산을 시작하며, 종합원가계산을 적용한다. 직접재료는 공정 초에 전량 투입되고, 전환원가는 공정 전반에 걸쳐 균등하게 발생한다. 20×1년의 생산활동 및 완성품환산량 단위당 원가는 다음과 같이 예상된다.

	물량단위	완성품환산량/원가	
		직접재료원가	전환원가
완성품	900개	900개	900개
비정상공손품	100개	100개	100개
기말재공품	300개	300개	100개
합계	1,300개	1,300개	1,100개
당기투입원가		₩104,000	₩115,500
완성품환산량 단위당 원가		₩80	₩105

20×1년도 완성품은 단위당 ₩250에 전량 판매된다. 비정상공손품은 모두 폐기되고, 비정상공손원가는 당기비용으로 처리된다. 품질관리팀에서는 공정의 50% 시점에서 검사를 실시하여 공손품 발생요인을 통제하면, 비정상공손품 100단위는 모두 품질기준을 충족하는 완성품이 되어 단위당 ₩250에 판매할 수 있다고 한다.
(KICPA 2018)

[요구사항]

품질검사를 현재의 시점에서 공정의 50% 시점으로 옮긴다면, (주)대한의 당기순이익은 얼마나 증가하는가? 단, 검사원가는 검사시점에 관계없이 동일하고, 공손품 발생요인을 통제하기 위해 원가는 ₩3,000 추가 발생한다.

5-12
L.O. 5-1, 3

남경기업은 두 개의 제조부문 X, Y를 통하여 한 가지 제품을 생산하고 있다. Y부문에서 재료는 공정의 최종시점에서 투입되고 가공원가는 전공정을 통해 일정하게 발생한다. 모든 공손품 검사는 Y부문의 중간시점(50%)에서 실시되며, 850개까지는 정상공손으로 인정된다. 정상공손의 허용수준은 완성품수량의 5%이며, 정상공손원가는 합격품에 가산하고, 비정상공손은 기간비용으로 처리한다. 다음의 자료는 남경기업의 Y부문 생산활동을 요약한 것이다. 남경기업은 선입선출법을 적용하여 원가계산을 한다.

생산자료 :

기초재공품(완성도 25%)	4,000개
전공정대체량	18,000개
당기완성품	19,000개
기말재공품(완성도 80%)	2,000개
공손(완성도 50%)	1,000개

원가자료 :

	기초재공품	당기투입원가	합 계
전공정원가	₩38,200	₩162,000	₩200,200
직접재료원가	0	47,500	47,500
가공원가	8,220	80,400	88,620

[요구사항]

(1) 완성품환산수량 단위당 전공정원가
(2) 완성품환산수량 단위당 직접재료원가
(3) 완성품환산수량 단위당 가공원가
(4) 정상공손원가
(5) 비정상공손원가
(6) 기말재공품원가
(7) 완성품원가

5-13
L.O. 5-1, 2

(주)대한은 표준종합원가계산을 사용하고 있다. 정상공손이 반영되기 전의 제품단위당 표준원가는 다음과 같다.

	제품단위당 표준원가
직접재료원가	₩20
전환원가	30
합계	₩50

직접재료는 공정 초에 모두 투입되며, 전환원가는 공정 전반에 걸쳐 평균적으로 발생한다. 당기의 생산활동에 관한 자료는 다음과 같다.

	물 량	전환원가 완성도
기초재공품	300단위	50%
기말재공품	500	80%
완성품	2,000	
공손품	100	

(주)대한은 공정의 60% 시점에서 품질검사를 실시하며, 당기에 검사를 통과한 합격품의 2%를 정상공손으로 허용한다. 정상공손원가는 합격품원가에 가산하고 비정상공손원가는 기간비용으로 처리한다. 단, 전기와 당기의 단위당 표준원가는 동일하고, 공손품은 전량 폐기된다. (KICPA 2019)

[요구사항]

(1) 정상공손품원가는 얼마인가?

(2) 정상공손품원가 배부 전 당기완성품원가는 얼마인가?

(3) 정상공손품원가 배부 후 당기완성품원가와 기말재공품원가는 각각 얼마인가?

5-14
L.O. 5-1, 3

ACE기업의 가구제조공정은 조립부문과 도색부문으로 구성되어 있다. 도색부문에서의 직접재료원가는 완성시점에서 투입되며, 가공원가는 평균적으로 발생한다. 또한 도색부문은 공정의 70% 시점에서 검사를 실시하며, 검사를 통과한 수량의 5%까지 정상공손으로 허용되고 있다. 도색부문의 기초재공품은 12,000단위(완성도 90%), 전공정 대체수량은 36,000단위, 완성품수량은 34,000단위, 기말재공품수량은 10,000단위(완성도 75%)이며 정상공손원가는 완성품에만 배부한다.

ACE기업의 도색부문 원가관련 자료는 다음과 같다.

	전공정원가	직접재료원가	가공원가
기초재공품	₩915,000	₩0	₩834,560
당기발생원가	2,273,400	864,960	2,293,410

[요구사항]

(1) ACE기업의 도색부문이 원가계산방법으로 선입선출법을 사용할 경우 다음 물음에 답하시오.
   (a) 정상공손수량과 비정상공손수량
   (b) 원가요소별 완성품환산수량
   (c) 원가요소별 완성품환산수량 단위당 원가
   (d) 비정상공손원가
   (e) 완성품원가
   (f) 기말재공품원가

(2) 재공품과 관련된 분개를 하시오.

5-15
L.O. 5-1, 2

(주)세무는 종합원가계산제도를 채택하고 있다. 직접재료는 공정이 시작되는 시점에서 전량 투입되며 전환원가는 공정 전반에 걸쳐서 균등하게 발생한다. 당기완성품환산량 단위당 원가는 직접재료원가 ₩2,000, 전환원가 ₩500이었다. 생산공정에서 공손품이 발생하는데, 이러한 공손품은 제품을 검사하는 시점에서 파악된다. 공정의 50% 시점에서 검사를 수행하며 정상공손수량은 검사시점을 통과한 합격품의 10%이다. (주)세무의 생산활동 자료가 다음과 같다. (세무사 2020)

기초재공품(전환원가 완성도 30%)	500단위
당기완성량	1,800단위
당기착수량	2,000단위
기말재공품(전환원가 완성도 70%)	400단위

[요구사항]

(주)세무의 정상공손원가는 얼마인가?

5-16
L.O. 5 5

신창(주)는 AM3, TB4라는 두 종류의 상이한 자동차 휠 캡을 만들고 있다. 원형 철판을 강철판에서 스탬프기로 찍어 낸 다음(나머지 자투리가 작업폐물로 떨어진다), 이를 성형하고 마무리한다. 이 스탬프 공정은 두 유형의 휠 캡에 모두 동일하게 사용된다. 3월중에 신창(주)는 20,000개의 AM3와 10,000개의 TB4를 생산했다. AM3와 TB4의 작업폐물 회계처리 이전 3월중 단위당 제조원가는 다음과 같다.

	AM3	TB4
직접재료원가	₩10	₩15
직접노무원가	3	4
재료관련 제조간접원가(재료처리, 보관 등)	2	3
기타 제조간접원가	6	8
단위당 제조간접원가	₩21	₩30

재료관련 제조간접원가는 모두 직접재료원가의 20%로 제품에 배부된다. 기타 제조간접원가는 직접노무원가의 200%로 제품에 배부된다. 두 유형의 휠 캡에 동일 강철판이 사용되기 때문에 신창(주)는 개별 제품별로 발생한 작업폐물을 기록하지 않는다. 제조과정에서 발생한 작업폐물은 다시 창고로 되돌아오는 시점에서 재료관련 제조간접원가의 차감항목으로 회계처리한다. 3월중에 발생하여 창고로 되돌아온 작업폐물의 가치는 ₩7,000이다. (Horngren 2000)

[요구사항]

(1) 3월중에 작업폐물에 대한 회계처리를 요약하기 위해 분개하시오.
(2) 3월중에 발생한 작업폐물을 4월에 ₩7,000에 처분했다고 가정하자. 이 거래를 회계처리하는 분개를 실시하시오.
(3) 작업폐물을 회계처리한 후의 AM3와 TB4의 단위당 제조원가는 얼마인가?

용어해설

감손(waste, shrinkage) 생산과정에서 제품화되지 못한 투입원재료의 일부분

공손(spoilage) 생산과정에서 생산기준에 미달하는 불합격품

무인식법(not counting spoiled units) 완성품환산수량 계산에서 정상공손수량을 인식하지 않는 방법

비정상공손(abnormal spoilage) 정상공손율 수준을 넘어서 발생하는 공손

인식법(recognizing spoiled units) 완성품환산수량 계산에서 정상공손수량을 구분해 인식하는 방법

작업폐물(scarp) 생산과정중에 발생하는 폐물로서 제품에 비해 판매가치가 아주 작음

재작업품(reworked units) 재작업을 거쳐 판매되는 불합격품

정상공손(normal spoilage) 일정한 작업조건에서도 불가피하게 발생하는 공손

정상공손율(normal soilage rate) 정상공손율을 계산할 때에는 실제투입량이 아닌 합격품 총수량을 기준으로 해야 함

chapter

6

원가배부

이 장을 학습한 후에 다음을 할 수 있어야 한다 :

6-1 원가대상에 원가를 배부하는 이유를 이해하고 적절한 원가배부기준의 선정기준에 대해 설명할 수 있어야 한다.

6-2 단일배부율과 이중배부율이 어떻게 다른지 설명할 수 있어야 한다.

6-3 1단계 원가배부에 대해 설명하고 보조부문원가를 배부하는 방법에 대해 설명할 수 있어야 한다 : 직접배부법, 단계배부법, 상호배부법

6-4 2단계 원가배부에 대해 설명할 수 있어야 한다.

Cost Allocation

원가의 배부

왜 원가를 배부하는가?

앞서 살펴본 바와 같이 원가는 직접원가와 간접원가로 구분된다. 직접원가는 원가대상에 직접 추적이 가능한 반면, 간접원가는 원가대상에 직접 추적이 쉽지 않다는 특징을 갖는다. 따라서 원가대상의 정확한 원가를 집계하기 위해서는 간접원가를 합리적인 방법에 의해 배부해야 한다. 이러한 배부의 문제는 복수의 서비스를 제공받거나 복수의 제품을 생산하는 상황에서는 피할 수 없는 문제이다.

일반적으로 기업은 수행한 활동에 대해 책임을 지는 부문형식으로 조직을 구축하고 있으며, 이는 제조부문과 보조부문으로 구조화되어 있다. 원재료를 완제품으로 가공하는 데 직접적인 책임을 지고 있는 부문을 제조부문(production department) 또는 운영부문(operation department)이라고 한다. 반면에 제조 및 운영 활동에 직접적으로 관여하기보다는 제조 및 운영 활동을 촉진시키는 활동을 수행하거나 보조하는 활동을 수행하는 부문 혹은 단위를 보조부문(service department) 또는 지원부문(support department)이라고 한다. 회계 및 총무 부문, 수선부문, 기계작업준비부문, 동력부문 등을 예로 들 수 있다. 모든 보조부문원가는 직접적인 제조활동에 의해서 발생하는 것이 아니므로 간접활동원가이다.

제조부문은 원재료를 완제품으로 가공하는 데 직접적인 책임을 지고 있는 부문을 말한다.

보조부문은 생산을 지원하지만 가공단계에서는 책임을 지지 않는 부문을 말한다.

원가계산시스템에서는 간접원가를 2단계로 제품에 할당한다. 먼저 전통적 원가계산시스템에서는 간접원가를 보조부문과 제조부문에 추적한 후 모든 보조부문의 원가를 제조부문에 배부한다. 이를 1단계 배부라고 한다. 2단계에서는 제조부문에 집계된 간접원가를 개별 작업 및 제품에 배부한다. [도표 6-1]은 전통적 원가계산시스템에서의 2단계 간접원가배부를 보여준다.

비록 제품이 생산과정에서 보조부문을 경유하지 않아 보조부문으로부터 용역을 직접 제공받지 않았다 하더라도 보조부문의 원가와 제품 간에는 관련성이 있다. 그러나 이들간에 직접적인 관련성을 찾기는 어렵다. 이는 보조부문원가를 제품에 직접 배부하는 것을 어렵게 한다. 그래서 전통적 원가계산시스템에서는 보조부문이 각 제조부문에 제공한 용역에 근거해 제조부문에 원가를 배부하면, 제조부문은 각 제품에 보조부문의 원가를 포함한 제조부문의 원가를 배부한다. 이는 비록 보조부문의 원가를 제조부문을 통해 간접적으로 제품에 배부하는 방

도표 6-1 전통적 원가계산시스템에서의 2단계 원가배부

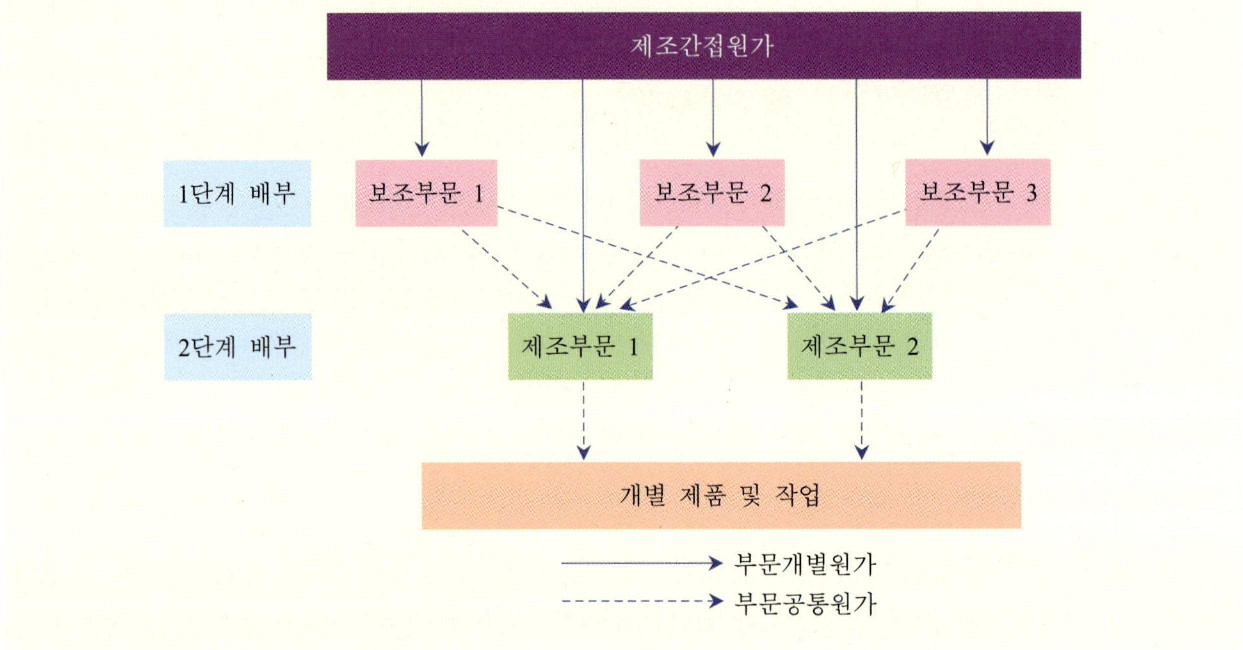

부문개별원가와 부문공통원가

- 부문개별원가 : 특정부문에 개별적으로 발생하여 그 부문에 직접적으로 추적하여 인식할 수 있는 원가를 말한다. 특정부문 관련자의 급여, 특정부문 소유 설비의 감가상각비 등을 예로 들 수 있다.
- 부문공통원가 : 여러 부문에 공통적으로 발생하여 각 부문에 직접적으로 인식하기 곤란하거나 불가능한 원가를 말한다. 이들 원가는 그 성질에 따라 적절한 배부기준을 이용하여 각 부문에 배부해야 한다. 공장장의 급여, 공장건물의 감가상각비, 공장 보험료 등을 예로 들 수 있다.

원가배부의 목적

- 경제적 의사결정을 위한 정보제공 : 원가배부를 통해 제품원가에 대한 정보를 알게 되면 판매가격의 결정이나, 부품을 자체제작할 것인가 혹은 외부구입할 것인가 하는 경제적 의사결정에 이용할 수 있다.
- 경영자와 종업원의 동기부여 : 경영자나 종업원이 원가정보를 알게 됨으로써 원가가 적게 드는 제품의 디자인이나 이윤이 많이 나는 제품의 판매에 집중할 수 있도록 해준다.
- 원가의 정당화 : 정부와의 계약에서 원가가산계약(cost plus contract)에 포함되는 원가항목의 정당성을 부여하는 데에 활용된다.
- 이익과 자산의 측정 : 외부보고를 위한 이익의 측정과 자산의 평가를 가능하게 해준다. 예를 들면, 재무보고를 위한 재고자산금액의 결정이나, 세무보고를 위한 이익측정에 재고자산금액의 측정이 필요하다.

법이기는 하지만 나름대로 보조부문의 용역제공과 제품의 인과관계를 찾으려고 하는 것으로 여기에 부문원가의 1단계 배부의 본질이 있다.

기업은 이러한 원가배부의 어려움에도 불구하고 왜 간접원가를 원가대상에 배부하는 것일까? 이에 대해서는 앞쪽의 상자 글에서 설명되어 있다.

원가배부기준의 선정기준

원가배부기준의 선정기준
1. 인과관계기준
2. 수혜기준
3. 공정성기준
4. 부담능력기준

간접원가의 원가대상에의 배부에 있어서 본질적인 문제는 임의적(arbitrary)이라는 것이다. 원가배부가 정확하고 합리적으로 이루어지기 위해서는 원가배부 목적에 맞는 적절한 원가배부기준을 선정해야 한다. 그러기 위해서는 원가배부기준 선정을 위한 적절한 기준을 설정해야 한다. 이 중 가장 좋은 기준은 인과관계(cause and effect)기준과 수혜(benefits received)기준이다. 특히 원가배부의 목적이 경제적 의사결정이나 동기부여 목적과 관련이 있을 때에는 더욱 그렇다.

인과관계기준과 수혜기준 다음으로 이용할 수 있는 기준이 공정성(fairness or equity)기준과 부담능력(ability to bear)기준이다. 그러나 이들은 원가의 발생원인과의 인과관계가 매우 낮다. 특히 공정성기준은 당사자간에 합의를 이루기가 매우 어렵다. 어느 한쪽에서는 공정하다고 판단되지만 다른 한쪽에서는 공정하지 않을 수 있기 때문이다. 또한 부담능력기준은 지원활동에 의한 서비스를 제공받지 않았음에도 불구하고 단순히 간접원가를 부담할 능력이 있다는 이유만으로 대

원가배부기준의 선정기준

- 인과관계(cause and effect)기준 : 원가가 발생한 원인을 파악하여 원가를 배부해야 한다는 것이다. 인과관계만 정확히 밝혀낼 수 있다면 모든 원가는 직접원가처럼 관리할 수 있을 것이다. 그러나 현실적으로 그럴 수는 없으며 가능한 한 인과관계를 찾는 노력이 필요하다.
- 수혜(benefits received)기준 : 원가대상이 제공받는 수혜비율에 따라 배부하는 방법이다. 예를 들어, 기업이 이미지 광고를 실행하고 이 광고비용을 각 사업부에 부담지울 때 이 광고 이후 매출액이나 이익이 많이 증가한 사업부가 그렇지 않은 사업부보다 더 많은 비용을 부담하는 방법이다.
- 공정성 혹은 공평성(fairness or equity)기준 : 원가배부에는 공정성 또는 공평성이 반영되어야 한다는 기준으로 원가를 기초로 하여 판매가격을 정하는 정부와의 계약에 많이 적용된다.
- 부담능력(ability to bear)기준 : 각 원가대상이 원가를 부담할 수 있는 능력에 따라 원가를 배부하는 기준이다. 이는 인과관계, 수혜 혹은 공정성과는 상관없이 단지 원가를 부담할 수 있는 능력의 정도에 따라 배부하는 방법이다. 가장 인과관계가 떨어지는 방법이다.

부분의 간접원가를 부담하게 된다.

원가배부를 정교하게 할 수 있는 배부기준의 선정은 중요한 문제이다. 그러나 이 기준이 정교해지고 복잡해질수록 이의 유지비용은 많이 들게 마련이다. 따라서 경영자는 정교한 원가배부기준의 유지에 필요한 비용과 이를 통한 효익 간의 상충관계를 충분히 고려해 선택해야 한다.

단일배부율 대 이중배부율

보조부문의 간접원가를 다른 부문으로 배부할 때 혹은 제조부문의 간접원가를 개별 제품에 배부할 때 배부율을 이용하게 된다. 이때 적절한 배부율 결정에 있어서 고려해야 할 중요한 요인 두 가지가 있다. 하나는 원가집합에서 단일배부율(single-rate cost allocation method)을 이용할 것인가 아니면 이중배부율(dual-rate cost allocation method)을 이용할 것인가를 결정하는 문제이다. 그리고 다른 하나는 예산원가율(budgeted-rate cost allocation method)을 이용할 것인가 아니면 실제원가율(actual-rate cost allocation method)을 이용할 것인가이다. 이미 제3장에서 예산원가율과 실제원가율의 이용에 대해서는 설명을 했다. 그러므로 본장에서는 단일배부율과 이중배부율의 이용에 대해서만 설명한다.

단일배부율의 이용

단일배부율은 원가배부시 고정원가와 변동원가의 구분 없이 동일한 단위당 배부율을 이용한다.

단일배부율법(single-rate cost allocation method)은 한 원가집합의 모든 원가가 고정원가와 변동원가의 구분 없이 집계되어 동일한 단위당 배부율을 이용하여 원가대상에 배부된다. 경영자문회사인 블루라인(주)는 경영자문, 회계자문 그리고 출판 등의 사업을 수행하고 있으며, 회사 내부에 인쇄부서를 두어 이들 세 부문에 서비스를 제공하고 있다. 인쇄부서의 원가는 연간 고정원가(급여 및 기계리스료) ₩6,000,000과 인쇄용지 한 장당 ₩20씩 발생한다. 세 부문에서 추정한 연간 사용용지는 다음과 같다.

경영자문	69,600장
회계자문	50,400장
출판	120,000장
합계	240,000장

인쇄부서의 총원가는 고정원가 ₩6,000,000에 변동원가 ₩4,800,000(=₩20×240,000장)을 더한 ₩10,800,000이 된다. 따라서 인쇄부서의 단일배부율은 한 장당 ₩45(=₩10,800,000÷240,000장)이 된다.

경영자문이 61,250장, 회계자문이 53,900장 그리고 출판이 129,850장을 소비했다고 가정하자. 인쇄부서가 각 부문에 배부한 금액은 다음과 같다.

	종이소비량	×	배부율	배부액
경영자문	61,250장		₩45	₩2,756,250
회계자문	53,900장		45	2,425,500
출판	129,850장		45	5,843,250
합계	245,000장			₩11,025,000

단일배부율 이용에서는 고정원가를 변동원가처럼 취급하여 배부율을 계산한다. 따라서 인쇄부서는 세 부문의 245,000장 소비에 ₩11,025,000을 배부하게 된다. 그러나 실제로 인쇄부서에서 발생된 원가는 ₩10,900,000(=₩6,000,000+245,000×₩20)이다. 초과배부된 ₩125,000은 고정원가를 변동원가처럼 취급한 데에서 기인한 것이다.

이중배부율의 이용

단일배부율이 사용이 간단하다는 점 때문에 많이 이용되나 이는 원가행태의 차이에 따른 영향을 무시한다는 단점을 갖는다. 블루라인(주) 인쇄부서의 변동원가는 인쇄업무가 늘어남에 따라 증가하게 된다. 반면, 고정원가는 인쇄업무가 늘어나더라도 관련범위 내에서는 일정하게 발생한다. 따라서 블루라인(주)는 이

이중배부율은 원가배부시 고정원가배부율과 변동원가배부율 등 두 개의 배부율을 이용한다.

중배부율(dual-rate cost allocation method, 고정원가배부율과 변동원가배부율)을 이용함으로써 고정원가가 변동원가처럼 취급되는 문제를 피할 수 있게 된다.

세 부문의 종이소비량이 경영자문 69,600장, 회계자문 50,400장, 출판 120,000장으로 예상될 때 각 부문의 고정원가는 다음과 같이 배부된다.

	고정원가	변동원가
경영자문	$₩6,000,000 \times \frac{69,600}{240,000} =$ ₩1,740,000	₩20
회계자문	$₩6,000,000 \times \frac{50,400}{240,000} =$ 1,260,000	20
출판	$₩6,000,000 \times \frac{120,000}{240,000} =$ 3,000,000	20
합계	₩6,000,000	

다음 연도에 경영자문이 61,250장, 회계자문이 53,900장, 출판이 129,850장을 소비했다고 가정하면 세 부문에 배부된 원가는 다음과 같다.

	고정원가	변동원가	합 계
경영자문	₩1,740,000	61,250×₩20=₩1,225,000	₩2,965,000
회계자문	1,260,000	53,900×₩20= 1,078,000	2,338,000
출판	3,000,000	129,850×₩20= 2,597,000	5,597,000
합계	₩6,000,000	₩4,900,000	₩10,900,000

이중배부율을 이용함으로써 얻을 수 있는 효익은 부문관리자에게 고정원가와 변동원가의 형태가 어떻게 다른가를 알려준다는 것이다. 변동원가는 종이소비량에 따라 원가가 증가하나, 고정원가는 종이소비량의 증감에 관계없이 관련범위 내에서는 일정금액이 배부된다. 따라서 예상소비량보다 더 많은 종이를 소비한 회계자문과 출판의 단위당 고정원가는 각각 ₩23.37과 ₩23.10인 반면, 종이소비량이 예상보다 적은 경영자문의 고정원가는 ₩28.41이 된다. 이는 회계자문 및 출판으로 하여금 업무수행을 통해 종이소비량을 증가시키는 것이 단위당

원가를 낮출 수 있다는 신호를 보내준다(물론 불필요한 종이소비 증가까지 의미하는 것은 아니다). 만약 회계자문에서 추가적인 작업이 필요할 때 종이 한 장당 얼마의 비용을 부과해야 할까? 단일배부율하에서는 고정원가도 종이소비가 증가할 때마다 원가가 증가한다고 잘못된 가정을 하고 있기 때문에 높은 원가를 배부한다. 그러나 이중배부율을 이용할 경우에 고정원가는 일정하나 종이소비 증가에 따라 변동원가가 추가적으로 증가하므로 한 장당 ₩20을 배부하면 된다.

1단계 원가배부 : 한 부문에서 다른 부문으로의 원가배부

앞서 설명한 바와 같이 많은 기업들은 제조부문과 보조부문을 구별하고 있다. 제조부문은 제품이나 서비스의 가치를 증대시키는 부문이다. 반면, 보조부문은 제조부문이나 지원부문에 서비스를 제공하는 부문이다. 보조부문에서 제공한 서비스에 대한 원가를 제조부문에 배부하는 과정을 제조간접원가의 1단계 원가배부(first stage cost allocation)라고 한다. 여기서는 보조부문의 원가를 배부하는 상이한 방법들에 대해서 설명한다.

1단계 원가배부는 개별 제조부문과 보조부문의 식별과 보조부문의 원가를 제조부문에 배부하는 과정을 말한다.

다음은 송정호텔의 서비스와 관련해 발생한 각 부문의 제조간접원가에 대한 자료이다.

부 문	제조간접원가
보조부문	
정보부문	₩80,000
관리부문	500,000
운영부문	
객실부문	250,000
식음료부문	150,000
합계	₩980,000

도표 6-2 송정호텔 서비스 제품의 1단계 원가배부과정

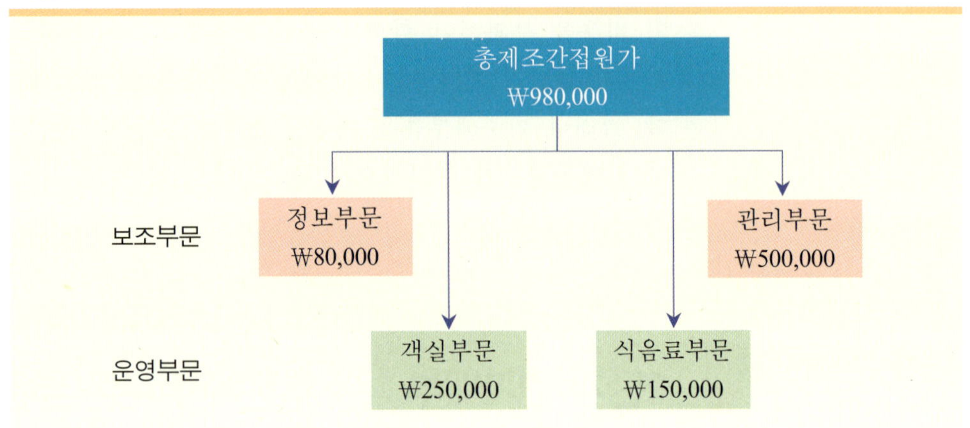

보조부문원가의 배부방법
1. 직접배부법
2. 단계배부법
3. 상호배부법

[도표 6-2]는 4개 부문에 대한 제조간접원가의 요약을 보여준다.

원가배부를 하기 위해서는 각 보조부문에 의해 수행되는 활동을 가장 잘 반영하는 원가배부기준을 선택해야 한다. 그러나 선택된 원가배부기준이 보조부문의 원가발생원인을 완전하게 반영한다고는 할 수는 없다. 따라서 원가배부기준 선택에는 원가-효익 분석에 기초한 상충관계를 고려해야 한다.

다음은 송정호텔이 보조부문의 원가를 배부하기 위한 배부기준과 서비스 제공 내역을 요약한 자료이다.

제공부문	배부기준	보조부문		운영부문		합 계
		정보부문	관리부문	객실부문	식음료부문	
부문원가		₩80,000	₩500,000	₩250,000	₩150,000	₩980,000
정보부문	컴퓨터시간	90,000	100,000	20,000	80,000	290,000
관리부문	종업원 수	200	300	500	300	1,300

직접배부법

직접배부법은 보조부문 상호간의 서비스 수수관계를 무시하고 각 보조부문원가를 제조부문에 직접 배부하는 방법이다.

직접배부법(direct allocation method, 보통 직접법이라고 부름)은 보조부문원가를 배부하는 데에 가장 널리 이용되는 방법이다. 이 방법은 보조부문의 원가를 제조부문에 대해서만 직접 배부하고 보조부문간에 주고받은 서비스는 전혀 고려하지 않는다는 점을 이해해야 한다.

도표 6-3 송정호텔의 부문간 원가흐름 : 직접법

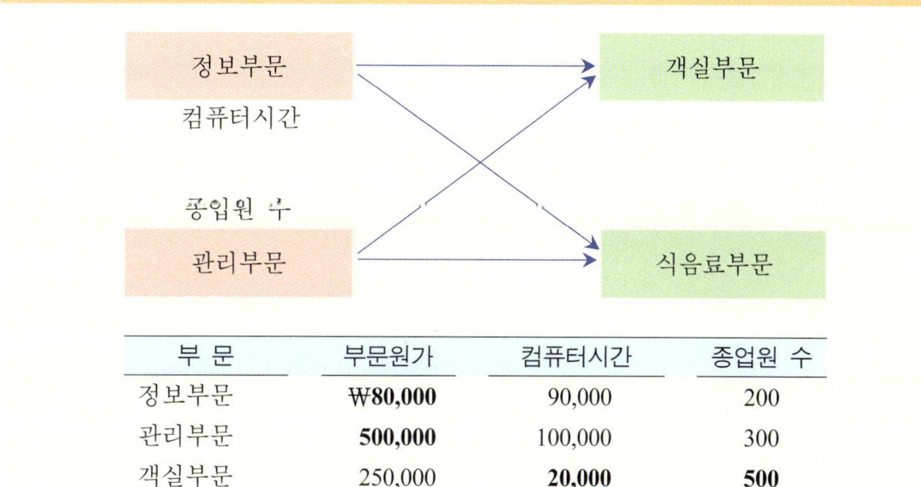

부 문	부문원가	컴퓨터시간	종업원 수
정보부문	**₩80,000**	90,000	200
관리부문	**500,000**	100,000	300
객실부문	250,000	**20,000**	**500**
식음료부문	150,000	**80,000**	**300**

위에서 보듯이 정보부문은 관리부문, 객실부문 그리고 식음료부문 등에 정보서비스를 제공해주고 ₩80,000의 원가가 발생했다. 그러나 이들 원가는 객실부문과 식음료부문에만 배부되며, 배부기준은 100,000시간(=20,000+80,000)이 된다.

직접배부법의 장점은 계산작업의 단순함에 있다. 원가배부를 위해 보조부문의 사용자원을 예측할 필요가 없다. 반면, 보조부문간에 주고받은 서비스를 인식하지 않음으로써 정확한 원가배부가 이루어지지 않는다는 단점이 있다. 송정호텔의 직접배부법에 의한 보조부문원가 배부결과는 다음과 같다.

	객실부문	식음료부문	합 계
정보부문(₩80,000) :			
₩80,000×(20,000÷100,000)	₩16,000		
₩80,000×(80,000÷100,000)		₩64,000	
관리부문(₩500,000) :			
₩500,000×(500÷800)	312,500		
₩500,000×(300÷800)		187,500	
배부된 보조부문원가	₩328,500	₩251,500	₩580,000
운영부문원가	250,000	150,000	400,000
합계	₩578,500	₩401,500	₩980,000

도표 6-4 송정호텔의 직접법에 의한 원가배부흐름

보조부문			운영부문	
정보부문 (S_1)			객실부문 (P_1)	
정보부문의 직접원가	배부액		객실부문의 직접원가	250,000
80,000	16,000	($S_1 \rightarrow P_1$)	배부받은 원가 :	
	64,000	($S_1 \rightarrow P_2$)	($S_1 \rightarrow P_1$)	16,000
			($S_2 \rightarrow P_1$)	312,500
관리부문 (S_2)			식음료부문 (P_2)	
관리부문의 직접원가	배부액		식음료부문의 직접원가	150,000
500,000	312,500	($S_2 \rightarrow P_1$)	배부받은 원가 :	
	187,500	($S_2 \rightarrow P_2$)	($S_1 \rightarrow P_2$)	64,000
			($S_2 \rightarrow P_2$)	187,500

단계배부법

단계배부법은 배부의 우선순위를 정하여 우선순위가 높은 보조부문부터 순차적으로 보조부문의 원가를 보조부문과 제조부문에 배부하는 방법이다.

단계배부법(step-down allocation method, 연쇄배부법(sequential allocation method)이라고도 부름)은 보조부문이 다른 보조부문에 제공한 서비스를 부분적으로는 인식하는 방법이다. 이 방법을 사용하기 위해서는 보조부문의 배부순서를 정해야 한다. 왜냐하면 보조부문의 배부순서에 따라 최종적으로 배부되는 원가의 합계가 달

도표 6-5 송정호텔의 부문간 원가흐름 : 단계배부법

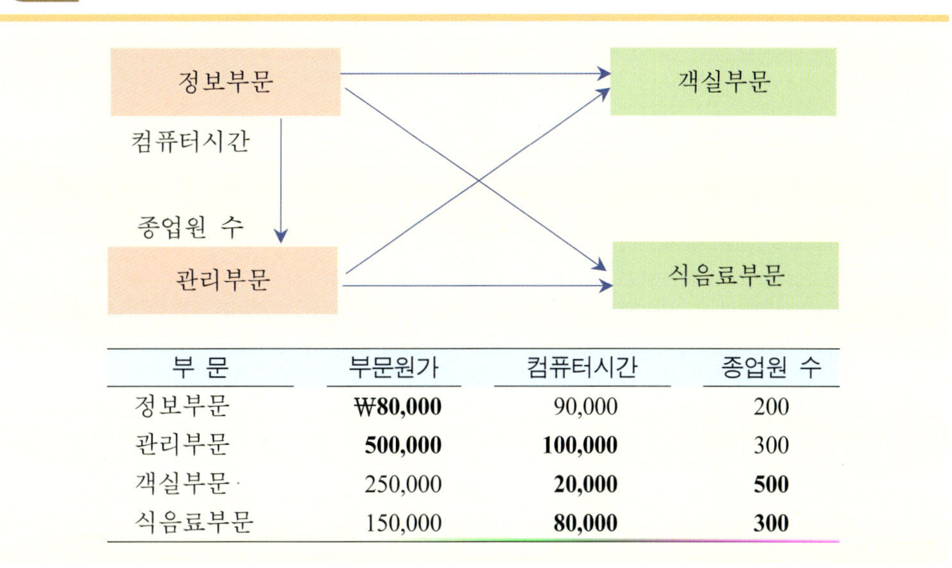

부 문	부문원가	컴퓨터시간	종업원 수
정보부문	**₩80,000**	90,000	200
관리부문	**500,000**	**100,000**	300
객실부문	250,000	**20,000**	**500**
식음료부문	150,000	**80,000**	**300**

라지기 때문이다. 보조부문의 배부순서를 정하는 데에는 두 가지 방법이 있다. 첫째, 다른 보조부문에 가장 많은 서비스를 제공하는 비율에 따라 순서를 정하는 것이다. 둘째, 배부해야 될 보조부문의 원가가 가장 많은 부문에서부터 배부를 한다. 결과적으로 배부금액이 가장 적은 보조부문이 마지막에 배부된다. 단계배부법에서 배부할 때 주의할 점은 배부가 이루어진 보조부문에는 다른 보조부문으로부터 원가를 재배부받지 않는다는 것이다.

다음에서 보듯이 정보부문의 원가 ₩80,000은 관리부문, 객실부문 그리고 식음료부문에 배부된다. 그다음 관리부문은 자신의 원가 ₩500,000에 정보부문에 배부받은 금액 ₩40,000를 합산하여 다시 객실부문과 식음료부문에 배부한다. 배부과정에서 보듯이 배부가 이루어진 부문은 다른 부문으로부터 원가를 배부받지 않는다. 결과적으로 단계배부법은 보조부문간에 이루어진 서비스를 모두 인식하지는 못한다. 단계배부법에 의한 보조부문원가의 배부결과는 다음과 같다.

	정보부문	관리부문	객실부문	식음료부문
부문원가	₩80,000	₩500,000	₩250,000	₩150,000
정보부문	₩80,000×(100,000÷200,000)	40,000		
	₩80,000×(20,000÷200,000)		8,000	
	₩80,000×(80,000÷200,000)			32,000
관리부문		540,000		
	₩540,000×(500÷800)		337,500	
	₩540,000×(300÷800)			202,500
배부된 보조원가			₩345,500	₩234,500
합계			₩595,500	₩384,500

도표 6-6 송정호텔의 단계배부법에 의한 원가배부흐름

보조부문				운영부문	
정보부문 (S_1)				객실부문 (P_1)	
정보부문의 직접원가	배부액			객실부문의 직접원가	250,000
80,000	40,000	($S_1 \rightarrow S_2$)		배부받은 원가 :	
	8,000	($S_1 \rightarrow P_1$)		($S_1 \rightarrow P_1$)	8,000
	32,000	($S_1 \rightarrow P_2$)		($S_2 \rightarrow P_1$)	337,500
관리부문 (S_2)				식음료부문 (P_2)	
관리부문의 직접원가	배부액			식음료부문의 직접원가	150,000
500,000	337,500	($S_2 \rightarrow P_1$)		배부받은 원가 :	
배부받은 원가	202,500	($S_2 \rightarrow P_2$)		($S_1 \rightarrow P_2$)	32,000
($S_1 \rightarrow S_2$) 40,000				($S_2 \rightarrow P_2$)	202,500

상호배부법

상호배부법은 보조부문간의 서비스 수수관계를 모두 반영하여 보조부문원가를 다른 보조부문과 제조부문에 배부하는 방법이다.

상호배부법(reciprocal allocation method)은 보조부문 상호간에 제공된 서비스를 전부 고려하는 방법으로, 다른 보조부문에도 서비스 제공만큼 보조부문원가를 배부한다. 즉 보조부문간에 서비스를 주고받은 사실을 그대로 반영하여 원가를 배부하는 방법이다. 이 방법은 직접배부법과 단계배부법에서 지적된 문제를 해결해준다. 상호배부법을 적용하는 데에는 3단계를 거쳐야 한다.

도표 6-7 송정호텔의 부문간 원가흐름 : 상호배부법

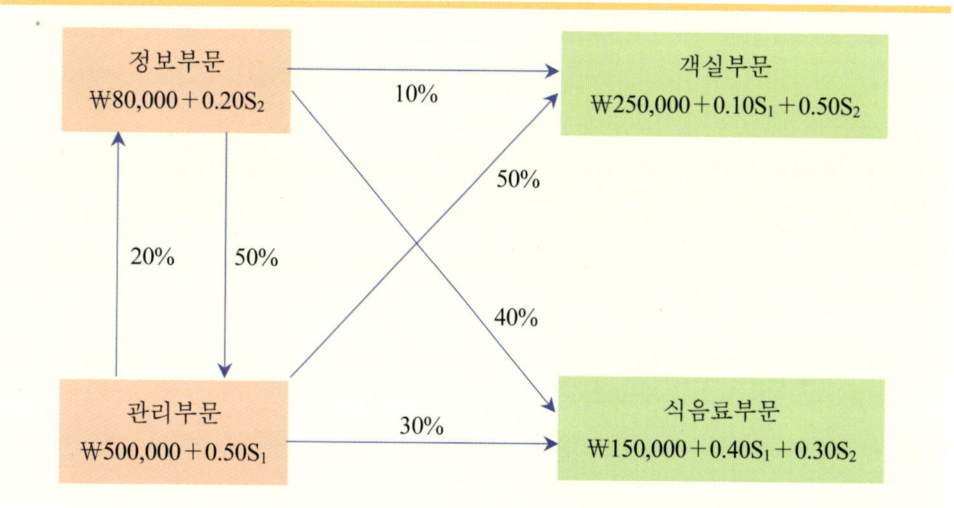

1단계 보조부문 상호간의 서비스 수수관계를 연립방정식으로 표시한다. 먼저, 앞선 자료를 이용하여 각 부문간의 서비스 수수관계를 [도표 6-7]과 같이 표현할 수 있다. 도표에서 비율(%)은 한 부문에서 다른 부문으로 서비스를 제공한 비율을 의미한다. 이를 이용하여 각 보조부문간의 상호배부관계를 다음과 같이 방정식으로 표현할 수 있다. 완전히 상호배부된 정보부문의 원가를 S_1 그리고 관리부문의 원가를 S_2라고 하자.

$$S_1 = ₩80,000 + 0.20S_2 \quad (1)$$

$$S_2 = ₩500,000 + 0.50S_1 \quad (2)$$

식에서 보듯이 완전 상호배부된 정보부문의 원가는 정보부문에서 발생한 원가 ₩80,000에 관리부문에서 발생한 원가 중 20%를 포함한 금액이 된다.

2단계 보조부문간 상호배부된 원가를 얻기 위해 연립방정식을 푼다. 보조부문이 두 개 혹은 세 개인 경우에는 다음과 같은 대입법을 이용해 간단히 풀 수 있다. 보조부문이 많으면 방정식이 많아지는데, 이 경우에는 행렬식을 이용하거나 또는 스프레드시트 프로그램을 이용하여 해결할 수도 있다([보론] 참조). 식 (1)에 식 (2)를 대입하면 다음과 같다.

$$S_1 = ₩80,000 + 0.20(₩500,000 + 0.50S_1)$$
$$= ₩80,000 + ₩100,000 + 0.1S_1$$
$$0.9S_1 = ₩180,000$$
$$S_1 = ₩200,000$$

이를 식 (2)에 대입하면 다음과 같다.

$$S_2 = ₩500,000 + 0.50 \times ₩200,000$$
$$= ₩600,000$$

3단계 연립방정식에서 구한 원가를 각 보조부문과 운영부문에 배부한다. 상호배부법에 의해 보조부문의 원가를 배부하면 다음과 같다.

	보조부문		운영부문		합 계
	정보부문	관리부문	객실부문	식음료부문	
제조간접원가	₩80,000	₩500,000	₩250,000	₩150,000	₩980,000
정보부문배부	**(200,000)**	100,000	20,000	80,000	
관리부문배부	120,000	**(600,000)**	300,000	180,000	
배부된 제조간접원가	₩0	₩0	₩570,000	₩410,000	₩980,000

위에서 보듯이 보조부문의 간접원가는 ₩580,000이다. 그런데 보조부문간의 관계를 완전히 인식한 원가는 ₩800,000이다. 완전히 상호배부된 원가는 서비스를 사용한 모든 부문에 배부되어야 하기 때문에 금액이 더 커지는 것이다. 그러나 실제로 부담하는 보조부문의 원가는 ₩580,000일 뿐이다.

도표 6-8 송정호텔의 상호배부법에 의한 원가배부흐름

보조부문

정보부문 (S_1)

정보부문의 직접원가		배부액	
	80,000	100,000	($S_1 \rightarrow S_2$)
배부받은 원가		20,000	($S_1 \rightarrow P_1$)
($S_2 \rightarrow S_1$)	120,000	80,000	($S_1 \rightarrow P_2$)

관리부문 (S_2)

관리부문의 직접원가		배부액	
	500,000	120,000	($S_2 \rightarrow S_1$)
배부받은 원가		300,000	($S_2 \rightarrow P_1$)
($S_1 \rightarrow S_2$)	100,000	180,000	($S_2 \rightarrow P_2$)

운영부문

객실부문 (P_1)

객실부문의 직접원가	250,000
배부받은 원가 :	
($S_1 \rightarrow P_1$)	20,000
($S_2 \rightarrow P_1$)	300,000

식음료부문 (P_2)

식음료부문의 직접원가	150,000
배부받은 원가 :	
($S_1 \rightarrow P_2$)	80,000
($S_2 \rightarrow P_2$)	180,000

어떤 배부방법이 더 좋은가?

[도표 6-9]에는 세 가지 방법에 의해 보조부문원가를 배부한 결과를 보여주고 있다. 도표에서 보듯이 세 가지 방법에 의해 배부된 금액은 서로 차이가 나고 있다. 이러한 차이는 왜 발생하고, 어떤 방법을 이용하는 것이 좋을까? 먼저, 이러한 배부금액의 차이는 보조부문간의 상호의존성에 영향을 받는다. 도표에서 보

도표 6-9 송정호텔의 보조부문 원가배부 비교 : 직접배부법, 단계배부법, 상호배부법

	직접배부법		단계배부법		상호배부법	
	객실부문	식음료부문	객실부문	식음료부문	객실부문	식음료부문
운영부문원가	₩250,000	₩150,000	₩250,000	₩150,000	₩250,000	₩150,000
보조부문원가						
정보부문	16,000	64,000	8,000	32,000	20,000	80,000
관리부문	312,500	187,500	337,500	202,500	300,000	180,000
합계	₩578,500	₩401,500	₩595,500	₩384,500	₩570,000	₩410,000

듯이 객실부문은 단계배부법이 직접배부법보다 ₩17,000이 더 배부받는다. 반면, 식음료부문은 ₩17,000을 적게 배부받는다. 따라서 객실부문 책임자는 직접배부법에 의한 원가배부를 선호하고, 식음료부문 책임자는 단계배부법에 의한 원가배부를 선호하게 된다. 이는 대개 운영부문들이 발생된 원가에 대해 책임을 지는 원가중심점으로 운영되기 때문이다.

상호배부법은 보조부문 상호간의 서비스를 전부 인식함으로써 직접배부법이나 단계배부법보다 이론적으로 가장 우수하다. 그러나 계산이 복잡하고 이해가 쉽지 않다는 점에서 실무적으로 많이 이용되지는 않는다. 원가배부기준의 선택에서 관리자는 원가-효익의 시각을 유지하는 것이 매우 중요하다. 송정호텔은 2개의 보조부문을 상호배부하기 위해 2개의 연립방정식을 이용했다. 만약 보조부문이 5개라면 5개의 방정식이 필요하다. 이를 위해서는 보조부문간 배부기준 자료 20개가 필요하다. 그러나 단계배부법은 그 반수인 10개의 자료가 필요할 뿐이며 배부도 단계적으로 이루어지므로 방정식을 사용할 필요도 없다. 반면, 직접배부법은 보조부문간 배부기준 자료가 필요하지 않으나 상대적으로 배부금액의 오차가 크다. 그러므로 단계배부법과 상호배부법 간에 배부금액의 오차가 크지 않다면 실무적으로는 간단하게 사용할 수 있는 단계배부법이 유용할 수 있다.

상호배부법의 의사결정에의 이용

상호배부법은 보조부문간의 서비스를 완전히 인식함으로써 원가를 정확히 배부한다는 장점을 갖고 있다. 이는 보조부문의 서비스를 외주(outsourcing)할 것인가를 결정할 때 유용하게 이용된다. 만일 보조부문들간에 서로 서비스를 주고받지 않는다면, 특정부문의 제거로 인한 원가절감의 추정은 비교적 간단하다. 그것은 제거되는 보조부문의 비용 그 자체이기 때문이다. 이들 비용은 일반적으로 변동비용과 고정비용을 더한 금액이 된다. 이러한 회피가능한 고정비용의 예로는 다른 활동에 활용될 수 있는 종업원을 포함해 공간에 대한 임차부문, 그리고 설비비용 등을 들 수 있다, 반면, 회피할 수 없는 고정비용도 있다. 만일 상호간에 서비스를 주고받는 경우라면, 관리자는 제거되지 않는 보조부문의 서비스 요구에 대한 제거되는 보조부문의 제거효과를 고려해야 한다.

송정호텔의 총지배인은 정보부문의 서비스 일부 혹은 전부를 외주를 줄 것인가를 고려중이다. 정보부문은 서비스 중 일부를 관리부문에 제공하고 있다. 만일 송정호텔이 정보부문을 제거한다면 정보부문의 회피가능한 원가뿐만 아니라 요구되는 자원과 관리부문과 관련된 원가도 절감된다. 이와 마찬가지로, 만일 관리부문을 제거한다면 정보부문의 서비스 요구는 감소하게 될 것이다.

상호배부법은 이들 비용의 절감에 대한 추정을 할 수 있게 해준다. 정보부문비용 ₩80,000 중 ₩20,000이 변동비용이고 관리부문비용 ₩500,000 중 ₩350,000이 변동비용이라고 가정하자. 이를 상호배부법에 의해 다시 원가분석을 하면 다음과 같다.

$$S_1 = ₩20,000 + 0.20S_2 \quad (1)$$

$$S_2 = ₩350,000 + 0.50S_1 \quad (2)$$

식 (1)에 식 (2)를 대입하면,

$$\begin{aligned} S_1 &= ₩20,000 + 0.20(₩350,000 + 0.50S_1) \\ &= ₩20,000 + ₩70,000 + 0.1S_1 \\ 0.9S_1 &= ₩90,000 \\ S_1 &= ₩100,000 \end{aligned}$$

이를 식 (2)에 대입하면 다음과 같다.

$$\begin{aligned} S_2 &= ₩350,000 + 0.50 \times ₩100,000 \\ &= ₩400,000 \end{aligned}$$

정보부문이 관리부문으로부터 서비스를 제공받는 경우 정보부문의 총변동비용은 ₩100,000이 된다. 정보부문 제거에 의한 총원가절감액은 상호배부법에 의해 계산된 정보부문의 변동비용 ₩100,000에 고정비용 ₩60,000(=정보부문 총원가 ₩80,000−변동비용 ₩20,000)을 더한 금액이 회피가능한 원가절감액이 된다. 예를 들어, 정보부문에서 고정비용 중 ₩40,000이 회피가능한 금액이라고 가정하자. 정보부문을 외주 주기 위해 외부업체와 협상하는 경우에 총지배인은 ₩140,000(=변동비용 ₩100,000+정보부문의 회피가능 고정비용 ₩40,000)과 외부업체가 제시하는 가격을 비교하면 된다.

2단계 원가배부 : 제조(운영)부문에서 제품으로의 원가배부

2단계 원가배부는 제조부문에 집계된 간접원가를 개별 제품에 배부하는 과정을 말한다.

보조부문에서 제조부문으로 원가가 배부되면 제조부문은 이들 원가를 집계한 후 개별 작업 및 제품에 재배부한다. 이 과정을 2단계 원가배부(two-stage cost allocation)라고 한다. 전통적 원가계산시스템에서는 2단계 원가배부에서 제조부문의 총간접원가를 총생산량, 직접노무시간, 기계시간 등 조업도와 관련된 변수로 나누어 제조간접원가배부율을 계산한다. 이는 원가의 발생이 조업도와 관련 있다고 보기 때문이다.

송정호텔은 객실서비스와 식음료서비스를 묶은 패키지 상품 A와 B를 출시하였으며, 이 상품의 객실부문의 원가는 객실이용일수를, 그리고 식음료부문은 주문건수를 이용하여 각 제품에 배부한다. [도표 6-10]에서 상호배부법에 의하면 객실부문의 간접원가는 ₩570,000이며 정상활동수준은 57,000객실이용일수이고, 식음료부문의 간접원가는 ₩410,000이며 정상활동수준은 10,250주문건수라고 가정하자. 객실부문과 식음료부문의 제조간접원가배부율은 다음과 같다.

$$\text{객실부문 제조간접원가배부율} = \frac{₩570,000}{57,000\text{객실이용일수}} = ₩10/\text{객실이용일수}$$

$$\text{식음료부문 제조간접원가배부율} = \frac{₩410,000}{10,250\text{주문건수}} = ₩40/\text{주문건수}$$

도표 6-10 송정호텔 운영부문의 2단계 원가배부과정

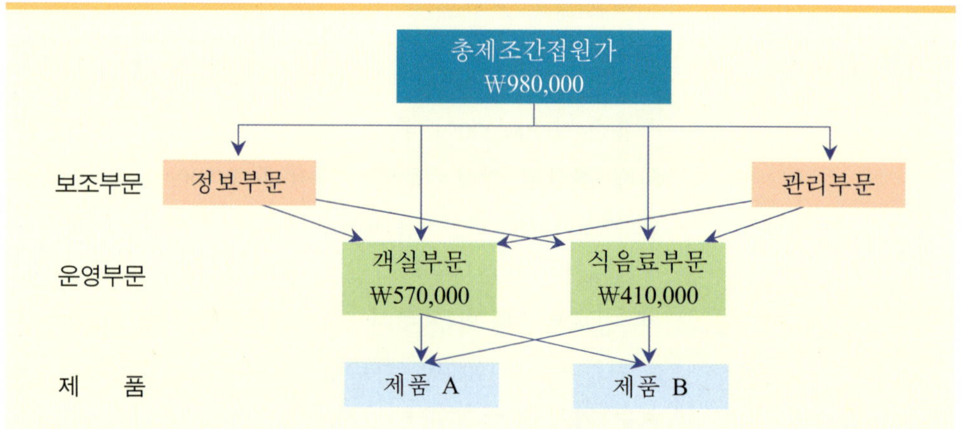

이들 배부율을 이용해 제품의 단위당 제조간접원가를 계산한다. 송정호텔의 제품 A와 제품 B의 한 단위 생산과 관련한 정보는 다음과 같다.

	제품 A	제품 B
객실부문		
객실이용일수	2일	4일
식음료부문		
주문건수	3건	6건

제품 A의 한 단위 간접원가는 ₩140[=(2×₩10)+(3×₩40)]이 되며, 제품 B의 한 단위 제조간접원가는 ₩280[=(4×₩10)+(6×₩40)]이 된다. 그러나 여기서 한 가지 중요한 점은 과연 제품 A와 제품 B의 제조간접원가 ₩10과 ₩40이 얼마나 정확한 것인가이다.

제품원가계산에서 직접재료원가와 직접노무원가는 직접 추적이 가능하다. 그러나 제조간접원가는 직접 추적이 어렵기 때문에 배부를 하게 된다. 따라서 제품원가의 정확성은 제조간접원가 배부의 정확성에 크게 영향을 받는다. 우리는 앞서 보조부문원가를 제조부문으로 배부할 때 인과관계를 고려해 선정된 다양한 배부기준을 이용하여 제조부문으로 배부했다. 여기까지는 원가배부에 있어서 별다른 이의가 없다. 그러나 문제는 2단계 원가배부에서 발생한다. 보조부문과 제조부문 간의 인과관계를 고려해 다양한 배부기준으로 배부한 원가를 집계한 제조부문은 개별 제품에 하나의 배부율을 이용하여 배부한다. 그것도 조업도와 관련한 변수만을 이용한다. 이는 두 가지 문제를 가져오는데, 첫째는 다양한 속성을 지닌 원가가 하나의 원가집합에서 섞임으로써 원가의 속성이 사라져 최종 제품의 원가발생원인 파악을 어렵게 만든다. 둘째는 다양한 속성으로 이루어진 원가를 하나의 배부기준을 이용해 배부함으로써 제품과 원가동인 간에 인과관계가 이루어지지 않을 위험이 매우 높다. 이러한 요인 때문에 2단계 원가배부 과정에서 원가왜곡이 발생하게 된다. 이에 대해서는 제7장 활동기준원가계산시스템에서 자세히 설명한다.

[보론] 엑셀을 이용한 상호배부법 계산

상호배부법을 이용한 보조부문원가의 배부를 위해서는 방정식을 이용하면 간단하게 계산할 수 있다. 상호배부법에 의한 어떤 부문의 총원가는 자신의 부문에서 발생한 원가에 다른 부문으로부터 배부받은 원가를 합한 금액으로 식으로 표현하면 다음과 같다.

총원가＝직접원가＋배부받은 원가

이 식에서 총원가는 계산해야 할 미지수이다. 앞서 상호배부법에서 설명한 예를 이용하여 설명하면 다음과 같다. 정보부문의 직접원가는 ₩80,000이고 관리부문의 직접원가는 ₩500,000이다. 225쪽의 자료를 이용해 상호배부법의 방정식을 행렬식으로 표현하면 다음과 같다.

총원가＝ 직접원가＋배부받은 원가

$$S_1 = ₩80{,}000 + 0\%S_1 + 20\%S_2 + 0\%P_1 + 0\%P_2$$
$$S_2 = ₩500{,}000 + 50\%S_1 + 0\%S_2 + 0\%P_1 + 0\%P_2$$
$$P_1 = ₩0 + 10\%S_1 + 50\%S_2 + 0\%P_1 + 0\%P_2$$
$$P_2 = ₩0 + 40\%S_1 + 30\%S_2 + 0\%P_1 + 0\%P_2$$

각 부문의 총원가로 방정식을 다시 쓰면 다음과 같다.

$$100\%S_1 - 20\%S_2 - 0\%P_1 - 0\%P_2 = ₩80{,}000$$
$$-50\%S_1 + 100\%S_2 - 0\%P_1 - 0\%P_2 = ₩500{,}000$$
$$-10\%S_1 - 50\%S_2 + 100\%P_1 - 0\%P_2 = ₩0$$
$$-40\%S_1 - 30\%S_2 - 0\%P_1 + 100\%P_2 = ₩0$$

이 식은 행렬식의 형태를 띠고 있으며 엑셀을 이용해 간단하게 계산할 수 있다. [도표 6A-1]은 송정호텔의 상호배부법에 의한 보조부문의 원가배부를 엑셀을 이용해 계산한 과정을 보여준다.

도표 6A-1 엑셀을 이용한 상호배부법에 의한 보조부문 원가배부

	A	B	C	D	E	F	G	H	I	J
1	Panel A: 기본 자료									
2										
3		보조부문 이용 매트릭스 (S)								
4		(양수: 서비스 제공 -음수: 서비스 이용)								
5			이용부문							
6		정보부문	관리부문	객실부문	식음료부문					
7	서비스부문									
8	정보부문	100.0%	-20.0%	0.0%	0.0%					
9	관리부문	-50.0%	100.0%	0.0%	0.0%					
10	객실부문	-10.0%	-50.0%	100.0%	0.0%					
11	식음료부문	-40.0%	-30.0%	0.0%	100.0%					
12	합계	0.0%	0.0%	100.0%	100.0%					
13										
14	Panel B: 상호배부법에 의한 서비스 비용 배부 후 부문별 원가									
15										
16			역행렬			부문별		배부된		
17						직접원가		원가		
18	정보부문	111.11%	22.22%	0.00%	0.00%	₩80,000		₩200,000		
19	관리부문	55.56%	111.11%	0.00%	0.00%	₩500,000	=	₩600,000		
20	객실부문	38.89%	57.78%	100.00%	0.00%	₩0		₩320,000	←	상호
21	식음료부문	61.11%	42.22%	0.00%	100.00%	₩0		₩260,000	←	배부액
22										
23	Panel C: 부문 원가 배부									
24										
25		배부액								
26	부문		정보부문	관리부문	객실부문	식음료부문				
27	정보부문	200000	0.00%	50.00%	10.00%	40.00%	100.00%			
28	관리부문	600000	20.00%	0.00%	50.00%	30.00%	100.00%			
29										
30	직접원가		₩80,000	₩500,000	₩0	₩0	₩580,000			
31	정보부문		(₩200,000)	₩100,000	₩20,000	₩80,000	₩0			
32	관리부문		₩120,000	(₩600,000)	₩300,000	₩180,000	₩0			
33	최종 배부액		₩0	₩0	₩320,000	₩260,000	₩580,000			

계산과정은 3단계를 거쳐 이루어진다. 먼저 1단계에서는 Panel A에서 보듯이 각 셀에 매트릭스의 계수를 입력한다. 주의할 것은 대각선의 모든 계수는 1(100%)이 되어야 한다. 식에서 음(−)의 계수는 서비스의 이용을 표시하고, 양(+)의 계수는 서비스의 제공을 나타낸다. 마지막으로, 보조부문에서 사용된 순 서비스는 0이 된다. 서비스는 최종적으로 운영부문에 지원된다.

2단계에서는 방정식의 역행렬을 계산한다. 이 계산과정은 다음과 같다.

- 빈칸 (B18:E21)을 선택한다(이곳에서 역행렬을 표시한다).
- (B18:E21) 칸을 선택한 상태에서 수식 입력 줄을 클릭한다.
- 수식에서 "수학/삼각"의 함수에서 "=MINVERSE(B18:E21)"를 선택한다.
- CTRL-SHIFT-ENTER(혹은 CTRL-SHIFT-RETURN) 키를 동시에 누른다. 그러면 (B18:E21) 칸에 역행렬의 값이 표시된다([도표 6A-1] Panel B의 결과를 참조).

3단계에서는 (F18:F21) 범위에 있는 부문별 직접원가를 역행렬과 곱한다. 이 계산과정은 다음과 같다.

- (H18:H21) 칸을 선택한다(이 칸에는 원가배부의 결과가 표시된다).
- (H18:H21) 칸을 선택한 상태에서 수식 입력 줄을 클릭한다.
- 수식에서 "수학/삼각"의 함수에서 "=MMULT(B18:E21, F18:F21)"를 선택한다.
- CTRL-SHIFT-ENTER(혹은 CTRL-SHIFT-RETURN) 키를 동시에 누른다. 그러면 (H18:H21) 칸에 원가배부 값이 표시된다([도표 6A-1] Panel B의 결과를 참조).

자습문제

대학교재와 전문서적을 출판하고 있는 도서출판 신영북스(주)는 두 개의 제조부문(편집부와 인쇄부)과 두 개의 보조부문(관리부와 인사부)으로 운영되고 있다. 각 부문에서 발생한 직접원가 및 각 부문에 대한 배부기준과 관련한 자료는 다음과 같다.

부 문	직접원가	배부기준	
		종업원 수	자산가치
관리부	₩225,000	10	₩300,000
인사부	175,000	5	300,000
편집부	1,125,000	50	1,100,000
인쇄부	475,000	40	600,000

회사 경영자는 관리부와 인사부의 원가를 각각 자산가치와 종업원 수로 배부하기로 결정했다.

[요구사항]

(1) 직접배부법에 의해 보조부문의 원가를 제조부문으로 배부하여 두 제조부문의 원가를 계산하시오.

(2) 단계배부법에 의해 보조부문의 원가를 제조부문으로 배부하여 두 제조부문의 원가를 계산하시오.

(3) 상호배부법에 의해 보조부문의 원가를 제조부문으로 배부하여 두 제조부문의 원가를 계산하시오.

(4) 신영북스(주)는 제조부문의 원가를 편집부는 직접노무시간으로, 인쇄부는 기계시간으로 대학교재와 전문서적에 배부하며, 책 한 권 제작과 관련한 정보는 다음과 같다.

	대학교재	전문서적
편집부		
직접노무시간	8시간	10시간
인쇄부		
기계시간	4시간	3시간
직접재료원가	₩700	₩1,000
직접노무원가	₩320	₩400

편집부와 인쇄부의 정상활동수준은 각각 15,360직접노무시간과 14,000기계시간이다. 이 자료를 이용하여 각 도서의 단위당 제조원가를 계산하시오. 제조부문의 원가는 (3)의 풀이를 이용하시오.

(5) 신영북스(주)는 인사부를 폐쇄하고 이 업무를 외부용역업체로부터 제공받는 것을 고려중이다. 인사부를 폐쇄하는 경우에 신영북스(주)에 필요한 종업원은 몇 명인가?

(1) 직접배부법

	편집부	인쇄부	합 계
관리부(₩225,000) :			
₩225,000×(1,100,000÷1,700,000)	₩145,588		
₩225,000×(600,000÷1,700,000)		₩79,412	
인사부(₩175,000) :			
₩175,000×(50÷90)	97,222		
₩175,000×(40÷90)		77,778	
배부된 보조부문원가	₩242,810	₩157,190	₩400,000
제조부문원가	1,125,000	475,000	1,600,000
합계	₩1,367,810	₩632,190	₩2,000,000

(2) 단계배부법

	관리부	인사부	편집부	인쇄부
부문원가	₩225,000	₩175,000	₩1,125,000	₩475,000
관리부	₩225,000×(300,000÷2,000,000)	33,750		
	₩225,000×(1,100,000÷2,000,000)		123,750	
	₩225,000×(600,000÷2,000,000)			67,500
인사부		208,750		
	₩208,750×(50÷90)		115,972	
	₩208,750×(40÷90)			92,778
배부된 보조부문원가			₩239,722	₩160,278
합계			₩1,364,722	₩635,278

(3) 상호배부법

관리부를 M, 인사부를 P라 하고 보조부문 상호간의 서비스 수수관계를 방정식으로 표현하면 다음과 같다.

$$M = ₩225,000 + 0.10P \qquad (a)$$

$$P = ₩175,000 + 0.15M \qquad (b)$$

식 (b)를 식 (a)에 대입하면

$$\begin{aligned} M &= ₩225,000 + 0.10(₩175,000 + 0.15M) \\ &= ₩225,000 + ₩17,500 + 0.015M \\ &= ₩242,500 + 0.015M \\ &= ₩246,193 \end{aligned}$$

이를 식 (b)에 대입하면 다음과 같다.

$$\begin{aligned} P &= ₩175,000 + 0.15 \times ₩246,193 \\ &= ₩175,000 + ₩36,929 \\ &= ₩211,929 \end{aligned}$$

따라서 보조부문간 서비스를 완전 인식한 원가는 관리부 ₩246,193 그리고 인사부 ₩211,929이 된다. 이를 각 부문에 배부하면 다음과 같다.

	보조부문		제조부문		합 계
	관리부	인사부	편집부	인쇄부	
제조간접원가	₩225,000	₩175,000	₩1,125,000	₩475,000	₩2,000,000
관리부문배부	(246,193)	36,929	135,406	73,858	
인사부문배부	21,193	(211,929)	105,964	84,772	
배부된 제조간접원가	₩0	₩0	₩1,366,370	₩633,630	₩2,000,000

(4) 도서별 단위당 제조원가

1) 제조부문별 제조간접원가배부율 :

$$\text{편집부 제조간접원가배부율} = \frac{₩1,366,370}{15,360\text{직접노무시간}} = ₩88.96/\text{직접노무시간}$$

$$\text{인쇄부 제조간접원가배부율} = \frac{₩633,630}{14,000\text{기계시간}} = ₩42.26/\text{기계시간}$$

2) 도서별 제조간접원가배부액

도서종류	작업시간	단위당 배부율	제조간접원가배부액
대학교재 :			
직접노무시간	8시간	₩88.96	₩711.68
기계시간	4시간	42.26	169.04
합계			₩880.72
전문서적 :			
직접노무시간	10시간	88.96	₩889.60
기계시간	3시간	42.26	126.78
합계			₩1,016.38

3) 도서별 단위당 제조원가

도서종류	직접재료원가	직접노무원가	제조간접원가	합 계
대학교재	₩700	₩320	₩880.72	₩1,900.72
전문서적	1,000	400	1,016.38	2,416.38

(5) 신영북스(주)에 필요한 종업원 수

편집부 인원	50	
인쇄부 인원	40	
관리부 인원	9	(10명×0.85)
	99명	

또는 100명×(1－0.1×0.15)＝약 99명

문제 A형

6-1 L.O. 6-1, 2

아산발전(주)는 공장 세 곳에 전력을 공급하기 위해서 발전소를 보유하고 있다. 20×1년의 자료는 다음과 같다.

공 장	전력사용량(kWh) 예 산	실 제
포항	100,000	80,000
울산	60,000	120,000
광양	40,000	40,000

20×1년의 실제고정원가는 ₩1,000,000이고, 실제변동원가는 ₩2,000,000이다. (Horgren 등 수정)

[요구사항]

(1) 단일배부율을 사용할 경우, 울산공장에 배부될 발전원가를 계산하시오.
(2) 이중배부율을 사용할 경우, 울산공장에 배부될 발전원가를 계산하시오.

6-2 L.O. 6-1, 2

신창발전(주)는 남부지역의 공장에 전력을 공급하고 있다. 다음 자료는 신창발전(주)의 20×1년 예산안이다. 이 예산은 정상적인 달을 기준으로 해서 다음과 같이 편성되었다.

공 장	전력사용량(kWh) 실제조업도	월평균 예산사용량
여수	10,000	8,000
해남	20,000	9,000
통영	12,000	7,000
부산	8,000	6,000
	50,000	30,000

예산기간 동안 작업부문의 월별 예상운영비는 ₩15,000이다. 이 중 ₩6,000은 변동원가이고, ₩9,000은 고정원가이다. (Horgren 등 수정)

[요구사항]

(1) 발전소의 원가에 대해 단일배부율을 이용한다고 할 때 배부기준으로 (a) 실제조업도와 (b) 월평균 예산사용량을 사용하는 경우 각각의 kWh당 배부율은 얼마인가?

(2) 발전원가를 고정원가와 변동원가로 구분해 집계한 후 이중배부율을 사용한다고 가정하자. 변동원가는 예상사용량에 따라 배부되고, 고정원가는 실제조업도를 기준으로 배부된다. 각 공장에 배부될 금액은 얼마인가?

6-3
L.O. 6-2

20×1년 강남산업의 전력부문의 발생원가는 고정비가 ₩600,000이고, 변동비가 ₩500,000이다. 전력부문은 두 개의 제조부문 P_1과 P_2에 서비스를 제공하고 있으며, 제조부문이 최대조업도일 때를 대비하여 충분한 설비를 보유하고 있다. 최대로 가능한 연간 전력소비량과 실제 전력소비량은 다음과 같다.

사용량(kWh)	P_1	P_2	합 계
최대	20,000	40,000	60,000
실제	20,000	20,000	40,000

[요구사항]

(1) 실제사용량을 기준으로 단일배부율법을 적용하여 전력부문원가를 배부하시오.
(2) 이중배부율법을 적용하여 전력부문원가를 배부하시오.

6-4
L.O. 6-3

AutoCar는 조립과 완성이라는 두 제조부문과 기계작업준비와 품질검사라는 두 보조부문을 운용하고 있다. 기계작업준비원가는 작업준비횟수를 기준으로 배부하지만, 품질검사원가는 직접노무시간을 기준으로 배부한다. 네 부문의 관련정보는 다음과 같다.

부 문	직접원가	작업준비횟수	직접노무시간
기계작업준비	₩140,000	0	0
품질검사	85,000	0	0
조립	75,000	300	300
완성	60,000	200	300

[요구사항]

(1) 직접배부법을 이용하여 두 제조부문에 배부되는 기계작업준비원가를 계산하시오.
(2) 직접배부법을 이용하여 두 제조부문에 배부되는 품질검사원가를 계산하시오.

6-5
L.O. 6-1, 3

테크파워(주)는 두 개의 생산부문으로 기계부문과 전기부문을 운영하고 있으며, 보조부문으로 관리부문과 재료처리부문을 운영하고 있다. 테크파워(주)는 외부에서 부품을 구입하여 제품을 생산한 후 국내외 시장에 판매한다. 전기부문은 높은 수준의 자동화를 이루고 있다. 전기부문에서의 제조원가는 제품을 구성하는 부품들의 수에 크게 의존한다. 반면, 기계부문은 작업의 대부분이 수작업으로 이루어지며 따라서 제조원가는 직접노무시간에 크게 의존한다.

관리부문의 원가는 면적에 영향을 받으며, 재료처리부문은 처리되는 총부품의 수에 크게 영향을 받는다. 기계부문에서는 제품 M_1과 M_2를 생산하고 있으며, 전기부문에서는 제품 E_1과 E_2를 생산하고 있다. 이들 제품에 대한 생산자료는 다음과 같다.

	직접재료원가	부품의 수	직접노무시간
M_1	74	25	4.0
M_2	86	21	8.0
E_1	63	10	1.5
E_2	91	15	1.0

20×1년도 각 부문의 예산은 다음과 같다.

	관리부문	재료처리부문	기계부문	전기부문
부문직접원가(직접재료원가 제외)	₩150,000	₩120,000	₩680,000	₩548,000
면적		50,000	50,000	25,000
최종 생산된 제품의 수			8,000	10,000
제품별 평균 부품의 수			10	16
직접노무시간			30,000	8,000

[요구사항]

(1) 직접배부법을 이용하여 보조부문의 원가를 생산부문으로 배부하시오.

(2) (1)을 이용하여 기계부문의 직접노무시간당 원가와 전기부문의 부품의 단위당 원가를 계산하시오.

(3) (2)를 이용하여 제품 M_1, M_2, E_1, E_2의 단위당 원가를 계산하시오.

6-6 충남산업은 이중배부율법을 사용하고 있다. 보조부문이 제공가능한 최대용역량과 실제용역량은 다음과 같다.

L.O. 6-1, 2, 3

1) 제공가능한 최대용역량

사용처 / 제공처	제조부문		보조부문		합 계
	절단부문	조립부문	수선부문	동력부문	
수선부문	30%	40%	–	30%	100%
동력부문	60%	15%	25%	–	100%

2) 실제용역량

사용처 / 제공처	제조부문		보조부문		합 계
	절단부문	조립부문	수선부문	동력부문	
수선부문	40%	45%	–	15%	100%
동력부문	60%	20%	20%	–	100%

3) 실제원가

	변동비	고정비	합 계
절단부문	₩500,000	₩300,000	₩800,000
조립부문	400,000	500,000	900,000
수선부문	200,000	100,000	300,000
동력부문	300,000	200,000	500,000
합계	₩1,400,000	₩1,100,000	₩2,500,000

[요구사항]

(1) 각 부문비용을 직접배부법으로 배부하시오.

(2) 각 부문비용을 단계배부법으로 배부하시오.

6-7
L.O. 6-1, 3

다음은 기린산업의 보조부문비용 배부에 필요한 자료들이다. 각 보조부문은 자기용역을 자가소비하고 있다.

사용처 / 제공처	제조부문		보조부문		합 계
	절단부문	조립부문	수선부문	동력부문	
부문비	₩150,000	₩200,000	₩20,000	₩10,000	₩380,000
수선부문(시간)	30	50	10	4	94
동력부문(kWh)	50,000	80,000	4,000	1,000	135,000

[요구사항]

(1) 단계배부법으로 보조부문비용을 배부하시오.

(2) 상호배부법으로 보조부문비용을 배부하시오.

6-8
L.O. 6-3

(주)대한은 두 개의 제조부문(절단부문, 조립부문)과 두 개의 지원부문(전력부문, 수선부문)을 통해 제품을 생산한다. (주)대한은 상호배부법을 사용하여 지원부문의 원가를 제조부문에 배부하고 있다. 원가배부기준은 전력부문은 전력(kW)이며, 수선부문은 수선(시간)이다. 제조부문에 배부된 원가 및 배부기준과 관련된 내역은 다음과 같다. (KICPA 2020)

	제조부문		지원부문	
	절단부문	조립부문	전력부문	수선부문
배부받은 원가	₩7,400	₩4,200		
전력(kW)	100	60	50	40
수선(시간)	60	30	60	30

[요구사항]

전력부문에서 발생한 부문원가는 얼마인가?

6-9
L.O. 6-3

강북산업은 두 개의 제조부문 P_1, P_2와 두 개의 보조부문 S_1, S_2를 두고 있다. 7월중 각 보조부문에서 생산된 용역의 각 부문별 사용비율은 다음과 같다. 7월중 보조부문 S_1과 S_2의 변동비는 각각 ₩500,000과 ₩202,000이었다.

제공부문 \ 사용부문	P_1	P_2	S_1	S_2	총용역 사용량
S_1	0.4	0.3	0	0.3	2,000kW
S_2	0.3	0.3	0.4	0	1,000시간

[요구사항]

(1) 상호배부법에 의하여 보조부문의 변동비를 배분할 경우 7월중 제조부문에 P_1에 배부될 보조부문의 변동비는 얼마인가?

(2) 강북산업은 8월에는 S_2부문에서 제공하던 용역을 외부에서 구입하고자 한다. 8월의 제조부문 생산량이 7월과 동일한 경우 외부에서 구입해야 하는 S_2부문의 용역시간은 얼마인가?

6-10
L.O. 6-3

(주)한국은 두 개의 보조부문(부문 S_1과 부문 S_2)과 두 개의 제조부문(부문 P_1과 부문 P_2)을 사용하여 제품을 생산하고 있다. 20×2 회계연도에 각 보조부문이 생산하여 타부문에 제공할 용역의 양과 보조부문의 원가에 관한 예산자료는 다음과 같다.

1) 보조부문의 용역생산량과 타부문에 제공할 용역량

보조부문	보조부문의 용역생산량	각 보조부문이 타부문에 제공할 용역량			
		S_1	S_2	P_1	P_2
S_1	200단위	–	40단위	100단위	60단위
S_2	200단위	100단위	–	20단위	80단위

2) 보조부문의 원가

	부문 S_1	부문 S_2
간접재료원가(변동비)	₩560,000	₩80,000
감독자급여(고정비)	80,000	80,000
감가상각비(고정비)	200,000	240,000
계	₩840,000	₩400,000

20×1년 말 (주)한국은 (주)대한으로부터 현재 부문 S_2에서 제공하고 있는 용역을 단위당 ₩1,400에 공급해 주겠다는 제안을 받았다. 만약 이 제안을 20×2년 초에 수락할 경우 (주)한국은 부문 S_2의 간접재료원가를 회피할 수 있으며 부문 S_2의 감독자급여를 50%만큼 절감할 수 있다. 그리고 부문 S_2의 설비는 타사에 임대하여 연간 ₩24,000의 수익을 얻을 수 있다. (KICPA 2015)

[요구사항]

20×2년 초에 (주)한국이 (주)대한의 제안을 수락함으로써 부문 S_2를 폐쇄하고 (주)대한으로부터 용역을 구입하기로 결정하는 경우, 이러한 결정은 (주)한국의 20×2 회계연도 이익에 어떠한 영향을 미치게 될 것인가?

문제 B형

6-11
L.O. 6-1, 2

강동산업의 20×1년 5월의 동력부문의 발생원가는 고정비가 ₩5,000,000이고, 변동비가 ₩3,000,000이다. 유일한 보조부문인 동력부문은 두 개의 제조부문 A, B에 용역을 제공하고 있으며, 제조부문의 잠재적인 수요에 대비하여 충분한 설비를 보유하고 있다. 최대로 이용가능한 동력소비량과 5월중의 실제동력소비량이 다음과 같을 때 요구사항에 답하시오.

사용량	부문 A	부문 B	합 계
최대	250,000	750,000	1,000,000
실제	200,000	300,000	500,000

[요구사항]

(1) 단일배부율법을 사용하여 동력부문의 원가를 제조부문 A, B에 배분하시오.
(2) 단일배부율법을 사용할 때 어느 제조부문이 불만이겠는가? 불만의 근거를 구체적으로 설명하시오.
(3) 이중배부율법을 사용하여 동력부문의 원가를 제조부문에 배부하시오.
(4) 이중배부율법의 이론적 장점은 무엇인가? 또한 이론적 장점으로 인한 궁극적인 효과는 무엇인가?

6-12
L.O. 6-1, 2

삼화산업의 각 부문에서 발생한 원가와 배부기준은 다음과 같다.

1) 각 부문 발생원가

	제조부문		보조부문		
	절단부문	조립부문	수선부문	동력부문	합 계
직접노무원가	₩6,000	₩3,000	₩2,000	₩4,000	₩15,000
직접재료원가	5,000	2,000	1,000	2,000	10,000
화재보험료					6,000
감가상각비(건물)					4,000
전력요금					2,000

2) 부문공통비 배부기준

	제조부문		보조부문		
	절단부문	조립부문	수선부문	동력부문	합 계
점유면적(m^2)	600	600	200	200	1,600
전력사용(kWh)	60	40	20	40	160

[요구사항]

(1) 부문개별비용과 부문공통비용을 각각 구분하시오.

(2) 부문공통비용을 각 부문에 배부하시오.

6-13
L.O. 6-1, 3

[문제 6-12]와 다음의 자료를 이용하여 부문비용 배부를 하려고 한다.

제공처 \ 사용처	제조부문		보조부문		합 계
	절단부문	조립부문	수선부문	동력부문	
수선부문	40%	50%	–	10%	100%
동력부문	50%	30%	20%	–	100%

[요구사항]

(1) 각 부문비용을 직접배부법으로 배부하시오.

(2) 각 부문비용을 단계배부법으로 배부하시오.

(3) 각 부문비용을 상호배부법으로 배부하시오.

6-14
L.O. 6-3

[문제 6-13]과 다음의 자료를 이용하여 각 제품별 제조간접비를 구하려고 한다. 삼화산업에서는 제품 A와 제품 B를 생산하고 있다. 절단부문은 직접노무원가, 조립부문은 기계작업시간을 기준으로 제조간접비를 배부한다.

	제 품	절단부문	조립부문
기계작업시간	제품 A	10시간	12시간
	제품 B	6시간	8시간
	합계	16시간	20시간
직접노무원가	제품 A	₩6,000	₩10,000
	제품 B	3,000	8,000
	합계	₩9,000	₩18,000

[요구사항]

(1) 직접배부법을 사용한 경우 제조간접비배부율과 제품별 제조간접비를 산출하시오.

(2) 단계배부법을 사용한 경우 제조간접비배부율과 제품별 제조간접비를 산출하시오.

(3) 상호배부법을 사용한 경우 제조간접비배부율과 제품별 제조간접비를 산출하시오.

6-15
L.O. 6-3

동부세라믹(주)는 고급형과 일반형 두 가지의 욕실제품을 생산하고 있다. 고급형은 X부문에서 생산하고 일반형은 Y부문에서만 생산한다. 이들 두 제품을 생산하기 위해 동부세라믹(주)는 재료처리부문(A)과 동력부문(B) 등 두 개의 보조부문을 가지고 있다. 정상적인 영업활동기간에 부문 A, B에서 행해진 작업을 분석해보면 다음과 같다.

공 급	사 용			
	A	B	X	Y
A		100	250	150
B	500		100	400

부문 A에서 수행된 작업은 재료처리에 대한 직접노무시간으로 측정된다. 부문 B에서 수행된 작업은 동력의 사용시간인 kWh로 측정된다. 다음 해의 보조부문의 예산원가는 다음과 같다.

	A	B
변동재료원가와 변동간접노무원가	₩70,000	₩10,000
감독비	10,000	10,000
감가상각비	20,000	20,000
	₩100,000	₩40,000
	+동력비	재료처리비

다음 해의 생산부문의 예산원가는 X부문이 ₩1,500,000이고, Y부문이 ₩800,000이다. 감독비는 급료를 나타낸다. 부문 B의 감가상각비는 동력발전설비를 정액법으로 상각한 금액이다. 내용연수는 25년으로 추정되며, 19년째 감가상각을 하는 해이다. 이 설비는 오래되기는 했지만 잘 관리되어 있다.

(Horgren 등 수정)

[요구사항]

(1) (a) 직접배부법, (b) 단계배부법 : A부문부터 배부, (c) 상호배부법에 의해 보조부문 A와 B의 원가를 생산부문 X와 Y에 배부하시오.

(2) 동서발전(주)가 이 회사에서 필요한 모든 동력과 현재의 동력부서에서 제공하는 모든 서비스를 제공할 것을 제의했다. 이 용역에 대한 비용은 kWh당 ₩40이다. 회사는 이 제의를 받아들여야 하는가?

6-16
L.O. 6-3

(주)세무는 제조부문(금형, 조립)과 보조부문(유지, 동력)을 이용하여 제품을 생산하고 있다. 유지부문원가는 기계시간, 동력부문원가는 전력량을 기준으로 단계배부법을 사용하여 보조부문원가를 제조부문에 배부한다. 보조부문원가를 배부하기 위한 20×1년 원가자료와 배부기준은 다음과 같다.

	보조부문		제조부문	
	유 지	동 력	금 형	조 립
부문개별원가	₩120,000	₩80,000	₩200,000	₩300,000
부문공통원가	₩200,000			
기계시간(시간)	–	200	400	400
전력량(kWh)	100	–	300	200
점유면적(m^2)	10	20	30	40

(주)세무의 부문공통원가 ₩200,000은 임차료이며, 이는 점유면적을 기준으로 각 부문에 배부한다.

(세무사 2020)

[요구사항]

20×1년 (주)세무의 배부 후, 금형부문의 총원가는? 단, 보조부문원가는 유지부문, 동력부문의 순으로 배부한다.

6-17
L.O. 6-3, 4

E회사는 두 개의 보조부문 A와 B, 그리고 두 개의 생산부문 C와 D를 가지고 있다. 20×1년 3월의 각 부문에 대한 자료는 다음과 같다.

	보조부문		생산부문	
	A	B	C	D
기계시간	–	500시간	400시간	100시간
직접노무시간	400시간	–	200시간	400시간
각 부문의 제조간접원가	₩30,000	₩50,000	₩10,000	₩20,000
생산단위			50단위	100단위

C부문에서 생산하는 갑 제품에 대한 단위당 기초원가(prime cost)는 ₩500이다. E회사는 갑 제품의 제품제조원가에 20%를 가산해서 판매가격을 결정한다. 보조부문의 원가는 상호배부법을 사용하여 생산부문에 배부하고, A부문의 원가는 기계시간에 의하여 배부하며, B부문의 원가는 직접노무시간에 의하여 배부한다. 갑 제품에 대한 월초 및 월말 재공품 잔액은 모두 ₩0이다.

[요구사항]

갑 제품의 단위당 판매가격은 얼마인가?

6-18
L.O. 6-1, 3

(주)동운은 두 개의 제조부문(P_1, P_2)과 세 개의 보조부문(S_1, S_2, S_3)을 가지고 있으며, 부문간의 용역수수관계와 보조부문의 원가자료는 다음과 같다.

사용부문 / 공급부문	제조부문		보조부문			합 계
	P_1	P_2	S_1	S_2	S_3	
S_1	4,000단위	3,000단위	0단위	1,500단위	1,500단위	10,000단위
S_2	5,000단위	4,000단위	1,000단위	0단위	0단위	10,000단위
S_3	4,000단위	5,000단위	1,000단위	0단위	0단위	10,000단위
변동원가	?	?	₩300,000	₩200,000	₩100,000	?
고정원가	?	?	₩500,000	₩100,000	₩200,000	?

(주)동운은 동일한 생산수준을 유지하면서 보조부문 S_1의 용역을 모두 외부로부터 구입하고자 하며, 이 경우에 보조부문 S_1의 고정원가 10%, 보조부문 S_2의 고정원가 5%, 보조부문 S_3의 고정원가 5%가 각각 감소할 것으로 예상된다. (KICPA 2011)

[요구사항]

(1) 보조부문 S_1의 용역을 모두 외부로부터 구입하는 경우, (주)동운이 필요로 하는 보조부문 S_1의 용역은 몇 단위인가?

(2) 보조부문 S_1의 용역을 모두 외부로부터 구입하는 경우, (주)동운이 외부구입으로 인한 손실을 발생시키지 않고 지불할 수 있는 보조용역 S_1의 최대 구입금액은 얼마인가?

6-19
L.O. 6-3, 4

신창(주)는 고객주문에 따라 소형 모터를 제조 및 판매한다. 당사는 두 개의 보조부문과 두 개의 제조부문이 있다. 20×1년 3월의 운영에 대한 정보는 다음과 같다.

	보조부문		제조부문	
	수선유지부문(S_1)	전력부문(S_2)	주조부문	조립부문
보조부문원가	₩750,000	₩450,000	₩150,000	₩110,000
기계시간	0	80,000	80,000	40,000
킬로와트(kW)	40,000	0	200,000	160,000
직접노무시간	0	0	100,000	60,000

부문별 원가의 배부율은 주조부문에서는 기계시간을 배부기준으로, 조립부문에서는 직접노무시간을 배부기준으로 결정한다. 주조부문에서 모터 한 대를 생산하는 데에는 1기계시간이 걸리고 조립부문에서 모터 한 대를 조립하는 데에는 0.5노무시간이 소요된다. 직접노무 및 재료 원가는 모터당 ₩32이 든다. 한 예상 고객이 매달 1,000대의 모터를 2년 동안 구입하는 계약의 응찰가격을 물어왔다. 당사는 응찰가격을 결정하기 위해 총제조원가에 25%의 이윤폭을 가산하기로 하는 방침을 채택하고 있다.

[요구사항]

상호배부법을 활용하여 응찰가격을 구하시오.

용어해설

공정성 혹은 공평성(fairness or equity) **기준** 원가배부에 공정성 혹은 공평성을 반영하여 배부할 수 있도록 배부기준을 선정하는 방법

단계배부법(step-down allocation method) 연쇄배부법이라고도 부르며, 배부의 우선순위를 정하여 우선순위가 높은 보조부문부터 순차적으로 보조부문의 원가를 보조부문과 제조부문에 배부하는 방법

단일배부율(sigle-rate cost allocation method) 원가배부시 고정원가와 변동원가의 구분 없이 동일한 단위당 배부율을 이용

보조부문(service department) 지원부문이라고도 하며, 생산을 지원하지만 가공단계에서는 책임을 지지 않는 부문

부담능력(ability to bear)**기준** 원가대상에 원가를 부담할 수 있는 능력에 따라 배부할 수 있는 배부기준을 선정하는 방법

부문개별원가(direct department overhead cost) 특정부문에 개별적으로 발생하여 그 부문에 직접적으로 추적하여 인식할 수 있는 원가

부문공통원가(indirect department overhad cost) 여러 부문에 공통적으로 발생하여 각 부문에 직접적으로 인식하기 곤란한 원가

상호배부법(reciprocal allocation method) 보조부문간의 서비스 수수관계를 모두 반영하여 보조부문원가를 다른 보조부문과 제조부문에 배부하는 방법

수혜(benefits received)**기준** 원가대상이 제공받는 수혜비율에 따라 배부할 수 있도록 배부기준을 선정하는 방법

이중배부율(dual-rate cost allocation method) 원가배부시 고정원가배부율과 변동원가배부율 등 두 개의 배부율을 이용

인과관계(cause and effect)**기준** 원가가 발생한 원인을 파악하여 원가를 배부할 수 있도록 배부기준을 선정하는 방법

제조부문(production department) 운영부문이라고도 하며, 원재료를 완제품으로 가공하는 데 직접적인 책임을 지고 있는 부분

직접배부법(direct allocation method) 직접법이라고도 부르며, 보조부문 상호간의 서비스 수수관계를 무시하고 각 보조부문원가를 제조부문에 직접 배부하는 방법

1단계 원가배부(first stage cost allocation) 개별 제조부문과 보조부문의 식별과 보조부문의 원가를 제조부문에 배부하는 과정을 말함

2단계 원가배부(two-stage cost allocation) 제조부문에 집계된 간접원가를 개별 제품에 배부하는 과정을 말함

chapter

7

활동기준원가계산시스템

이 장을 학습한 후에 다음을 할 수 있어야 한다 :

7-1 원가시스템의 정교화의 의미에 대해 설명할 수 있어야 한다.

7-2 활동기준원가계산시스템의 개념적 모형에 대해 설명할 수 있어야 한다.

7-3 활동분석, 원가동인, 원가계층을 이해하고 설명할 수 있어야 한다.

7-4 활동기준원가계산시스템의 5단계 절차에 대해 설명할 수 있어야 한다.

7-5 전통적 원가계산시스템과 활동기준원가계산시스템의 차이점을 설명할 수 있어야 한다.

7-6 활동기준원가계산의 효익과 한계에 대해 설명할 수 있어야 한다.

Activity Based
Costing System

원가시스템의 정교화

앞서 제6장에서는 원가배부를 설명하는 가운데 2단계 원가배부에 대해서 설명했었다. 그러나 전통적 원가계산시스템에서의 2단계 원가배부는 원가왜곡의 문제가 발생할 수 있음을 지적한 바 있다. 본장에서는 2단계 원가배부에서의 원가왜곡 문제와 이를 해결하기 위한 방법으로 활동기준원가계산시스템(activity-based costing system)에 대해서 설명한다.

제품의 종류가 다양하고 생산과정이 복잡해진 기업들은 더 정교해진 원가시스템을 이용한다. 이들 기업의 원가구조 변화는 기존의 단순한 원가시스템만으로는 자원의 소비를 원가대상에 적절하게 할당할 수 없게 되었기 때문이다. 다음 사례를 살펴보자.

더 정확한 원가시스템이 필요한가?

소희, 민기, 정철은 같은 대학교 친구들이다. 그들은 신학기 개강을 맞아 새로운 시작을 축하하기 위해 개강모임을 가졌다. 개강모임에서 그들이 지출한 비용은 ₩120,000이었다.

다음날 소희는 전에 그래왔던 것처럼 개강모임비용 ₩120,000도 셋이 균등하게 ₩40,000씩 부담할 것을 제안했다. 이 제안에 민기는 동의를 했으나 정철은 선뜻 동의하지 않았다. 분명히 어제 본인은 술을 마시지 않았기 때문이다. 전처럼 부담해야 하는 금액이 ₩10,000 이내일 때에는 큰 부담이 아니었으나 용돈이 빠듯한 지금은 ₩40,000이라는 비용지불이 약간은 부담으로 다가왔던 것이다. 이에 정철은 비용부담에 대한 계산을 좀더 정확히 할 것을 요구했다. 그러자 민기도 비용배분에 대한 계산을 좀더 정확히 할 것에 동의를 했다.

셋은 어제 사용한 비용내역을 정리해봤다. 비용은 노래방비 ₩30,000, 술값 ₩50,000, 안주값 ₩40,000(마른안주 ₩15,000과 과일안주 ₩25,000)으로 영수증에서 확인했다. 그럼 이 비용을 셋이 어떻게 나눌 것인가.

정철이 먼저 말했다. "비용을 가장 잘 나누는 방법은 비용을 유발시키는 활동을 한 사람이 그 비용을 부담하는 것이 제일 좋을 것 같다. 그렇지 않고 모두 균등하게 배분하면 자기가 하지 않은 활동에 대해 비용을 부담하게 되니까 정당하지 않을 것 같다. 나는 어제 술을 먹지 않았는데 술값을 부담하라고 하면 그건 좀 부당한 것 같다."

민기가 말했다. "그럼 우리가 어제 한 것에 대해 정리해보자. 정철이는 술은 안 먹었지만 노래를 불렀고 마른안주의 상당부분을 먹었어. 소희는 술을 먹었고, 노래를 불렀으며, 과일안주를 먹었지. 마지막으로 나는 술과 안주를 먹었고 노래도 불렀다."

각자의 활동을 확인한 후 셋은 다음과 같이 비용을 나누기로 합의했다. 먼저, 정철이는 마른안주를 대부분 먹었으므로 마른안주값의 3/4과 노래방비용의 2/5를 부담한다. 노래를 조금 부른 소희는 노래방비용의 1/5를 부담하고, 술값의 3/5을 그리고 과일안주값의 3/4을 부담하기로 했다. 마지막으로 민기는 노래방비용의 2/5, 마른안주값의 1/4, 과일안주값의 1/4 그리고 술값의 2/5를 부담하기로 했다. 셋이 배분한 비용은 다음과 같다.

	소 희	민 기	정 철	합 계
노래방	₩6,000	₩12,000	₩12,000	₩30,000
술	30,000	20,000	0	50,000
안주(₩40000)				
마른안주	0	3,750	11,250	15,000
과일안주	18,750	6,250	0	25,000
합계	₩54,750	₩42,000	₩23,250	₩120,000
균등하게 배분한 경우	₩40,000	₩40,000	₩40,000	₩120,000
과소(과대)배부	₩14,750	₩2,000	(₩16,750)	₩0

새로운 방법에 의해 비용을 배분한 결과 기존의 배부 때와는 다른 결과를 가져왔다. 먼저 노래는 적게 불렀으나 술과 과일안주를 많이 먹은 소희는 ₩54,750의 비용을 부담하게 되었다. 이는 기존 배부방법에 의할 경우 비용이 ₩14,750이 과소배부되었음을 의미한다. 민기는 새로 배부받은 금액이 ₩42,000으로 ₩2,000의 차이는 보였으나 기존과 별반 큰 차이는 없었다. 반면, 정철은 새로운 방법에 의해 배부할 경우 부담할 금액이 ₩23,250으로 기존보다 ₩16,750 더 적게 부담하게 되었다. 배부금액이 과소(과대) 배부된 원인은 소희는 비용부

담이 큰 술과 과일안주의 소비를 많이 한 반면, 민기는 비용부담이 적은 노래와 마른안주의 소비를 많이 했기 때문이다.

새로운 접근법의 필요

기업이 제공하는 재화나 용역의 원가를 정확히 계산한다는 것은 쉽지 않은 일이다. 그러나 기업은 의사결정의 질을 향상시키기 위해 보다 정확한 원가추정을 위해 노력한다. 원가를 가장 정확하게 추정하는 방법은 원가를 유발시킨 대상에 직접적으로 추적해 원가를 할당하는 것이다. 그러나 현실적으로 모든 원가를 직접적으로 추적하여 할당할 수는 없다. 따라서 기업은 가능한 한 원가를 직접 추적해 할당하고 그렇지 못한 간접원가는 원가배부에 의해 원가를 할당하게 된다. 이에 대해서는 제6장에서 설명하였다.

전통적 원가계산시스템에서 제품원가를 정확하게 계산할 수 없는 주된 원인은 제조간접원가의 부정확한 배부에 있다. 제품원가의 상호보조(product-cost cross-subsidization)는 부문간 서비스의 상호지원에 대한 원가배부에서 어느 한 부문의 잘못된 원가배부는 다른 제품의 원가를 잘못 계산하게 만들 수 있다. 전통적 원가계산시스템에서 제조간접원가는 생산량, 직접작업시간 등의 조업도관련 배부기준(volume-related allocation base)으로 배부한다. 이는 원가의 발생원인이 생산에 있다고 보았기 때문이다. 즉, 생산하면 생산할수록 원가는 발생하기 때문에 간접원가를 여러 원가대상에 배부해야 한다면 원가의 발생원인과 가장 인과관계가 있는 조업도 관련 변수를 배부기준으로 선정한 것이다.

조업도관련배부기준은 원가의 발생원인이 조업도에 있다고 보고 조업도 관련 변수를 이용하여 단일배부기준으로 간접원가를 배부한다.

그러나 이러한 조업도 중심의 단일배부기준의 이용은 다양한 원인(특히 생산활동과 직접적인 관계가 없는)에 의해 발생하는 간접원가의 배부에 있어서는 원가

Focus On

우리는 식빵에 땅콩버터를 발라서 먹을 때 빵 전체에 땅콩버터를 골고루 발라서 먹는다. 이렇게 함으로써 식빵을 처음부터 끝까지 맛있게 먹을 수 있다. 만약 그렇지 않다면 식빵에는 땅콩버터가 많이 발라진 부분과 그렇지 않은 부분이 있게 되고, 식빵을 먹으면서 균일한 맛을 느낄 수 없게 된다. 이와 마찬가지로 간접원가를 원가대상에 배부할 때 단일배부율로 간접원가를 배부함으로써 원가대상들이 서로 다른 자원을 사용함에도 불구하고 원가대상에 획일적으로 원가를 할당하는 방식에 의해서 광의의 평균화 개념을 사용하는 원가계산방법을 땅콩버터원가계산(peanut-butter costing)이라고 한다.

왜곡(cost distortion) 현상을 초래한다. 이렇게 간접원가를 모든 원가대상에 단일 배부율로 배부하는 원가계산방법을 땅콩버터원가계산(peanut-butter costing)이라고 한다.

전통적 원가계산방법에서 조업도기준에 의한 단일배부율의 사용은 총원가에서 직접노무원가의 비중이 크고, 제조간접원가의 비중이 작았던 시절에는 그 나름대로 의미가 있었다. 그러나 최근 들어, 기업들의 자동화된 생산시스템, 기술혁신, 글로벌화된 경쟁, 그리고 컴퓨터화된 시스템 등은 제조환경에 큰 변화를 가져왔다. 결과적으로 기업들은 수작업을 자동화로 대체하게 되면서 일반적으로 직접노무원가는 급격히 감소한 반면, 제조간접원가는 급격히 증가하였다.

[도표 7-1]에서 보듯이 과거나 현재나 마찬가지로 직접재료원가는 큰 변화가 없었다. 그러나 직접노무원가는 총제조원가 중 50~60%에서 최근 5~10%로 감소한 반면, 제조간접원가는 5~10%에서 50~60%로 급격히 증가한 것으로 보고되고 있다. 이는 결국 수작업이 기계 혹은 자동화 작업으로 전환되었으며, 제품의 다양성 및 복잡성이 생산에서 간접활동을 더 발생시킨 데에 기인한 것이다.

간접활동(지원활동)의 증가는 하나의 자원사용만을 요구하는 것이 아니라 다양한 유형의 자원사용을 요구하며, 이는 제품의 종류가 다양해지고 제조과정이 복잡할수록 더 강하게 나타난다. 만일 제조과정이 복잡하다면, 복수의 배부기준에 의해 원가를 배분하는 것이 더 정확하게 제품원가를 계산할 수 있다. 이러한

도표 7-1 제품원가구조의 변화

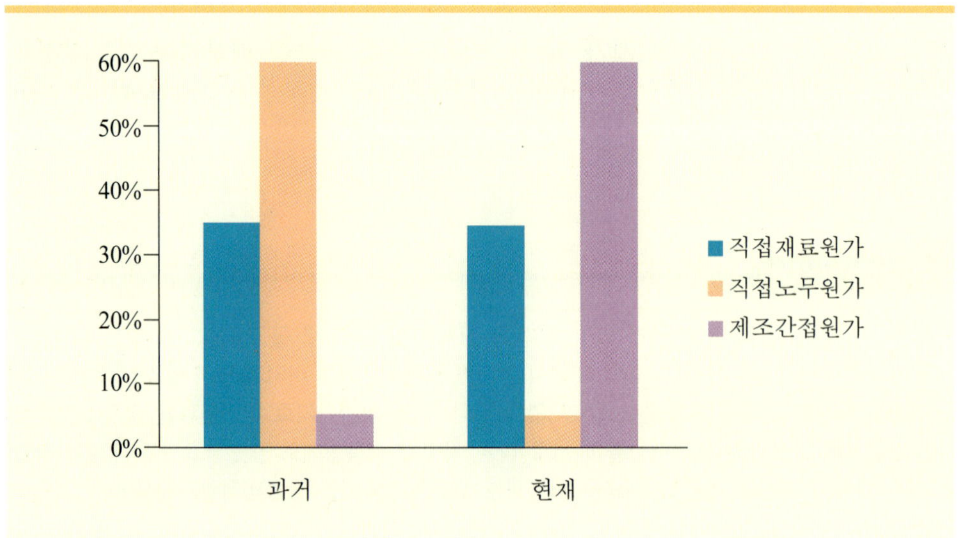

상황에서 경영자들은 복수의 배부기준을 이용한 제조간접원가의 배부를 고려하게 되었고 그 방법이 활동기준원가계산(Activity-Based Costing, ABC)이다.

활동기준원가계산

[도표 7-2]에서 보듯이 전통적 원가계산에서는 생산에 필요한 개별 작업이 제조부문에서만 수행되므로 개별 작업을 수행하는 데 소요된 보조부문의 자원사용은 제조부문의 자원사용량처럼 각 작업별로 직접 측정이 어렵다는 가정에 기초한다. 따라서 전통적 원가계산시스템에서는 보조부문의 원가를 개별 작업에 배부하기 이전에 먼저 제조부문에 배부한다. 이것이 원가의 1단계 배부이다. 제조부문은 자체적으로 발생한 간접원가와 보조부문에서 배부받은 원가를 집계하여 개별 작업과 제품에 배부한다. 이를 원가의 2단계 배부라고 한다. 그러나 2단계 배부방식의 원가시스템을 채택하고 있는 많은 기업들은 개별 작업 및 제품에 대한 2단계 배부에서 단일측정치에 의한 배부를 실시함으로써 원가왜곡의 문제를 겪는다. 이는 원가동인과 배부기준 사이의 연계가 결여되기 때문이다. 특히 이러한 원가배부방법은 제품이 다양화되고 공정이 복잡한 경우에는 원가왜곡 현상이 더 심각하게 발생하게 된다.

활동기준원가계산은 간접원가를 수행된 활동에 배부한 후 원가대상의 활동소비량에 기초해 원가를 배부하는 방법이다.

반면, 활동기준원가계산(Activity-based costing, ABC)은 제조간접원가의 배부를 더 정교화한 방법으로, ABC는 복수의 활동원가집합(activity cost pools)에 제조간접원가를 배부하고, 활동원가집합의 원가를 원가동인(cost drivers)을 이용하여 제품 및 서비스에 할당하는 것이다. ABC에서는 수량기준(unit-base)뿐만 아니라 제품의 생산수량과는 직접 관련이 없는 비수량기준(non-unit-base)도 원가동인으로 사용되므로 제품의 원가계산은 보다 정확하게 이루어진다.

도표 7-2 전통적 원가계산시스템과 ABC시스템의 제조원가 계산과정

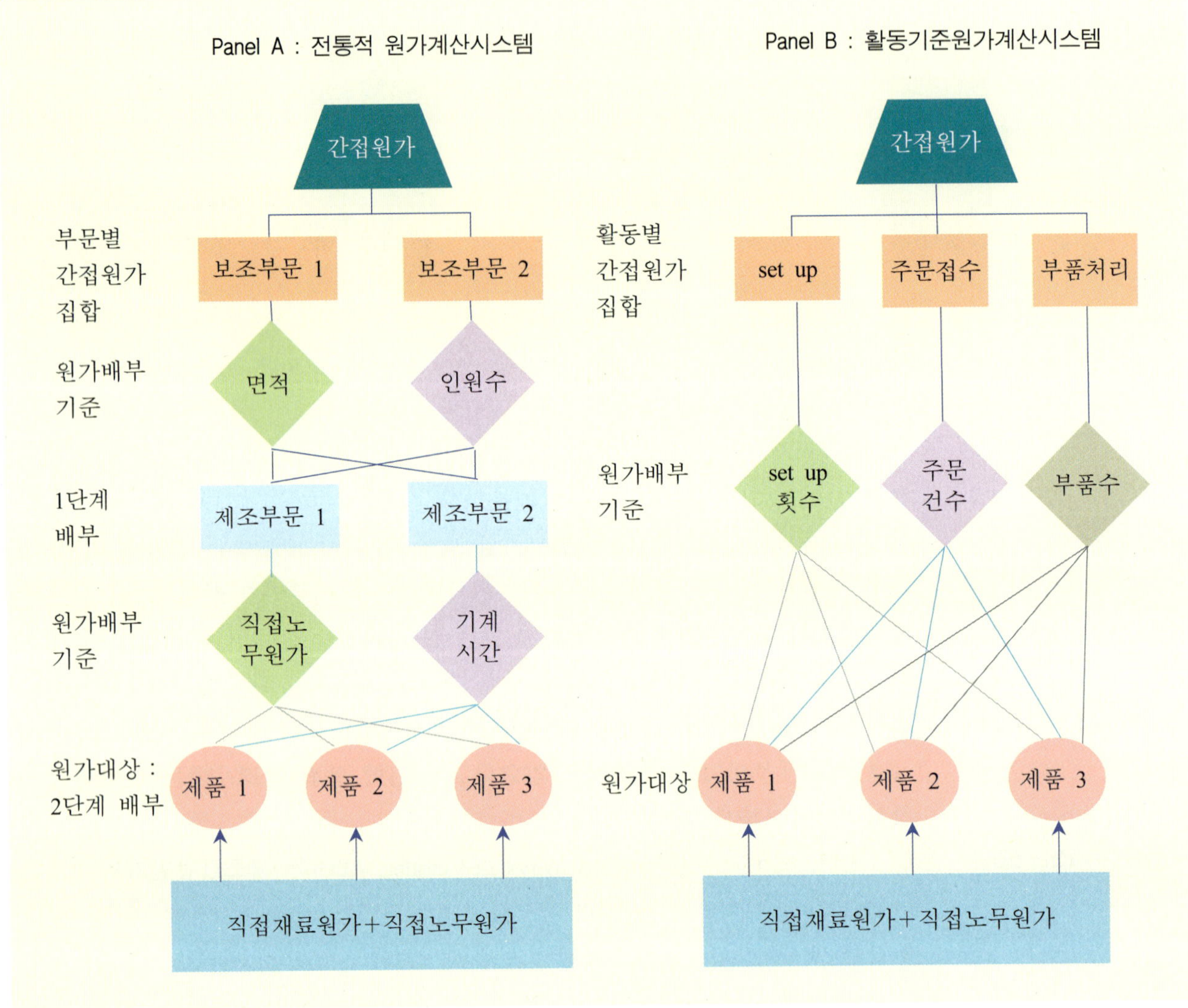

Panel A : 전통적 원가계산시스템

간접원가

부문별 간접원가 집합: 보조부문 1, 보조부문 2

원가배부 기준: 면적, 인원수

1단계 배부: 제조부문 1, 제조부문 2

원가배부 기준: 직접노무원가, 기계시간

원가대상 : 2단계 배부: 제품 1, 제품 2, 제품 3

직접재료원가+직접노무원가

Panel B : 활동기준원가계산시스템

간접원가

활동별 간접원가 집합: set up, 주문접수, 부품처리

원가배부 기준: set up 횟수, 주문건수, 부품수

원가대상: 제품 1, 제품 2, 제품 3

직접재료원가+직접노무원가

활동기준원가계산의 개념적 모형

ABC의 개념적 모형은 [도표 7-3]과 같이 나타낼 수 있다. 이 그림의 핵심은 활동분석, 원가동인, 성과평가 등으로 요약된다. ABC는 활동을 중심으로 활동에 소요되는 자원을 원가대상과 연결시키는 원가할당 관점(cost assignment view)과 원

도표 7-3 활동기준원가회계와 활동기준원가관리의 관계

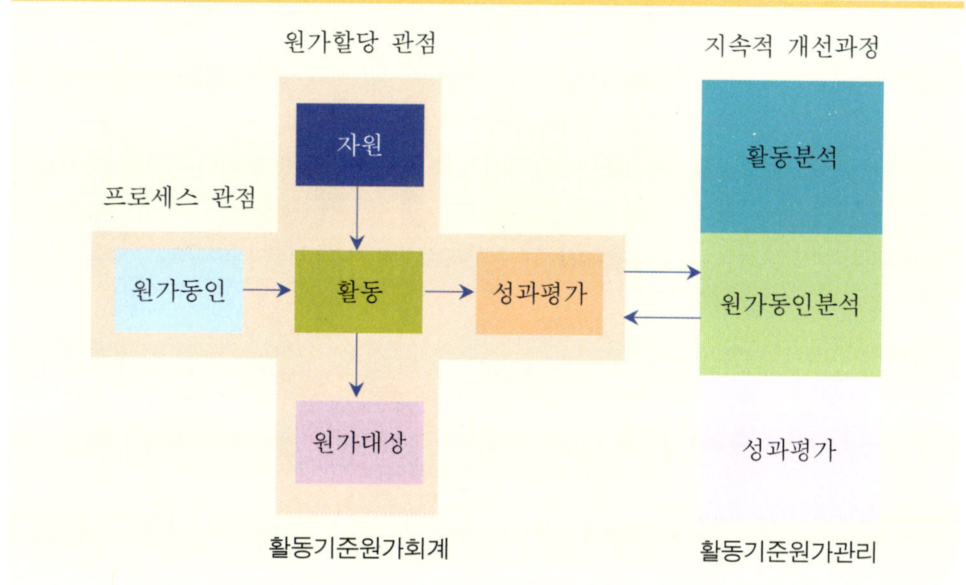

가발생의 원인인 원가동인과 활동을 성과평가와 연결시키는 프로세스 관점(process view)의 양자를 포함하고 있다. 이는 ABC가 단순히 정확한 원가집계에만 초점을 두고 있는 것이 아니라 프로세스 관리를 통한 원가관리(cost management)에까지 활용되는 유용한 도구임을 의미한다.

활동기준원가계산의 핵심개념

ABC의 핵심개념
1. 활동분석
2. 원가동인
3. 원가계층

ABC를 실행하기 위해서는 우선 다음 세 가지 개념, 즉 활동분석, 원가동인 그리고 원가계층 등에 대해서 명확하게 이해하고 있어야 한다. 이하에서는 이에 대해 간략히 설명하기로 한다.

활동분석

활동은 원가를 유발시키는 하나의 사건, 과업, 거래 혹은 연속적인 작업을 말한다.

ABC는 기본적 원가대상으로서의 활동에 초점을 맞춘다. 활동(activity)은 제품 및 서비스의 생산과정에 원가를 유발시키는 하나의 사건, 과업, 거래 혹은 연속적인 작업

활동분석은 경영활동 전반에서 수행되는 활동을 분석하는 것으로 가치분석이라고도 한다.

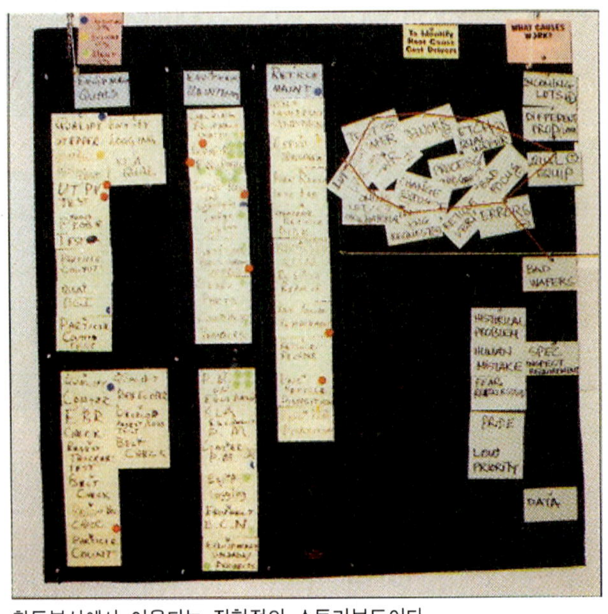

활동분석에서 이용되는 전형적인 스토리보드이다.

스토리보드는 공정과 관련된 모든 활동을 나타내는 차트이다.

을 말한다. 활동분석(activity analysis)은 경영활동 전반에서 수행되는 활동을 분석하는 것이다. 활동분석은 활동이 조직 내에서 차지하는 비중은 어떠하며 이들 활동이 어떻게 수행되는가를 체계적으로 분석하여 불필요한 행동을 제거하고 필요한 활동은 가급적 최선의 방법으로 수행함으로써 기업의 성과를 개선시킬 방안을 강구하는 것을 목표로 한다.

활동분석은 원가를 감소하고 품질과 공정시간을 체계적으로 개선할 수 있는 기회를 확인하는 데 매우 유용하다. 일반적으로 활동분석에는 모든 활동을 나타내는 차트인 스토리보드(storyboard)를 이용한다. 이 활동분석을 통해 조직의 모든 활동은 부가가치활동(value-added activity)과 비부가가치활동(non-value-added activity)으로 구분된다. 간혹 양쪽의 성격을 갖고 있는 활동이 있는데 이를 중간영역(gray area)이라고 하며, 가능한 한 이 영역은 제거하거나 그럴 수 없다면 부가가치활동으로 전환시키도록 노력해야 한다.

부가가치활동은 이 활동이 제거되면 장기적으로 고객에게 제공되는 가치가 감소되는 활동을 말한다.

비부가가치활동은 고객에게 제공되는 가치를 감소시키지 않고도 원가를 감소시킬 수 있는 활동을 말한다.

FOCUS ON

스토리보드의 기본개념은 공정 및 작업의 개별 활동을 각각의 카드에 묘사한 후 이를 활동의 발생순서대로 게시판에 부착하는 것이다. 따라서 스토리보드는 공정의 흐름도가 된다. 스토리보드는 활동분석에 사용되는 시각적이고 실용적인 저원가 도구이다. 활동에 관여하는 모든 사람들이 각각의 활동을 확인하여 기술한다. 스토리보드에 공정 및 작업을 배열한 다음에는 각 활동이 어떻게 조직의 성공에 기여하는지를 확인한다. 여기서 부가가치활동과 비부가가치활동을 구별한다. 1940년대에 월트 디즈니사는 장편 만화영화 제작에 스토리보드를 활용해왔다.

FOCUS ON

아남산업(주) 부천공장 PLCC 제조부서의 활동분석

활 동						
VA	GA	GA	GA	NVA	NVA	NVA
조립	자재취급	업무할당	ECN	업무연락/의사소통	재공품 취급	서류작성
ABC 도입 전 작업인원수						
969	11	15	15	15	45	35
ABC 도입 전 총평균작업인원＝1,105명						
ABC 도입 후 작업인원수						
851	7	8	8	8	21	18
ABC 도입 후 총평균작업인원＝921명						

ABC 도입 후 생산인원 118명(12.1%)과 생산간접인원 66명(48.5%)을 감소시킴

VA＝부가가치활동, NVA＝비부가가치활동, GA＝중간영역

우리나라에서 ABC를 가장 초기에 성공적으로 도입한 기업의 하나인 아남산업(주)(현재 앰코테크놀로지, AmKor Technology)는 부천공장의 PLCC 제조부서의 활동분석을 통해 부가가치활동에서 생산직접인원의 12.1%, 비부가가치활동 및 중간영역에서 생산간접인원의 48.5%를 감소시키는 높은 성과를 시현했다.

자료 : 이주원, "활동기준원가회계(ABC)의 국내도입 사례에 관한 연구 : 아남산업(주) 경우를 중심으로," 이화여자대학교 대학원 석사학위논문, 1992, p. 61.

원가동인

원가동인은 특정 활동원가를 구조적으로 결정짓는 요소를 말한다.

원가동인(cost driver)은 특정 활동원가를 구조적으로 결정짓는 요소를 말한다. 원가동인은 작업량을 결정하고 해당활동을 수행하는 데 요구되는 노력의 정도를 결정하는 요소로서, 이들을 파악하면 특정활동이 수행되어야 하는 이유와 작업을 실행하는 데 필요한 노력의 양을 알 수 있다. [도표 7-3]의 원가할당 관점에서 보듯이 제품의 생산에는 활동을 소비하고, 활동은 자원을 소비한다.

활동은 자원의 소비를 유발하나 자원소비량의 크기는 원가동인이 결정하게 된다. 예를 들면, 우리가 노래방에 가서 노래를 1시간 부르고 비용 ₩30,000을 지불했다고 가정하자. 이 경우 노래방비용 ₩30,000은 어떻게 결정될까? 여기서 노래방에서 노래를 부르는 것은 활동이며, 노래 부른 시간은 원가동인이 된다. 왜냐하면, 대개 노래방비용은 시간에 비례해서 결정되기 때문이다(예외적으로 노래 부른 곡의 수로 결정되기도 하지만). 그러나 노래방에서 노래를 불렀다고 항상 ₩30,000의 비용을 지불하는 것은 아니다. 왜냐하면, 노래 부른 시간에 따라 ₩30,000을 지불할 수도 있고 더 지불할 수도 있기 때문이다. 결국 노래방비용의 크기를 결정하는 것은 노래를 부르는 활동이 아니라 노래 부른 시간, 즉 원가동인(활동동인)의 소비량이다.

활동동인과 원가동인

일반적으로 활동을 유발하는 장본인을 활동동인(activity driver)이라고 하는데, 이는 원가동인에 앞서 파악해야 한다. 그러나 실무적으로는 활동수행이 자원을 소비하여 원가를 발생시킨다는 점을 감안하여 특별한 경우를 제외하고는 활동동인과 원가동인을 동일시하는 것이 일반적이다. 원가동인은 크게 구조적 원가동인과 실행적 원가동인으로 구분된다. 구조적 원가동인(structural cost drivers)은 선택에 따라 기업의 원가가 결정되는 특징을 갖는다. 구조적 원가동인의 예로는 규모, 범주, 기술, 복잡성 등을 들 수 있다. 한편, 실행적 원가동인(executional cost drivers)은 이들 동인이 얼마나 성공적으로 실행되는가에 따라 기업의 원가위치가 결정된다. 실행적 원가동인의 예로는 종업원 몰입, 시설이용률, 납품업체 및 고객과의 관계 등을 들 수 있다. 이 밖에도 원가동인은 긍정적 원가동인과 부정적 원가동인으로 구별하기도 한다. 긍정적 원가동인(positive cost driver)은 수익창출, 생산 또는 지원 활동 등 이익을 창출하는 동인을 의미하고, 부정적 원가동인(negative cost driver)은 불필요한 작업을 야기시키고 이익을 감소시키는 동인을 지칭한다.

원가동인의 선택시 고려사항

- 원가동인의 수는 제한적이어야 한다 원가동인의 수가 많으면 더 정확하게 원가를 배부할 수는 있으나 원가동인을 관리하기 위해 많은 비용이 발생한다. 따라서 많은 동인에 의한 효과는 유지비용과 서로 상쇄된다.
- 원가동인의 측정원가는 원가동인 이용의 효익을 초과해서는 안 된다 원가동인 측정원가가 원가동인 이용의 효익을 초과한다면 굳이 그 원가동인을 이용할 필요는 없다.
- 선택된 원가동인은 이해하기 쉬워야 한다 원가동인은 간접원가의 배부기준으로 이용되므로 선택된 원가동인은 누구든 쉽게 이해할 수 있어야 한다.
- 활동과 직접적인 관계가 있어야 한다 원가동인은 원가를 유발시킨 활동과 직접적인 인과관계를 갖고 있어야 한다. 인과관계가 낮다면 배부된 원가의 정확성은 낮아지게 된다.
- 원가동인은 측정이 용이해야 한다 원가동인 측정을 위한 자료의 수집이 쉬워야 한다. 아무리 활동을 잘 설명하는 원가동인이라도 자료수집이 용이하지 않다면 그 원가동인을 사용하기가 어렵기 때문이다.

원가동인은 활동원가를 발생시킨 활동수준을 측정하는 계량지표로서 원가에 직접적인 인과관계를 가져야 한다. 이들 원가동인을 선택하는 데에는 원가동인의 수, 원가동인 이용에 따른 원가-효익 고려, 이해의 용이성, 활동과의 직접적인 관계, 그리고 측정의 용이성 등을 고려해야 한다.

원가계층

앞서 언급한 바와 같이 전통적 원가계산시스템은 직접노무원가나 기계시간과 같은 조업도관련배부기준에 의해 간접원가를 배부해왔다. 최근 생산과정에서도 일부 활동원가들은 조업도와 관련하여 변한다. 그러나 상당수의 활동원가들이 조업도관련기준에 의해 원가가 발생하지 않으며, 이들 원가의 조업도관련기준에 의한 배부는 적합성이 떨어지게 되었다. 이에 ABC에서는 원가동인의 상이한 유형(원가배부기준) 혹은 인과관계 결정에서의 어려움의 정도 차이에 따라 원가를 단위수준원가, 배치수준원가, 제품수준원가, 그리고 설비수준원가 등 네 유형의 원가계층으로 분류하였다. 이를 활동원가의 계층구조(activity cost hierarchy)라고 한다. 이들 원가를 간략히 설명하면 다음과 같다.

활동원가의 계층구조는 활동원가를 원가동인의 상이한 유형 혹은 인과관계 결정에서의 어려움의 정도에 따라 네 유형으로 분류된다.

단위수준원가(unit-level costs)는 개별적인 제품이나 서비스의 단위에 대하여 수행된 활동에 소비된 자원을 의미한다. 단위수준원가는 생산수량에 정비례적으로 이루어지는 자원소비원가를 의미한다. 이 원가와 원가배부기준 사이의 인과관계는 매우 높게 나타난다.

단위수준원가는 생산된 단위수와 관련된 활동원가를 의미한다.

배치수준원가(batch-level costs)는 제품이나 서비스의 개별 단위가 아니라 집단적 제품이나 서비스에 관련된 활동에 대하여 소비된 자원을 의미한다. 이는 생산수량과는 상관없이 기계가동준비나 작업지시 등 배치 생산에 필요한 활동을 수행함에 따라 소비된다. 예를 들어, 제품에 색상을 칠하기 위해 염료통이 준비되면 10,000개의 제품에 동일한 색을 칠하게 되고 다른 색상을 칠하기 위해서는 라인을 중단하고 새로운 염료통을 준비하는데, 이 과정에 발생하는 셋업원가가 배치수준원가이다. 이 원가는 단위수준원가보다는 낮으나 개별 제품의 원가와 원가배부기준 간의 인과관계가 높게 나타난다.

배치수준원가는 생산된 배치횟수와 관련된 활동원가를 의미한다.

제품수준원가(product-level costs)는 특정제품을 제품라인에 추가하거나 특정제품이 계속 생산될 수 있도록 하기 위한 지원활동과 관련된 원가이다. 개별 제품생산에 있어서 자재청구, 생산일정수립, 특별검사방식의 개발, 공정기술변경통지 등은 필수적일 뿐만 아니라 이들 활동이 어떤 제품들 때문에 유발되었는지는

제품수준원가는 개별 제품의 생산을 지원하기 위해 수행되는 활동원가를 말한다.

쉽사리 파악될 수 있다. 이러한 제품지원활동에 소요되는 원가는 제품생산량이나 배치수와 무관하며 단지 제품수가 증가할 때 늘어난다는 점에서 앞서 설명한 두 유형의 원가와 구분된다. 이 원가는 단위수준원가나 배치수준원가에 비해 상대적으로 개별 제품의 원가와 배부기준 사이의 인과관계가 낮게 나타난다.

설비수준원가는 특정 원가대상에 직접 추적할 수는 없지만 조직 전체를 지원하는 데에 소비되는 활동원가를 의미한다.

설비수준원가(facility-level cost)는 특정 제품이나 서비스에 대하여 직접 추적할 수는 없지만, 조직 전체를 지원하는 활동에 소비되는 자원이다. 이는 공장에 보유하고 있는 일반설비가 계속해서 작동할 수 있도록 하기 위한 활동(가령, 유

도표 7-4 활동수준의 원가계층

4단계 원가계층	활동의 유형	원가동인의 예
단위수준원가	• 기계관련 작업 : 천공, 절단, 밀링, 다듬기	• 기계시간
	• 노무관련 작업 : 조립, 도색, 재봉	• 직접노동시간 또는 원가
배치수준원가	• 기계작업준비 • 부품관리 • 검사 • 구매주문	• 작업준비시간 • 부품의 수 • 검사인 수 또는 검사시간 • 구매주문횟수
제품수준원가	• 제품설계 • 엔지니어링 변경	• 제품의 가짓수 • 엔지니어링 변경횟수
설비수준원가	• 공장관리 • 회계와 인사	• 공간의 면적 • 작업자의 수

지보수)과 관련된 것으로 기업이 취급하는 다양한 제품에 공통적으로 관련 맺는다. 일반적으로 이러한 원가와 원가배부기준 사이의 적절한 인과관계를 찾기란 어렵다.

ABC의 활동유형별 원가계층의 분류는 특정제품에 대해 고정원가를 추적하는 방법을 제고시켜주고, 이들 비용을 보다 잘 배부할 수 있도록 해준다. 이는 외관상으로 고정원가인 것을 변동원가 혹은 준변동원가로 만듦으로써 가능해진 ABC의 중요한 기여이기도 하다.

활동기준원가계산의 절차

여기서는 간단한 예를 이용하여 ABC의 절차에 대해 설명한다. 본 사례를 통해 ABC가 현행 개별원가계산이나 종합원가계산을 대체하는 것은 아니라는 것을 이해해야 한다. ABC는 보다 정확한 원가정보의 제공을 위해 다양한 원가집합(cost pool)으로 제조간접원가를 세분화하는 것이다. 결과적으로, ABC는 기존 원가시스템을 대체하는 것이 아니라 보완하는 것이다.

송정반도체(주)는 제품종류가 3,500종 가량인 다품종 소량생산 형태의 기업이다. 최근 총원가 중 간접원가가 차지하는 비율이 점차 늘어남과 더불어 단일 배부기준(기계시간)에 의한 간접원가의 배부방법이 원가왜곡을 초래하고 있음을 인식하고 있었다. 이와 더불어 송정반도체(주)의 제품을 판매하는 미국 현지법인에서는 제공되는 원가정보의 신뢰성에 의문을 제기하고 있는 상황이었다. 이러한 문제를 해결하기 위해 송정반도체(주)는 ABC를 도입하였다. ABC의 절차는 다음 5단계에 의해 이루어진다.

1단계 : 활동의 식별
2단계 : 활동별 간접원가의 할당(1단계 배부)
3단계 : 원가대상에 활동원가를 할당하기 위한 활동별 원가동인의 결정
4단계 : 활동단위당 원가 결정(활동단위당 배부율)
5단계 : 원가대상에의 활동원가 할당(2단계 배부)

활동의 식별(1단계)

잘 설계된 ABC시스템은 재화 및 용역의 제공을 수행하는 활동분석에서부터 시작한다. 활동분석은 재화 및 용역의 제공과정에서 자원을 소비하는 모든 활동을 식별하는 것이다. 송정반도체(주)는 PLCC(plastic leadless chip carrier) 제조공정에 대해 인터뷰 및 활동 맵(스토리보드 차트)을 이용한 활동분석을 통해 품질검사, 작업준비, 기계작업, 그리고 자재수령 등 네 가지 활동원가집합을 식별하였다.

활동별 간접원가의 할당(2단계)

활동이 식별되면 적절한 활동원가집합에 제조간접원가를 직접 할당해야 한다. 예를 들면, 송정반도체(주)의 PLCC 제조공정의 품질검사와 직접적으로 관계를 갖는 모든 제조간접원가(예를 들면, 품질검사 종업원의 임금, 소모품, 감가상각비 등)는 품질검사 활동원가집합에 할당한다. 이 과정을 통해 네 가지 활동에 할당된 간접원가는 다음과 같다.

전통적 관점		ABC 관점	
원장계정	제조간접원가	활동원가집합	1차 배부 제조간접원가
임금	₩200,000	품질검사	₩400,000
소모품	150,000	작업준비	250,000
감가상각비	450,000	기계작업	150,000
수선비	200,000	자재수령	200,000
합계	₩1,000,000	합계	₩1,000,000
무엇을 소비했는가? →		어떻게 소비했는가?	

전통적 원가계산시스템에서는 무엇을 소비했는가는 알려주나 자원이 어떻게 소비되었는가는 알려주지 않는다. 반면, ABC는 원가를 활동별로 보고한다. 따라서 ABC는 자원을 어떻게 소비했는지 총계정원장의 원가를 재정리해서 보고해준다. 활동별 원가할당 결과 송정반도체(주)의 제조간접원가 중 비수량기준

의 활동원가가 85%(=₩850,000÷₩1,000,000)를 차지하고 있는 것으로 나타났다.

활동별 원가동인의 결정(3단계)

원가를 활동원가집합에 배부한 후에 기업은 각 원가집합을 위한 원가동인을 결정해야 한다. 원가동인은 활동의 실제 소비를 정확히 측정해야 한다. 정확한 원가계산을 하기 위해서는 원가집합에서 원가동인과 제조간접원가의 실제 소비간에 높은 인과관계가 존재해야 한다. 송정반도체(주)는 품질검사, 작업준비, 기계작업 그리고 자재수령 등의 활동원가집합의 원가동인으로 각각 품질검사횟수, 로트(Lot)수, 기계시간 그리고 자재수령횟수 등을 선정하고 원가동인 각각의 연간 원가동인량에 대한 자료를 수집하였다. 송정반도체(주)는 되도록 현재 데이터베이스에서 이용할 수 있는 원가동인만을 위주로 선정하였다. 원가동인과 관련한 자료는 활용가능하고 획득이 용이해야 하며, 이는 원가동인 선정에 있어서 가장 중요한 요인이다.

활동원가집합	원가동인	연간 원가동인 사용량
품질검사	품질검사횟수	2,000회
작업준비	로트(lot)수	6,250로트
기계작업	기계시간	5,000시간
자재수령	자재수령횟수	2,000회

활동원가배부율 계산(4단계)

4단계에서는 활동원가배부율을 계산해야 하는데 그에 앞서 각 제품(원가대상)들의 활동소비율(activity consumption ratio) 계산을 통해 제품원가의 왜곡가능성을 확인할 필요가 있다.

송정반도체(주) PLCC 제조공정의 제품별(일반형 칩과 고급형 칩) 활동사용량과 활동소비율은 다음과 같다.

활 동	원가동인	원가동인 사용량		합 계	활동소비율	
		일반형	고급형		일반형	고급형
품질검사	품질검사횟수	46회	184회	230회	0.20	0.80
작업준비	로트(lot)수	150로트	250로트	400로트	0.37	0.63
기계작업	기계시간	500시간	200시간	700시간	0.71	0.29
자재수령	자재수령횟수	20회	35회	55회	0.36	0.64

활동소비율은 다음과 같이 계산된다.

$$활동소비율 = \frac{단위제품당\ 원가동인\ 사용량}{총원가동인량}$$

FOCUS ON

아남산업(주)는 ABC를 도입한 초기 기존 원가계산시스템에 의한 제품원가와 ABC에 의한 제품원가의 차이를 분석하였다(아래 표 참조). 즉, 기존 원가계산방식의 제품원가와 ABC의 제품원가 간의 차이를 ABC의 제품원가로 나누어 계산한 결과 과거 제품원가가 과대계상된 제품은 전체의 47.02%이고, 과소계상된 제품은 52.98%인 것으로 나타났다. 이 분석 결과는 아남산업(주)가 고객의 수익성에 대한 파악이 잘못되었음을 알게 해주는 중요한 계기가 되기도 했다. 기존 원가계산에서 고객 중 7위 높은 수익을 제공해주는 기업의 수익성이 40.18%에서 34.21%로 낮아져 10위권에서 탈락하였으며, 28.38%의 수익성이 있는 기업으로 판단되었던 기업은 사실은 −90.47%의 손실을 가져오는 기업으로 확인되기도 했다. 이러한 결과는 아남산업(주)가 고객에 대한 전략을 수정하게 해주는 계기가 되었다.

원가왜곡 정도

차이범위(%)	제품의 수	비율(%)
60～80	78	2.31
40～60	226	6.69
20～40	338	10.01
0～20	946	28.01
−20～0	742	21.97
−40～−20	574	17.01
−60～−40	155	4.59
−80～−60	149	4.41
−80 이하	169	5.00
계	3,377	100.00

자료 : 이주원, "활동기준원가회계(ABC)의 국내도입 사례에 관한 연구 : 아남산업(주) 경우를 중심으로," 이화여자대학교 대학원 석사학위논문, 1992, pp. 57-60.

송정반도체(주)의 제품별 활동소비율을 보면 일반형 칩의 경우에는 20%에서 71%까지 분포하고 있고, 고급형 칩의 경우 29%에서 80%까지 분포하고 있다. 따라서 제품의 다양성이 존재하고 있음을 알 수 있다. 만약 조업도기준에 의해 제조간접원가를 배부한다면 일반형 칩은 제조간접원가의 71%를 배부받게 되고, 고급형 칩은 제조간접원가의 29%를 배부받게 된다. 그러나 고급형 칩은 기계시간과 관련되지 않은 제조간접원가의 85% 이상을 소비한다. 따라서 조업도기준에 의한 원가배부는 원가왜곡이 발생할 수 있다.

활동원가배부율은 소모된 자원의 원가와 원가동인량의 비율로 계산된다.

활동원가배부율(activity overhead rate)은 활동원가집합의 총액을 연간 원가동인 사용량으로 나누어 계산한다.

$$\text{활동원가배부율} = \frac{\text{활동원가}}{\text{연간 원가동인 사용량}}$$

송정반도체(주)의 활동단위당 원가배부율은 다음과 같이 계산된다.

활동원가집합	활동원가	÷	연간 원가동인 사용량	=	활동단위당 원가배부율
품질검사	₩400,000		2,000회		₩200 회당
작업준비	250,000		6,250로트		40 로트당
기계작업	150,000		5,000시간		30 시간당
자재수령	200,000		2,000회		100 회당
합계	₩1,000,000				

원가대상에의 활동원가 할당(5단계)

활동단위당 원가를 계산하고 나면, 활동원가는 원가대상에 대한 활동소비량에 기초하여 할당한다. 송정반도체(주)의 주요 고객인 MTP사는 9월에 일반형 칩 1,500개, EME사는 고급형 칩 500개를 주문하였으며, 이 제품은 PLCC 제조공정에서 생산하였다. 송정반도체(주)의 일반형 칩과 고급형 칩의 제조간접원가는 다음과 같이 계산된다.

활 동	원가동인	일반형 원가동인 배부율	× 원가동인 사용량	= 활동원가	고급형 원가동인 배부율	× 원가동인 사용량	= 활동원가
품질검사	품질검사횟수	₩200 회당	46	₩9,200	₩200 회당	184	₩36,800
작업준비	로트수	40 로트당	150	6,000	40 로트당	250	10,000
기계작업	기계시간	30 시간당	500	15,000	30 시간당	200	6,000
자재수령	자재수령횟수	100 회당	20	2,000	100 회당	35	3,500
합계				₩32,200			₩56,300
완성품수량				÷1,500			÷500
단위당 제조간접원가				₩21.47			₩112.60

ABC하에서 송정반도체(주)의 일반형 칩과 고급형 칩의 단위당 제조원가는 다음과 같다.

원가동인	제품 일반형	제품 고급형
직접재료원가	₩55	₩70
직접노무원가	12	14
제조간접원가	21.47	112.60
합계	₩88.47	₩196.60

전통적 원가계산시스템과 ABC의 비교

기존의 송정반도체(주)의 원가계산시스템에서는 제조간접원가를 기계시간에 의한 단일배부기준에 의해 배부하고 있다. 따라서 송정반도체(주)의 제조간접원가 배부율은 ₩200(=₩1,000,000÷5,000시간)이다. 기존 원가계산시스템에 의해 계산된 일반형 칩 및 고급형 칩의 제조원가는 다음과 같이 계산된다.

원가동인	제 품	
	일반형	고급형
직접재료원가	₩55	₩70
직접노무원가	12	14
제조간접원가	67*	80**
합계	₩134	₩164

* 일반형=(₩200×500시간)÷1,500개=₩67

** 고급형=(₩200×200시간)÷500개=₩80

전통적 원가계산시스템과 ABC에 의한 원가계산의 차이를 비교하면 다음과 같다.

제조원가	일반형		고급형	
	전통적 원가계산	ABC	전통적 원가계산	ABC
직접재료원가	₩55	₩55	₩70	₩70
직접노무원가	12	12	14	14
제조간접원가	67	21.47	80	112.60
단위당 원가 합계	₩134	₩88.47	₩164	₩196.60
	과대 ₩45.53		과소 ₩32.60	

전통적 원가계산과 ABC에 의한 두 제품의 단위당 원가를 비교해보면 중요한 차이를 발견할 수 있다. 일반형 칩의 제조간접원가는 전통적 원가계산이 ABC보다 ₩45.53(=₩134−₩88.47) 과대배부되었고, 고급형 칩의 제조간접원가는 ₩32.60(=₩164−₩196.60) 과소배부되었다. 이러한 차이의 원인은 크게 두 가지로 설명할 수 있다. 첫째, 송정반도체(주)의 원가계산시스템에서는 각 제품이 실제로 원가를 소비했는지와는 관계없이 모든 제조간접원가를 각 제품에 배부한다. 반면, ABC에서는 각 제품의 생산과 관련하여 소비된 원가만을 관련 제품에 배부한다. 둘째, 송정반도체(주)의 원가계산시스템은 기계시간과 같은 조업도 단일배부기준에 근거하여 제조간접원가를 배부한다. 그러나 실제원가는 이러한 조업도와 인과관계가 불명확할 수도 있다. 송정반도체(주)의 경우 고급형 칩은

기계시간보다는 지원활동에 의해 원가가 더 발생하는 반면, 일반형 칩은 지원활동보다는 기계시간에 의해 원가가 더 발생하는 데에서 알 수 있다. [도표 7-5]는 ABC에서의 계정을 통한 원가흐름을 보여주고 있다.

도표 7-5 송정반도체(주) 원가흐름

원재료

차변	대변
	82,500
	35,000

재공품-일반형

차변		대변	
원재료	82,500	제품	132,700
직접노무	18,000		
제조간접	32,200		

미지급급여

차변	대변
	18,000
	7,000

재공품-고급형

차변		대변	
원재료	35,000	제품	98,300
직접노무	7,000		
제조간접	56,300		

품질검사활동

제조간접원가발생액

차변	대변
실제원가	

제조간접원가배부액

차변	대변	
	일반형	9,200
	고급형	36,800

작업준비활동

제조간접원가발생액

차변	대변
실제원가	

제조간접원가배부액

차변	대변	
	일반형	6,000
	고급형	10,000

기계작업활동

제조간접원가발생액

차변	대변
실제원가	

제조간접원가배부액

차변	대변	
	일반형	15,000
	고급형	6,000

자재수령활동

제조간접원가발생액

차변	대변
실제원가	

제조간접원가배부액

차변	대변	
	일반형	2,000
	고급형	3,500

활동기준원가계산의 효익과 한계

ABC 회계는 어떤 기업에 필요한가?

ABC는 어떤 기업들에 필요할까? 다음에 설명하는 내용 중 하나 혹은 몇 가지 현상이 나타나고 있다면 ABC의 도입을 고려해봐야 한다.

① 제품의 종류가 많고 제조과정이 복잡하여 상이한 지원활동이 많이 요구되는 경우
② 총원가 중 제조간접원가의 비중이 큰 경우
③ 제조과정이 노동집약형에서 자동화에 의한 자본집약형으로 변화된 경우
④ 생산이나 마케팅관리자들이 기존 원가시스템에서 제공하는 원가정보에 대해 신뢰하지 못하는 현상이 발생하는 경우
⑤ 기존의 원가정보로 원가변화나 이익변화를 설명할 수 없는 경우

원가시스템의 재설계 및 도입은 큰 비용과 많은 노력을 필요로 하므로 경영자는 신중하게 결정해야 한다. ABC의 성공적인 도입 및 실행의 핵심요인은 결국 최고경영자의 지속적인 지원이다.

ABC 회계의 효익

ABC 도입의 가장 중요한 효익은 보다 정확한 제품원가계산이 가능하다는 것이다.

① ABC에서는 많은 원가집합을 이용한다. 기존의 원가시스템에서는 하나의 원가동인의 조업도단일배부기준을 이용하나, ABC에서는 다양한 활동원가집합에 의한 다양한 원가동인을 이용한다. 이는 원가를 개별 제품생산에 사용되는 원가동인에 기초하여 직접적으로 할당할 수 있게 해준다.
② ABC는 제조간접원가의 통제를 제고한다. ABC를 이용하면 활동에 많은

제조간접원가를 직접적으로 추적할 수 있게 된다. 따라서 몇몇 간접원가는 직접원가처럼 취급할 수 있게 된다. 이에 경영자들은 이들 원가를 발생시키는 활동의 통제에 대한 책임을 인식하게 된다.

③ ABC는 더 나은 의사결정을 유도한다. 더 정확한 제품원가계산은 희망이익을 달성할 수 있는 가격설정에 도움을 준다. 또한 정확한 원가정보는 제품이나 부품을 자가제작할지 혹은 구입할지, 제품생산의 중단여부 등과 관련한 유용한 정보를 제공한다.

ABC를 이용한다고 제조간접원가의 총액이 기존과 달라지는 것은 아니다. 그러나 제조간접원가를 보다 정확하게 배부하게 해준다. 만일 보다 현실적이고 정확하게 원가를 관리할 수 있다면 경영자들은 원가행태와 전체 수익성을 보다 잘 이해할 수 있을 것이다.

ABC 회계의 한계 및 단점

비록 ABC가 전통적 원가계산시스템보다 더 나은 원가정보를 제공하지만 결코 완벽한 것은 아니다. ABC의 한계점은 다음과 같다.

① 전통적인 원가계산시스템이 갖는 간접원가 배부의 문제를 극복하기 위한 방법이 ABC이지만 자신도 배부에서 자유롭지는 않다. 왜냐하면 ABC도 결국은 원가동인을 이용하여 활동원가를 배부해야 하며, 최종 원가의 정확성은 이러한 원가동인 선정의 적합성과 수치의 신뢰성에 의해 좌우되기 때문이다.

② ABC의 이용에는 많은 시간과 비용이 든다. 복수의 활동과 이에 따른 많은 원가동인의 식별에는 많은 비용이 소요된다. ABC는 전통적 원가시스템보다는 더 복잡하다. 이에 많은 기업들은 이러한 시스템의 복잡성이 ABC를 통해 얻은 원가정보의 정확성에 의한 효익보다 더 많은 실행비용을 필요로 하는 것이 아닌가에 대해 의문을 갖기도 한다. 만약 실행비용이 효익을 초과한다면 ABC의 실행이 의미가 없을 수 있다.

③ 원가절감의 환상에 빠질 수 있다. 원가대상에 대한 활동동인의 이용을 줄일 수 있다면, 그 활동동인 감소와 관련된 간접원가를 줄일 수 있고

회사는 그 금액만큼 비용을 절감하게 된다. 그런데 문제는 간접원가는 대개 계단원가(step cost) 형태로 발생하고 있어서 활동동인량이 크게 감소하면 간접원가가 크게 감소하게 되지만 계단원가는 지속적으로 변화하는 비용이 아니라는 점이다.

④ 사용하지 않는 시간을 보고함으로써 유휴생산능력 원가가 드러나지 않게 되는 것이다. 기업은 종업원들에게 다양한 활동을 위해 소비하는 시간을 보고하도록 요구할 때 종업원들은 그들의 근무시간의 100%가 활동에 사용된다고 보고하는 강한 경향을 보인다. 그러나 그들은 하루일과 중 많은 시간을 휴식을 갖거나, 회의를 하거나 혹은 인터넷 게임을 하는 등에 소비하기도 한다. 종업원들은 대개 다른 활동들에 더 많은 시간을 배분함으로써 이러한 활동들을 감춘다. 이로 인해 원가동인당 배부율은 자원이 100% 가동되고 유휴생산능력이 없다는 가정하에서 계산되므로 유휴생산능력원가가 모두 원가대상에 배부되어 원가가 잘못 배부되는 문제를 일으킨다.

시간동인 활동기준원가계산[1)]

ABC시스템이 전통적 원가계산방법에 비해 원가의 정확성을 많이 증가시켰지만 실행과정에서 여러 문제점들이 지적되고 있다. 이러한 ABC시스템의 운영에서의 문제점을 해결하기 위해 새롭게 제시된 것이 시간동인 활동기준원가계산이다. 시간동인 활동기준원가계산(time-driven activity-based costing, TDABC)은 기존 ABC와는 다르게 시간당 단위원가를 이용하여 원가대상에 간접원가를 할당한다. 자원의 원가율(배부율)은 자원(resources)의 원가를 자원의 공급능력(capacity)으로 나누어서 계산된다. 이를 식으로 표현하면 다음과 같다.

1) Robert S. Kaplan and Steven R. Anderson, *Time-Driven Activity-Based Costing*, Boston : Harvard Business School Press, 2007의 내용을 요약하였음.

$$\text{자원의 원가배부율(단위당 원가)} = \frac{\text{자원의 원가}}{\text{자원의 실제적 공급능력}}$$

TDABC는 미사용공급능력을 측정하는 직접적인 방법을 제공한다. 전통적인 ABC에서는 조직이 수행하는 다양한 활동들과 관련된 원가를 집계한 후 선택된 원가동인을 이용하여 활동단위당 원가율을 계산한다. 예를 들어 신용카드회사가 고객에게 고지서를 발송하기 전에 주소확인활동에 ₩90,000이 사용되고 10,000번의 주소확인을 하는 경우 주소확인 1회당 ₩9의 활동원가배부율이 발생한다.

반면, TDABC에서는 1회 주소확인에 17분의 표준시간이 걸린다고 가정하자. TDABC는 작업활동을 수행하는 자원의 분당 원가를 계산한다. 이 예에서 두 명의 사무직원이 1인당 연간 ₩45,000의 연봉을 받으며, 주소확인업무만 하는데 각자 주당 30시간씩 연간 50주를 근무한다고 가정할 때 TDABC의 총원가는 ₩90,000(=₩45,000×2명)이고, 총근무시간은 180,000분(=2명×50주×주당 30시간×60분)이며, TDABC 활동원가배부율은 분당 ₩0.50(=₩90,000÷180,000분)이 된다. 따라서 주소확인의 단위당 원가는 ₩8.50(=1회당 17분×₩0.50 분당)으로 추정할 수 있다.

TDABC는 활동원가의 결정에 의해 미사용공급능력원가를 계산할 수 있다. 예에서 TDABC 활동원가는 ₩85,000(=17분×10,000번×₩0.5 1회당)으로 계산된다. 이는 ₩5,000(=10,000분×₩0.50 분당)의 미사용생산능력원가가 있고 이 비용은 다른 작업에 잠재적으로 활용할 수 있음을 의미한다.

TDABC는 시간방정식(time equation)을 이용하여 복잡한 활동에 확장해 적용할 수 있다. 예를 들어, 국제주소를 확인하는 경우에는 기존 주소확인시간에 추가로 22분이 증가한다고 가정하면 시간방정식은 다음과 같이 표시된다.

주소확인시간=17분+22분(국제주소를 확인해야 하는 경우)

분당 원가는 동일한 방식으로 결정되지만, 국제주소 확인을 위한 예상시간을 추가해야 한다.

TDABC와 ABC의 차이는 TDABC는 사용공급능력과 미사용공급능력을 구분하며, 표준배부율을 이용하여 표준활동원가를 계산한다. 반면, ABC는 사용공급능력만 포함한다. ABC는 실제사용공급능력으로 각 기간의 활동원가를 계산하기 때문에 원가대상의 단위당 원가는 매 기간 변동하게 된다. TDABC는 활동시간을 측정하기 위한 투자가 선행되어야 하며 또한 이를 지속적으로 유지해야 한다.

TDABC의 적용에 있어서 가장 큰 단점은 시간추정을 정확히 해야 하며 이에는 많은 시간과 비용이 필요하다는 것이다. 또한, 몇몇 활동들은 시간동인만을 사용하지 않고 여러 성격의 동인이 결합되어 사용된다. 예를 들면, 화학회사의 경우 셋업 및 세척과 관련된 원가는 시간비용과는 별도로 중요한 재료원가를 수반하는데, 이들 재료원가는 셋업 혹은 세척의 시간보다는 수량을 이용한다. 따라서 이들 기업은 시간과 수량 동인을 결합해서 사용한다. 한편, 자원과 활동을 구별함으로써 전통적 ABC에서는 원가절감에 대한 기회를 더 잘 식별할 수 있는 틀을 제공하는 반면, TDABC는 미사용공급능력을 식별할 수 있는 더 좋은 틀을 제공한다.

자습문제

주피터램프(주)는 현재 시장에서 가장 인기 있는 램프를 생산하고 있는 회사이다. 주피터램프(주)는 일반형과 고급형 두 종류의 램프를 주력으로 생산하고 있다. 회사의 사장인 김민기는 최근 조업도를 기준으로 한 전통적 원가계산시스템에서 활동기준원가계산시스템으로 변경하기로 결정하였다. 이런 변경을 결정하기에 앞서 그는 서울에 위치한 공장의 제품원가에 대해 평가하기를 원했다. 이 공장을 선택한 이유는 다른 공장에서는 여러 종류의 램프를 생산하나 여기서는 두 종류의 램프만을 생산하기 때문이다. 변경의 효율성을 측정하고 평가하기 위해 다음과 같은 자료를 수집하였다(단순화하기 위해 하나의 공정만 가정한다).

램 프	수 량	기초원가	기계작업	재료이동	준 비
일반형	400개	₩80,000	10,000시간	230회	90회
고급형	100개	₩15,000	2,500시간	110회	40회
금액	–	₩95,000	₩50,000*	₩85,000	₩65,000

* 생산설비의 운영원가

현행 원가시스템하에서는 생산설비의 운영, 재료이동 그리고 준비에 대한 원가는 기계시간을 기준으로 배부한다.

[요구사항]

(1) 현행 기계시간을 기준으로 한 제조간접원가 배부방법을 이용하여 각 램프의 단위당 원가를 계산하시오.

(2) 활동기준원가계산방법을 이용하여 각 램프의 단위당 원가를 계산하시오.

풀이

(1) 현행 원가계산방법

$$제조간접원가배부율 = \frac{총제조간접원가}{기계시간}$$

$$= \frac{₩200,000}{12,500기계시간} = ₩16$$

램프별 제조간접원가배부액

램프종류	기계시간	단위당 배부율	제조간접원가배부액
일반형	10,000시간	₩16	₩160,000
고급형	2,500시간	₩16	40,000
합계	12,500시간	₩16	₩200,000

램프별 단위당 제조원가

램프종류	기초원가 (1)	제조간접원가 (2)	제조원가 (3)=(1)+(2)	생산수량 (4)	단위당 원가 (6)=(3)÷(4)
일반형	₩80,000	₩160,000	₩240,000	400개	₩600
고급형	15,000	40,000	55,000	100개	550
합계	₩95,000	₩200,000	₩295,000	500개	

(2) 활동기준원가계산에 의한 방법
램프의 원가동인량과 활동원가 계산

활 동	활동별 원가 (1)	원가동인	원가동인량 (2)	배부율 (3)=(1)÷(2)
기계작업	₩50,000	기계시간	12,500시간	₩4
재료이동	85,000	재료이동횟수	340회	₩250
준비	65,000	준비횟수	130회	₩500
합계	₩200,000			

램프별 제조간접원가배부액

활 동	원가동인	일반형 원가동인량 (2)	일반형 배부율 (3)	일반형 제조간접원가 배부액 (4)=(2)×(3)	고급형 원가동인량 (2)	고급형 배부율 (3)	고급형 제조간접원가 배부액 (4)=(2)×(3)
기계작업	기계시간	10,000시간	₩4	₩40,000	2,500시간	₩4	₩10,000
재료이동	재료이동횟수	230회	₩250	57,500	110회	₩250	27,500
준비	준비횟수	90회	₩500	45,000	40회	₩500	20,000
합계				₩142,500			₩57,500

램프별 단위당 제조원가

램프종류	기초원가 (1)	제조간접원가 (2)	제조원가 (3)=(1)+(2)	생산수량 (4)	단위당 원가 (6)=(3)÷(4)
일반형	₩80,000	₩142,500	₩222,500	400개	₩556.25
고급형	15,000	57,500	72,500	100개	725.00
합계	₩95,000	₩200,000	₩295,000	500개	

문제 A형

7-1
L.O. 7-1, 2

성음악기는 세 종류의 관악기 트럼펫(trumpets), 튜바(tubas), 트롬본(trombones)을 생산 및 판매한다. 연간 예산제조간접원가는 ₩139,500이다. 제조간접원가는 직접노동시간을 기준으로 세 종류의 악기에 배부한다. 연간 예산생산수량과 단위당 직접노동시간은 다음과 같다.

	예산생산수량	단위당 직접노동시간
트럼펫	1,400	0.5
튜바	400	1.4
트롬본	900	1.1

[요구사항]

(1) 단일 공장전체 제조간접원가배부율을 계산하시오.

(2) (1)에서 구한 공장전체 제조간접원가배부율을 이용하여 세 제품의 단위당 제조간접원가와 총제조간접원가를 계산하시오.

7-2
L.O. 7-2, 3

다음 왼쪽에 표시된 것은 활동분석을 통해 확인된 활동들이다. 오른쪽은 각 활동에 대한 원가동인이다. 원가동인은 각 활동에 대해 한 번 이상 이용될 수도 있고 한 번도 이용되지 않을 수도 있다.

활 동	원가동인
회계보고	엔지니어링 변경지시
전력	전력사용량
인적자원	회계보고횟수
재고관리	고객수
송장 및 서류 접수	고객주문횟수
기계 감가상각	종업원수
재료취급	검사횟수
출하지시	재고운반횟수
급여지급	기계사용시간
생산관리	재료이동횟수
생산준비	급여지급 처리횟수
구입	생산지시횟수
품질관리	구입주문횟수
판매주문처리	판매주문횟수
	셋업횟수

[요구사항]

왼쪽의 활동에 적합한 원가동인을 선택하시오.

7-3
L.O. 7-2, 3

송정(주)의 관리회계담당자인 김민기는 회사의 프로세스에 대한 가치분석을 위해 핵심활동을 규명하였다. 다음 활동을 보고 부가가치활동이면 VA로 표시하고 비부가가치활동이면 NVA로 표시하시오.

번 호	활 동	번 호	활 동
1	생산일정관리	5	엔지니어링 설계
2	고객추적관리	6	제품마케팅
3	재료이동	7	제품판매
4	제품검사	8	재료보관

7-4
L.O. 7-2, 3

불량산업은 다음과 같은 두 가지 활동을 수행한다.

- 재작업한 제품을 재검사하는 활동 : 원가는 ₩480,000이 소요되고, 가장 효율적인 경쟁자의 재검사비용은 ₩150,000이다.
- 부품의 용접활동 : 원가는 ₩900,000이 소요되고 45,000시간의 용접시간이 소요된다.

경쟁자를 벤치마킹한 결과 가장 효율적인 수준의 용접시간은 36,000시간이고, ₩720,000의 원가가 요구된다.

[요구사항]

각 활동에 대한 비부가가치활동의 원가는 얼마인가?

7-5
L.O. 7-2, 3

코피아전자(주)는 스피커 시스템을 생산한다. 고객들은 전국 소매점에서 판매할 수 있는 성능이 비슷한 제품을 대량주문하는 고객으로부터 특별히 사운드 시스템을 설계해야 하는 신규 호텔과 식당에 이르기까지 다양하게 구성되어 있다. 다음의 활동들은 회사의 운영과정의 일부분이다.

번 호	활 동	번 호	활 동
1	신규 소매제품 디자인	7	소매 판매수수료
2	소매제품 마케팅	8	대량주문 포장
3	독특한 시스템 설계	9	조립라인 노무원가
4	독특한 시스템 포장	10	조립라인 준비(setup)
5	재료구입	11	건물보안
6	건물수선	12	설비감독

[요구사항]

각 번호의 활동을 단위수준(UL), 배치수준(BL), 제품수준(PL), 설비수준(FL)으로 표시하시오.

7-6
L.O. 7-4

한국도자기(주)는 인터넷을 통해 본차이나 식기류를 인터넷으로 판매한다. 다음 회계기간의 판매주문처리활동을 위한 예산액은 ₩78,300이며, 연간 4,350건의 판매주문이 처리될 것으로 예상된다.

[요구사항]

(1) 판매주문처리활동의 활동원가배부율을 계산하시오.

(2) 한국도자기(주)가 1,790건의 판매주문처리를 하는 경우에 주문처리비용은?

7-7
L.O. 7-4

비엠엑스(주)는 운동기구인 고정자전거와 러닝머신을 생산한다. 제품은 절단부문과 조립부문을 거쳐서 생산된다. 이 두 제품을 생산하기 위해서는 이들 두 부문의 활동 이외에 추가적으로 몇 가지 활동이 필요하다. 이들 활동과 관련 활동원가배부율은 다음과 같다.

활 동	활동원가배부율
절단	₩24 기계시간당
조립	10 직접노동시간당
준비	50 준비횟수당
검사	24 검사횟수당
생산일정관리	11 생산지시당
구매	9 구매주문당

각 제품의 활동소비량과 생산량은 다음과 같다.

활 동	고정자전거	런닝머신
기계시간	1,750	965
직접노동시간	450	156
준비횟수	49	15
검사횟수	320	310
생산지시	60	10
구매주문	190	100
생산단위	500	160

[요구사항]

제품별 총활동원가와 단위당 활동원가를 계산하시오.

7-8
L.O. 7-3, 4

(주)세무는 20×1년에 제품 A 1,500단위, 제품 B 2,000단위, 제품 C 800단위를 생산하였다. 제조간접원가는 작업준비 ₩100,000, 절삭작업 ₩600,000, 품질검사 ₩90,000이 발생하였다. (주)세무의 생산관련 자료는 다음과 같다.

활 동	원가동인	제품 A	제품 B	제품 C
작업준비	작업준비횟수	30	50	20
절삭작업	절삭작업시간	1,000	1,200	800
품질검사	검사시간	50	60	40

[요구사항]

활동기준원가계산에 의한 제품 B의 단위당 제조간접원가는?

7-9
L.O. 7-4

(주)한국은 소매업체들을 대상으로 판매촉진 관련 지원서비스를 제공하고 있다. (주)한국은 적절한 이익을 창출하고자 각 고객별 주문과 관련하여 발생한 재료원가에 100%의 이윤폭(markup)을 가산하여 각 고객에 대한 지원서비스 청구액(=재료원가×200%)을 결정해왔다. 최근 들어 (주)한국은 새로운 고객관계관리 소프트웨어를 사용하여 활동분석을 수행한 결과, 활동, 활동원가동인 및 활동원가동인당 배부율을 다음과 같이 파악하였다.

활 동	활동원가동인	활동원가동인당 배부율
정규주문처리	정규주문 처리건수	정규주문처리 건당 ₩5
긴급주문처리	긴급주문 처리건수	긴급주문처리 건당 ₩15
고객이 요구한 특별서비스 처리	특별서비스 처리건수	특별서비스처리 건당 ₩50
고객관계관리	연간 고객수	고객당 ₩100

고객관계관리 소프트웨어를 이용하여 20×1년 한 해 동안 이 회사의 고객들에 관한 데이터를 수집하였으며, 총 고객 60명 중 2명의 고객 A, B에 대한 자료와 회사 전체의 자료는 다음과 같다.

	고객 A	고객 B	회사 전체
매출액(지원서비스 청구액)	₩1,400	₩750	₩60,000
정규주문 처리건수	25건	8건	1,000건
긴급주문 처리건수	10건	8건	500건
특별서비스 처리건수	4건	7건	200건
고객수	1명	1명	60명

(KICPA 2016)

[요구사항]

20×1년 한 해 동안 고객 A, B 각각으로부터 창출된 이익(손실)을 계산하시오.

7-10
L.O. 7-4, 5

(주)대한은 휴대전화기를 생산한다. 현재 회사는 제조간접원가를 단일배부율을 사용하여 공장 전체에 배부하고 있다. 회사의 경영진은 제조간접원가를 좀더 정교하게 배부할 필요가 있다고 판단하고, 회계담당부서로 하여금 주요 생산활동과 그 활동에 대한 원가동인을 파악하라고 지시하였다. 다음은 활동, 원가동인 그리고 배부율에 대한 자료이다.

활 동	원가동인	배부율
재료취급	부품의 수	부품당 ₩1,000
조립	직접노무시간	시간당 ₩40,000
검사	검사부문에서의 검사시간	분당 ₩10,000

현재의 전통적인 원가계산방법은 직접노무시간에 기초하여 1시간당 ₩150,000의 배부율을 사용한다. 휴대전화기 제작을 위하여 한 번의 작업(batch)으로 50대의 휴대전화기가 제조되었다. (KICPA 2007)

[요구사항]

전통적인 원가계산방법과 활동기준원가계산방법을 사용할 경우 휴대전화기 한 대당 배부될 제조간접원가는 각각 얼마인가? 한 번의 작업(batch)에는 1,000개의 부품, 직접노무시간 8시간, 그리고 검사시간 15분이 필요하다.

7-11
L.O. 7-4

바른손기업은 두 종류의 연하카드를 만들어 판매하고 있는데, 하나는 향기카드이고, 하나는 일반카드이다. 이러한 카드생산과 관련하여 네 가지 활동에 대한 원가동인은 다음과 같다.

	향기카드	일반카드
검사시간	120	80
작업준비시간	80	20
기계작업시간	200	600
운반횟수	225	75

또한 다음과 같은 활동 자료가 수집되었다.

활 동	활동원가
제품검사	₩5,000
설비작업준비	4,750
기계작업	6,400
재료운반	1,350

[요구사항]

(1) 네 가지 동인에 대한 소비율을 구하시오.

(2) 바른손기업이 모든 제조간접원가를 기계작업시간을 사용하여 배부한다면 의사결정에서 제품다양성의 중요성의 관점에서 제품다양성에 대한 증거가 있는지를 설명하시오.

(3) 각 제품에 원가를 배부하기 위해 사용되는 활동기준원가배부율을 계산하시오.

(4) 제품검사에 대한 활동기준원가배부율이 검사시간당 ₩20이라면 내년에 검사시간이 얼마나 소요될 것으로 예상되는가?

7-12
L.O. 7-4

패스트푸드 레스토랑인 알랑기업은 프라이드치킨, 프라이드피쉬, 그리고 프렌치프라이를 판매한다. 매니저는 알랑기업이 금요일의 이벤트인 "몽땅다먹어 축제"를 위한 프라이드치킨의 배치(batch)원가를 추정하고 있다. 각 배치(batch)는 100조각이다. 치킨은 본사에서 미리 잘라서 봉지당 10조각으로 포장되어 배송된다. 각 봉지원가는 ₩3이다. 알랑기업의 특별양념과 함께 100조각의 1배치(batch)를 준비하는 데에는 한 명의 종업원이 두 시간 동안 일해야 한다. 현재 임금은 시간당 ₩6이다. 다른 원가동인은 튀김기에 새 기름을 넣은 작업의 원가이다. 새 기름이 각 배치(batch)당 사용되면 원가는 ₩5이다.

[요구사항]

(1) 100조각의 1배치(batch)를 준비하는 데 소요되는 원가를 결정하시오.
(2) 만약 매니저가 300조각의 프라이드치킨이 판매될 것이라고 예상한다면, 총단위당 원가와 배치(batch)원가는 얼마가 되겠는가?
(3) 만약 매니저가 350조각이 판매될 것이라고 예측한다면 총원가는 얼마가 되겠는가?
(4) 만약 정부에서 최소임금을 시간당 ₩8으로 올린다면 배치(batch)원가는 얼마나 오르겠는가?
(5) 만약 매니저가 배치(batch)당 조각수를 50개로 감소시키기로 하였다면, 350조각을 준비하는 원가는 얼마인가? 단, 배치(batch)를 준비하는 시간은 반으로 줄며, 매니저는 50조각을 요리한 후에 기름을 새로 간다고 가정한다.
(6) (3)과 (5)의 답을 고려하면, 매니저가 배치(batch) 크기를 50조각으로 줄이는 것이 현명한가?

문제 B형

7-13
L.O. 7-1, 2, 3

송정(주)는 주요 소매점을 대상으로 한 체인 톱, 잡초 및 잔디 깎는 기계를 생산한다. 송정(주)는 각 고객으로부터 대량주문을 받아 생산한다. 회사는 ABM을 도입했으며 컨트롤러는 ABC시스템 도입과정에 참여하였다. 컨트롤러는 다음과 같이 회사의 기본활동을 정리하였다.

제품 납기	생산-조립
고객 추적관리	엔지니어링 디자인
재료 및 부품 구입	제품검사
재료보관	작업지역 정리
재료검사	제품마케팅
생산-천공	건물관리
제품포장	제품판매
제품연구	제품재작업
제품보관	생산-연마
생산-기계 준비	인사서비스
재료이동	생산일정관리

[요구사항]

(1) 송정(주)의 제품에 대한 비부가가치활동을 식별하시오.

(2) 가치사슬의 활동영역으로 부가가치활동을 분류하시오. (가치사슬은 연구 및 개발, 디자인, 공급, 생산, 판매 및 마케팅, 유통, 고객서비스 등으로 구분할 수 있다)

(3) 각각의 비부가가치활동이 필요한지 혹은 불필요한지를 판단하고 불필요한 활동을 줄이거나 제거할 수 있는 방법을 제안하시오.

7-14
L.O. 7-2, 3

아가방(주)는 유아용 제품을 생산하고 있다. 회사는 저원가와 고품질의 제품을 가지고 경쟁하고 있다. 최근 회사의 비용이 증가하고 있는 상황이라 경영진은 품질의 감소 없이 원가를 줄일 수 있는 방안으로 복잡한 공정을 간소화시키는 작업에 관심을 갖고 있다. 다음 자료는 제품생산과 관련한 활동을 정리한 것이다.

활 동	완성시간
생산공장으로 재료이동	25분
1공정에서 생산	35분
2공정으로 재료이동	5분
2공장에서 작업대기	8분
2공정 생산	45분
검사	3분
완제품재고로 이동	6분

[요구사항]

(1) 제조사이클시간(일관생산시간)은 얼마나 되는가?

(2) 부가가치시간은 얼마나 되는가?

(3) 제조사이클 효율(MCE)을 계산하시오.

(4) 비부가가치시간을 제거하기 위해서는 어떻게 해야 하는가?

7-15
L.O. 7-4

한국대학교의 한 회계학 교수가 그의 시간을 수업에 60%, 연구에 20%, 그리고 학생지도에 20%를 사용한다고 하자. 그 교수는 1년에 두 학기를 가르친다. 각 학기 동안 그는 회계원론을 두 반(각 반당 학생 80명 한도) 가르치고, 대학원 고급관리회계론을 한 반(학생 30명 한도) 가르친다. 수업준비, 강의, 그리고 학생면담을 포함하여 각 과정은 동일한 양의 시간을 필요로 한다. 회계학 교수는 연 ₩58,000을 지급받는다.

[요구사항]

회계원론과 대학원 고급관리회계론을 수강하는 학생당 강의활동원가는 얼마인가?

7-16
L.O. 7-4

상품매매기업인 (주)세무는 활동기준원가계산에 의하여 간접원가를 고객별로 배부한다. 활동기준원가계산을 적용하기 위해 연도 초에 수집한 연간 예산 및 관련 자료는 다음과 같다.

가. 간접원가 연간 자료

급여	₩250,000
마케팅비	160,000

나. 자원소비단위 활동별 간접원가배부율

	주문처리	고객지원	배부불능*	계
급여	20%	70%	10%	100%
마케팅비	10%	80%	10%	100%

* 배부불능은 활동별로 배부되지 않은 원가로 기업전체 수준으로 배부되며, 고객별로 배부되지는 않는다.

다. 활동별 원가동인과 연간 활동량

활 동	원가동인	활동량
주문처리	주문횟수	4,000회
고객지원	고객수	40명

(세무사 2014)

[요구사항]

20×1년중 고객 A가 6회 주문할 경우, 이 고객에게 배부될 간접원가 총액은 얼마인가?

7-17
L.O. 7-4

마린(주)의 총제조간접원가는 연간 ₩600,000으로 네 개의 활동인 절단에 ₩204,000, 조립에 ₩105,000, 준비(setup)에 ₩156,000 그리고 검사에 ₩135,000을 할당한다. 마린(주)는 스피드보트와 낚시보트 등 두 종류의 보트를 생산한다. 하나의 제품을 생산하는 데에 사용되는 활동소비량은 다음과 같다.

	절 단	조 립	준 비	검 사
스피드보트	2,000dlh	1,000dlh	300횟수	1,100횟수
낚시보트	1,000	2,000	100	400
	3,000	3,000	400	1,500

* dlh＝직접노동시간(direct labor hour)

[요구사항]

(1) 각 제품의 연간 예산생산수량은 250단위이다. 각 활동별 활동원가배부율을 계산하시오.

(2) 각 제품별 활동기준 제조간접원가는 얼마인가?

7-18
L.O. 7-4

상품매매기업인 (주)한국유통이 활동기준원가계산을 적용하여 간접원가(overheads)를 고객별로 배부하기 위해, 20×1년 초에 수집한 연간 예산자료는 다음과 같다.

가. 연간 간접원가

간접원가항목	금 액
급여	₩1,200,000
판매비	800,000
계	2,000,000

나. 활동별 간접원가배부율

간접원가항목	활 동		계
	고객주문처리	고객관계관리	
급여	20%	80%	100%
판매비	40%	60%	100%

다. 활동별 원가동인과 연간 활동량

활 동	원가동인	활동량
고객주문처리	고객주문횟수	500회
고객관계관리	고객수	50명

(주)한국유통은 20×1년중 주요 고객인 (주)대한이 20회의 주문을 할 것으로 예상하고 있다. (주)대한의 주문 1회당 예상되는 평균매출액은 ₩20,000이며, 매출원가는 매출액의 75%이다. 활동기준원가계산을 적용하여 간접원가를 고객별로 배부한다. (KICPA 2015)

[요구사항]

(주)한국유통이 20×1년중 (주)대한으로부터 얻을 것으로 예상할 수 있는 이익은 얼마인가? 단, 매출원가를 제외한 어떠한 직접원가도 발생하지 않는다.

7-19
L.O. 7-1, 4, 5

기가소프트웨어(GIGA Software)는 제품원가계산방법을 ABC방법으로 변경하려고 고려중이다. 회사는 하나의 생산부문에서 CD와 DVD 두 개의 제품을 생산한다. 이 생산부문은 연간 3,000시간의 직접노동시간이 필요한 것으로 추정된다. 총간접노무원가의 예산액은 ₩270,000이다.

간접노동활동에서 작업하는 종업원의 근무시간 기록을 보면 근무시간의 40%는 생산을 위한 준비에 소비하고 있으며, 60%는 실제 생산을 지원하는 데에 소비하고 있다. 다음은 CD와 DVD 생산에 대한 회사의 자료이다.

	준비횟수	직접노동시간(dlh)	생산수량
CD	500	1,500	75,000
DVD	1,100	1,500	75,000
합계	1,600	3,000	150,000

[요구사항]

(1) 직접노동시간을 이용하여 간접노무원가를 CD와 DVD에 배부하는 경우에 각 제품의 단위당 간접노무원가는 얼마인가? 단, 단일 공장전체 배부율을 이용한다.

(2) ABC방법으로 원가계산을 하는 경우에 간접노무원가에 대한 활동원가배부율을 계산하시오. 단, 이들 제품생산을 위한 활동에는 준비활동과 기타 지원활동 두 가지만 있다고 가정한다.

(3) ABC하에서 간접노동활동에 대한 두 제품의 단위당 활동원가는 얼마인가?

(4) (1)에서 구한 단위당 활동원가와 (3)에서 구한 단위당 활동원가가 차이가 나는가?

7-20
L.O. 7-4, 5

프라다피혁(주)에서는 고도로 자동화된 생산시스템에서 두 종류의 가죽제품을 생산하고 있으며, 하나의 핸드백은 엘레강스라는 이름으로 판매하고, 나머지 하나의 핸드백은 프리미엄이라는 이름으로 판매하고 있다. 두 제품은 두 가지 제조간접활동을 하며, 제조간접원가는 다음과 같다.

기계작업준비	₩3,000
기계작업	18,000

원가담당자는 각각의 핸드백에 대해 다음과 같은 예상 기초원가(prime cost), 기계작업시간, 기계작업준비시간 및 예상생산에 대한 자료를 수집하였다.

	엘레강스	프리미엄
직접노무원가	₩9,000	₩3,000
직접재료원가	₩3,000	₩3,000
생산량	3,000	3,000
기계작업시간	500	4,500
기계작업준비시간	100	100

[요구사항]

(1) 직접노무원가와 직접재료원가가 각각의 핸드백에 대해 정확히 추적되고 있는지를 설명하시오.

(2) 각 활동에 대한 소비율을 계산하시오.

(3) 직접노무원가기준 공장전체의 제조간접원가배부율을 사용하여 각 핸드백의 단위당 제조간접원가를 구하시오. 이렇게 제조간접원가를 배부하는 방법에 대해 문제가 있는지를 설명하시오.

(4) 기계작업시간과 기계작업준비시간에 기초한 제조간접원가배부율을 사용하여 각 제품의 단위당 제조간접원가를 계산하고, 이렇게 원가를 배부하는 것이 직접노무원가기준의 배부율을 사용한 경우보다 정확한 이유를 설명하시오.

7-21
L.O. 7-4, 5

송정회계법인은 감사와 세무 서비스를 제공해주는 회계법인으로 설립된 지 50년이 되었다. 최근 송정회계법인은 ABM을 적용하기로 결정하였으며, ABC에 의해 서비스에 대한 간접원가를 배부하기로 하였다. 이 작업을 총괄하는 김민기 회계사는 전통적 방법에서 ABC로의 변화가 감사 작업당 평균원가의 변화에 미치는 영향에 대해서 관심을 가졌다. 다음 정보는 전통적 방법과 ABC방법을 비교하기 위해 수집된 자료이다.

총직접노무원가	₩400,000
기타 직접원가	120,000
총직접원가	₩520,000

전통적 방법에서 제조간접원가는 직접노무원가의 120%를 배부한다.
감사부문에서의 ABC를 위한 자료는 다음과 같다.

활 동	원가동인	활동원가배부율	활동소비량
인사부문	종업원수	₩2,000 종업원 1인당	50명
관리	작업수	₩1,000 작업당	50건
고객부문	신규고객수	₩5,000 신규고객 1인당	29명

[요구사항]

(1) 원가동인으로 직접노무원가를 이용하여 감사부문의 총원가를 계산하시오. 작업당 평균원가는 얼마인가?

(2) 제조간접원가 배부에 ABC를 이용하여 감사부문의 총원가를 계산하시오. 작업당 평균원가는 얼마인가?

(3) 두 방법간 총원가의 차이를 계산하시오. 감사부문에서 제조간접원가를 배부할 때 왜 ABC방법이 더 좋은지 설명하시오.

7-22
L.O. 7-4, 5

대한신용은 매우 경쟁이 심한 시장인 주택담보대출과 관련한 모든 서비스를 제공하는 기업이다. 매니저인 김경구는 주택담보대출을 진행하는 데 관련된 운영원가에 관심을 가지고 있어 이를 다루는 데 도움을 받기 위해 ABC원가시스템을 도입하기로 결정하였다. 비록 노무시간이 새로운 여신을 내는 과정에서 주된 원가동인으로 보이지만 노무원가는 신규대출을 실행하는 데 있어서 다양한 범위에 걸쳐 관련되어 있다. 회계부서는 다음과 같이 20×1년 대한신용의 중요한 다섯 개의 원가집합에 관한 정보를 제공하였다.

활 동	활동원가	활동동인	활동동인량
고객신청 접수	₩300,000	시간-보조매니저	12,000시간
신용정보조회	450,000	시간-신용매니저	16,500시간
증권인수	500,000	시간-증권인수부문	10,000시간
대출상품준비	200,000	시간-업무처리부문	10,000시간
대출종료	600,000	시간-법무부문시간	6,000시간
	₩2,050,000		54,500시간

20×1년 대한신용은 5,000개의 새로운 주택담보대출을 실행하였다. 그중 주택담보대출을 실행하는 데 사용된 활동을 고려한 두 대출실행건에 관한 정보는 다음과 같다.

	대출 #5066	대출 #5429
신청처리시간	1.50	2.75
신용정보조회시간	4.00	3.00
증권인수시간	2.00	5.00
처리시간	3.50	3.00
법무부문처리시간	1.50	1.50
총시간	12.50	15.25

[요구사항]

(1) 각 활동원가집합에 대한 활동단위당 원가를 계산하시오.

(2) 대출 #5066과 #5429의 실행원가를 계산하시오.

(3) 사용된 모든 활동에 대해 시간당 평균원가가 사용된다면, 대출 #5066과 #5429를 준비하는 원가는 얼마인가?

(4) (2)와 (3)의 답을 비교하시오.

7-23
L.O. 7-4, 5

미림(주)는 전통적인 2단계 원가배부시스템을 이용하고 있다. 제1단계에서 총제조지원원가는 기계시간을 기준으로 P_1, P_2의 제조부문에 배부된다. 제2단계에서 지원원가를 개별 제품에 배부하는 기준으로 직접노무시간이 이용된다. 미림(주)가 생산하는 두 제품 X와 Y에 대한 자료는 다음과 같다.

	제품 X	제품 Y
판매량	1,000	3,000
단위당 직접재료원가	₩60	₩50
시간당 직접노무임률	₩25	₩15
단위당 P_1의 직접노무시간	2	1
단위당 P_2의 직접노무시간	1	3

20×1년의 제조지원원가 총액은 ₩200,000이었다. 제조부문 P_1과 P_2의 기계시간은 각각 5,000시간과 15,000시간이었다. 제조부문 P_1과 P_2의 직접노무시간은 각각 5,000시간과 10,000시간이었다. 미림(주)는 활동기준원가계산의 도입·활용을 고려하여, 컨트롤러는 활동원가분석을 위해 다음과 같은 자료를 수집하였다.

활 동	활동원가	원가동인	활동원가 배부율	원가동인 요구수준	
				제품 X	제품 Y
재료이동	₩30,000	생산가동횟수	₩30 회당	200	800
기계작업준비	100,000	작업준비횟수	500 회당	50	150
품질검사	50,000	생산량	12.50 단위당	1,000	3,000
선적	20,000	선적횟수	100 회당	50	150
총지원원가	₩200,000				

[요구사항]

(1) 기존의 원가계산시스템을 이용하여 두 제품의 단위당 원가를 계산하시오.

(2) 제안된 활동기준원가계산시스템을 이용하여 두 제품의 단위당 원가를 계산하시오.

용어해설

구조적 원가동인(structural cost driver) 구조의 선택에 따라 기업의 원가가 결정됨

단위수준원가(unit-level costs) 생산된 단위수와 관련된 활동원가

배치수준원가(batch-level costs) 생산된 배치횟수와 관련된 활동원가

부가가치활동(value-added activity) 이 활동이 제거되면 장기적으로 고객에게 제공되는 가치가 감소되는 활동

비부가가치활동(non-value-added activity) 고객에게 제공되는 가치를 감소시키지 않고도 원가를 감소시킬 수 있는 활동

설비수준원가(product-level costs) 특정 원가대상에 직접 추적할 수는 없지만 조직 전체를 지원하는 데에 소비되는 활동원가

스토리보드(storyboard) 공정과 관련된 모든 활동을 나타내는 차트

실행적 원가동인(executional cost driver) 원가동인이 얼마나 성공적으로 실행되는가에 따라 기업의 원가위치가 결정됨

원가동인(cost driver) 특정 활동원가를 구조적으로 결정짓는 요소

제품수준원가(product-level costs) 개별 제품의 생산을 지원하기 위해 수행되는 활동원가

활동(activity) 원가를 유발시키는 하나의 사건, 과업, 거래 혹은 연속적인 작업

활동기준원가계산(activity based costing) 간접원가를 수행된 활동에 배부한 후 원가대상의 활동소비량에 기초하여 원가를 배부하는 방법

활동동인(activity driver) 활동을 유발하는 동인으로 활동수행이 자원을 소비하므로 원가동인과 동일시하는 것이 일반적임

활동분석(activity analysise) 경영활동 전반에서 수행되는 활동을 분석하는 것으로 가치분석이라고도 함

활동원가배부율(activity overhead rate) 소모된 자원의 원가와 원가동인량의 비율로 계산됨

활동원가의 계층구조(activity cost hierarchy) 활동원가를 원가동인의 상이한 유형 혹은 인과관계 결정에서의 어려움의 정도에 따라 네 가지 유형으로 분류한 것

chapter

8

결합원가계산 : 연산품과 부산물

이 장을 학습한 후에 다음을 할 수 있어야 한다 :

8-1 결합제품의 특징을 이해하고 주제품과 부산물을 구별할 수 있어야 한다.
8-2 결합원가배부의 제 방법에 대해 설명할 수 있어야 한다.
8-3 복수분리점이 존재하는 경우의 결합원가배부방법에 대해 설명할 수 있어야 한다.
8-4 결합제품의 추가가공에서 결합원가의 비관련성에 대해 이해할 수 있어야 한다.
8-5 부산물에 대한 회계처리방법에 대해 설명할 수 있어야 한다.

Joint Costing : Joint Product and By-product

결합원가의 기본

많은 기업이 한 제품을 하나의 공정에서 생산하거나 또는 여러 제품을 생산하는 경우라도 하나의 공정에서는 하나의 제품만을 생산하는 경우가 대부분이다. 그러나 일부 기업은 하나의 공정에서 하나의 원재료를 이용하여 동시에 둘 이상의 제품을 생산하는 경우가 있다. 이를 결합제품이라고 한다. 결합제품을 생산하는 경우에 회계담당자는 공통의 원재료와 가공원가를 어떻게 배부할 것인가를 결정해야 한다. 본장에서는 결합원가계산시스템에 대해서 설명한다.

결합제품의 특징

많은 기업들은 둘 이상의 공정을 통해 둘 이상의 제품을 생산하지만 일부 기업들은 하나의 공정에서 동시에 상이한 제품을 생산하기도 한다. 예를 들면, 정유업에서는 단일공정인 원유정제과정을 통해 휘발유, 등유, 경유 그리고 중유 등을 생산한다. 이와 같이 단일공정에서 동시에 여러 제품을 생산하는 공정을 결합공정(joint process)이라고 하며 결합공정에서 발생한 제조원가를 결합원가(joint cost)라고 한다. 그리고 결합공정에서 생산되는 제품을 결합제품(joint products) 또는 연산품이라고 한다.

결합제품은 다음과 같은 특징을 갖는다.

① 어떠한 결합제품도 다른 결합제품을 수반하지 않고는 생산되지 않는다.
② 결합제품의 제품구성(product mix)을 인위적으로 조정하기 곤란하며, 조정할 수 있더라도 한계가 있다.
③ 일정한 제조단계에 도달하기 전까지는 개개의 제품으로 식별되지 않는다.

FOCUS ON

[도표 8-1]은 정유회사에서 원유를 정제하는 생산과정을 보여준다. 원유를 정제해 제품을 생산하는 과정에서 원유가 탈 염기→열교환기→가열로를 거쳐 상압증류탑에서 여러 제품으로 나누어지기 시작한다. 따라서 상압증류탑이 정유업에서의 분리점이다. 따라서 원유의 원가와 원유부두로부터 상압증류탑까지의 설비에서 발생하는 가공원가가 결합원가가 된다. 상압증류탑 이후에 각 제품별 공정에서 발생하는 원가는 분리가능원가가 된다.

도표 8-1 결합공정 : 정유업의 원유정제과정 : GS칼텍스의 생산공정

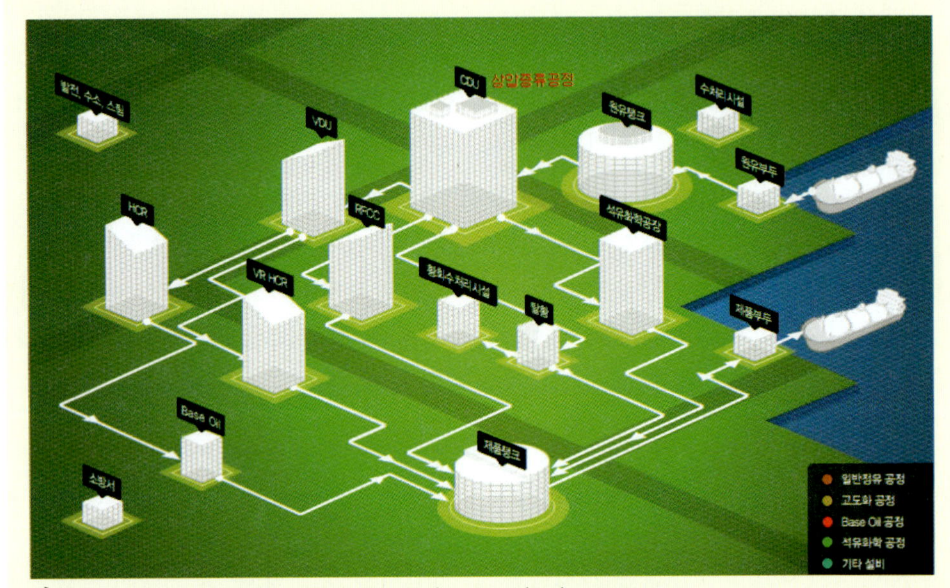

자료 : http://www.gscaltex.com/company/pop production.aspx

결합원가계산과 관련된 기본개념

결합원가계산의 학습을 위해서는 몇 가지 개념을 이해해야 한다. 여기서는 결합원가계산에 필요한 몇 가지 개념에 대해서 설명한다.

결합제품(연산품) : 주제품, 부산물

결합제품은 단일공정에서 동일한 재료를 사용하여 생산된 서로 다른 두 종류 이상의 제품을 의미한다.

결합제품(joint products) 혹은 연산품은 단일공정에서 동일한 재료를 이용하여 생산된 서로 다른 두 종류 이상의 제품을 말한다.

결합생산과정의 산출물은 판매가치가 있는 경우와 판매가치가 없는 경우 두 가지로 구별된다. 먼저, 결합제품은 판매가치가 있는 제품으로서 모두 판매가치 면에서 상당히 높은 가치를 가진 제품을 말한다. 반면, 하나의 공정에서 다른 두 종류의 이상의 제품을 생산할 때 한 제품만이 상대적으로 높은 판매가치를 지니고 있다면 주제품(main product)이라고 하며, 판매가치가 상대적으로 낮은

주제품은 결합제품 중 상대적으로 높은 판매가치를 지닌 제품을 말한다.

제품을 부산물(by-product)이라고 한다. 부산물은 주제품과 비교할 때 낮은 판매가치를 가지고 있다.

결합원가, 분리점 그리고 분리가능원가

결합원가는 결합제품 생산 과정에서 분리점 이전에 발생한 원가이다.

결합원가(joint cost)는 단일공정에서 하나의 원재료로 서로 다른 두 종류 이상의 제품을 생산하는 과정에서 발생한 원가로, 서로 다른 제품으로 분리되는 시점까지 발생한 재료원가, 노무원가 그리고 제조간접원가를 말한다. 결합원가는 일정한 배부방법에 따라 인위적으로 개별 제품에 배분된다.

분리점은 결합원가 상황에서 둘 이상의 제품으로 구별되는 한 점을 의미한다.

분리점(split-off point)은 결합원가 상황에서 둘 이상의 제품이 개별적으로 구별되는 공정의 한 점을 의미한다. 예를 들면, [도표 8-1]에서 보듯이 원유가 개별 제품으로 분리되는 상압증류공정이 분리점이 된다.

분리가능원가는 분리점 이후에 추가가공을 위해 발생한 원가이다.

분리가능원가(separable costs)는 분리점 이후에 추가가공을 위해 발생한 원가를 말한다. 분리가능원가는 개별 제품의 추가가공을 위한 개별원가로 제품별로 직접 추적이 가능한 원가이다. 따라서 결합제품의 원가는 개별 제품의 분리가능원가에 결합원가의 배부액을 합산한 금액이 된다.

결합제품의 생산과정을 그림으로 표현하면 [도표 8-2]와 같다.

도표 8-2 결합생산과정과 분리점

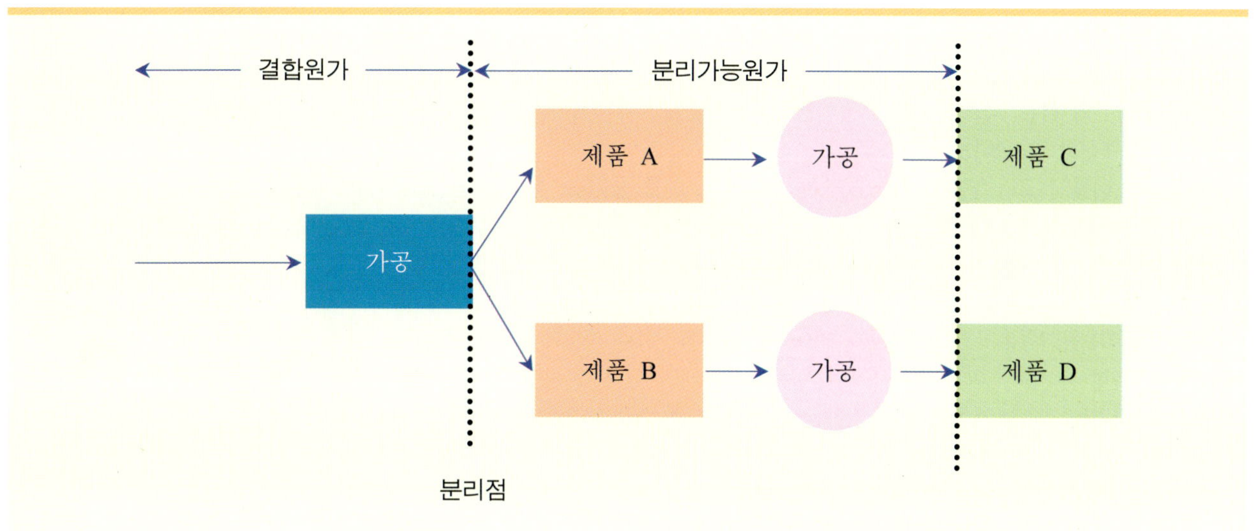

결합원가의 배부방법

결합원가에 대한 회계처리는 일반적인 제품의 회계처리와 다를 게 없다. 그러나 결합원가계산에서 제일 어려운 문제는 제품에 결합원가를 배부하는 것이다. 일반적으로 원가배부는 재무보고를 목적으로 하지만 결합원가에서는 원가통제 목적보다는 의사결정 목적이 더 강하다.

앞서 제6장과 제7장에서 원가배부와 관련하여 인과관계 및 수혜기준을 강조했었다. 그러나 결합원가에서는 개별 제품에 원가배부를 할 때 인과관계를 사용하는 것이 가능하지 않다. 그러므로 결합원가에서의 원가배부는 수혜기준에 의해 배부기준을 선정하는 것이 바람직하다.

결합원가의 배부방법으로는 화폐가치기준에 의한 방법과 물량기준에 의한 방법 두 가지가 있다.

결합원가를 배부하는 방법에는 두 가지가 있다. 하나는 화폐가치를 기준으로 배부하는 것이고, 다른 하나는 무게 또는 부피와 같은 물리적 측정치를 기준으로 하는 것이다. 수혜기준에 의한 원가배부에는 화폐가치기준에 의한 배부가 더 적절하다.

FOCUS ON

최근 기름값 때문에 정유사들이 골머리를 앓고 있다. 공정거래위원회가 최근 정유사의 가격담합 여부를 조사하며 석유 제품별 원가내역을 요구하고 있기 때문이다. 하지만 정유사는 기본적으로 제품별 원가산출이 불가능하다는 입장이다. 석유제품별 원가계산이 힘든 것은 석유정제과정의 특성 때문이다. 석유정제는 커다란 탱크에 원유를 넣고 가열하면서 순차적으로 휘발유와 등유와 경유, 나프타 등을 추출해낸다. 이 때문에 두부 자르듯 딱 잘라, 'L당 휘발유 원가 500원, 등유 400원' 하는 식으로 계산할 수 없다는 주장이다.

정유업계는 이를 쇠고기 부위별 가격에 비유하고 있다. 예를 들어 소 한 마리를 300만원의 비용을 들여 키웠다고 가정하자. 이때 등심에 들어간 생산비용과 목심에 들어간 생산비용이 얼마인지 구분해낼 수는 없다. 등심이 목심보다 비싼 것은 생산비용이 더 많이 들어갔기 때문이 아니라, 목심보다 등심을 찾는 사람이 훨씬 많기 때문이라는 것이다. 결국 수급의 원리라는 것이다. 물론 소 한 마리를 키우는 데 총 얼마의 비용이 들어갔는지 알 수 있듯이, 한 정유사가 생산하는 석유제품 전체의 생산원가는 산출할 수 있다. 이건 정유사의 회계보고서에 나와 있다. 하지만 어차피 석유제품별로 가격을 조정해야 하는 만큼, 전체 생산원가는 큰 의미가 없다. 이 때문에 정유업계의 고민이 깊다. 그래서 정유사 관계자들 입에서 "제품원가계산을 위해 저명한 수학자라도 모셔 와야 하는 것 아니냐"는 푸념이 나오고 있다.

자료 : 조선일보, 휘발유도 등심처럼 원가계산 안 돼요, 2011. 1. 20, B3면 기사 인용

자료 1

삼표석유(주)는 수입한 원유를 360℃ 이상 가열하여 상압증류탑(crude distillation unit, CDU)에서 끓는점의 차이에 따라 휘발유, 등유 그리고 벙커C유로 분리하여 판매한다. 삼표석유(주)의 원유가공과 관련해 ₩1,620,000의 원가가 발생했다. 모든 결합제품은 분리점에서 판매된다. 한편, 분리점을 통과한 모든 제품은 추가적인 가공을 통해 판매된다. 추가가공을 위해 발생된 원가는 개별 제품별로 추적해 배부된다. 다음은 삼표석유(주)의 석유제품 가공 및 생산에 대한 원가자료이다.

제 품	무 게	분리점 판매가격	분리가능원가	최종 판매가격
휘발유	380갤런	₩2,800	₩112,000	₩3,200
등유	240갤런	1,800	45,000	2,950
벙커C유	280갤런	1,200	29,320	2,700
합계	900갤런		₩186,320	

화폐가치기준

모든 수량은 가치가 동일하다는 물리적 측정치와는 달리 매출액과 같은 시장에 근거한 화폐가치기준은 결합공정에서의 이익의 발생원인을 더 잘 반영한다. 화폐가치기준에 의한 배부방법에는 다음 세 가지가 있다.

① 분리점에서의 판매가치법(sales value at split-off method)
② 순실현가치법(net realizable value method, NRV)
③ 균등매출총이익률 순실현가치법(constant gross-margin percentage NRV method)

먼저, 삼표석유(주)의 원유가공 및 생산과정을 도표로 표현하면 [도표 8-3]과 같다.

도표 8-3 삼표석유(주)의 원유정제과정의 개관

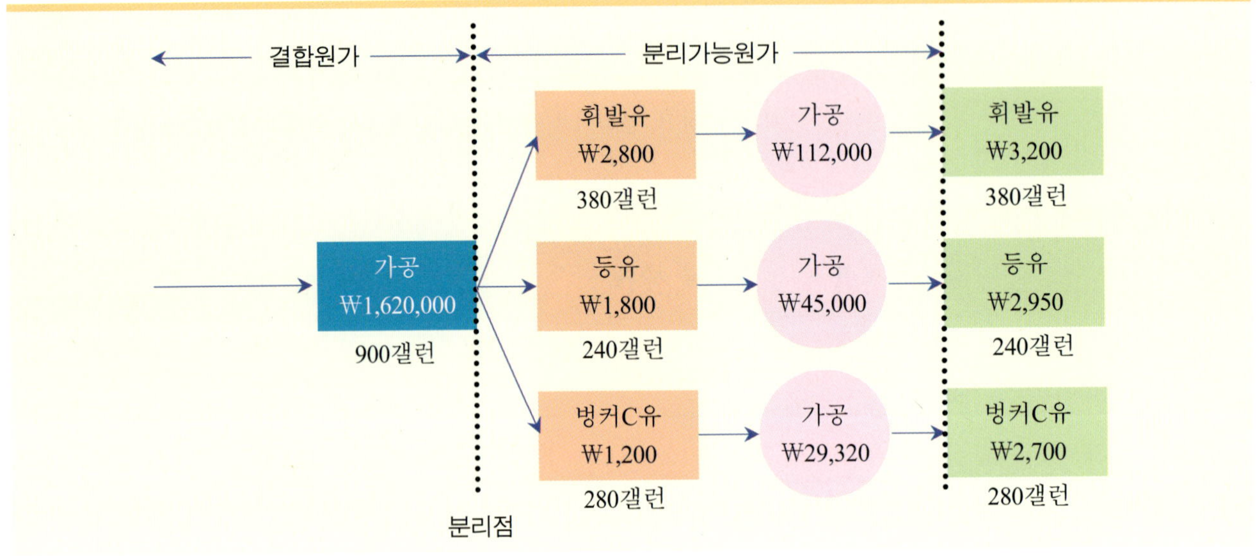

분리점에서의 판매가치법

분리점에서의 판매가치법은 분리점에서 개별 제품의 상대적 판매가치를 기준으로 결합원가를 배부하는 방법이다.

분리점에서의 판매가치법(sales value at split-off method)은 분리점에서 개별 제품 생산량이 갖는 상대적인 판매가치를 기준으로 결합원가를 배부하는 방법이다. 따라서 상대적 판매가치법(relative sales value method)이라고도 한다. [도표 8-3]에서 보듯이 삼표석유(주)의 휘발유의 분리점에서의 판매가치는 ₩1,064,000(=₩2,800 ×380갤런)이고, 등유는 ₩432,000이며 벙커C유는 ₩336,000이다. 이를 이용하여 각 제품에 대해 총판매가치에 대한 비율로 표시되는 가중치를 구한다. 이 가중치를 이용하여 결합원가를 개별 제품에 배부한다. 자세한 계산과정은 다음과 같다.

제 품	무 게 (1)	분리점 판매가격 (2)	판매가치 (3)=(1)×(2)	배부율 (4)	배부금액 (5)=(4)× 1,620,000	분리가능원가 (6)	총원가 (7)=(5)+(6)	단위당 원가 (8)=(7)÷(1)
휘발유	380갤런	₩2,800	₩1,064,000	0.58	₩939,600	₩112,000	₩1,051,600	₩2,767.37
등유	240갤런	1,800	432,000	0.24	388,800	45,000	433,800	1,807.50
벙커C유	280갤런	1,200	336,000	0.18	291,600	29,320	320,920	1,146.14
합계			₩1,832,000	1.00	₩1,620,000	₩186,320	₩1,806,320	

이 방법은 직관적이고 계산이 간단하다는 장점을 가지고 있다. 또한 원가를 수익에 기여한 정도에 따라 배부해야 한다는 수혜기준에서 보면 가장 적절한 방법이라고 할 수 있다. 그러나 이 방법을 사용하기 위해서는 분리점에서 모든 제품에 대한 판매가격에 대한 신뢰할 수 있는 자료를 확보할 수 있어야 한다.

분리점에서의 판매가치법에 의한 결합원가배부에 대한 회계처리는 다음과 같다.

(1) 상압증류공정에서의 결합원가 투입

재공품-상압증류공정 ·········	1,620,000	
제 계정 ·········		1,620,000

(2) 분리점에서 휘발유, 등유, 벙커C유 제품에 결합원가배부

재공품-휘발유 ·········	939,600	
재공품-등유 ·········	388,800	
재공품-벙커C유 ·········	291,600	
재공품-상압증류공정 ·········		1,620,000

(3) 분리점 이후의 휘발유, 등유, 벙커C유에 대한 분리가능원가 기록

재공품-휘발유 ·········	112,000	
재공품-등유 ·········	45,000	
재공품-벙커C유 ·········	29,320	
재공품-상압증류공정 ·········		186,320

(4) 제품의 완성 기록

계정	차변	대변
제품-휘발유	1,051,600	
제품-등유	433,800	
제품-벙커C유	320,920	
재공품-휘발유		1,051,600
재공품-등유		433,800
재공품-벙커C유		320,920

(5) 제품판매 기록

계정	차변	대변
현금(매출채권)	2,680,000	
매출		2,680,000

(6) 매출원가 기록

계정	차변	대변
매출원가	1,806,320	
제품-휘발유		1,051,600
제품-등유		433,800
제품-벙커C유		320,920

순실현가치법

순실현가치법은 분리점 이후 추가가공 후의 판매가치에서 분리가능원가를 차감한 가치로 결합원가를 배부하는 방법이다.

순실현가치법(net realizable value method, NRV)은 정상적인 경영활동에서 예측된 최종 판매가치에서 분리점 이후에 발생한 추가가공원가와 판매비를 차감한 순실현가치를 기준으로 결합원가를 배부하는 방법이다. 삼표석유(주) 제품의 순실현가치는 다음과 같다.

제 품	무 게	최종 판매가격	최종 판매가치	분리가능원가	순실현가치
휘발유	380갤런	₩3,200	₩1,216,000	₩112,000	₩1,104,000
등유	240갤런	2,950	708,000	45,000	663,000
벙커C유	280갤런	2,700	756,000	29,320	726,680
합계	900갤런		₩2,680,000	₩186,320	₩2,493,680

계산된 순실현가치를 이용하여 결합원가를 배부하면 다음과 같다.

제 품	무 게 (1)	순실현가치 (2)	배부율 (3)	결합원가 (4)	배부금액 (5)=(4)×(3)	총원가 (6)*	단위당 원가 (7)=(6)÷(1)
휘발유	380갤런	₩1,104,000	0.44	₩1,620,000	₩712,800	₩824,800	₩2,170.53
등유	240갤런	663,000	0.27	1,620,000	437,400	482,400	2,010.00
벙커C유	280갤런	726,680	0.29	1,620,000	469,800	499,120	1,782.57
합계		₩2,493,680	1.00		₩1,620,000	₩1,806,320	

* 총원가=결합원가배부금액+분리가능원가

순실현가치법에서 개별 제품의 제조원가는 결합원가배부액에 분리점 이후에 발생한 분리가능원가를 합한 금액이 된다. 순실현가치법은 앞서 설명한 분리점에서의 판매가치법보다는 복잡하다. 왜냐하면 분리점에서의 판매가치법에서는 추가가공에 대한 정보를 필요로 하지 않기 때문이다. 그러나 어떤 제품은 분리점 이후에 가공이 되어야만 시장가격이 존재하는 경우가 있다. 이 경우에는 순실현가치법에 의해 결합원가를 배부해야 한다.

균등매출총이익률 순실현가치법

균등매출총이익률 순실현가치법은 각 결합제품의 매출총이익률이 같도록 결합원가를 배부하는 방법이다.

균등매출총이익률 순실현가치법(constant gross-margin percentage NRV method)은 균등매출총이익률법이라고 부르며, 개별 제품의 최종 판매가치를 기준으로 동일한 매출총이익률을 갖도록 결합원가를 배부하는 방법이다. 균등매출총이익률법은 다음 3단계를 거쳐 결합원가를 배부한다.

① 전체 매출총이익률을 구한다.
② 전체 매출총이익률을 이용하여 각 제품이 부담해야 할 매출원가를 구한다.
③ 제품별 매출원가에서 분리가능원가를 차감하여 결합원가배부액을 구한다.

삼표석유(주)의 세 제품에 대한 결합원가 ₩1,620,000을 균등매출총이익률법을 이용하여 배부하면 다음과 같다.

	금 액	비 율
매출액 (380×₩3,200+240×₩2,950+280×₩2,700)	₩2,680,000	100.0%
매출원가 (₩1,620,000+₩112,000+₩45,000+₩29,320)	1,806,320	67.4
매출총이익	₩873,680	32.6%

	휘발유	등 유	벙커C유
매출액	₩1,216,000	₩708,000	₩756,000
차감 : 매출총이익(매출액의 32.6%)	396,416	230,808	246,456
매출원가	819,584	477,192	509,544
차감 : 분리가능원가	112,000	45,000	29,320
결합원가배부액	₩707,584	₩432,192	₩480,224

분리점에서의 판매가치법이나 순실현가치법은 분리점 전이나 후의 이익은 고려하지 않는다. 이는 이익이 추가가공과는 관계가 없다고 가정하기 때문이다. 그러나 균등매출총이익률법은 결합원가와 이익을 동시에 배부한다. 이는 추가가공과 판매가치가 관계가 있을 뿐만 아니라 모든 제품이 동일한 이익률을 낸다고 가정하기 때문이다. 그럼 이들 중 어떤 방법이 좋은 것인가? 그에 대한 답은 첫째, 원가와 판매가치 간에 직접적인 관계가 있는가이다. 둘째, 원가와 판매가치 간의 관계에서 분리점 전후에 생산된 모든 결합제품들이 동일할 필요가 있는가이다. 실제로 기업은 경쟁관계에 따라 가격을 결정한다.

물량기준

물량기준법은 결합제품의 물량을 기준으로 결합원가를 배부하는 방법이다.

물량기준법(physical measure method)은 분리점에서 개별 제품의 수량이나 중량, 부피 혹은 면적 등과 같은 물리적 단위를 기준으로 결합원가를 배부하는 방법이다. 이 방법은 각 결합제품에 단위당 동일한 비율로 결합원가를 배부한다. 예를 들어, 결합공정에서 제품 A가 300개, 제품 B가 700개 생산되었다면 결합원가의 30%를 제품 A에, 나머지 70%를 제품 B에 배부한다. 혹은 총결합원가를 총생산량으로 나누어서 단위당 평균단가를 계산한 후 제품별 생산량에 단위당 평균단가를 곱해서 결합원가를 배부한다. 삼표석유(주)의 세 제품의 결합원가를 물량기준법으로 배부하면 다음과 같다.

제 품	무 게 (1)	배부율 (2)	결합원가 (3)	배부금액 (4)=(3)×(2)	분리가능원가 (5)	총원가 (6)=(4)+(5)	단위당 원가 (7)=(6)÷(1)
휘발유	380갤런	0.42	₩1,620,000	₩680,400	₩112,000	₩792,400	₩2,085.26
등유	240갤런	0.27	1,620,000	437,400	45,000	482,400	2,010.00
벙커C유	280갤런	0.31	1,620,000	502,200	29,320	531,520	1,898.29
합계	900갤런	1.00		₩1,620,000	₩186,320	₩1,806,320	

원가배부기준으로 수혜기준을 적용하는 경우에 원가배부방법으로 물량기준법은 적절한 방법은 아니다. 왜냐하면, 물량기준이 개별 제품의 수익창출능력과는 관계가 없기 때문이다. 삼표석유(주)의 경우 등유의 단위당 판매가치가 벙커C유의 단위당 판매가치보다 더 큼에도 불구하고 생산량이 더 많은 벙커C유에 더 많은 원가를 배부한다. 이는 등유는 더 많은 이익을 나타내게 하고 반대로 벙커C유는 많은 손실을 발생하게 한다. 이러한 현상은 생산량의 차이가 더 크게 나면 날수록 더 심하게 나타날 수 있다.

복수분리점의 결합원가배부

복수분리점은 결합제품을 생산하는 과정에서 분리점이 두 개 이상인 경우를 말한다.

복수분리점이란 결합제품을 생산하는 과정에서 분리점이 두 개 이상인 경우를 말한다. 이 경우 계산이 복잡하게 이루어지나 기본원리는 분리점이 하나일 경우와 동일하다. 복수분리점에서 결합원가를 배부하는 과정은 첫째, 결합원가의 배부율 결정은 마지막 분리점에서 시작하여 1차 분리점의 순서로 한다. 둘째, 결합원가의 배부는 배부율에 따라 1차 분리점에서 시작하여 마지막 분리점의 순서로 한다. 즉, 두 번째 분리점에서부터 첫 번째 분리점으로 역순으로 구한다.

[도표 8-4]는 삼표석유(주)의 복수분리점이 있는 결합제품 생산과정에 대한 흐름도를 그린 것이다. 도표에서 보듯이 삼표석유(주)는 원유 900갤런을 1공정에서의 가공을 통해 휘발유 380갤런과 중질유 520갤런으로 분류한다. 이 과정에서 ₩1,620,000의 가공비용이 지출된다. 1차 분리점에서 분리된 휘발유 380갤런은 바로 판매가 되며, 중질유 520갤런은 2공정인 감압잔사유 수첨분해탈황시설(vacuum residue hydrocracker, VR HCR)에서 추가가공이 이루어진다. 이 과정을 통해 중질유는 등유 240갤런과 벙커C유 280갤런으로 분류된다. 2공정에서는 가공비용 ₩400,000이 발생한다.

도표 8-4 삼표석유(주)의 원유정제과정 : 복수분리점

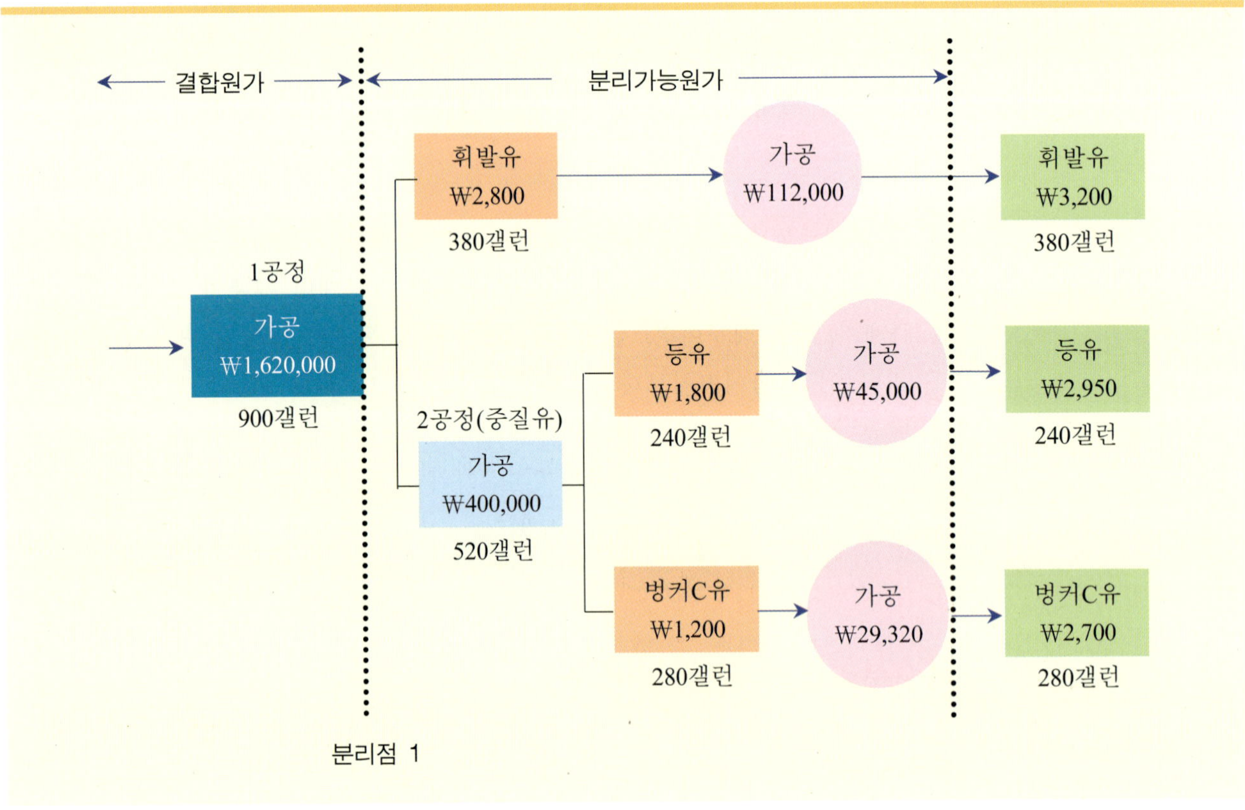

결합원가
분리가능원가

1공정
가공
₩1,620,000
900갤런

휘발유
₩2,800
380갤런

가공
₩112,000

휘발유
₩3,200
380갤런

2공정(중질유)
가공
₩400,000
520갤런

등유
₩1,800
240갤런

가공
₩45,000

등유
₩2,950
240갤런

벙커C유
₩1,200
280갤런

가공
₩29,320

벙커C유
₩2,700
280갤런

분리점 1

한편, 1차 분리점에서 분리된 휘발유는 갤런당 ₩2,800에 판매되나 ₩112,000의 원가를 투입해 가공함으로써 갤런당 ₩3,200에 판매된다. 2공정을 통과한 등유와 벙커C유는 각각 갤런당 ₩1,800과 ₩1,200에 판매되나 각각 ₩45,000과 ₩29,320을 투입하여 추가가공함으로써 각각 ₩2,950과 ₩2,700에 판매된다. 삼표석유(주)의 세 제품에 대해 순실현가치법에 의해 결합원가를 배부하면 다음과 같다.

(1) 두 번째 분리점에서의 결합원가배부율

제 품	최종 판매가치	분리가능원가	순실현가치	배부율
등유	₩708,000	₩45,000	₩663,000	0.48
벙커C유	756,000	29,320	726,680	0.52
합계	₩1,464,000	₩74,320	₩1,389,680	1.00

(2) 첫 번째 분리점에서의 결합원가배부율

제 품	최종 판매가치	분리가능원가	순실현가치	배부율
휘발유	₩1,216,000	₩112,000	₩1,104,000	0.53
중질유	1,464,000	474,320	989,680	0.47
합계	₩2,680,000	₩586,320	₩2,093,680	1.00

(3) 첫 번째 분리점의 결합원가배부

제 품	결합원가	배부율	배부액
휘발유	₩1,620,000	0.53	₩858,600
중질유		0.47	761,400
합계		1.00	₩1,620,000

(4) 두 번째 분리점의 결합원가배부

제 품	결합원가	배부율	배부액
등유	₩1,161,400*	0.48	₩557,472
벙커C유		0.52	603,928
합계		1.00	₩1,161,400

* ₩400,000 + ₩761,400

(5) 제품별 단위당 원가

제 품	무 게 (1)	결합원가 배부액 (2)	분리가능원가 (3)	총원가 (4)=(2)+(3)	단위당 원가 (5)=(4)÷(1)
휘발유	380갤런	₩858,600	₩112,000	₩970,600	₩2,554.21
등유	240갤런	557,472	45,000	602,472	2,510.30
벙커C유	280갤런	603,928	29,320	633,248	2,261.60
합계	900갤런	₩2,020,000	₩186,320	₩2,206,320	

결합원가계산의 대표적인 사례가 석유정제업이다. 석유정제회사는 탄화수소를 처리하여 원유, 가스, LPG 원료와 같은 제품을 생산한다. LPG가 추가가공되면 부탄, 에탄, 프로판이 생산된다. 석유정제회사에서 외부보고 목적으로 사용한 결합원가 배부방법을 조사한 결과가 다음과 같다.

시장에 근거한 측정치	
순실현가치	46%
기타	20
물리적 측정치	
부피	27
무게	2
기타	5
합계	100%

조사결과에 의하면 석유정제업에서 가장 선호하는 결합원가배부방법은 시장에 근거한 측정치로 순실현가치이다. 그 다음으로 많이 사용되는 시장에 근거한 측정치는 순실현가치법의 변형으로 분리가능원가를 고려하지 않고 최종 판매가치만을 이용하여 배부하는 방법이다. 이러한 변형은 회사들이 원가-효익 관점에서 어떻게 응용하는지를 보여주는 예이다.

자료 : Horngren T. C., M. S. Datar, and G. Foster, *Cost Accounting : A Managerial Emphasis*, 11th ed., Pearson, 2003, p. 566의 기업실무조사에서 재인용

결합원가의 추가 이슈

결합제품의 판매 또는 추가가공

결합제품을 생산하는 상황에서는 과연 분리점에서 생산된 제품을 그대로 판매하는 것이 유리한지 혹은 추가가공을 해서 판매하는 것이 유리한지에 대한 결정을 해야 한다. 그러나 이러한 의사결정은 분리점 이후에 얻을 수 있는 증분영업이익(=증분수익－증분원가)을 기초로 해야 한다. 왜냐하면, 추가가공 여부는 이미 결합제품을 분리점까지 가공한 후에 결정되기 때문이다. 따라서 분리점 이전에 발생한 결합원가는 매몰원가(sunk cost)로 추가가공에 관한 의사결정에는 영향을 주지 않으며, 관련 의사결정과도 목적적합하지 않다.

매몰원가는 어떤 행동이 취해지든지 간에 상관없이 변화될 수 없는 과거원가를 말한다.

자료 2

삼표석유(주)는 최근 수요가 폭발적으로 증가하고 있고 판매가치가 높은 항공유 판매를 위해 휘발유 380갤런을 가공할 것을 고려중이다. 휘발유를 항공유로 전환시키기 위해서는 추가가공원가 ₩200,000이 소요된다. 380갤런의 휘발유는 320갤런의 항공유로 전환되며, 판매가치는 갤런당 ₩4,500이 된다. 삼표석유(주)는 추가가공을 통해 항공유 판매를 실시해야 하는가?

풀이

휘발유를 추가가공해 항공유를 생산	
증분수익(320갤런×₩4,500－380갤런×₩3,200)	₩224,000
증분원가	200,000
증분영업이익	₩24,000

삼표석유(주)는 휘발유를 항공유로 추가가공해야 한다. 앞서 설명한 바와 같이 분리점 이전에 발생한 결합원가 ₩1,620,000과 휘발유 추가가공비 ₩112,000은 추가가공할 것인가에 대한 의사결정과 관련이 없다. 왜냐하면 ₩1,732,000의 원가는 추가가공 여부와 관계없이 동일하기 때문이다.

부산물의 회계처리

부산물 회계처리의 의의

부산물은 결합제품 중 상대적으로 낮은 판매가치를 지닌 제품을 말한다.

부산물(by-product)은 주제품 이외에 부수적으로 생산되는 제품으로 보통 수익 면에서 상대적으로 덜 중요한 제품을 말한다. 그렇다고 해서 부산물에 대한 회계처리를 무시할 수는 없다. 부산물에 대한 회계처리의 주요 목적은 재무보고를 위한 이익 및 재고자산 결정을 위한 주제품의 회계처리와 같다. 주제품과 부산물의 상대적 가치는 이들 원가측정에 회계담당자가 얼마나 시간과 노력을 기울이는가에 따라 영향을 받는다. 비록 임의적이지만 제품들간에 원가를 배부함에 있어 주제품이 주요 대상이기는 하나 부산물이라고 해서 중요성이 떨어지고 정확한 원가배부가 필요하지 않은 것은 아니다.

그러면 회계담당자는 부산물 원가계산에 얼마만큼의 노력을 기울여야 할까? 부산물의 가치평가와 회계처리방법은 다음 몇 가지 요인의 영향을 받는다.

① 생산시점에서의 부산물 가치평가의 불확실성
② 다른 생산과정에 부산물의 이용여부
③ 주제품의 대체품으로서 부산물의 이용
④ 매출에 대한 동기부여나 통제를 위해 이익을 구분해서 계산할 필요가 있을 때

회계담당자는 이러한 요인들을 신중히 고려하여 부산물에 대한 가장 좋은 회계처리방법을 선택해야 한다.

부산물의 회계처리방법

부산물의 회계처리방법은 생산시점에 부산물을 재무상태표에 인식하는 방법과 판매시점까지 부산물의 인식을 미루는 방법이 있다. 이하에서는 이들에 대해 설명한다. 설명을 단순화하기 위해 두 제품만을 생산하는 경우를 가정하자.

도표 8-5 삼표석유(주)의 주산물과 부산물

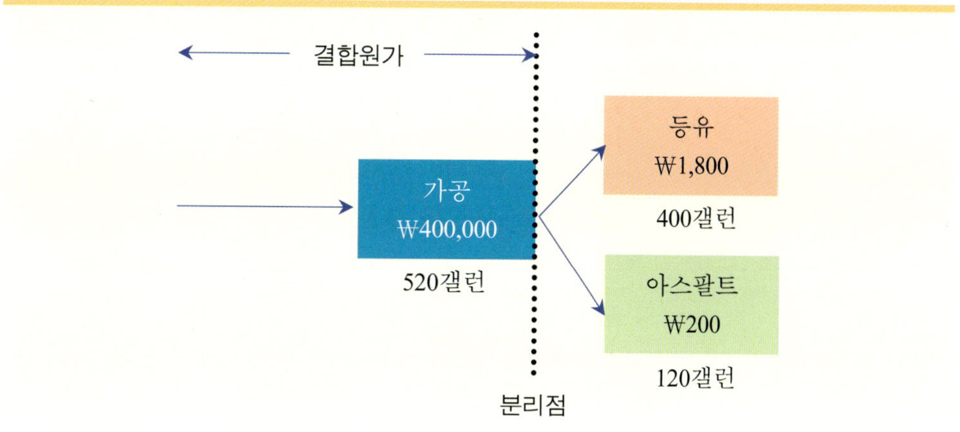

삼표석유(주)는 520갤런의 중질유를 가공하여 등유 400갤런과 아스팔트 120갤런 등 두 제품을 생산한다. 이 가공에는 ₩400,000의 원가가 발생한다. [도표 8-5]에서 보듯이 생산된 두 제품은 추가가공되지 않고 분리점에서 판매된다. 두 제품에 대한 생산 및 판매 자료는 다음과 같다.

	생 산	판 매	기초재고	기말재고	갤런당 판매가격	갤런당 판매비용
등유	400갤런	300갤런	0	100갤런	₩1,800	₩0
아스팔트	120갤런	70갤런	0	50갤런	200	20

[도표 8-6]은 부산물의 회계처리를 반영한 요약 재무제표이다.

도표 8-6 삼표석유(주)의 요약 손익계산서와 재무상태표

	부산물 회계처리방법	
	생산시점 인식 원가에서 차감	판매시점 인식 잡이익에 가산
수익		
주제품 : 등유 (300갤런×₩1,800)	₩540,000	₩540,000
매출원가		
총제조원가	400,000	400,000
(−)부산물수익 [120갤런×(₩200−₩20)]	21,600	−
순제조원가	₩378,400	₩400,000
(−)주제품기말재고 (100갤런×₩946[a])	94,600	
(100갤런×₩1,000[b])		100,000
매출원가	₩283,800	₩300,000
매출총이익	₩256,200	₩240,000
잡이익 [70갤런×(₩200−₩20)]	−	12,600
당기순이익	₩256,200	₩252,600

a. ₩378,400÷400갤런＝₩946
b. ₩400,000÷400갤런＝₩1,000

재무상태표		
재고자산(기말)		
주제품 : 등유	₩94,600	₩100,000
부산물 : 아스팔트 [50갤런×(₩200−₩20)]	9,000	0

* 두 방법간의 이익차이는 부산물의 기말재고금액 차이인 ₩3,600에 의한 것임을 알 수 있다.

생산시점 인식법

생산시점 인식법은 부산물의 순실현가치를 분리점에서 인식하는 방법이다.

생산시점 인식법은 부산물의 순실현가치를 분리점에서 인식하는 방법이다. 이는 결합원가 가운데 일부를 부산물의 제조원가로 인식하겠다는 의미이다. 결합원가는 주제품을 얻는 데 발생한 원가이기 때문에 부산물의 수익은 주제품의 원가에서 차감해야 한다는 것이다. 따라서 부산물의 가치가 재고자산이나 이익에 상당한 영향을 미치는 경우에 적합한 방법이다. 그러나 이 방법은 주제품의 원가를 과소계상하는 경향이 있으며, 부산물의 판매수량이 변함에 따라 매월 주제품의 원가가 변할 수 있다는 단점이 있다.

생산시점 인식법에서의 부산물은 손익계산서에 결합원가에서 부산물의 수익을 차감해 주제품의 제조원가에서 차감하는 형식으로 기록하는 방법과 별도의 수익으로 인식하는 방법으로 나누어진다. 이때 수익은 잡이익으로 인식한다. 일반적으로 부산물이 순실현가치를 주제품의 제조원가에서 차감하는 방법을 많이 이용한다. 생산시점 인식법에 의한 분개는 다음과 같다.

(1) 생산공정에 사용된 가공원가의 기록

재공품 ···········	400,000	
제 계정 ···········		400,000

(2) 제품원가의 기록

주제품-등유 ···········	378,400	
부산물-아스팔트 ···········	21,600	
재공품		400,000

(3) 주제품 판매의 기록

현금(매출채권) ···········	540,000	
매출-등유 ···········		540,000

(4) 매출원가의 기록

매출원가 ···········	283,800	
제품-등유 ···········		283,800

(5) 부산물 판매의 기록

현금(매출채권) ···········	12,600	
부산물-아스팔트 ···········		12,600

판매시점 인식법

판매시점 인식법은 부산물의 가치를 부산물의 판매가 이루어지는 시점에 인식하는 방법이다.

판매시점 인식법은 부산물이 발생해도 부산물의 판매가 이루어지기 전에는 아무런 회계처리를 하지 않고 있다가 판매되는 시점에서 인식하는 방법이다. 따라서 결합원가는 모두 주제품에만 배부되며 부산물의 원가는 계산하지 않는다. 이 방법은 부산물의 가치가 상대적으로 중요하지 않아 재고자산이나 이익에 큰 영향을 미치지 않는 경우에 적합한 방법이다. 또한 경영자는 부산물의 판매시점을 조절함으로써 이익을 관리할 수 있다.

판매시점 인식법에서 부산물은 손익계산서에서 주산물의 원가를 차감하는 형식으로 기록하는 방법과 별도의 수익으로 기록하는 방법이 있다. 일반적으로 부산물의 판매액을 잡이익으로 인식하는 방법을 많이 이용한다. 그러나 이 방법에는 다음 몇 가지 단점이 있다. 첫째, 이 방법은 부산물의 원가를 계산하지 않기 때문에 재무상태표에 주제품의 재고자산 가치를 과대해서 표시한다. 둘째, 부산물로부터 수익이 발생할 때 수익과 비용의 대응이 부적절하게 이루어진다. 왜냐하면, 부산물의 가치를 생산시점에 인식하지 않고 판매시점에 인식하므로 부산물이 발생한 회계연도와 판매가 이루어진 회계연도가 다를 경우에는 부산물이 발생한 연도에는 이익이 과소계상되고 부산물이 판매된 연도에는 이익이 과대계상되는 현상이 발생한다. 셋째, 부산물에 대한 재고자산 통제를 하지 않기 때문에 도난이나 오류에 의한 손실이 발생하기 쉽다. 이 방법은 모든 원가와 비용을 주제품에 부담시키기 때문에 부산물 가치를 비영업이익에 포함시키는 것은 영업성과를 왜곡시키는 것이다. 판매시점 인식법에 의한 분개는 다음과 같다.

(1) 생산공정에 사용된 가공원가의 기록

재공품	400,000	
제 계정		400,000

(2) 제품원가의 기록

주제품-등유	400,000	
재공품		400,000

(3) 주제품 판매의 기록

현금(매출원가)	540,000	
매출-등유		540,000

(4) 매출원가의 기록

매출원가	300,000	
제품-등유		300,000

(5) 부산물 판매의 기록

현금(매출원가)	12,600	
잡이익-아스팔트		12,600

(주)한돈은 돼지고기를 가공해 베이컨, 햄, 훈제바비큐, 그리고 육포를 생산한다. 20×1년 9월 중 (주)한돈이 도축한 돼지를 가공하는 데에는 원재료로 돼지고기, 직접노무원가 그리고 제조간접원가 등이 ₩2,500,000 투입된다. 개별 제품생산에 대한 추가정보는 다음과 같다.

제 품	무 게	분리가능원가	판매가격(kg당)
베이컨	100kg	₩20,000	₩4,000
햄	250kg	50,000	5,000
훈제바비큐	200kg	42,500	6,000
육포	50kg	35,000	3,000

부산물은 생산시점에 인식한다. 부산물인 동물성 지방과 내장은 분리점에서 ₩30,000에 판매되었다.

[요구사항]

(1) 순실현가치법에 의해 개별 제품별로 결합원가를 배부하시오.

(2) 물량기준법에 의해 개별 제품별로 결합원가를 배부하시오.

(1) 순실현가치법에 의한 결합원가배부

a. 부산물의 순실현가치를 결합원가에서 차감하여 배부원가 결정

결합원가	₩2,500,000
차감 : 부산물	30,000
결합원가배부대상액	₩2,470,000

b. 순실현가치 계산

제 품	무 게	최종 판매가격	최종 판매가치	분리가능원가	순실현가치
베이컨	100kg	₩4,000	₩400,000	₩20,000	₩380,000
햄	250kg	5,000	1,250,000	50,000	1,200,000
훈제바비큐	200kg	6,000	1,200,000	42,500	1,157,500
육포	50kg	3,000	150,000	35,000	115,000
합계	600kg		₩3,000,000	₩147,500	₩2,852,500

c. 개별 제품별 결합원가배부 및 단위당 원가

제 품	무 게 (1)	순실현가치 (2)	배부율 (3)	결합원가 (4)	배부금액 (5)=(4)×(3)	총원가 (6)*	단위당 원가 (7)=(6)÷(1)
베이컨	100kg	₩380,000	0.13	₩2,470,000	₩321,100	₩341,100	₩3,411.00
햄	250kg	1,200,000	0.42	2,470,000	1,037,400	1,087,400	4,349.60
훈제바비큐	200kg	1,157,500	0.41	2,470,000	1,012,700	1,055,200	5,276.00
육포	50kg	115,000	0.04	2,470,000	98,800	133,800	2,676.00
합계	600kg	₩2,852,500	1.00		₩2,470,000	₩2,617,500	

* 총원가=결합원가 배부금액+분리가능원가

(2) 물량기준법에 의한 결합원가배부

제 품	무 게 (1)	배부율 (2)	결합원가 (3)	배부금액 (4)=(2)×(3)	분리가능원가 (5)	총원가* (6)=(4)+(5)	단위당 원가 (7)=(6)÷(1)
베이컨	100kg	0.17	₩2,470,000	₩419,900	₩20,000	₩439,900	₩4,399.00
햄	250kg	0.42	2,470,000	1,037,400	50,000	1,087,400	4,349.60
훈제바비큐	200kg	0.33	2,470,000	815,100	42,500	857,600	4,288.00
육포	50kg	0.08	2,470,000	197,600	35,000	232,600	4,652.00
합계	600kg	1.00		₩2,470,000	₩147,500	₩2,617,500	

* 총원가=결합원가배부금액+분리가능원가

문제 A형

8-1
L.O. 8-1, 2

바이오화학(주)는 다음 그림과 같이 두 종류의 솔벤트를 생산한다.

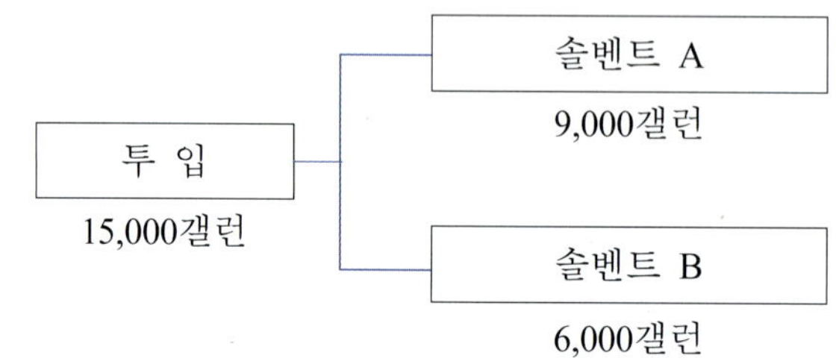

결합원가는 ₩300,000이 투입되었다. 분리점에서 솔벤트 A는 갤런당 ₩30, 솔벤트 B는 갤런당 ₩45에 판매된다.

[요구사항]

(1) 결합원가를 물량기준법에 의해 제품 솔벤트 A와 솔벤트 B에 배부하시오.

(2) 결합원가를 상대적 판매가치법에 의해 제품 솔벤트 A와 솔벤트 B에 배부하시오.

8-2
L.O. 8-1, 2

미련기업은 제품 A, B로 구성된 두 개의 연산품을 생산한다. 20×1년 4월 결합원가는 ₩40,000이고, 20×1년 4월에 분리점 이후 제품을 판매가능한 형태로 전환하는 데 필요한 가공원가는 제품 A ₩300,000, 제품 B ₩412,500이다. 추가가공 후 제품 A는 1,500개, 제품 B는 1,375개를 생산 · 판매한다. 단위당 판매가는 제품 A가 ₩500, 제품 B가 ₩700이다.

[요구사항]

순실현가능가치를 이용하여 결합원가를 배분한다면 20×1년 4월의 결합원가 중 제품 A에 배분될 금액은?

8-3
L.O. 8-2

철봉기업은 결합제품 A와 B를 생산하고 있다. 제품 A 50개와 제품 B 40개를 생산하였고, 분리점에서 단위당 판매가치는 제품 A ₩160, 제품 B ₩100이며, 제품 A에 배분된 결합원가는 ₩24,000이다.

[요구사항]

총결합원가는 얼마인가?

8-4
L.O. 8-2

(주)탕고는 결합공정을 통해 결합제품 M, N, 그리고 T를 생산한다. 4월에 결합원가 ₩120,000을 들여 제품을 생산했다.

제 품	생산 및 판매수량	분리점 이후	
		분리가능원가	최종 판매가치
M	10,000	₩10,000	₩160,000
N	4,000	10,000	140,000
T	5,000	5,000	25,000

[요구사항]

순실현가치법(NRV)을 사용하여 각 제품에 결합원가를 배부하시오.

8-5
L.O. 8-2

(주)대한은 결합생산공정을 통해 결합제품 X와 Y를 생산 및 판매하고 있으며, 균등매출총이익률법을 적용하여 결합원가를 배부한다. (주)대한은 20×1년에 결합제품 X와 Y를 모두 추가가공하여 전량 판매하였으며, 추가가공원가는 각 제품별로 추적가능하고 모두 변동원가이다. (주)대한의 20×1년 생산 및 판매 관련 자료는 다음과 같다. (KICPA 2022)

제 품	생산량	추가가공원가	최종 판매단가
X	6,000단위	₩30,000	₩50
Y	10,000단위	20,000	20

[요구사항]

20×1년중 발생한 결합원가가 ₩350,000일 경우, (주)대한이 제품 X와 Y에 배부할 결합원가는 각각 얼마인가? 단, 공손 및 감손은 없으며, 기초 및 기말 재공품은 없다.

8-6
L.O. 8-2

환상기업의 결합제품 A, B, C의 생산관련 자료이다.

	제품 A	제품 B	제품 C	합 계
생산량	1,000개	500개	250개	1,750개
결합원가	₩9,000	?	?	₩15,000
분리점에서의 판매가치	?	?	₩3,750	25,000
추가가공시 추가가공원가	1,750	₩1,250	750	3,750
추가가공 후 판매가치	17,500	7,500	5,000	30,000

[요구사항]

(1) 결합원가가 분리점에서의 상대적 판매가치법에 의하여 배분될 때 제품 B와 제품 C에 배분되는 결합원가는 각각 얼마인가?

(2) 결합원가가 분리점에서의 상대적 판매가치법에 의하여 배분된다고 가정할 때 제품 A의 분리점에서의 판매가치는 얼마인가?

8-7
L.O. 8-2

(주)세무는 원유를 투입하여 결합제품 A를 1,000단위, B를 1,500단위 생산하였다. 분리점 이전에 발생한 직접재료원가는 ₩1,690,000, 직접노무원가는 ₩390,000, 제조간접원가는 ₩520,000이다. 제품 A와 B는 분리점에 시장이 형성되어 있지 않아서 추가가공한 후에 판매하였는데, 제품 A는 추가가공원가 ₩850,000과 판매비 ₩125,000이 발생하였으며, 제품 B는 추가가공원가 ₩1,100,000과 판매비 ₩200,000이 발생하였다. 추가가공 후 최종 판매가치는 제품 A가 단위당 ₩2,000이며, 제품 B는 단위당 ₩3,000이다. (세무사 2022)

[요구사항]

균등매출총이익률법에 따라 결합원가를 각 제품에 배부할 때, 제품 A와 제품 B에 배부되는 결합원가는 각각 얼마인가?

8-8
L.O. 8-2, 3

해동산업은 세 개의 공정을 거쳐 다양한 제품을 생산하고 있는데, 20×1년 4월의 활동내역은 다음과 같다. 제1공정에서는 화학물질 A 900리터를 가공하여 화학물질 B 300리터와 화학물질 C 600리터를 생산하였다. 제2공정에서는 제1공정에서 생산된 화학물질 B 300리터에 추가로 화학물질 P 300리터를 첨가하여 화학물질 E 200리터, 산업폐기물 100리터, 그리고 화학제품 300리터를 생산하였다. 제3공정에서는 제2공정에서 생산된 화학물질 E 200리터를 추가가공하여 화학물질 G 200리터를 생산하였다. 최종제품 리터당 판매가격은 C가 ₩250, F가 ₩400, G가 ₩800이다. 각 공정별 발생원가는 다음과 같다.

	1공정	2공정	3공정
직접재료원가	₩100,000	₩60,000	–
직접노무원가	40,000	20,000	₩40,000
제조간접원가	40,000	20,000	40,000
합계	₩180,000	₩100,000	₩80,000

[요구사항]

최종제품에 순현재가치법을 적용하여 결합원가를 배분하시오.

문제 B형

8-9
L.O. 8-2

현대정유의 정유공정 A에서는 휘발유를 생산하고 있다. 이 휘발유가 추가공정 B를 거치면 유연휘발유로 판매되고 추가공정 C를 거치면 무연휘발유로 생산・판매된다. 8월중 정유공정 A의 제조원가는 ₩1,000,000이다. 추가공정 B의 제조원가는 ₩40,000이고, 추가공정 C의 제조원가는 ₩160,000이다. 8월중에 유연휘발유는 8,000리터를 생산하여 리터당 ₩95에 판매되었다. 무연휘발유는 12,000리터를 생산하여 리터당 ₩120에 판매되었다.

[요구사항]

순실현가치법에 대한 유연휘발유의 제조원가는 얼마인가?

8-10
L.O. 8-2

명경산업은 kg당 판매가격이 ₩50과 ₩60인 연산품 A와 B를 제조하고 있다. 부문 1에서는 원재료 1,000kg이 총원가 ₩20,000을 발생시키면서 가공되었다. 부문 1에서 가공된 물량의 60%는 부문 2로 대체되었고, 여기에서 추가가공원가 ₩6,000을 투입하여 연산품 A 600kg이 생산되었다. 부문 1에서 가공된 물량의 나머지 40%는 부문 3으로 대체되어 추가가공원가 ₩8,000을 투입하여 가공한 후 연산품 B 400kg이 완성되었다.

[요구사항]

순실현가치법을 사용하여 각 연산품의 단위당 가공원가를 구하시오.

8-11
L.O. 8-2, 4

(주)대한은 동일 공정에서 세 가지 결합제품 A, B, C를 생산한다. 제품 A, 제품 B는 추가가공을 거치지 않고 판매되며, 제품 C는 추가가공원가 ₩80,000을 투입하여 추가가공 후 제품 C+로 판매된다. (주)대한이 생산 및 판매한 모든 제품은 주산품이다. (주)대한은 제품 A, 제품 B, 제품 C+를 각각 판매하였을 때 각 제품의 매출총이익률이 연산품 전체매출총이익률과 동일하게 만드는 원가배부법을 사용한다. 다음은 (주)대한의 결합원가배부에 관한 자료이다. (KICPA 2020)

제 품	배부된 결합원가	판매(가능)액
A	?	₩96,000
B	₩138,000	?
C+	?	?
합계	₩220,000	₩400,000

[요구사항]

제품 C+에 배부된 결합원가는 얼마인가?

8-12
L.O. 8-2

(주)국세는 동일 공정에서 세 가지 결합제품 A, B, C를 생산하고 있으며, 균등이익률법을 사용하여 결합원가를 배부한다. 제품 A와 B는 추가가공을 거치지 않고 판매되며, 제품 C는 추가가공원가 ₩200,000을 투입하여 가공한 후 판매된다. 결합제품의 생산량 및 단위당 최종 판매가격에 대한 자료는 다음과 같다.

제 품	생산량	단위당 최종 판매가격
A	2,000kg	₩200
B	2,000kg	100
C	2,500kg	160

[요구사항]

제품 C에 배부된 결합원가가 ₩120,000인 경우, 총결합원가는 얼마인가? 단, 공손 및 감손은 발생하지 않았고, 기초 및 기말 재공품은 없는 것으로 가정한다.

8-13
L.O. 8-2, 4

(주)한국화학은 20×1년 2월 초 영업을 개시하여 당월에 제1공정에서 원재료 R을 가공하여 결합제품 A와 B를 생산한다. 제품 A는 제2공정에서 추가가공을 거쳐 판매되고, 제품 B는 제3공정에서 결합제품 C와 D로 분리된 후 각각 제4공정과 제5공정에서 추가가공을 거쳐 판매된다. 20×1년 2월의 각 공정에서 발생한 원가자료는 다음과 같다.

• 제1공정 : 제품 A, B의 결합원가	₩100,000
• 제2공정 : 제품 A의 개별원가(분리원가)	15,000
• 제3공정 : 제품 C, D의 결합원가	70,000
• 제4공정 : 제품 C의 개별원가(분리원가)	50,000
• 제5공정 : 제품 D의 개별원가(분리원가)	20,000

20×1년 2월 (주)한국화학의 제품별 생산량과 kg당 판매가격은 다음과 같다.

제 품	생산량	kg당 판매가격
A	500kg	₩120
C	1,000kg	200
D	800kg	150

(주)한국화학은 순실현가능가치를 기준으로 결합원가를 배부한다. (KICPA 2016)

[요구사항]

(1) 제품 A의 제조원가를 구하시오.

(2) 제품 C와 D의 제조원가는 각각 얼마인가?

8-14
L.O. 8-2, 4

H초콜릿회사는 코코아를 가공하여 두 종류의 중간제품인 분말초콜릿 원액과 밀크초콜릿 원액을 생산한다. 20×1년 1월중에 100kg의 코코아를 가공하여 분말초콜릿 원액 400리터와 밀크초콜릿 원액 500리터를 얻었다. 분말초콜릿 원액 400리터는 추가가공되어 분말초콜릿 400kg이 생산되어 판매되었고, 밀크초콜릿 원액 500리터는 추가가공되어 밀크초콜릿 600kg이 생산되어 판매되었다. 제품별 판매가격은 다음과 같다.

분말초콜릿 원액 :	₩2,500/리터	분말초콜릿 :	₩3,000/kg
밀크초콜릿 원액 :	₩4,000/리터	밀크초콜릿 :	₩5,000/kg

분리점까지의 결합원가	₩3,600,000
분말초콜릿의 추가가공원가	400,000
밀크초콜릿의 추가가공원가	600,000

[요구사항]

(1) 분리점에서의 판매가치법을 사용할 때 분말초콜릿 원액과 밀크초콜릿 원액에 배분되는 결합원가는 얼마인가?

(2) 밀크초콜릿 원액을 추가가공하여 밀크초콜릿을 생산하는 경우의 증분순손익은 얼마인가?

8-15 L.O. 8-2

아산기업은 두 개의 주제품 A, B와 부산물 C를 생산하고 있다. 20×1년 5월중 생산활동에 관한 자료는 다음과 같다.

	5월 1일 재고		5월중 생산량
	단 위	원 가	단 위
주제품 A	40,000	₩360,000	200,000
주제품 B	20,000	300,000	400,000
부산물 C	4,000	38,000	80,000

분리점 이후 주제품 A, B의 단위당 판매가격은 각각 ₩40과 ₩60이다. 부산물 C의 단위당 판매가격은 ₩11인데, 부산물 판매와 관련하여 단위당 ₩1.2의 포장비와 ₩0.3의 운송비가 발생한다. 20×1년 5월중의 결합원가는 직접재료원가 ₩1,200,000, 직접노무원가 ₩2,100,000 그리고 제조간접원가 ₩4,000,000이 발생하였다. 20×1년 5월중 판매량은 주제품 A 230,000단위, 주제품 B 390,000단위 그리고 부산물 C 82,000단위이다. 주제품 A, B의 판매와 관련된 비용은 ₩2,000,000이며, 이들 비용은 주제품 A, B에 균등하게 배분된다. 부산물에 대한 회계처리는 생산지점에서 부산물의 순실현가치를 주제품에 배부될 결합원가에서 차감하는 방법을 사용하고 있다. 또한 결합원가는 분리점에서의 상대적 판매가치를 기준으로 주제품에 배부하고 있다. 단, 재고자산에 대한 평가는 선입선출법을 사용하고 있다.

[요구사항]

(1) 주제품 A, B에 배부될 결합원가는 각각 얼마인가?
(2) 각 제품라인별 매출원가를 산정하시오.
(3) 각 제품라인별 손익계산서를 작성하시오.

8-16 L.O. 8-2, 4

[문제 8-15]의 자료를 참조하여 다음에 답하시오.

[요구사항]

부산물 C를 주제품으로 가정하고 [문제 8-15]의 요구사항에 답하시오.

8-17 L.O. 8-2, 5

(주)한국은 결합생산공정으로부터 두 종류의 주산품 A, B와 부산품 C를 생산하며, 부산품 C의 회계처리에는 생산기준법하에서의 원가차감법을 사용한다. 당기의 결합원가 발생액은 ₩54,000이며, 각 제품에 관한 자료는 다음과 같다. 단, 기초재고와 기말재공품은 없다. (KICPA 2015)

제 품	분리점 이후 추가가공원가	생산량	최종 판매가치
A	₩10,000	1,000단위	₩70,000
B	15,000	1,500단위	55,000
C	2,000	500단위	6,000

[요구사항]

(주)한국이 순실현가능가치(net realizable value)를 기준으로 결합원가를 배부한다면, 주산품 A에 배부되는 결합원가는 얼마인가?

8-18 (주)대한은 결합공정과 추가공정을 통해 제품을 생산하며, 분리점에서 순실현가능가치를 기준으로 결합원가를 배부한다. 20×1년의 생산 및 원가자료는 다음과 같다.
L.O. 8-2, 3, 5

가. 제1공정
제1공정에서는 원재료를 투입하여 제품 A 100단위와 제품 B 300단위를 생산하였으며, 결합원가는 총 ₩40,000이었다. 제품 A는 단위당 ₩200에 판매되고, 제품 B는 제2공정에서 추가가공을 거쳐 제품 C로 판매된다.

나. 제2공정
당기에 제1공정으로부터 대체된 제품 B는 제품 C 280단위로 생산되었으며, 추가가공원가는 총 ₩12,400이었다. 제품 C의 단위당 판매가격은 ₩150이다. 제품 B를 제품 C로 추가가공하는 과정에서 부산물 20단위가 생산되었다. 부산물은 단위당 ₩20에 즉시 판매할 수 있다. 부산물은 생산시점에 순실현가능가치로 인식한다. (KICPA 2019)

[요구사항]

제품 C의 총제조원가는 얼마인가? 단, 각 공정의 기초 및 기말 재공품은 없다.

용어해설

결합원가(joint cost) 결합제품 생산과정에서 분리점 이전에 발생한 원가

결합제품(joint products) 연산품이라고도 부르며 단일공정에서 동일한 재료를 사용하여 생산된 서로 다른 두 종류 이상의 제품

균등매출총이익률 순실현가치법(constant gross-margin percentage NRV method) 각 결합제품의 매출총이익률이 같도록 결합원가를 배부하는 방법

매몰원가(sunk cost) 어떤 행동이 취해지든지 간에 상관없이 변화될 수 없는 과거원가

물량기준법(physical measure method) 결합제품의 물량을 기준으로 결합원가를 배부하는 방법

복수분리점 결합제품을 생산하는 과정에서 분리점이 두 개 이상인 경우

부산물(by-product) 결합제품 중 상대적으로 낮은 판매가치를 지닌 제품

분리가능원가(separable costs) 분리점 이후에 추가가공을 위해 발생한 원가로 개별 제품별로 직접 추적이 가능한 원가

분리점(split-off point) 결합원가 상황에서 둘 이상의 제품으로 구별되는 한 점

분리점에서의 판매가치법(sales value at split-off method) 또는 **상대적 판매가치법**(relative sales value method) 분리점에서 개별 제품의 상대적 판매가치를 기준으로 결합원가를 배부하는 방법

생산시점 인식법 부산물의 순실현가치를 분리점에서 인식하는 방법

순실현가치법(net realizable value method, NRV) 분리점 이후 추가가공 후의 판매가치에서 분리가능원가를 차감한 가치로 결합원가를 배부하는 방법

주제품(main product) 결합제품 중 상대적으로 높은 판매가치를 지닌 제품

판매시점 인식법 부산물의 가치를 부산물의 판매가 이루어지는 시점에 인식하는 방법

chapter

9

변동원가계산

이 장을 학습한 후에 다음을 할 수 있어야 한다 :

- **9-1** 변동원가계산과 전부원가계산을 구별할 수 있어야 한다.
- **9-2** 전부원가계산과 변동원가계산의 영업이익 차이의 원인을 이해하고 차이를 조정할 수 있어야 한다.
- **9-3** 경영자들이 변동원가계산을 이용하는 이유를 설명할 수 있어야 한다.
- **9-4** 변동원가계산의 유용성 및 한계에 대해 설명할 수 있어야 한다.
- **9-5** 초변동원가계산에 대해 설명할 수 있어야 한다.

Variable Costing

변동원가계산

앞서 설명한 원가계산방법에서는 모든 제조원가를 제품원가의 일부분으로 기록해왔다. 그러나 이 방법은 외부보고에는 적합할지 모르지만 내부의사결정에 있어서는 항상 적절한 방법은 아니다. 원가집계 및 보고 방법에는 전부원가계산과 변동원가계산 두 가지가 있다. 각 방법은 동일한 자료를 이용하나 자료구조와 표현과정이 다르다. 전부원가계산은 제품원가계산에서 전통적인 방법이고, 변동원가계산은 CVP 분석과 변동예산(flexible budget)을 내부보고 목적으로 확장한 방법이다.

변동원가계산의 개관

전부원가계산은 고정제조원가와 변동제조원가가 제품원가로 할당되는 원가계산시스템이다.

앞서 우리는 제품원가를 변동제조원가와 고정제조원가로 구분했었다. 예를 들면, 개별원가계산에서 직접재료원가와 직접노무원가 그리고 변동제조원가와 고정제조원가로 구분해 원가를 집계했다. 이러한 원가계산방법을 전부원가계산(absorption costing 혹은 full costing)이라고 한다. 일반적으로 인정된 회계원칙(GAAP)에서도 제조활동에서 발생한 모든 원가를 제품원가(재고자산)로 표시하도록 하고 있다. 따라서 전부원가계산에서의 단위당 원가에는 직접재료원가, 직접노무원가, 변동제조간접원가와 더불어 고정제조간접원가가 포함된다. 제품생산이 완료될 때 이 원가들은 재고자산으로 기록되며, 판매가 될 때 이 제조원가들은 손익계산서에 매출원가로 기록된다.

변동원가계산은 변동제조원가만 제품원가로 할당되는 원가계산시스템이다.

반면, 변동원가계산(variable costing)은 생산량에 따라 변하는 제조원가만을 제품원가로 처리한다. 즉, 직접재료원가, 직접노무원가 그리고 제조간접원가 중 생산량에 따라 변동하는 변동제조간접원가만 제품원가에 포함시킨다. 이 방법에서는 고정제조간접원가는 제품원가로 취급하지 않는 대신에 판매관리비와 같은 기간비용으로 처리한다. 따라서 고정제조간접원가는 재고가능원가에서 빠지게 된다. 변동원가계산과 동일한 개념으로 직접원가계산(direct costing)이라는 용어를 사용하기도 하는데, 원가개념에 있어 상당한 원가가 서로 중복이 되나 그렇지 않은 부분이 존재하므로 적절한 표현으로 보기는 다소 어려움이 있다.

도표 9-1 전부원가계산과 변동원가계산의 차이

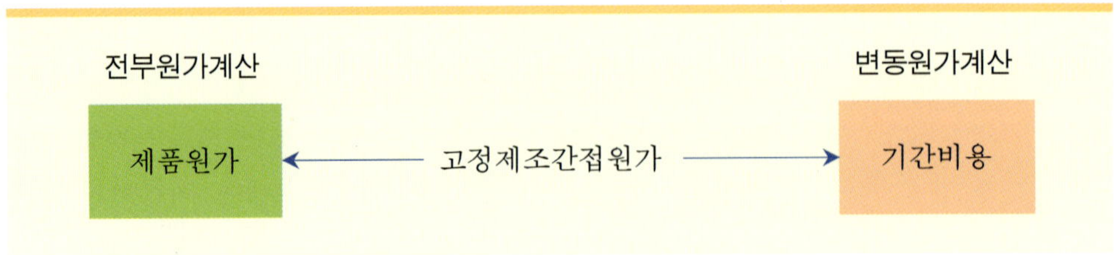

[도표 9-1]은 전부원가계산과 변동원가계산의 차이가 어디에서 발생하는지를 보여준다.

전부원가계산과 변동원가계산의 차이 중 또 다른 하나는 보고방식체계의 차이에 있다. [도표 9-2]는 전부원가계산과 변동원가계산의 손익계산서(일명, 공헌이익 손익계산서) 보고양식의 차이를 보여준다.

[도표 9-2]에서 보듯이 전부원가계산과 변동원가계산 간에는 두 가지 근본적인 차이가 있다. 첫 번째 차이는 제품원가계산에서 고정제조간접원가의 처리이다. 전부원가계산에서 고정제조간접원가는 제품원가로 처리되는 반면, 변동원가계산에서는 기간비용으로 처리된다. 전부원가계산을 주장하는 사람들은 기업은 고정제조원가를 발생시키는 시설의 지원 없이는 제품을 생산할 수 없기 때문에 고정제조원가를 제품원가에 포함시켜야 한다고 주장한다. 반면, 변동원가계산을 주장하는 사람들은 생산을 하든 혹은 안 하든 고정제조원가는 생산과는 관계없이 발생하기 때문에 제품원가에 포함시킬 수 없다고 주장한다.

명칭상의 문제 : 직접원가계산과의 혼동

1936년 Jonathan N. Harris에 의해 처음 공식적으로 제시되었을 때 변동원가계산은 직접원가계산(direct costing)으로 명명되었다. 그러나 직접원가가 원가대상에의 추적가능성에 초점을 두고 있는 반면에, 변동원가계산은 원가행태에 초점을 두고 있다는 측면에서 볼 때 직접원가계산이라는 명칭은 오해의 소지가 있다. 왜냐하면, 직접원가의 대부분이 변동원가인 것은 사실이지만 변동원가 모두가 직접원가는 아니며 또한 직접원가가 100% 변동원가는 아니기 때문이다. 예를 들면, 공장소모품이나 동력비 등 변동제조간접원가는 직접원가가 아니라는 이유로 제품원가에서 제외되는 것으로 오해할 수 있다. 또한 공장감독자 급여와 같이 직접원가인 동시에 고정원가에 해당하는 원가는 변동원가계산에서 제외된다. 그러나 직접원가계산이라는 명칭은 마치 이들 원가가 제품원가에 포함되는 것으로 오해를 불러일으킬 수 있다.

자료 : 신홍철, 『관리회계』, 1995, p. 649에서 인용

도표 9-2 전부원가계산과 변동원가계산의 손익계산서 비교

전부원가계산 포괄손익계산서			변동원가계산 포괄손익계산서		
매출		×××	매출		×××
매출원가			변동비		
기초재고액	×××		변동매출원가		
당기제조원가	×××		기초재고액	×××	
기말재고액	×××	×××	당기제조원가	×××	
매출총이익		×××	기말재고액	×××	×××
판매비와 관리비			제품공헌이익		×××
판매비	×××		변동판매비와 관리비		
관리비	×××	×××	변동판매비	×××	
영업이익		×××	변동관리비	×××	×××
			공헌이익		×××
			고정비		
			고정제조간접원가	×××	
			고정판매비	×××	
			고정관리비	×××	×××
			영업이익		×××

두 번째 차이는 손익계산서에서의 보고형식의 차이이다. 전부원가계산 손익계산서는 매출원가, 판매비, 관리비 등 원가가 기능별로 분류되고 표시된다. 반면, 변동원가계산에서는 먼저 원가행태에 의해 원가를 분류한 후 추가적으로 기능별 분류를 한다. 변동원가계산에서의 매출원가는 직접재료원가, 직접노무원가, 그리고 변동제조간접원가로 구성되며 변동매출원가라고 부른다. 매출액에서 변동매출원가를 차감하여 제품공헌이익(product contribution margin)을 구한다. 그다음 제품공헌이익에서 변동판매비와 관리비를 차감하여 총공헌이익(total contribution margin)을 구한다. 총공헌이익은 총수익과 총변동비용의 차이이다. 공헌이익은 모든 고정비용을 회수하면서 이익창출에 기여하는 금액을 말한다. 그래서 변동원가계산 손익계산서를 공헌이익손익계산서(contribution income statement)라고도 부른다. 마지막으로, 총공헌이익에서 고정비용을 차감해 순이익을 구한다. 고정비용에는 고정제조간접원가와 고정판매비와 관리비가 포함된다.

제품공헌이익은 매출액에서 변동매출원가를 차감한 금액이다.

총공헌이익은 제품공헌이익에서 변동비용을 차감한 금액으로, 일반적으로 공헌이익으로 부른다.

자산 정의상의 차이

전부원가계산 주창자들은 '용역잠재력' 개념에 입각하여 고정제조간접원가가 용역잠재력을 지니기 때문에 자산으로 간주되어야 한다고 주장한다. 즉, 생산량이 판매량을 초과하면 초과분은 기말재고로 보관되어 미래 판매시점에 이익을 창출하는 용역잠재력을 지니기 때문에 재고자산과 관련된 모든 원가를 자산으로 간주해야 한다는 것이다. 변동원가계산 주창자들은 '원가회피능력'에 입각하여 자산은 과거에 발생한 원가의 결과로 미래에 회피될 수 있는 원가를 포함해야 한다고 한다. 즉, 현재 자산에 포함된 원가가 미래에 발생을 회피할 수 있게 한다면 그 원가는 자산으로 인식해야 한다는 것이다.

재고자산의 변화가 이익에 미치는 영향

(주)루비는 실내 인테리어에 사용되는 패브릭(fabrics)을 생산하여 판매한다. 다음은 (주)루비의 새로운 패브릭 제품과 관련한 자료이다.

자료 1

(주)루비는 최근 실크를 이용하면서 방염기능이 뛰어난 새로운 패브릭 제품인 Fix-It A404를 생산 및 판매하기 시작했다. 20×1년과 20×2년 Fix-It A404와 관련한 자료는 다음과 같다.

	20×1년	20×2년
생산 및 판매 정보		
기초재고량	0로트	250로트
생산량	4,000로트	3,750로트
판매량	3,750로트	4,000로트
기말재고량	250로트	0로트
원가 및 비용 정보		
단위당 판매가격	₩4.00	
단위당 변동비용		
직접재료원가	₩1.26	
직접노무원가	0.54	
변동제조간접원가	0.30	
변동일반관리비	0.12	
고정비용		
고정제조간접원가	₩6,000	
고정일반관리비	800	

전부원가계산과 변동원가계산의 성과보고

20×1년 성과

20×1년 (주)루비의 전부원가계산 손익계산서는 [도표 9-3]과 같다. 전부원가계산하에서 (주)루비의 20×1년 영업이익은 ₩250이다. 이는 매출액 ₩15,000(=3,750로트×₩4)에서 매출원가 ₩13,500(=3,750로트×₩3.6)과 일반관리비 ₩1,250을 차감한 결과이다. 전부원가계산하에서 기말재고액은 ₩900(=250로트×₩3.6)이 된다. 단위당 제품제조원가에는 단위당 ₩1.5(=₩6,000÷4,000로트)인 고정제조간접원가가 포함되어 있다. 따라서 기말재고자산에 포함되어 있는 고정제조간접원가 ₩375(=250로트×₩1.5)은 미래에 판매될 때까지 비용으로의 인식이 이연된다.

도표 9-3 전부원가계산 손익계산서－20×1년

전부원가계산 손익계산서－20×1년		
매출액 (3,750로트×₩4)		₩15,000
매출원가 (3,750로트×₩3.6)		13,500
매출총이익		1,500
변동일반관리비 (3,750로트×₩0.12)	450	
고정일반관리비	800	1,250
영업이익		₩250

변동원가계산에서의 손익계산서는 CVP 보고서 형식인 공헌이익손익계산서 형식을 따른다. 20×1년 (주)루비의 변동원가계산 손익계산서는 [도표 9-4]와 같다.

[도표 9-4]에서 보듯이 생산량(4,000로트)이 판매량(3,750로트)을 초과하는 경우 전부원가계산에서의 영업이익(₩250)은 변동원가계산에서의 영업이익(－₩125)보다 더 높게 된다. 그 이유는 전부원가계산에서의 재고자산금액이 변동원가계산에서의 재고자산금액보다 ₩375 더 높기 때문이다. 즉, 전부원가계산하에서 고정제조간접원가 ₩375은 재고자산의 일부로 포함되어 미래 판매 때까지 이연되는 반면, 변동원가계산하에서 고정제조간접원가는 모두 발생한 회계기간에 기간비용으로 처리됨으로써 재고자산에 포함되지 않기 때문이다. 따라서 두 방법간의 이익차이 ₩375(=₩250－(－₩125))은 고정제조간접원가의 재고자산에의 포

도표 9-4 변동원가계산 손익계산서 – 20×1년

변동원가계산 손익계산서 – 20×1년		
매출액 (3,750로트×₩4)		₩15,000
변동매출원가 (3,750로트×₩2.1)		7,875
제품공헌이익		7,125
변동일반관리비 (3,750로트×₩0.12)		450
공헌이익		6,675
고정비용		
고정제조간접원가	6,000	
고정일반관리비	800	6,800
영업이익		(₩125)

함여부에 의해 발생한 것이다.

20×2년 성과

20×2년에 (주)루비는 생산량 3,750로트에 기초재고량 250로트를 더해 총 4,000로트를 판매했다. 그러므로 20×2년 (주)루비는 기말재고량이 0이 된다. 20×2년 전부원가계산하에서의 손익계산서는 [도표 9-5]와 같다.

도표 9-5 전부원가계산 손익계산서 – 20×2년

전부원가계산 손익계산서 – 20×2년		
매출액 (4,000로트×₩4)		₩16,000
매출원가 (250로트×₩3.6)+(3,750로트×₩3.7[a])		14,775
매출총이익		1,225
변동일반관리비 (4,000로트×₩0.12)	480	
고정일반관리비	800	1,280
영업이익		(₩55)

a. 단위당 변동제조원가+단위당 고정제조간접원가=₩1.26+₩0.54+₩0.30+₩1.6=₩3.7

전부원가계산하에서 20×2년 (주)루비는 고정제조간접원가 ₩6,375이 매출원가의 일부분으로서 비용화된다. 여기서 고정제조간접원가 ₩6,375은 20×2년에 발생한 ₩6,000에 20×1년에 발생했으나 재고자산에 포함되어 이연되었던 ₩375이 더해진 금액이다. 따라서 20×2년 (주)루비의 영업이익은 −₩55이 된다. 이는 매출액 ₩16,000에서 매출원가 ₩14,775과 일반관리비 ₩1,280(=변동일반관리비 ₩480+고정일반관리비 ₩800)을 차감한 결과이다.

20×2년 변동원가계산하에서 손익계산서는 [도표 9-6]과 같다. 생산량이 판매량보다 적을 때 변동원가계산의 영업이익(₩320)은 전부원가계산의 영업이익(−₩55)보다 많다. 이 차이는 전부원가계산에서는 고정제조간접원가 ₩6,375(20×2년 발생분 ₩6,000에 20×1년 발생분 중 이연된 ₩375의 합계금액)이 비용화되는 반면, 변동원가계산에서는 고정제조간접원가가 20×2년 발생분 ₩6,000만이 비용화되어 발생한다. 변동원가계산에서는 기초재고자산에 고정제조간접원가가 포함되어 있지 않기 때문이다.

도표 9-6 변동원가계산 손익계산서 − 20×2년

변동원가계산 손익계산서 − 20×2년		
매출액 (4,000로트×₩4)		₩16,000
변동매출원가 (4,000로트×₩2.1)		8,400
제품공헌이익		7,600
변동일반관리비 (4,000로트×₩0.12)		480
공헌이익		7,120
고정비용		
고정제조간접원가	6,000	
고정일반관리비	800	6,800
영업이익		₩320

전부원가계산과 변동원가계산하에서 20×1년과 20×2년 영업이익을 요약하면 다음과 같다.

	두 가지 원가계산방법에서의 영업이익	
	20×1년 생산량 > 판매량	20×2년 생산량 < 판매량
전부원가계산	₩250	(₩55)
변동원가계산	(125)	320
차이	₩375	(₩375)

영업이익보고의 조정

전부원가와 변동원가의 이익차이는 고정제조간접원가에 의해 발생한다.

변동원가계산의 이용을 반대하는 이유 중의 하나는 일반적으로 인정된 회계원칙과 일치하는 재무제표를 작성하지 못한다는 점이다. 그러나 이러한 문제는 재고자산조정계정을 이용함으로써 전부원가계산과 변동원가계산의 이익차이를 간단하게 조정할 수 있다. 앞서 설명했던 바와 같이 전부원가계산과 변동원가계산의 이익차이는 고정제조간접원가의 재고자산 포함여부에 의해 발생한다. 따라서 두 방법간의 이익차이는 다음과 같이 나타낼 수 있다.

전부원가계산 영업이익
=변동원가계산 영업이익+(기말재고량−기초재고량)
×단위당 고정제조간접원가

따라서

전부원가계산 영업이익−변동원가계산 영업이익
=(기말재고량−기초재고량)×단위당 고정제조간접원가

두 방법의 20×1년 이익차이는 다음과 같이 계산된다.

₩250−(₩125)=(250−0로트)×₩1.5
=₩375

두 방법간의 이익차이를 확인한 다음의 문제는 손익계산서에 이를 어떻게 반영하느냐이다. 이익조정의 가장 정확한 방법은 이익의 차이가 고정제조간접원가에서 발생한 것이므로 기말재공품, 제품 그리고 매출원가에 비례적으로 배부하는 것이다. 그러나 이러한 조정방법은 변동원가계산의 원가구조(변동원가와 고정원가)와 이익구조(제조공헌이익, 공헌이익 등)에 대한 유용한 회계정보가 모두 상실되는 문제를 갖는다. 따라서 이러한 문제를 해결하기 위한 방안으로 변동원가계산에 의한 손익계산서의 기본구조를 유지하는 가운데 손익계산의 결과인 이익만을 조정하는 방법이 제시되고 있다. 이를 이익조정법이라고 한다. 20×1년 (주)루비의 이익조정내용을 손익계산서에 나타내면 [도표 9-7]과 같다.

도표 9-7 변동원가계산 조정 손익계산서－20×1년

변동원가계산 조정 손익계산서－20×1년		
매출액 (3,750로트×₩4)		₩15,000
변동매출원가 (3,750로트×₩2.1)		7,875
제품공헌이익		7,125
변동일반관리비 (3,750로트×₩0.12)		450
공헌이익		6,675
고정비용		
고정제조간접원가	6,000	
고정일반관리비	800	6,800
영업이익(변동원가계산)		(125)
고정제조간접원가 조정 : 재고변동분		375
영업이익(전부원가계산)		₩250

조정된 손익계산서를 보면 기존 변동원가계산 손익계산서에 의한 영업이익 뒷부분에 고정제조간접원가 조정액을 추가함으로써 전부원가계산 영업이익으로 수정하고 있다. 따라서 외부이해관계자에게도 기업의 원가구조와 이익구조에 대한 유용한 회계정보를 그대로 전달해주게 된다. 그러나 일부에서는 이러한 과도한 정보공개가 과연 필요한가에 대한 우려를 제기하기도 한다.

한편, 기간별로 생산량이 달라지면 단위당 고정제조간접원가배부액이 달라진다. 따라서 이익의 차이를 재고변동의 영향에 따라 일률적으로 계산해서는 안된다. 고정제조간접원가배부율이 다른 기초재고와 기말재고를 따로 계산해야 하므로 이익조정식은 다음과 같이 표시된다.

전부원가계산 영업이익＝변동원가계산 영업이익
＋기말재고 고정제조간접원가
－기초재고 고정제조간접원가

따라서

전부원가계산 영업이익－변동원가계산 영업이익
＝기말재고 고정제조간접원가－기초재고 고정제조간접원가

20×2년 (주)루비의 이익차이는 다음과 같이 계산된다.

(₩55) − ₩320 = (0로트 × ₩1.6) − (250로트 × ₩1.5)
= − ₩375

20×2년 (주)루비의 이익조정내용을 손익계산서에 나타내면 [도표 9-8]과 같다.

도표 9-8 변동원가계산 조정 손익계산서 − 20×2년

변동원가계산 조정 손익계산서 − 20×2년		
매출액 (4,000로트 × ₩4)		₩16,000
변동매출원가 (4,000로트 × ₩2.1)		8,400
제품공헌이익		7,600
변동일반관리비 (4,000로트 × ₩0.12)		480
공헌이익		7,120
고정비용		
고정제조간접원가	6,000	
고정일반관리비	800	6,800
영업이익		320
고정제조간접원가 조정		
(+)기말재고분	0	
(−)기초재고분	(375)	(375)
영업이익(전부원가계산)		(₩55)

또한 이러한 차이는 단위당 고정제조간접원가율의 변동으로 인한 부분과 재고변동으로 인한 부분으로 분해되고 그에 따라 조정할 수 있다. 이에 따른 조정식은 다음과 같이 표현된다.

전부원가계산 영업이익 = 변동원가계산 영업이익 + 배부율변동분 + 재고변동분
= 변동원가계산 영업이익 + [(기말재고배부율
− 기초재고배부율) × 기말재고]
+ [(기말재고량 − 기초재고량) × 기초재고배부율]

따라서

$$\begin{aligned}&\text{전부원가계산 영업이익}-\text{변동원가계산 영업이익}\\&=[(\text{기말재고배부율}-\text{기초재고배부율})\times\text{기말재고량}]\\&\quad+[(\text{기말재고량}-\text{기초재고량})\times\text{기초재고배부율}]\end{aligned}$$

20×2년 (주)루비의 이익차이는 다음과 같이 계산된다.

$$\begin{aligned}(₩55)-₩320&=[(₩1.6-₩1.5)\times 0]+(0-250)\times ₩1.5\\&=-₩375\end{aligned}$$

20×2년 (주)루비의 손익계산서는 [도표 9-9]와 같이 표시된다.

도표 9-9 변동원가계산 조정 손익계산서－20×2년

변동원가계산 조정 손익계산서－20×2년		
매출액 (4,000로트×₩4)		₩16,000
변동매출원가 (4,000로트×₩2.1)		8,400
제품공헌이익		7,600
변동일반관리비 (4,000로트×₩0.12)		480
공헌이익		7,120
고정비용		
고정제조간접원가	6,000	
고정일반관리비	800	6,800
영업이익		320
고정제조간접원가 조정		
배부율변동분	0	
재고변동분	(375)	(375)
영업이익(전부원가계산)		(₩55)

변동원가계산의 이용

경영자는 왜 변동원가계산을 이용하는가?

일반적으로 인정된 회계원칙에 부합되지 않고 외부보고를 위한 추가적인 조정 작업이 필요함에도 불구하고 왜 경영자들은 변동원가계산을 이용하는가? 변동원가계산을 이용하는 가장 중요한 이유는 변동원가계산에서 제공되는 정보는 기업의 단기의사결정에 매우 유용하게 이용되기 때문이다. 변동원가계산에서 생산된 정보는 다음과 관련된 단기의사결정에 활용된다.

① 공헌이익분석
② 제품가격결정
③ 생산계획수립
④ 시장분석 : 지역별, 제품별, 직원별

공헌이익분석에의 이용

변동원가계산 손익계산서는 공헌이익 손익계산서라고도 한다. 경영자들은 조직 운영에 대한 계획 및 통제를 위해 공헌이익분석을 이용한다. 공헌이익(contribution margin)은 한계이익(marginal income)이라고도 하는데, 매출액에서 변동비용을 차감한 금액으로 특정량의 제품을 생산 및 판매함으로써 얻게 되는 추가적 이익을 말한다. 따라서 공헌이익은 우선적으로 고정비용을 회수하고 나머지는 이익이 된다. 공헌이익의 계획과 실제의 차이는 매출액과 변동비용의 증가 혹은 감소에 의해 발생한다. 한편, 매출액과 변동비용의 증가 혹은 감소는 판매수량과 판매가격 혹은 단위당 변동비용의 증가 혹은 감소에 의해 발생한다.

따라서 매출액과 변동비용의 변화효과는 수량요인과 가격요인으로 나타난다.

수량요인(quantity factor)은 단위당 판매가격이나 단위당 변동원가의 변화가 없는 가운데 목표판매수량과 실제판매수량 간의 차이에 의해 나타나는 효과이다. 판매수량요인과 변동원가수량요인은 다음과 같이 계산된다.

판매수량요인＝(실제수량－목표수량)×목표판매가격
변동원가수량요인＝(목표수량－실제수량)×목표단위원가

이 요인들이 양(+)의 값이면 공헌이익이 증가하게 되고 음(−)이면 공헌이익이 감소하게 된다.

가격요인(unit price factor)은 판매수량에 대한 단위당 판매가격과 단위당 변동원가의 차이에서 발생한다. 단위당 가격요인과 단위당 변동원가요인은 다음과 같이 계산된다.

판매가격요인＝(실제판매가격－목표판매가격)×실제판매수량
변동원가요인＝(목표단위당 변동원가－실제단위당 변동원가)×실제판매수량

이 요인들이 양(+)의 값이면 공헌이익이 증가하게 되고 음(−)의 값이면 공헌이익이 감소하게 된다.

자료 2

다음은 (주)루비의 패브릭 제품인 Fix-It A404의 20×1년 목표 대 실제 성과자료이다. 변동일반관리비는 판매수량에 대해 부과된다.

공헌이익 손익계산서－20×1년

	실 제	계 획
매출액	₩15,000	₩14,000
차감 : 변동매출원가	7,875	7,560
변동일반관리비	450	960
합계	8,325	8,520
공헌이익	₩6,675	₩5,480
생산수량	4,000	4,000
판매수량	3,750	4,000
단위당 가격 :		
판매가격	₩4.00	₩3.50
변동제조원가	2.10	1.89
변동일반관리비	0.12	0.24

(주)루비의 20×1년 공헌이익분석 보고서는 [도표 9-10]과 같다.

도표 9-10 공헌이익분석 보고서 – 20×1년

공헌이익분석 보고서 – 20×1년		
목표공헌이익		₩5,480
매출변화효과 :		
판매수량요인 (3,750 – 4,000) × ₩3.5	(875)	
판매가격요인 (₩4.0 – ₩3.5) × 3,750	1,875	
매출변화효과액		1,000
변동매출원가 변화효과 :		
변동원가수량요인 (4,000 – 3,750) × ₩1.89	472.5	
변동원가요인 (₩1.89 – ₩2.10) × 3,750	(787.5)	(315)
변동일반관리비 변화효과 :		
변동원가수량요인 (4,000 – 3,750) × ₩0.24	60	
변동원가요인 (₩0.24 – ₩0.12) × 3,750	450	510
실제공헌이익		₩6,675

[도표 9-10]에서 보듯이 (주)루비의 실제공헌이익과 목표공헌이익 간의 차이 ₩1,195(=₩6,675 – ₩5,480)은 변동원가수량요인과 변동일반관리비에서 기인한 것으로 분석된다. 판매수량은 목표수량 4,000로트에서 3,750로트로 줄었으나 판매가격이 ₩3.5에서 ₩4으로 상승함으로써 공헌이익에 ₩1,000의 영향을 미치는 것으로 나타났다. 한편, 변동원가수량요인 ₩472.5과 변동일반관리비 변화효과 ₩510은 변동매출원가요인 –₩787.5과 일부 상쇄되었으나 전체 ₩1,195의 공헌이익의 증가를 가져왔다. 이러한 공헌이익분석 보고서는 경영자들의 성과평가나 미래 운영계획에 유용하게 이용된다. 그러나 이러한 분석은 단기성과에는 유용하나 장기성과로까지 확장하는 데에는 주의할 필요가 있다.

제품가격결정에의 이용

기업은 제품의 판매가격 결정에 많은 요인들을 고려한다. 그러나 가격결정에서 제품의 제조원가는 매우 중요한 요인이다. 단기적으로 고정비용은 회피불능원가(unavoidable cost)이다. 따라서 판매가격은 최소한 변동비용과 같아야 한다. 판매가격이 변동비용을 초과할 때 고정비용을 회수하고 이익창출에 공헌하기 때문이다. 따라서 고정비용이 영향을 미치지 않는 특별판매를 위한 단기가격결정에서 변동원가계산은 전부원가계산보다 유용성이 높다.

생산계획수립에의 이용

기업은 종종 긴급주문을 수락할 것인지의 여부를 결정하는 단기의사결정을 해야 하는 경우가 발생한다. 이 경우에 기업은 긴급주문과 관련된 추가수익과 추가변동비용이 단기의사결정의 핵심 관련 요인이 된다. 주문으로부터 발생한 추가수익이 추가발생하는 변동비용을 초과한다면 그 주문은 공헌이익의 증가를 가져오게 되고 이는 기업의 영업이익의 증가를 가져온다. 따라서 긴급주문의 수락여부에 대한 단기생산계획수립에서 변동원가계산은 모든 원가를 고려해야 하는 전부원가계산보다 더 유용성을 갖는다.

시장분석에의 이용

시장분석은 수익성 분석에 영향을 미치는 매출액, 원가 및 비용을 이용하여 기업의 세분화된 시장별로 이익에 기여한 바를 분석하는 것을 말한다. 대개 세분화된 시장분석은 지역, 제품 그리고 고객(혹은 직원별)에 대해 이루어지는데, 변동원가계산에 의한 공헌이익보고는 이들 분석을 쉽게 할 수 있게 해준다. 공헌이익 손익계산서를 이용한 시장분석에서 지역별, 제품별 그리고 고객별(직원별) 수익성 분석은 경영자로 하여금 시장별 성과평가를 쉽게 할 수 있게 해주며, 미래의 판매증가 및 원가절감을 위한 노력에 대한 단기의사결정에 유용하게 이용된다.

변동원가계산의 유용성 및 한계

변동원가계산은 전부원가계산에 비해 다음 몇 가지 측면에서 유용성을 지닌다.

첫째, 변동원가계산하에서의 영업이익은 생산수준의 변화에 따른 영향을 받지 않는다. 이는 변동원가계산을 이용함으로써 순이익에 고정비용과 변동비용이 미치는 영향을 좀더 쉽게 이해할 수 있게 해준다. 변동원가계산에서 순이익은 매출수준의 변화와 밀접하게 관련되어 있지 생산수준과 관련되어 있지 않다. 따라서 한 회계기간에서의 기업의 성공과 실패를 더 현실적으로 판단할 수 있게 해준다.

둘째, 변동원가계산하에서 고정제조간접원가의 기간비용처리는 생산수준과 관계없이 일정한 단위당 제조원가계산을 가능하게 해준다. 왜냐하면 단위당 직접재료원가, 단위당 직접노무원가 그리고 단위당 변동제조간접원가는 원가의 변화 요인이 없다면 생산량과 무관하게 항상 일정하기 때문이다. 반면 단위당 고정제조간접원가는 생산량에 따라 변하게 된다. 전부원가계산에서는 사전원가계산을 위해 고정제조간접원가를 예정배부율을 이용해 계산한다. 예정배부율은 고정제조간접원가예산액을 기준조업도로 나누어서 계산한다. 이때 실제조업도가 기준조업도와 달라지면 배부율이 달라지고 고정제조간접원가 배부액과 예산액에 차이가 생기게 되는데 이를 조업도차이라 한다. 조업도차이에 대해서는 제10장에서 자세히 설명한다.

셋째, 변동원가계산 손익계산서에서는 이익계획 목적을 위한 CVP 관계 자료를 쉽게 얻을 수 있다. 따라서 경영자는 CVP 관계 분석을 위한 별도의 자료를 작성할 필요가 없다.

넷째, 변동원가계산 손익계산서에는 공헌이익이 나타나므로 제품별, 지역별, 고객별, 기타 경영부문별 업적에 대한 상대적 평가가 촉진된다. 전부원가계산에서 재고자산에의 고정원가배부는 기업성과에서 고정원가의 영향 평가를 어렵게 한다.

변동원가계산은 이러한 유용성에도 불구하고 몇 가지의 단점을 가지고 있다.

첫째, 외부보고에서 일반적으로 인정되지 않는다는 것이다. 따라서 외부보고를 위해서는 전부원가계산으로 정정하는 것이 필요하다.

FOCUS ON

닛산(Nissan)의 전부원가계산으로 인한 악효과

닛산의 북미지역 최고경영자인 Jed Connelly는 다음과 같은 사실을 인정하였다. "우리는 과잉생산을 하였습니다." 닛산은 그들의 회계처리방법(전부원가계산방법)하에서는 자동차의 판매와 무관하게 생산이 많으면 이익이 창출되는 것처럼 보이기 때문에 공장규모를 확장시켜왔다. 그 결과 닛산의 대리점은 자동차를 팔기 위해 판매가격을 대폭 할인해왔다. 포춘지에 따르면 "할인하거나 출혈판매를 함으로써 닛산의 브랜드 가치는 떨어진다. 도요타자동차는 품질이 좋은 차로 인식되는 반면, 닛산은 품질이 저렴한 차로 인식되고 있다."

자료 : Garrison, H. R., E. W. Noreen, and P. C. Brewer, *Managerial Accounting*, 12th ed., McGraw-Hill, 2007, p. 316에서 재인용.

둘째, 비용을 고정비용과 변동비용으로 분류하는 데에 있어서 모든 비용을 두 종류로만 분류할 수 없다는 점이다. 특히 준변동비용이나 준고정비용과 같이 쉽게 분류할 수 없는 원가가 많으며, 이들 원가의 분류에는 상당한 임의성이 반영될 가능성이 크다.

셋째, 전부원가계산은 제품원가를 변동원가와 고정원가로 구분하지 않으므로 시스템 구축비용이 적게 든다. 반면, 변동원가계산은 정확한 제품원가를 계산하기 위해서는 변동원가와 고정원가를 완전히 구분해야 한다. 그러나 이 두 원가를 완전히 구분하기는 쉽지 않으며 이를 위해서는 많은 시스템 구축비용이 소요된다. 다른 회계시스템 선택과 마찬가지로 의사결정 상황에서의 원가-효익 분석은 중요한 부분이다.

넷째, 총제조원가에서 변동원가의 비중이 낮아진 오늘날 제조환경에서는 변동원가계산의 중요성이 감소되었다. 고정제조원가 항목을 묶어서 기간비용으로 처리하는 변동원가계산방식은 점차 커지는 고정제조원가를 통제하는 데 있어서 기업에 도움을 주지 못하기 때문이다.

초변동원가계산

초변동원가계산은 직접재료원가만을 제품원가로 집계하고 가공원가는 기간비용으로 처리한다.

초변동원가계산(super variable costing)은 변동원가계산에서 한 단계 더 나아간 방법이다. 기존의 원가계산방법을 비판하는 사람들은 변동원가계산방법도 과도하게 원가가 재고자산화된다고 주장한다. 자동화된 설비로 생산하는 기업에서는 직접노무원가가 거의 없거나 고정원가일 가능성이 많다. 따라서 초변동원가계산에서는 직접재료원가를 제외한 모든 제조원가를 발생한 기간의 비용으로 처리한다. 초변동원가계산은 재료처리량 원가계산(throughput costing)이라고도 한다. 이 개념은 제약이론(theory of constraint, TOC)에서 시작된 것으로 최근에 소개된 방법이며 아직 널리 사용되고 있지는 않다.

재료처리량은 제품생산의 시작단계에서부터 완성된 제품이 고객에게 판매되어 이익을 창출하는 과정까지를 의미한다.

재료처리량(throughput)이란 제품생산을 위한 시작단계(재료취급단계)에서부터 제품이 완성되어 고객에게 판매되어 이익을 창출하는 과정까지를 의미한다. 기존의 원가계산과는 달리 초변동원가계산에서는 직접재료원가만을 재료처리과정에서 발생한 제품원가로 처리하고 가공원가는 기간비용으로 본다.

(주)루비의 자료를 이용하여 초변동원가계산에 의한 손익계산서를 작성하면 [도표 9-11]과 같다. 도표에서 보듯이 매출액에서 직접재료원가를 차감하여 재료처리량 공헌이익(throughput contribution margin)을 산출한다. 재료처리량 공헌이익은 현금창출 공헌이익이라고도 한다. 재료처리량 공헌이익은 가공원가와 판매관리비가 고정되어 있을 때 재료처리량의 증가에 따른 이익증가를 측정한다.

재료처리량 공헌이익은 매출액에서 직접재료원가를 차감한 금액이다.

도표 9-11 초변동원가계산 손익계산서

초변동원가계산 손익계산서		
	20×1년	20×2년
매출액 (3,750×₩4; 4,000×₩4)	₩15,000	₩16,000
직접재료원가		
기초재고액 (0×₩1.26; 250×₩1.26)	0	315
당기투입액 (4,000×₩1.26; 3,750×₩1.26)	5,040	4,725
판매가능액	5,040	5,040
기말재고액 (250×₩1.26; 0×₩1.26)	315	0
직접재료매출원가	4,725	5,040
재료처리량 공헌이익	10,275	10,960
기타원가		
직접노무원가	2,160	2,025
변동제조간접원가	1,200	1,125
고정제조간접원가	6,000	6,000
변동판매관리비	450	480
고정판매관리비	800	800
총기타원가	10,610	10,430
영업이익	−₩335	₩530

변동원가계산 영업이익과 초변동원가계산 영업이익의 차이는 다음과 같이 계산된다.

변동원가계산 영업이익−초변동원가계산 영업이익
=(생산량−판매량)×(단위당 변동제조원가−단위당 직접재료원가)

또는

=(생산량−판매량)×(단위당 직접노무원가+단위당 변동제조간접원가)

20×1년 초변동원가계산에서는 단위당 직접재료원가 ₩1.26만 재고자산원가가 된다. 반면, 전부원가계산에서는 ₩3.6, 변동원가계산에서는 ₩2.1이 재고자산원가가 된다. 따라서 생산량이 판매량을 초과하는 경우에 세 가지 원가계산방법 중 가장 많은 금액이 당기에 비용화된다. 따라서 초변동원가계산은 판매가 생산을 따라가지 못한 상황에서 재고축적의 유인을 감소시킨다.

전부원가계산, 변동원가계산 그리고 초변동원가계산 등을 요약하면 [도표 9-12]와 같다.

도표 9-12 전부원가계산, 변동원가계산, 초변동원가계산의 비교

	전부원가계산	변동원가계산	초변동원가계산
외부보고	일반적으로 인정된 회계원칙	일반적으로 인정된 회계원칙이 아님	일반적으로 인정된 회계원칙이 아님
내부보고	원가절감에 이용	성과평가 및 의사결정에 이용	단기 생산능력 결정에 이용
재고자산원가	직접재료원가 직접노무원가 변동제조간접원가 고정제조간접원가	직접재료원가 직접노무원가 변동제조간접원가	직접재료원가
기간비용	판매관리비	고정제조간접원가 고정판매관리비	직접노무원가 변동제조간접원가 고정제조간접원가 판매관리비

[보론] 전부원가계산하에서의 CVP

CVP 분석에서는 비용이 변동비용과 고정비용으로 구분되고 생산량은 전부 판매되며, 당기에 발생하는 고정비용 전액이 당기에 비용화된다는 가정에 따라 고정비용을 보상할 수 있는 손익분기점이나 목표이익을 달성하는 매출 등을 계산한다. 이 경우에 손익분기점은 하나만 존재하며, 이는 단위당 공헌이익, 고정비용 그리고 판매수량에 의해 결정된다. 단위당 공헌이익과 고정비용이 일정하다면 판매수량이 증가할수록 영업이익은 증가하며, 반대로 판매수량이 감소하면 영업이익도 감소한다.

그러나 현실적으로 생산량과 판매량이 일치하지 않는 것이 일반적이며, 대부분의 기업은 전부원가계산을 택하고 있다. 전부원가계산을 적용하는 경우에 손익분기점은 하나만이 아니다. 왜냐하면 전부원가계산하에서 단위당 공헌이익, 고정비용, 생산량과 판매량 간의 관계 등의 요인이 손익분기점에 영향을 미치기 때문이다.

생산량을 X_p, 판매량을 X_s로 구분하고, 고정비용을 고정제조원가 MF와 고정일반관리비 GF로 구분하면 CVP 관계를 다음과 같이 표현할 수 있다.

$$\text{이익} = TR - TC = pX_s - \left(vcX_s + \frac{MF}{X_p} \times X_s + GF\right)$$

$$= \left(p - vc - \frac{MF}{X_p}\right)X_s - GF$$

따라서

$$BEP(X_s|X_p) = \frac{GF}{p - vc - \dfrac{MF}{X_p}}$$

위 식에서 보듯이 전부원가계산하에서의 손익분기점은 단일의 판매량이 결정하지 않고 X_p와 X_s의 조합에 따라 다양한 손익분기점이 존재하게 되며, 이러한 점의 궤적은 손익분기선(break even line, BEL)을 형성한다.

자료 3

전부원가계산방법을 사용하고 있는 (주)루비는 내년도 사업계획을 세우고 있다. 20×1년 생산 및 판매에 대한 정보는 다음과 같다.

원가 및 비용 정보	
단위당 판매가격	₩4
단위당 변동비용	
직접재료원가	₩1.26
직접노무원가	0.54
변동제조간접원가	0.30
고정비용	
고정제조간접원가	₩6,000
고정일반관리비	800

(주)루비는 내년도 주력제품인 패브릭의 생산 및 판매 계획을 세우면서 적절한 생산량과 판매량을 알고자 한다. (주)루비는 패브릭 생산량이 4,000로트, 3,900로트, 3,800로트 그리고 3,700로트일 때 손익분기점 판매량을 계산했다. 계산결과는 다음과 같다.

• CVP 관계식

$$BEP(X_s|X_p)=\frac{₩800}{₩4-₩2.1-\dfrac{₩6,000}{X_p}}$$

• 생산량별 손익분기점

$$BEP(X_s|X_{p=4,000})=\frac{₩800}{₩4-₩2.1-\dfrac{₩6,000}{4,000}}=2,000$$

$$BEP(X_s|X_{p=3,900})=\frac{₩800}{₩4-₩2.1-\dfrac{₩6,000}{3,900}}=2,222$$

$$BEP(X_s|X_{p=3,800}) = \frac{₩800}{₩4 - ₩2.1 - \frac{₩6,000}{3,800}} = 2,492$$

$$BEP(X_s|X_{p=3,700}) = \frac{₩800}{₩4 - ₩2.1 - \frac{₩6,000}{3,700}} = 2,857$$

상기 계산에서 보듯이 (주)루비는 생산량의 변화에 따라 손익분기점 수량도 변하게 된다. 이를 그림으로 표현하면 [도표 9A-1]과 같이 표현된다.

도표 9A-1 전부원가계산에서의 손익분기선

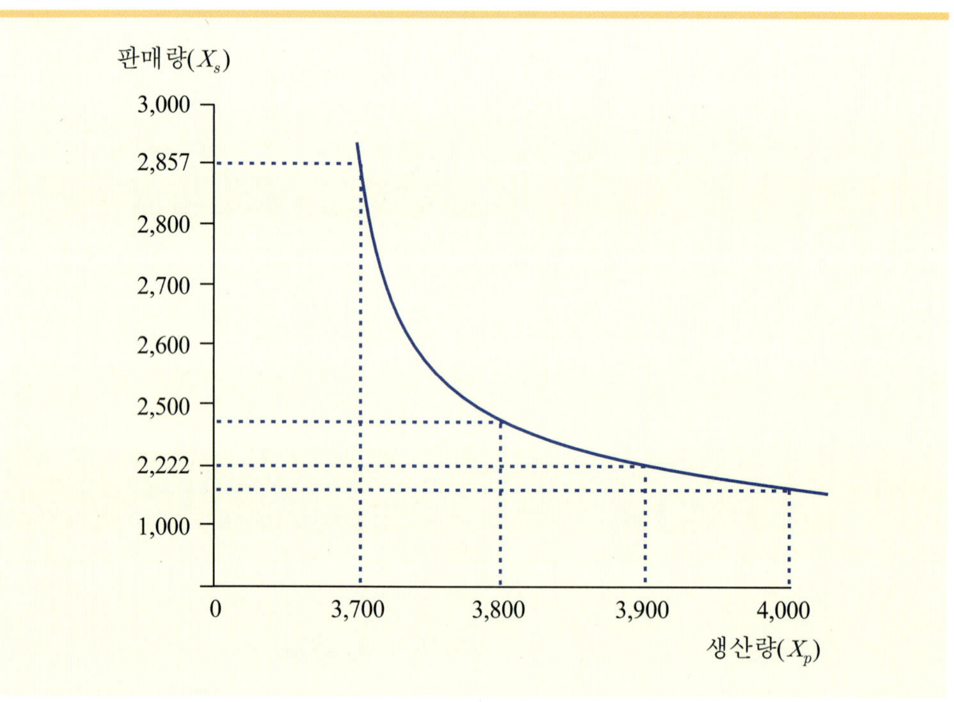

앞에서 기업들은 사전원가계산을 위해 고정제조간접원가 예정배부율을 이용해 사전배부한다는 것을 배웠다. 이 경우 판매가격에서 단위당 변동비용과 단위당 고정제조간접원가를 차감해 단위당 이익을 계산할 때 항상 동일한 고정제조간접원가배부율이 적용된다. 그러나 실제 생산량에 따라 고정제조간접원가 예정배부율과 고정제조간접원가 실제배부율 간에 차이가 발생할 수 있다. 이를 조업도차이라고 하며 조업도차이 금액을 당기에 비용화한다면, 손익계산서 공식은 다음과 같이 조정되어야 한다.

$$이익 = (p - vc - umf)X_s - (GF + VG)$$

umf : 고정제조간접원가 예정배부율
VG : 조업도차이(=실제고정제조간접원가−배부고정제조간접원가)

따라서

$$BEP(X_s) = \frac{GF + VG}{p - vc - umf}$$

자습문제

TastebeeN은 수입한 커피 원두를 직접 로스팅해서 전국의 커피전문점에 공급한다. TastebeeN의 20×1년 커피 판매 및 원가에 대한 목표 및 실제 정보는 다음과 같다.

	실 제	목 표
구입 및 판매 정보		
기초재고량	0kg	0kg
구입량	10,000kg	10,000kg
판매량	8,500kg	9,000kg
기말재고량	1,500kg	1,000kg
원가 및 비용 정보		
kg당 판매가격	₩500	₩400
kg당 변동비용		
직접재료원가	100	120
직접노무원가	30	30
변동제조간접원가	40	30
변동일반관리비	20	30
고정비용		
고정제조간접원가	500,000	500,000
고정일반관리비	350,000	350,000

* 변동일반관리비는 원두 판매와 관련하여 발생한다.

[요구사항]

(1) 전부원가계산과 변동원가계산에 의해 20×1년 TastebeeN의 커피 제조원가를 계산하시오.
(2) 전부원가계산 손익계산서와 변동원가계산 손익계산서를 작성하시오.
(3) TastebeeN의 20×1년 공헌이익분석 보고서를 작성하시오.
(4) 변동원가계산과 전부원가계산 하에서 TastebeeN의 손익분기점 수량을 각각 구하시오.

(1) TastebeeN의 커피 제조원가

	전부원가계산	변동원가계산
직접재료원가	₩100	₩100
직접노무원가	30	30
변동제조간접원가	40	40
고정제조간접원가	50	–
합계	₩220	₩170

(2) 손익계산서

a. 전부원가계산 손익계산서

손익계산서-20×1년		
매출액 (8,500kg × ₩500)		₩4,250,000
매출원가 (8,500kg × ₩220)		1,870,000
매출총이익		2,380,000
변동일반관리비 (8,500kg × ₩20)	170,000	
고정일반관리비	350,000	520,000
영업이익		₩1,860,000

b. 변동원가계산 손익계산서

손익계산서-20×1년		
매출액 (8,500kg × ₩500)		₩4,250,000
변동매출원가 (8,500kg × ₩170)		1,445,000
제품공헌이익		2,805,000
변동일반관리비 (8,500kg × ₩20)		170,000
공헌이익		2,635,000
고정비용		
고정제조간접원가	500,000	
고정일반관리비	350,000	850,000
영업이익		₩1,785,000

(3) 공헌이익분석 보고서

공헌이익분석 보고서-20×1년		
목표공헌이익		₩1,710,000
매출변화효과 :		
판매수량요인 (8,500－9,000)×₩400	(200,000)	
판매가격요인 (₩500－₩400)×8,500	850,000	
매출변화효과액		650,000
변동매출원가 변화효과 :		
변동원가수량요인 (9,000－8,500)×₩180	90,000	
변동원가요인 (₩180－₩170)×8,500	85,000	175,000
변동일반관리비 변화효과 :		
변동원가수량요인 (9,000－8,500)×₩30	15,000	
변동원가요인 (₩30－₩20)×8,500	85,000	100,000
실제공헌이익		₩2,635,000

TastebeeN의 목표공헌이익과 실제공헌이익 간에는 ₩925,000의 차이가 발생했다. 이러한 차이는 매출, 변동매출원가 그리고 변동일반관리비의 변화에서 기인한 것으로 나타났다. 먼저 판매수량이 500kg 감소하였으나 판매가격이 kg당 ₩100이 상승하여 매출액이 목표보다 ₩650,000 증가하였다. 한편, 변동원가수량요인과 원가요인의 변화로 인해 변동매출원가가 ₩175,000 감소함으로써 공헌이익 증가에 영향을 미치는 것으로 나타났다. 또한 변동일반관리비도 수량과 원가요인의 변화가 ₩100,000의 감소를 가져와 공헌이익 증가에 영향을 미쳤다. 결과적으로 TastebeeN은 목표공헌이익 ₩1,710,000보다 ₩925,000 많은 ₩2,635,000의 공헌이익을 달성했다.

(4) 각 원가계산방법별 손익분기점

a. 변동원가계산하에서의 손익분기점

$$손익분기점=\frac{₩850,000}{₩500-₩190}=2,741.94kg$$

b. 전부원가계산하에서의 손익분기점

$$손익분기점=\frac{₩350,000}{₩500-₩170-\frac{₩500,000}{10,000kg}}=1,250kg$$

문제 A형

9-1
L.O. 9-1

서브마린(주)는 단일제품을 생산해 단위당 ₩150에 판매하고 있다. 서브마린(주)의 제품생산에 대한 단위당 원가정보는 다음과 같다.

직접재료원가	₩40
직접노무원가	50
변동제조간접원가	10
고정제조간접원가	40,000

단위당 판매비는 ₩2이며 모두 변동비이다. 관리비용 ₩15,000은 모두 고정비이다. 서브마린(주)는 2,000단위를 생산하여 1,800단위를 판매했다. 단, 기초제품재고액은 없다.

[요구사항]

(1) 전부원가계산하에서의 이익은 얼마인가?
(2) 변동원가계산하에서의 이익은 얼마인가?

9-2
L.O. 9-1

아이리버(주)는 MP3 플레이어를 생산 및 판매한다. 다음 자료는 변동원가계산시스템에 의해 작성한 아이리버(주)의 20×1년 5월 31일의 손익계산서이다.

변동원가계산 손익계산서

아이리버(주) 20×1년 5월 1일~5월 31일

매출액(36,000단위)		₩4,320,000
변동매출원가		
변동제조원가	₩2,073,600	
차감 : 기말재고(7,200단위)	345,600	
변동매출원가		1,728,000
제조공헌이익		₩2,592,000
변동판매비와 관리비		1,080,000
공헌이익		₩1,512,000
고정비용		
고정제조간접원가	₩432,000	
고정판매비와 관리비	345,600	777,600
영업이익		₩734,400

[요구사항]

전부원가계산하에서의 손익계산서를 작성하시오.

9-3
L.O. 9-1

다음 자료는 전부원가계산에 의해 작성된 미소(주)의 20×1년 7월 31일의 손익계산서이다.

전부원가계산 손익계산서

미소(주) 20×1년 7월 1일~7월 31일

매출액	₩78,938
영업비용	
매출원가	37,919
판매비와 관리비	24,998
총영업비용	62,917
영업이익	₩16,021

영업비용 중 각 항목의 변동원가는 다음과 같다.

매출원가	₩21,230
판매비와 관리비	10,000

[요구사항]

상기 자료를 이용하여 변동원가계산 손익계산서를 작성하시오. 단, 기간별 재고자산은 일정하게 유지된다고 가정한다.

9-4
L.O. 9-1

(주)대한은 설립 후 3년이 경과되었다. 경영진은 외부보고 목적의 전부원가계산 자료와 경영의사결정 목적의 변동원가계산에 의한 자료를 비교분석하고자 한다. (주)대한의 생산과 판매에 관련된 자료는 다음과 같다.

	1차년도	2차년도	3차년도
생산량	40,000단위	50,000단위	20,000단위
판매량	40,000단위	20,000단위	50,000단위

- 1단위당 판매가격은 ₩30이다.
- 변동제조원가는 1단위당 ₩10, 변동판매관리비는 1단위당 ₩4이다.
- 고정제조간접원가는 ₩400,000, 고정판매관리비는 ₩100,000이다.
- 과거 3년 동안 (주)대한의 판매가격과 원가는 변하지 않았다. (KICPA 2021)

[요구사항]

(1) 2차년도와 3차년도 변동원가계산하에서의 이익은 얼마인가?

(2) 2차년도와 3차년도 전부원가계산하에서의 이익은 얼마인가?

9-5
L.O. 9-1, 3

과일음료를 판매하는 가리원(주)는 판매량을 증가시키기 위해 판매가격을 낮추기로 결정했다. 이에 따라 20×1년 연간 매출액은 계획금액 ₩1,182,500보다 ₩17,500이 증가한 것으로 보고됐다. 20×1년 매출과 관련한 자료는 다음과 같다.

	계 획	실 제	증가/(감소)
매출액	₩1,182,500	₩1,200,000	₩17,500
판매수량	43,000개	48,000개	5,000개
판매가격	₩27.50	₩25.00	(₩2.50)
단위당 변동원가	₩5.00	₩5.00	0

[요구사항]

(1) 판매수량요인과 단위당 가격요인에 의한 공헌이익분석 보고서를 작성하시오.

(2) 실제 단위당 변동원가가 ₩5인 경우에 판매가격을 낮춤으로써 공헌이익의 순증가를 가져올 만큼 판매량이 충분히 증가하는가?

9-6
L.O. 9-3

다음은 휴대폰 액정화면을 생산 및 판매하는 우진전자(주)의 20×1년 성과자료이다.

	실 제	계 획	증가/(감소)
매출액	₩6,875,000	₩6,768,000	₩107,000
차감 :			
변동매출원가	₩3,630,000	₩3,513,600	₩116,400
변동판매관리비	715,000	806,400	(91,400)
총변동원가	₩4,345,000	₩4,320,000	₩25,000
공헌이익	₩2,530,000	₩2,448,000	₩82,000
판매수량	27,500개	28,800개	
단위당			
판매가격	₩250.00	₩235.00	
변동매출원가	132.00	122.00	
변동판매관리비	26.00	28.00	

[요구사항]

우진전자(주)의 20×1년 공헌이익분석 보고서를 작성하시오.

9-7
L.O. 9-1, 2

아산(주)는 20×1년 1월에 사업을 시작하였으며, 단일제품을 생산 및 판매한다. 지난 4년간 운영성과에 대한 보고서에 표시된 전부원가계산과 변동원가계산하에서의 영업이익은 다음과 같다.

연 도	전부원가계산	변동원가계산
20×1년	₩75,000	₩70,000
20×2년	65,000	65,000
20×3년	60,000	45,000
20×4년	40,000	60,000

표준단위당 생산원가, 판매가격, 제조간접원가배부율(전부원가계산하에서) 그리고 기대조업도수준은 매년 같았다. 모든 원가들에 대해서 변동예산차이는 없었다. 모든 비제조비용은 고정비이며, 비제조비용의 차이는 발생하지 않았다.

[요구사항]

(1) 생산량과 판매량이 같은 해는 언제인가?
(2) 생산량이 판매량을 초과하는 해는 언제인가?
(3) 20×4년 12월 31일 제품재고자산 금액은 얼마인가? 단, 전부원가계산을 적용한다.
(4) 전부원가계산하에서의 고정제조간접원가배부율이 단위당 ₩4인 경우 생산량과 판매량의 수량차이는 몇 개인가?

9-8
L.O. 9-1, 2

한길기업은 영업 첫해에 50,000개의 제품을 만들어 48,900개의 제품을 단위당 ₩12에 판매하였다. 한샘기업은 예정제조간접원가배부율 계산을 위해서 50,000개의 실질적인 활동수준을 선택하였다. 제조원가는 다음과 같다.

직접재료원가	₩118,500
직접노무원가	93,000
변동제조간접원가	65,000
고정제조간접원가	51,000

[요구사항]

(1) 변동원가계산하의 제품단위당 원가를 계산하시오.
(2) 변동원가계산하의 기말재공품원가는 얼마인가?

9-9
L.O. 9-1, 2

20×1년 초에 영업을 개시한 (주)한국은 단일제품 X를 생산하여 지역 A와 지역 B에 판매하고 있다. 회사는 20×1년중 제품 X를 40,000단위 생산하여 그중 35,000단위를 판매하였으며, 20×1년 말 현재 직접재료 및 재공품 재고는 없다. 20×1년중 제품 X의 단위당 판매가격과 생산 · 판매 관련 단위당 변동원가 및 연간 고정원가는 다음과 같다.

단위당 판매가격	₩80
단위당 직접재료원가	24
단위당 직접노무원가	14
단위당 변동제조간접원가	2
단위당 변동판매관리비	4
연간 고정제조간접원가	800,000
연간 고정판매관리비	496,000

회사는 20×1년 판매량 35,000단위 중 지역 A와 지역 B에 각각 25,000단위와 10,000단위를 판매하였다. 20×1년 고정제조간접원가 ₩800,000은 각 지역별로 추적이 불가능한 공통원가이고, 20×1년 고정판매관리비 ₩496,000 중 지역 A와 지역 B에 추적가능한 금액은 각각 ₩150,000과 ₩250,000이며 나머지 ₩96,000은 각 지역별로 추적이 불가능한 공통원가이다. (KICPA 2016)

[요구사항]

(1) 변동원가계산에 의한 (주)한국의 20×1년 단위당 제품제조원가를 계산하시오.

(2) 변동원가계산에 의한 (주)한국의 20×1년 영업손익을 계산하시오.

(3) 전부원가계산에 의한 (주)한국의 20×1년 기말제품재고금액은 얼마인가?

(4) (주)한국의 20×1년 지역별 부문손익계산서에 의하면 지역 A의 부문이익(segment margin)은 얼마인가?

문제 B형

9-10 L.O. 9-1, 2

(주)대한은 20×1년 1월 1일에 처음으로 생산을 시작하였고, 20×1년과 20×2년의 영업활동 결과는 다음과 같다.

	20×1년	20×2년
생산량	1,000단위	1,400단위
판매량	800단위	1,500단위
고정제조간접원가	?	?
전부원가계산에 의한 영업이익	₩8,000	₩8,500
변동원가계산에 의한 영업이익	₩4,000	₩10,000

(주)대한은 재공품재고를 보유하지 않으며, 재고자산 평가방법은 선입선출법이다. (KICPA 2018)

[요구사항]

20×1년과 20×2년에 발생한 고정제조간접원가는 각각 얼마인가? 단, 두 기간의 단위당 판매가격, 단위당 변동제조원가와 판매관리비는 동일하였다.

9-11 (주)대한은 20×1년 초에 설립되었으며 단일제품을 생산한다. 20×1년과 20×2년에 전부원가계산에 의한 영업활동 결과는 다음과 같다. (KICPA 2019)

L.O. 9-1, 2

	20×1년	20×2년
생산량	100단위	120단위
판매량	80단위	110단위
매출액	₩24,000	₩33,000
매출원가	17,600	22,400
매출총이익	₩6,400	₩10,600
판매관리비	5,600	6,200
영업이익	₩800	₩4,400

[요구사항]

(주)대한은 재공품재고를 보유하지 않으며, 원가흐름 가정은 선입선출법이다. 20×2년도 변동원가계산에 의한 영업이익은 얼마인가? 단, 두 기간의 단위당 판매가격, 단위당 변동제조원가, 고정제조간접원가, 단위당 변동판매관리비, 고정판매관리비는 동일하다.

9-12 활력음료(주)는 카페인 에너지 음료를 단위당 ₩4에 판매한다. 운영 첫해의 결과는 아래 표와 같이 나와 있다.

L.O. 9-1, 2, 3

생산수량	52,000
판매수량	50,000
단위당 직접재료원가	₩0.55
단위당 직접노무원가	0.25
단위당 변동제조간접원가	0.15
총고정제조간접원가	39,000
총고정판매 및 관리비	50,000

[요구사항]

(1) 전부원가계산하에서 첫해 영업이익은 얼마인가?

(2) 변동원가계산하에서 첫해 영업이익은 얼마인가?

9-13 (주)대한은 20×1년 1월 1일에 처음으로 생산을 시작하였고, 20×1년과 20×2년의 영업활동 결과는 다음과 같다.

L.O. 9-1, 2, 3

	20×1년	20×2년
생산량	2,000단위	2,800단위
판매량	1,600단위	3,000단위
변동원가계산에 의한 영업이익	₩16,000	₩40,000

(주)대한은 재공품재고를 보유하지 않으며, 재고자산 평가방법은 선입선출법이다. 20×1년 전부원가계산에 의한 영업이익은 ₩24,000이며, 20×2년에 발생한 고정제조간접원가는 ₩84,000이다. (KICPA 2022)

[요구사항]

20×2년 (주)대한의 전부원가계산에 의한 영업이익은 얼마인가? 단, 두 기간의 단위당 판매가격, 단위당 변동제조원가와 판매관리비는 동일하다.

9-14
L.O. 9-2, 3

(주)한국은 제품 A와 제품 B를 제조하여 판매하는 회사이며, 제품원가계산으로 평준화(정상)원가계산을 사용한다. 원가흐름에 대해서는 선입선출법(FIFO)을 적용하며, 기초와 기말의 재공품재고는 없다. 이 회사의 20×1년 생산, 판매 및 원가에 대한 자료는 다음과 같다.

	제품 A	제품 B
예산생산량	1,500단위	2,500단위
실제판매량	1,000단위	2,000단위
단위당 판매가격	₩150	₩140
단위당 직접재료원가	₩20	₩10
단위당 직접노무시간	2시간	2시간
직접노무시간당 임률	₩20	₩20

기초제품재고는 없으며, 실제생산량은 예산생산량과 동일하였다. 제조간접원가의 배부기준은 직접노무시간으로, 회사가 예산수립시 회귀분석을 통해 추정한 총제조간접원가 추정식은 다음과 같다.

$$총제조간접원가 = ₩120,000 + ₩12 \times 직접노무시간$$

20×1년에 실제로 발생한 제조간접원가 총액은 ₩220,000이며, 원가차이는 매출원가에서 전액 조정한다. 판매관리비는 고려하지 않는다. (KICPA 2021)

[요구사항]

(1) 전부원가계산을 사용하여 회사의 20×1년 영업이익을 계산하시오.
(2) 변동원가계산을 사용하여 회사의 20×1년 영업이익을 계산하시오.

9-15
L.O. 9-1, 2

(주)대한은 20×1년 초에 설립되었으며 단일제품을 생산한다. 20×1년과 20×2년에 전부원가계산에 의한 영업활동 결과는 다음과 같다.

	20×1년	20×2년
생산량	100단위	120단위
판매량	80단위	110단위
매출액	₩24,000	₩33,000
매출원가	17,600	22,400
매출총이익	₩6,400	₩10,600
판매관리비	5,600	6,200
영업이익	₩800	₩4,400

(주)대한은 재공품재고를 보유하지 않으며, 원가흐름 가정은 선입선출법이다. (KICPA 2019)

[요구사항]

20×2년도 변동원가계산에 의한 영업이익은 얼마인가? 단, 두 기간의 단위당 판매가격, 단위당 변동제조원가, 고정제조간접원가, 단위당 변동판매관리비, 고정판매관리비는 동일하다.

9-16
L.O. 9-1, 2

20×1년에 영업을 개시한 (주)세무는 단일제품을 생산·판매하고 있으며, 전부원가계산제도를 채택하고 있다. (주)세무는 20×1년 2,000단위의 제품을 생산하여 단위당 ₩1,800에 판매하였으며, 영업활동에 관한 자료는 다음과 같다. (세무사 2021)

제조원가	
단위당 직접재료원가	₩400
단위당 직접노무원가	300
단위당 변동제조간접원가	200
고정제조간접원가	250,000
판매관리비	
단위당 변동판매관리비	₩100
고정판매관리비	150,000

[요구사항]

(주)세무의 20×1년 영업이익이 변동원가계산에 의한 영업이익보다 ₩200,000이 많을 경우, 판매수량은? 단, 기말재공품은 없다.

9-17
L.O. 9-2, 5

단일제품을 생산 및 판매하는 (주)갑을의 개업 첫 달 영업결과는 다음과 같다. (KICPA 2011 수정)

- 생산량은 450개이며, 판매량은 300개이다.
- 제품의 단위당 판매가격은 ₩7,000이다.
- 판매관리비는 ₩100,000이다.
- 초변동원가계산에 의한 영업이익은 ₩125,000이다.
- 변동원가계산에 의한 영업이익은 ₩350,000이다.
- 전부원가계산에 의한 영업이익은 ₩500,000이다.
- 제조원가는 변동원가인 직접재료원가와 직접노무원가, 고정원가인 제조간접원가로 구성되어 있다.
- 월말재공품은 없다.

[요구사항]

(1) 당월에 발생한 총제조원가는 얼마인가?

(2) 제품단위당 고정제조간접원가를 계산하시오.

(3) 단위당 직접노무원가+단위당 변동제조간접원가를 계산하시오

(4) 단위당 직접재료원가는 얼마인가?

9-18
L.O. 9-5

엘지전자(주)는 3D OLED TV를 생산하여 판매한다. 이 회사는 실제원가계산시스템을 적용하고, 단위당 원가는 매월 계산한다. 20×1년 5월과 6월에 관련된 자료는 다음과 같다.

	5월	6월
수량		
기초재고	0	150
생산	500	400
판매	350	520
변동비용		
단위당 제조원가	₩10,000	₩10,000
직접재료원가	6,700	6,700
직접노무원가	1,500	1,500
제조간접원가	1,800	1,800
단위당 운영비	3,000	3,000
고정비용		
제조원가	₩2,000,000	₩2,000,000
운영비	600,000	600,000

TV의 대당 판매가격은 ₩24,000이다.

[요구사항]

초변동원가계산방법에 의해 엘지전자(주)의 20×1년 5월과 6월의 손익계산서를 작성하시오.

9-19
L.O. 9-2, 3, 5

F회사는 내부의사결정 목적으로는 변동원가계산을, 외부보고 목적으로는 전부원가계산을 사용하고 있다. 당기중에 실제 발생한 제품단위당 원가는 다음과 같다.

직접재료원가(1단위당 0.5kg)	₩1,500
직접노무원가	3,000
변동제조간접원가	500
고정제조간접원가	550

직접재료는 기초시점에서 투입되며 가공비는 공정 전체에 걸쳐 계속 발생한다.
당기매입한 직접재료는 12,000kg이며 직접재료 중 당기에 11,000kg이 공정에 투입되었다.
기초재고와 기말재고에 관련된 내용은 다음과 같다.

	원재료	재공품	제 품
기초재고	2,000kg	500개(50%)	850개
기말재고	3,000kg	750개(40%)	600개

제품단위당 판매가격은 ₩10,000이다.
재고자산평가시 선입선출법을 사용하며 전기에도 단위당 원가는 당기와 동일하다고 가정한다.

[요구사항]

(1) 전부원가계산 손익계산서를 작성하시오.
(2) 변동원가계산을 사용할 때 공헌이익과 영업이익은 얼마인가?
(3) 전부원가계산과 변동원가계산의 영업이익 차이를 자세히 분석하시오.
(4) 초변동원가계산을 사용할 때 재료처리량 공헌이익(throughput contribution)과 영업이익은 얼마인가?
(5) 변동원가계산과 초변동원가계산의 영업이익 차이를 자세히 분석하시오.

9-20
L.O. 9-보론

벨킨(주)는 표준원가에 의한 전부원가계산을 사용한다. 직접재료원가를 포함한 총변동제조원가는 단위당 ₩3.00이다. 또한 표준생산량은 기계시간당 10단위이다. 예산간접제조원가와 실제간접제조원가는 모두 ₩420,000이다. 고정간접제조원가는 시간당 ₩7.00로 배부되었다(₩420,000÷60,000시간 기준조업도). 판매가격은 단위당 ₩5.00이다. 변동판매비와 일반관리비는 판매단위당 ₩1.00이다. 고정판매비와 일반관리비는 ₩120,000이다. 20×2년의 기초재고는 30,000단위이고, 기말재고는 40,000단위이다. 20×2년의 매출은 540,000단위이고, 20×1년과 20×2년 표준원가는 같았다. 문제를 간단히 하기 위해 가격차이, 소비차이 및 능률차이는 없다고 가정한다.

[요구사항]

(1) 변동원가계산하의 손익분기점 수량은 얼마인가?
(2) 전부원가계산하의 손익분기점 수량은 얼마인가?

용어해설

공헌이익 손익계산서(contribution margin income statement) 변동원가계산 손익계산서라고도 하며 원가행태별로 구분하여 작성됨

변동원가계산(variable costing) 변동제조원가만 제품원가로 할당되는 원가계산시스템

재료처리량(throughput) 제품생산의 시작단계에서부터 완성된 제품이 고객에게 판매되어 이익을 창출하는 과정까지를 의미

재료처리량 공헌이익(throughput contribution margin) 또는 **현금창출 공헌이익** 매출액에서 직접재료원가를 차감한 금액

전부원가계산(absorption costing, full costing) 고정제조원가와 변동제조원가가 제품원가로 할당되는 원가계산시스템

제품공헌이익(product contribution margin) 매출액에서 변동매출원가를 차감한 금액

직접원가계산(direct costing) 직접원가 항목만 제품원가로 할당되는 원가계산시스템으로, 변동원가계산과 혼용해서 사용하기도 하나 이는 부적절한 용어의 사용임

초변동원가계산(super variable costing) 또는 **재료처리량 원가계산**(throughput costing) 직접재료원가만 제품원가로 할당하는 원가계산방법

총공헌이익(total contribution margin) 제품공헌이익에서 변동비용을 차감한 금액으로, 일반적으로 공헌이익으로 부름

chapter

10

표준원가계산과 차이분석

이 장을 학습한 후에 다음을 할 수 있어야 한다 :

10-1 표준원가의 의미에 대해 설명할 수 있어야 한다.

10-2 표준의 종류와 설정에 대해 설명할 수 있어야 한다.

10-3 직접재료원가와 직접노무원가의 차이분석을 할 수 있어야 한다.

10-4 변동제조간접원가와 고정제조간접원가의 차이분석을 할 수 있어야 한다.

10-5 표준원가계산시스템에서의 회계처리를 이해해야 한다.

10-6 수량(능률)차이를 세분한 배합차이와 수율차이를 설명할 수 있어야 한다.

Standard Costing and Variance Analysis

표준원가

제품의 원가를 계산하는 데 실제원가와 정상원가를 사용할 수 있음을 제3장에서 살펴보았다. 실제원가계산에서는 직접재료원가, 직접노무원가, 제조간접원가 모두 실제원가를 사용하여 제품원가를 계산한다. 정상원가에서는 실제원가에 의한 직접원가와 실제 자원소비량에 사전에 설정된 제조간접원가 예정배부율을 곱하여 구한 제조간접원가를 더해 제품원가를 계산한다. 반면, 표준원가계산은 직접재료원가, 직접노무원가 그리고 제조간접원가를 미리 정한 표준원가로 계산한다. 표준원가계산은 앞선 두 가지 방법보다도 사전에 원가를 계산할 수 있으며, 다양한 목적을 위해 이용된다. 이하에서는 표준원가계산 및 실제원가와 표준원가의 차이분석에 대해 설명한다.

표준원가의 필요성

과거와는 달리 현대의 급격한 경영환경의 변화 속에서 더 이상 표준원가와 차이분석이 의미가 있는가에 대해 많은 비판이 제기되고 있다. 그럼에도 불구하고 기업들은 계속해서 표준원가를 이용하고 있고 이를 통해 성과측정을 한다. 표준원가계산은 실제원가계산이 가지고 있는 여러 가지 원가관리상의 문제들(예를 들면, 조업도에 따른 원가의 변동성, 원가정보의 지연 및 부적절한 원가능률의 측정기준 등)을 보완하기 위해 개발된 사전원가계산시스템이다.

표준원가는 제품생산에 필요한 자원의 양과 가격에 대해 미리 설정된 기대원가이다.

표준원가(standard cost)는 제품이나 산출물의 각 단위에 의해 소비되는 자원의 양과 가격에 대해 미리 설정된 제품단위의 기대원가(anticipated costs)를 의미한다. 표준원가계산시스템은 제품 또는 서비스 원가계산을 통한 재무제표의 작성은 물론, 합리적이고 객관적인 예산편성의 기초자료를 제공함으로써 변동예산(flexible budgeting)을 가능하게 한다. 또한 실제원가와 표준원가의 차이분석을 통한 피드백 정보의 제공과 기장사무의 간략화와 신속화를 지원하는 다목적시스템으로 개발되었다.

표준은 하나의 기준 또는 기준이 되는 수치를 의미한다.

표준(standard)이란 하나의 기준 또는 기준이 되는 수치(benchmark)를 뜻한다. 즉, 표준원가는 기업이 과거의 생산경험이나 기술 분석 등을 통해 사전에 설정한 것으로서 목표의 달성을 추구하며 작업을 하게 하는 목표치로서의 기준이 된다.

표준(standard)과 예산(budget)은 사전원가이며 경영계획 및 통제에 활용된다. 그러나 표준원가계산시스템을 이용하는 데 있어서 자주 혼동하는 것이 표준과 예산의 구별이다. 표준은 단위(unit)금액을 의미하고 예산은 총(total)금액을 의미한다. 따라서 직접재료원가의 표준원가는 제품 한 단위당 금액으로 표현한다. 예를 들어 제품 5,000개 생산에 대한 직접노무원가 ₩500,000은 직접노무원가 예산액이 되며, ₩100(=₩500,000/5,000개)은 단위당 직접노무원가 임률이 된다. 따라서 표준은 전체 예산을 구성하는 개별 원가항목과 관련이 있다.

왜 경영자는 표준원가를 이용하는가?

통제시스템은 기본적으로 다음 세 부분으로 이루어져 있다. 성과수준에 대해 사전 설정된 표준과 실제성과측정치 그리고 표준과 실제성과의 비교이다. 우리가 일상생활에서 많이 사용하는 김치냉장고를 생각해보자. 김치냉장고에는 온도조절장치라는 것이 있고 이는 김치냉장고의 작동을 통제한다. 김치냉장고를 작동시킬 때 냉장고의 칸별로 상이한 온도를 유지하기를 원한다면 우리는 먼저 김치냉장고의 칸별 희망온도를 설정한다. 그다음 김치냉장고의 온도조절장치는 김치냉장고 내부에 있는 온도계를 이용하여 실제 실내온도를 측정한다. 마지막으로 온도조절장치는 측정한 실내온도와 사전 설정된 온도를 비교한 후 온도 차이에 따라 김치냉장고를 가동시키거나 중단시키는 역할을 한다.

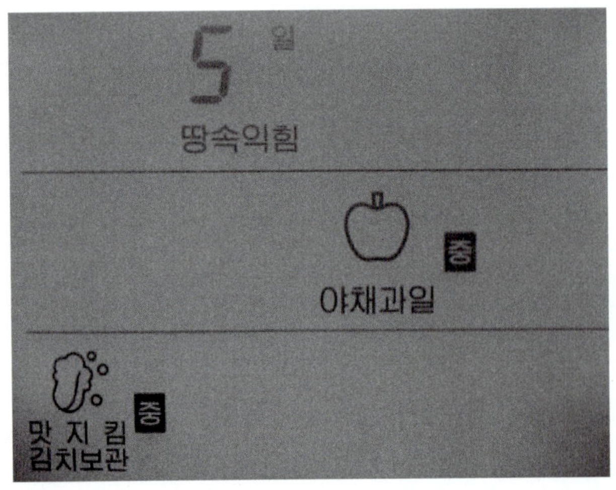

표준원가계산시스템도 온도조절장치와 같이 세 가지 기능으로 이루어져 있다. 첫째, 제품생산을 위한 표준을 설정하고, 둘째, 생산과정에서 발생한 실제원가를 측정한 후 셋째, 원가관리담당자는 실제원가와 표준원가의 차이를 분석하여 수정조치를 취한다. 이러한 과정을 통한 표준원가계산시스템의 이용은 경영자들에게 다음과 같은 업무에 도움을 준다.

- 예산편성에 도움을 준다.
- 목표설정에 의한 통제에 도움을 준다.
- 차이분석을 이용한 예외에 의한 관리를 가능하게 해준다.
- 재고자산 평가와 매출원가 산정에 기초자료를 제공해준다.
- 성과기준을 제공함으로써 종업원을 동기부여시킨다.
- 장부기록의 간소화와 신속화를 촉진한다.

도표 10-1 표준원가시스템 이용의 유용성

예산편성에 도움을 준다.

목표설정에 의한 통제에 도움을 준다.

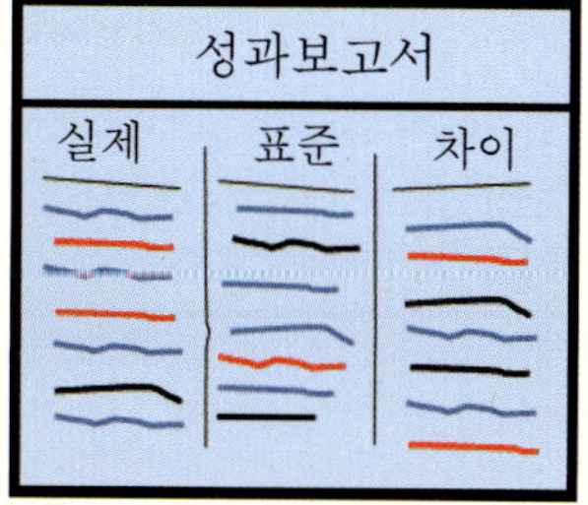

차이분석을 이용한 예외에 의한 관리를 가능하게 해준다.

재고자산 평가와 매출원가 산정에 기초자료를 제공해준다.

성과기준을 제공함으로써 종업원을 동기부여시킨다.

장부기록의 간소화와 신속화를 촉진한다.

표준의 설정

제품의 단위당 표준원가의 설정은 어려운 작업이다. 표준설정작업에는 원가 및 수량과 관련이 있는 모든 사람들의 참여와 동의가 요구된다. 왜냐하면 표준원가계산시스템의 성공여부는 설정된 표준의 신뢰성, 정확성 그리고 표준의 수용에 달려 있기 때문이다. 직접재료의 표준원가를 설정하기 위해서는 생산관리자, 품질관리 엔지니어 그리고 생산현장의 감독자 등으로부터 지원을 받아야 한다. 직접노무원가의 표준을 세우기 위해서는 급여부서로부터 임률에 대한 자료를 지원받아야 한다. 엔지니어들로부터는 노동시간에 대한 자문을 받게 된다.

표준의 종류에는 어떤 것이 있는가?

표준은 구성원들이 받아들일 수 있는 생산에서의 능률수준을 의미한다. 표준을 설정하는 가장 중요한 이유 중의 하나가 효율적 운영을 달성하도록 종업원을 동기부여하기 위한 것이다. 너무 엄격하고 비현실적인 표준은 종업원의 동기부여에 부정적인 영향을 미치게 되고 쉽게 포기하게 만든다. 반면, 표준이 너무 느슨하게 설정되면 종업원들은 그들의 목표를 느슨한 표준에 맞춤으로써 실행할 수 있는 수준보다 낮은 수준으로 생산성을 감소시키게 된다. 따라서 표준은 정상적인 작업상황에서 어렵지만 달성할 수 있는 수준으로 설정하는 것이 종업원을 동기부여하는 데 이바지할 수 있다. 표준원가는 이러한 능률수준에 따라 다음과 같이 분류된다.

이상적 표준

이상적 표준은 이상적인 작업조건하에서 달성할 수 있는 표준이다.

이상적 표준(ideal standard)은 이상적인 작업조건하에서 달성할 수 있는 표준으로 이상적인 최대 조업도와 능률수준에 기준한 표준을 의미한다. 이는 어떠한 기계고장이나 작업 중단이 허용되지 않으며 작업자들의 휴식시간 등도 고려되지 않는다. 이 표준은 현실적으로 달성가능한 성과라기보다는 하나의 이상적 목표를 나타낸다. 이상적 표준은 현실적으로 달성하기가 불가능한 목표치이다.

정상적 표준

정상적 표준은 정상적인 조업도수준이나 능률수준에 대해 설정된 표준이다.

정상적 표준(normal standard)은 정상적인 조업도수준이나 능률수준에 대해 설정된 표준을 의미한다. 여기서 정상이란 경영활동에서 이상 또는 우발적인 상황을 제거한 것이다. 정상적 표준은 장기간의 과거 실적치를 통계적으로 평균화하고 미래의 예상추세를 가미하여 결정한다. 따라서 경제상황이 비교적 안정된 경우 적합하며, 이는 장기적 표준이라고도 한다.

실제적 표준

실제적 표준은 단기적으로 기대되는 수준의 조업도와 능률수준에 기준하여 설정된 표준이다.

실제적 표준(practical standard)은 단기적으로 기대되는 수준의 조업도와 능률수준에 기준하여 설정된 표준을 의미한다. 정상적인 감손과 기계고장, 정상적인 작업자의 여유시간 등을 감안해 표준을 설정한다. 따라서 이상적 표준보다는 어느 정도 여유가 있으며, 작업자들이 정상적인 노력을 한다면 달성가능한 표준이다.

표준원가는 한 번 설정이 되면 변하지 않는 불변이 아니며, 가격이나 기술수준에 따른 능률의 변경 또는 시장상황의 변동에 따른 조업도의 변동 등의 원인에 따라 끊임없이 검토되고 수정되어야 한다.

표준의 설정

기업은 과거자료의 분석과 업무분석을 통해 표준을 설정한다. 과거원가 자료는 미래원가를 나타내는 중요한 도구로서의 역할을 한다. 성숙된 생산과정에서의 과거원가 자료는 미래원가 예측에 신뢰할 만한 기준을 제공해준다. 그러나 원가분석에 있어서 생산과정에서의 가격수준이나 기술변화가 있는 경우에는 이들의 움직임을 반영하여 예측을 조정할 필요가 있다. 표준설정을 위한 다른 한 가지 방법은 업무분석의 이용이다.

수량표준

엔지니어나 생산관리자들이 직접재료나 직접노무의 양에 대한 표준을 설정한다. 직접재료와 직접노무의 수량표준(quantity standard)은 능률적 작업 상황에서 제품

수량표준은 능률적 작업상황에서 제품 한 단위 생산에 투입되는 재료의 수량과 시간을 의미한다.

한 단위를 생산하는 데 투입되는 재료의 수량과 시간을 의미하며, 두 가지 이상의 재료와 작업자가 투입되면 각 재료 및 작업자에 대해 표준수량 및 시간이 표시되어야 한다. 직접노무의 시간표준 설정에 있어서는 시간 및 동작 연구가 유용한 도구로 이용된다. 또한 대개 이 표준들은 회피불능의 공손이나 작업폐물들을 포함해서 설정한다.

(주)루빈은 최근 프리미엄 가죽소파를 생산하고 있다. 엔지니어와 생산관리자는 프리미엄 가죽소파 한 단위 생산에 직접재료로서 소가죽이 5.6m^2 소비되며, 추가로 정상공손 및 작업폐물로 0.4m^{2}가 필요한 것으로 표준을 설정한다.

가죽	5.6m^2	소파 한 단위
정상공손 및 작업폐물	0.4m^2	소파 한 단위
가죽 표준소비량	6.0m^2	소파 한 단위

(주)루빈의 프리미엄 가죽소파 생산에 대한 직접노무시간 표준은 과거의 작업시간 기록과 현재 작업환경에서의 작업시간 기록에 기초하여 표준작업시간을 설정한다. 표준직접노무시간은 소파 생산에 소요되는 작업시간에 설비의 정상적인 수리시간 등을 추가해서 결정한다. (주)루빈의 프리미엄 가죽소파 한 단위의 작업시간은 다음과 같다.

정상작업시간	4시간	소파 한 단위
기계수리시간	1시간	소파 한 단위
직접노무시간	5시간	소파 한 단위

가격표준

가격표준은 재료의 구입원가를 의미한다.

재료원가의 가격표준(price standard)은 재료를 구입하는 원가를 말하며, 만일 두 가지 이상의 재료가 투입되면 각각에 대한 가격표준이 설정되어야 한다. 가격표준은 원가회계부문 및 구매부문의 원재료 원가추정에 기초하여 설정한다. 가격표준은 원재료의 현행 구입가격에 구입과 관련하여 발생하는 제반비용(취급비용 및 운반비 등)을 가산하여 결정한다.

(주)루빈의 프리미엄 가죽소파 생산을 위한 가죽의 구입가격은 가죽이 m^2당 ₩25 그리고 취급비용 및 운반비가 m^2당 ₩5이다. 따라서 가죽의 표준가격은 m^2당 ₩30으로 설정된다.

가죽가격	₩25	m^2당
취급비용 및 운반비	5	m^2당
가죽 표준가격	₩30	m^2당

임률표준은 작업에 종사하는 노동력의 예정된 가격을 의미한다.

직접노무원가의 임률표준(labor rate standard)은 작업에 종사하는 노동력의 예정된 가격을 말하며, 작업별 또는 직종별 임률이 고려되어야 한다. 회계담당자는 인사부분과 함께 임률표준을 설정한다. 임률에는 정규 급여에 세금 및 복리후생비를 포함한다. (주)루빈은 작업자의 시간당 임금을 ₩40을 지급하며 세금 및 복리후생비가 시간당 ₩5이 지급된다. 따라서 (주)루빈의 시간당 임률은 ₩45으로 설정된다.

급여	₩40	직접노무시간당
세금 및 복리후생비	5	직접노무시간당
임률	₩45	직접노무시간당

제조간접원가표준

제조간접원가표준은 변동제조간접원가 예정배부율과 고정제조간접원가 예정배부율로 구분된다.

직접재료원가와 직접노무원가의 수량 및 가격표준과 함께 기업은 제조간접원가의 표준을 설정한다. 제조간접원가 예정배부율(pre-determined manufacturing overhead rates)의 계산은 앞서 제3장과 제6장에서 배웠다. 제3장에서 우리는 제조간접원가배부율을 고정제조간접원가 예정배부율(standard fixed overhead rate)과 변동제조간접원가 예정배부율(standard variable overhead rate)로 구분하였다. 왜 제조간접원가배부율을 두 가지로 구분할까? 그 이유는 첫째, 제6장에서 학습한 바와 같이 보다 정확한 원가배부를 하기 위함이다. 둘째, 관리자에게 상이한 조업도에 의한 변동예산(flexible budgets)을 세우는 데 도움을 주기 때문이다. 표준제조간접원가율을 설정하기 위해서 회계담당자는 변동제조간접원가와 고정제조간접원가 추정에 생산담당자와 함께 작업을 한다. 한편, 생산담당자는 표준제조간접원가율을 계산하기 위해 적절한 배부기준을 식별해야 한다.

표준변동제조간접원가의 설정은 표준작업시간과 표준배부율로 이루어진다. 여기서 표준작업시간은 직접노무시간, 기계시간 등 시간기준으로 제조간접원가를 배부하는 것으로 어떤 것이든 사용될 수 있다. 한편, 표준배부율은 변동제조간접원가 예산액을 기준조업도로 나누어서 계산한다. (주)루빈은 제조간접원가 배부기준으로 직접노무시간을 이용하고 있다. (주)루빈은 금년도에 500개의 프리미엄 가죽소파의 생산을 계획하고 있으며, 이와 관련하여 변동제조간접원가는 ₩24,000 그리고 고정제조간접원가는 ₩45,000이 발생할 것으로 예상된다. (주)루빈의 제조간접원가 배부기준으로서의 기준조업도는 3,000직접노무시간으로 추정된다. 따라서 (주)루빈의 프리미엄 가죽소파 한 단위당 변동제조간접원가 표준배부율은 다음과 같이 계산된다.

$$\text{변동제조간접원가 표준배부율}=\frac{\text{변동제조간접원가 총추정액}}{\text{기준조업도}}$$

$$=\frac{₩24{,}000}{3{,}000\text{직접노무시간}}$$

$$=₩8.00\ \text{직접노무시간 단위당}$$

또한 고정제조간접원가 표준배부율은 다음과 같이 계산된다.

$$\text{고정제조간접원가 표준배부율}=\frac{\text{고정제조간접원가 총추정액}}{\text{기준조업도}}$$

$$=\frac{₩45{,}000}{3{,}000\text{직접노무시간}}$$

$$=₩15.00\ \text{직접노무시간 단위당}$$

표준제조간접원가배부율은 변동제조간접원가 표준배부율과 고정제조간접원가 표준배부율의 합이다. 따라서 제조간접원가 표준배부율은 ₩23(=₩8+₩15)이다.

표준원가의 계산

표준원가
=표준수량×표준가격

수량과 가격표준이 설정되면 직접재료, 직접노무 그리고 제조간접활동의 각 투입에 대한 표준원가를 표준수량에 표준가격을 곱하여 계산한다.

예를 들면, (主)루빈의 프리미엄 가죽소파 한 단위의 표준직접재료원가는 다음과 같이 계산된다.

$$6.0m^2 \text{ 가죽소파 한 단위} \times ₩30m^2\text{당} = ₩180 \text{ 가죽소파 한 단위}$$

또한, (主)루빈의 프리미엄 가죽소파 한 단위의 표준직접노무원가는 다음과 같이 계산된다.

$$5\text{직접노무시간} \times ₩45 \text{ 직접노무시간 단위당} = ₩225 \text{ 가죽소파 한 단위}$$

가격표준과 수량표준의 설정 책임자 및 요인을 요약하면 [도표 10-2]와 같다.

도표 10-2 가격표준과 수량표준의 설정 책임자 및 요인

	가격표준	수량표준
직접재료	책임 : 구매담당자 요인 : 구매가격, 할인, 납기요구사항, 신용정책	책임 : 생산담당자 및 엔지니어 요인 : 제품사양의 변경, 공손, 생산일정의 변경
직접노무	책임 : 인적자원담당자 요인 : 임률, 세금, 복리후생	책임 : 생산담당자 및 엔지니어 요인 : 과거 경험상 생산수준에 필요로 하는 시간
제조간접	책임 : 생산담당자 요인 : 지원활동에 필요로 하는 자원의 성격과 양	

변동예산 : 차이 및 통제

표준은 예산 설정을 가능하게 하며 예산의 설정은 실제발생액과의 비교를 통해 성과를 평가할 수 있게 해준다. 또한, 경영자는 성과의 차이분석을 통해 계획과 통제의 의사결정에 사용할 수 있는 정보를 제공해준다.

고정예산과 변동예산

고정예산

고정예산은 특정 조업도에 대한 예산원가이다.

고정예산(static budget)은 하나의 특정 조업도에 대한 예산원가를 나타낸다. 고정예산은 일단 한 번 수립된 후에는 조정되거나 변경되지 않는다. 제조간접원가가 조업도수준의 영향을 받지 않거나 조업도수준이 안정적인 경우에는 고정예산에 의한 예산편성은 적합한 방법이 된다. 그러나 실제로는 조업도수준은 많이 변동하며, 제조간접원가는 조업도 변동의 영향을 받는다.

실제조업도와 예상조업도가 일치하지 않음에도 고정예산제도를 이용하면, 원가차이는 조업도수준의 변동에 의한 부분이 포함되어 원가차이의 원인이 명확해지지 않는다. 이 경우 고정예산제도는 특정목표의 달성 정도를 나타내는 원가유효성(effectiveness)의 평가에는 유용하나, 원가효율성(efficiency)을 평가하는 데에는 적합하지 않게 된다.

변동예산

변동예산은 여러 다른 조업도수준에서의 예산원가이다.

변동예산(flexible budget)은 여러 다른 조업도수준에서의 예상원가를 나타낸다. 따라서 변동예산제도는 예산기간 동안에 실제 달성된 산출량에 따라 예산이 탄력적으로 변동된다. 따라서 변동예산은 고정예산과는 달리 조업도 변동에 따른 문제가 발생하지 않는다. 또한 변동예산은 고정예산보다 여러 항목에 대한 차이계산을 잘할 수 있게 해준다.

실제성과와 예산금액의 성과보고서

다음 자료는 가정용 인테리어 가구를 제조 및 판매하는 (주)루빈의 자료이다.

자료 1

(주)루빈은 가정용 인테리어 가구를 제조·판매한다. (주)루빈은 20×1년에 프리미엄 가죽소파를 새로 출시하기로 하였으며, 시장수요는 연간 300개에서 700개가 될 것으로 예상한다. (주)루빈의 20×1년 설정된 고정예산은 400개의 프리미엄 가죽소파가 팔리는 것을 기준으로 작성되었다. 20×1년에 실제로 판매된 프리미엄 가죽소파는 500개이다.

- 예산매출액은 ₩260,000(=400단위×₩650),
- 예산변동비용은 ₩178,000(=400단위×₩445),
- 예산고정비용은 ₩45,000이다.

고정예산차이

(주)루빈의 20×1년 영업이익의 차이 ₩57,500은 실제영업이익 ₩94,500에서 고정예산 영업이익 ₩37,000을 차감한 금액으로, 이를 고정예산차이(static budget variance)라고 한다.

영업이익의 고정예산차이 = 실제성과 − 고정예산금액
= ₩94,500 − ₩37,000 = ₩57,500(F)

도표 10-3 (주)루빈의 20×1년 실제성과와 고정예산 성과보고서

	실제성과 (1)	고정예산차이 (2)=(1)−(3)	고정예산 (3)
판매수량	500단위	100단위	400단위
매출액(₩700; ₩650)	₩350,000	90,000(F)	₩260,000
변동비용(₩411; ₩445)	205,500	27,500(U)	178,000
공헌이익	144,500	62,500(F)	82,000
고정비용	50,000	5,000(U)	45,000
영업이익	₩94,500	₩57,500(F)	₩37,000

총고정예산차이 ₩57,500(F)

F=영업이익의 유리한 차이; U=영업이익의 불리한 차이

[도표 10-3]은 (주)루빈의 20×1년 실제성과와 고정예산의 성과보고서이다. [도표 10-3]의 첫 번째 칸은 실제성과를 나타낸다. 세 번째 칸은 20×1년 초에 설정된 고정예산이다. [도표 10-3]은 (주)루빈의 20×1년 영업이익차이의 원인을 보여준다.

[도표 10-3]에서 보듯이 고정예산이 설정되지 않았다면 20×1년의 성과가 좋은 것인지 나쁜 것인지 알 수가 없다. 그러나 예산이 설정됨으로써 실제성과와의 비교를 통해 성과의 달성여부를 파악할 수 있게 된다. [도표 10-3]의 분석을 통해 영업이익차이가 매출액, 변동비용 그리고 고정비용의 차이에서 기인한 것임을 알 수 있다. 그러나 실제성과와 고정예산 사이에 표준원가를 이용한 변동예산을 추가함으로써 실제성과와 예산의 차이에 대해 더 다양한 분석을 할 수 있다.

변동예산차이

[도표 10-4]는 실제성과와 고정예산 사이에 변동예산을 추가한 성과보고서이다. 변동예산은 표준원가계산시스템을 이용하여 설정되었다.

(산출물 한 단위에 허용된 표준투입량)×(투입된 단위당 표준원가)

고정예산은 (주)루빈이 프리미엄 가죽소파의 400단위 판매를 예상하고 설정한 예산이다. 반면, 변동예산은 만약 프리미엄 가죽소파가 실제 500단위가 팔린

도표 10-4 (주)루빈의 20×1년 변동예산에 기초한 성과보고서

	실제성과 (1)	변동예산차이 (2)=(1)−(3)	변동예산 (3)	매출수량차이 (4)=(3)−(5)	고정예산 (5)
판매수량	500단위	0	500단위	100단위	400단위
매출액	₩350,000	₩25,000(F)	₩325,000	₩65,000(F)	₩260,000
변동비용	205,500	17,000(F)	222,500	44,500(U)	178,000
공헌이익	144,500	42,000(F)	102,500	20,500(F)	82,000
고정비용	50,000	5,000(U)	45,000	0	45,000
영업이익	₩94,500	₩37,000(F)	₩57,500	₩20,500(F)	₩37,000

총변동예산차이 ₩37,000(F) | 총매출조업도차이 ₩20,500(F)

F=영업이익의 유리한 차이; U=영업이익의 불리한 차이

다는 정확한 판단을 했었다면 편성되었을 예산이다. 따라서 [도표 10-4]에서 첫 번째 칸과 세 번째 칸의 수량 500단위는 실제로 판매된 수량이고 다섯 번째 칸의 수량 400단위는 예상수량이다. (주)루빈의 20×1년 ₩57,500의 고정예산차이는 ₩37,000의 변동예산차이와 ₩20,500의 매출조업도차이(sales volume variance)로 구분된다.

₩37,000의 유리한 총변동예산차이는 단위당 판매가격과 단위당 변동비용 그리고 고정비용이 예산금액과 다르기 때문에 발생한 것이다. 먼저 수익항목에서 실제판매가격과 예산판매가격이 일치하지 않음에 따라 ₩25,000(F)의 유리한 차이가 발생했다. 이 차이를 판매가격차이(selling price variance)라고 한다.

판매가격차이 = (실제판매가격 − 예산판매가격) × 실제판매수량
= (₩700 − ₩650) × 500
= ₩25,000(F)

(주)루빈의 판매가격차이는 실제판매가격이 예산판매가격을 ₩50 초과한 것에 기인한 것이다.

그러나 비용 항목 중 실제변동비용은 예산변동비용보다 적게 발생해 ₩17,000 유리한 차이가 발생했으며, 고정비용은 실제발생액이 예산액보다 ₩5,000 더 많이 소비됨으로써 불리한 차이가 발생했다. 그래서 영업이익이 ₩12,000만큼 증가하게 되고 ₩37,000의 총변동예산차이가 나타났다.

도표 10-5 변동예산에 기초한 원가차이분석

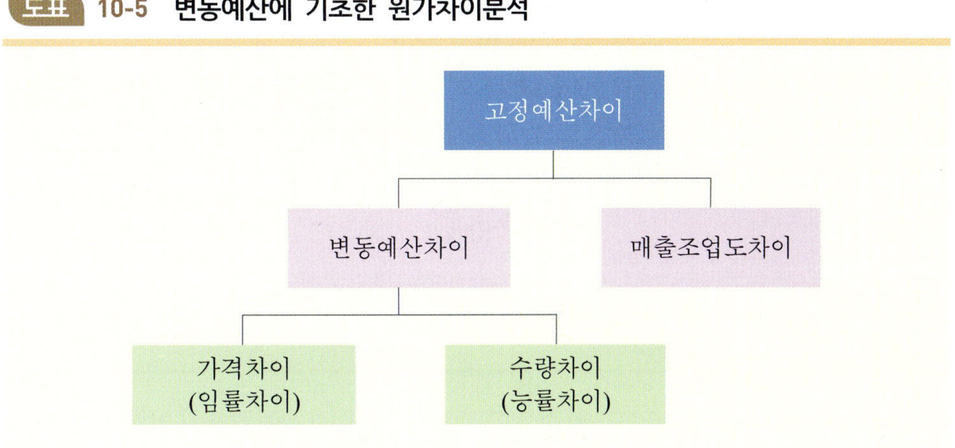

매출조업도(매출수량)차이

[도표 10-4]에서 보듯이 매출조업도차이는 변동예산영업이익에서 고정예산영업이익을 차감한 금액으로 계산된다. [도표 10-4]의 3열 변동예산과 5열 고정예산의 차이는 변동예산은 실제산출물에 따라 예산이 설정되는 데에 반해, 고정예산은 예산산출물에 의해 설정된다는 것이다. 두 금액 사이의 차이는 판매수량의 차이에서 발생하게 되는데, 이를 매출조업도차이라고 한다. 본장에서는 프리미엄 가죽소파 단일제품에 대해서 분석하고 있다. 따라서 (주)루빈의 20×1년 프리미엄 가죽소파의 매출조업도차이는 매출수량차이와 같으며 이는 다음과 같이 계산된다.

매출조업도(매출수량)차이 = 변동예산영업이익 − 고정예산영업이익
= ₩57,500 − ₩37,000
= ₩20,500(F)

(주)루빈의 경우 영업이익의 매출수량차이는 예산상 400개보다 100개가 더 많은 500개를 판매했기 때문에 발생한 것이다. 매출수량차이 계산에서는 예산판매가격, 단위당 변동비용 그리고 고정비용이 고정된 것으로 본다는 점에 주의해야 한다.

가격차이와 수량차이

고정예산차이와 변동예산차이를 좀더 세분화해서 분석함으로써 경영자들은 성과에 대한 책임소재를 보다 명확히 할 수 있게 된다. 이를 위해 표준원가를 이용함으로써 변동예산차이는 가격차이와 수량차이로 구분할 수 있다.

- 가격차이(price variance) : 가격차이는 실제가격과 표준가격의 차이에 실제수량을 곱하여 계산한다. 이것이 직접노무원가에 대한 차이인 경우에는 임률차이(labor rate variance)라고도 한다.

가격차이 = (투입물의 실제가격 − 투입물의 표준가격) × 실제투입수량

- 수량차이(quantity variance) : 수량차이는 실제투입량과 허용된 표준투입량의 차이에 표준가격을 곱해 계산한다. 수량차이는 능률차이(efficiency variance)나 사용차이(usage variance)라고도 한다.

수량차이＝(실제투입수량－허용된 표준투입수량)×표준가격

원가차이분석(Ⅰ) : 직접재료원가차이와 직접노무원가차이

직접재료원가의 차이분석

직접재료원가차이 : 가격차이

가격차이는 재료의 구매시점이나 소비시점에서 인식한다.

직접재료원가차이(direct material cost variance)는 실제발생한 직접재료원가와 실제생산량에 허용된 표준직접재료원가의 차이를 말한다. 이러한 직접재료원가차이는 가격차이(price variance)와 수량차이(quantity variance)로 구분된다.

자료 2

(주)루빈은 프리미엄 가죽소파를 생산하기 위해 소가죽을 구입하였다. 재료원가와 관련된 자료는 다음과 같다.

단위당 실제소비량	단위당 표준소비량	총구입량	총사용량	실제 구입가격	표준 구입가격	완성수량
5m^2	6m^2	2,600m^2	2,500m^2	@₩35	@₩30	500개

직접재료원가 가격차이 ＝(실제가격－표준가격) ×투입된 실제수량

직접재료원가차이는 가격차이와 수량차이로 구분된다. 가격차이는 투입된 재료의 단위당 가격이 표준가격 내에서 얼마나 잘 지켜졌는지를 측정한다. 명칭에서 보듯이 가격차이는 투입된 직접재료의 [실제가격(AP)－표준가격(SP)]×투입된 실제수량(AQ)에 의해 계산된다. 500단위의 프리미엄 가죽소파 생산에 투입된

직접재료의 단위당 실제가격은 단위당 표준가격보다 ₩5(=₩35−₩30)이 높았다. 따라서 가격차이는 ₩12,500(=₩5×2,500m^2)의 불리한 차이(U)를 보이고 있다.

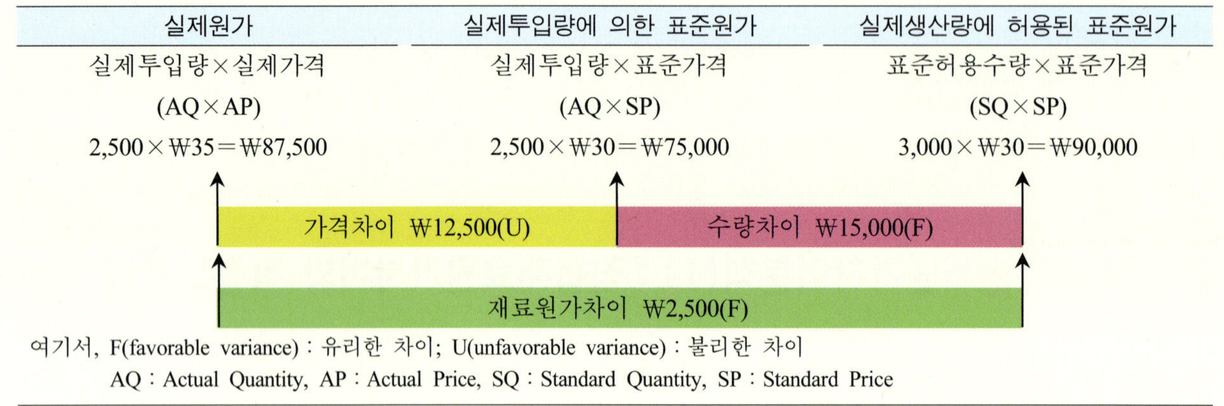

재료의 구매와 소비 시점이 서로 다를 때에는 가격차이를 구매시점과 소비시점으로 구분하여 분석하는 것이 관리적 입장에서는 좋을 수가 있다. 직접재료의 가격차이와 수량차이를 구매시점과 소비시점으로 구분하여 분석하면 다음과 같다. 구매담당자는 직접재료 2,600m^{2}를 표준가격 ₩30보다 ₩5이 높은 ₩35에 구입하였다. 따라서 직접재료가격차이는 ₩13,000 불리한 차이(U)를 보인다. 이

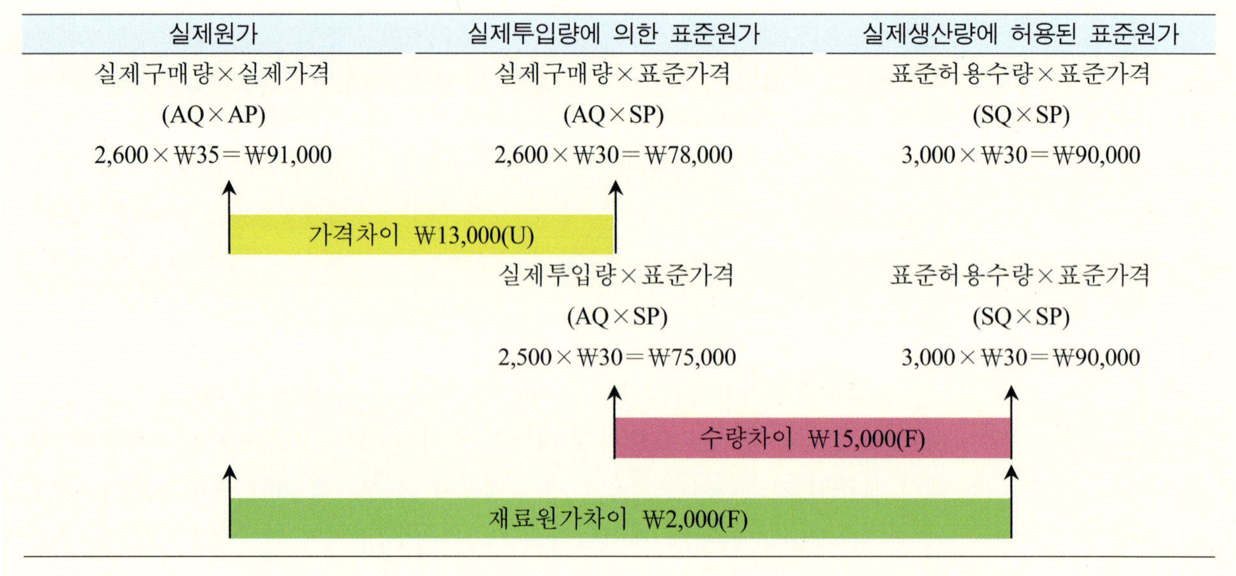

는 소비시점에 가격차이를 인식했던 때보다 ₩500 더 불리한 차이를 보인다. 이는 재료의 구매시점과 소비시점의 차이에 따라 발생한 것이다. 구매량이 소비량보다 많을 경우 가격차이는 소비시점까지 인식이 이연된다.

직접재료원가차이 : 수량차이

직접재료원가 수량차이
=(실제수량−허용된 표준수량)
×표준가격

수량차이는 능률차이라고도 하며 제품생산에서 표준수량을 지켰는가를 측정한다. 다시 말해 이 측정치는 산출물에 소비된 실제재료수량이 산출물에 허용된 표준수량 내에서 이루어졌는가를 측정한다. 명칭에서 보듯이 수량차이는 생산에 투입된 직접재료의 [실제수량(AQ)−허용된 표준수량(SQ)]×투입된 표준가격(SP)에 의해 계산된다. 500단위의 프리미엄 가죽소파 생산에 투입된 직접재료수량은 2,500m^2(=500×5m^2)로, 산출물에 허용된 표준수량 3,000m^2(=500×6m^2)보다 500m^2(=2,500m^2−3,000m^2)를 적게 사용하였다. 따라서 수량차이는 ₩15,000(=₩30×500m^2)의 유리한 차이(F)를 보이고 있다. 결과적으로 (주)루빈은 재료구입 가격에서 ₩13,000의 불리한 차이를 보였으나 효율적인 생산을 통해 ₩15,000의 유리한 수량차이를 달성함으로써 ₩2,000의 유리한 재료원가차이를 보이고 있다.

이러한 차이의 원인은 기업 내부 및 외부의 다양한 요인들과 관련이 있다. 재료차이의 책임을 누가 질 것인가는 발생원인에 따라 다르다. 대개 가격차이는 구매시점에 인식하게 되며 구매담당자가 책임을 지게 된다. 재료의 가격은 수량 및 가격할인이나, 생산부서에서 요구하는 재료의 품질수준, 운반방법 등 많은 요인에 의해 영향을 받는다. 그러나 이 요인들은 표준가격을 설정할 때 고려되므로 이들에 의한 가격차이는 구매담당자가 책임지게 된다.

그러나 최근에는 구매담당자가 통제할 수 없는 요인에 의해 차이가 발생하기도 한다. 때때로 원유가격과 같이 가격은 예상했던 것보다 더 빠르게 올라가기도 한다. 또는 계획에 없던 긴급주문을 수락함으로써 높은 가격에 재료를 구입하게 되는 경우도 있다. 이러한 경우에 발생하는 가격차이는 생산담당자나 마케팅담당자가 책임지게 된다.

재료수량차이는 생산담당자가 책임을 지게 된다. 대개 수량차이는 미숙련공이나 설비의 고장 등에 의해서 발생하기 때문이다. 그러나 재료의 품질이 떨어져서 재료사용량이 많은 것이라면 이는 구매담당자가 책임을 져야 한다.

직접노무원가의 차이분석

직접노무원가의 차이분석도 직접재료원가와 마찬가지로 실제 발생한 직접노무원가와 실제생산량에 허용된 표준직접노무원가의 차이로 설명된다.

자료 3

(주)루빈은 프리미엄 가죽소파를 생산하기 위해 다음과 같이 직접노무시간을 사용하였다.

단위당 실제 노무시간	단위당 표준 노무시간	실제시간당 임률	표준시간당 임률	완성수량
4시간	5시간	@₩50	@₩45	500개

노무원가차이는 재료원가차이에서와 같이 가격요소인 임률차이와 물량요소인 능률(수량)차이로 구분할 수 있다. 직접노무원가차이는 다음과 같이 기본분석모형을 이용해 간단하게 분석할 수 있다.

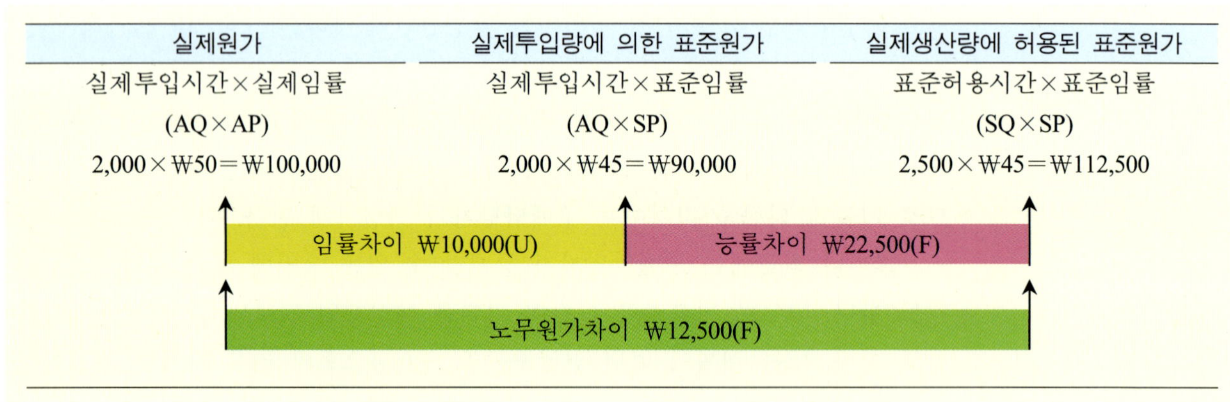

직접노무원가차이 : 임률차이

직접노무원가 임률차이
=(실제임률－표준임률)
×실제투입노무시간

직접노무원가차이는 직접재료원가차이 계산과 같은 방식으로 계산되며, 이는 임률차이와 능률차이로 구분된다. 명칭에서 보듯이 임률차이는 투입된 직접노무의 [실제임률(AP)－표준임률(SP)]×투입된 실제직접노무시간(AQ)에 의해 계산된다.

500단위의 프리미엄 가죽소파 생산에 투입된 직접노무시간의 단위당 실제임률은 단위당 표준임률보다 ₩5(=₩50−₩45)이 높았다. 따라서 임률차이는 ₩10,000(=₩5×2,000직접노무시간)의 불리한 차이(U)를 보이고 있다.

직접노무원가차이 : 능률차이

직접노무원가 능률차이
=(실제노무시간−표준노무시간)×표준임률

직접노무원가 능률차이는 직접재료원가 수량차이와 같은 방법으로 계산된다. 능률차이는 제품생산에서 표준수량을 지켰는가를 측정한다. 능률차이는 생산에 투입된 직접노무의 [실제시간(AQ)−허용된 표준시간(SQ)]×투입된 표준임률(SP)에 의해 계산된다. 500단위의 프리미엄 가죽소파 생산에 투입된 직접노무시간은 2,000직접노무시간(=500×4)으로, 산출물에 허용된 표준시간 2,500(=500×5)시간보다 500(=2,000−2,500)시간이 적게 발생하였다. 따라서 능률차이는 ₩22,500(=₩45×500)의 유리한 차이(F)를 보이고 있다. 결과적으로 (주)루빈은 직접노무의 임률에서 ₩10,000의 불리한 차이를 보였으나, 효율적인 생산을 통해 ₩22,500의 유리한 능률차이를 달성함으로써 ₩12,500의 유리한 노무원가차이를 보이고 있다.

노무원가차이는 대개 두 가지 요인에 의해 발생한다. 하나는 종업원에게 예상과는 다른 임률을 지급한 것이고, 다른 하나는 계획과 다른 종업원의 배치에 의한 것이다. 대개 임률표준의 설정책임은 인사 및 노무부문에 있으므로 이들은 임률차이에 대한 책임을 지게 된다. 생산부문은 작업자 배치 조정을 통해 전체적인 임률을 조정할 수 있으므로 임률차이에 대한 책임을 일부분 부담지울 수 있다.

직접노무원가의 능률차이는 종업원의 효율성과 관계가 있다. 일반적으로 능률차이는 생산부문에서 추적할 수 있다. 불리한 능률차이는 종업원의 훈련 부족이나, 종업원의 피로, 설비의 고장이나 부주의 등에 의해 발생한다. 이들 원인들은 생산부문에 책임이 있다. 그러나 품질이 떨어지는 재료에 의한 작업시간의 초과는 생산부문과는 상관이 없는 것으로 재료구매부문에서 책임을 져야 한다.

원가차이분석(Ⅱ) : 제조간접원가차이

간접원가는 제품의 원가계산에서 직접 추적하지 못함으로써 배부라는 절차를 거치게 된다. 현대 조직에서의 제품의 원가구성 중 제조간접원가의 비중은 과거와는 비교가 안 될 만큼 커졌다. 따라서 제조간접원가의 차이분석은 원가관리 측면에서 매우 중요한 의미를 지닌다.

제조간접원가차이는 실제제조간접원가와 표준제조간접원가를 비교하여 계산한다.

제조간접원가차이＝실제제조간접원가－표준제조간접원가

그러나 이러한 차이분석은 너무 총괄적인 의미의 정보만 제공하므로 원가관리에 효과적이지 못하다. 따라서 보다 세부적으로 분석할 필요가 있다. 상세한 분석을 위해 제조간접원가는 변동제조간접원가와 고정제조간접원가로 나누어 차이분석을 실시한다. 제조간접원가의 차이분석은 앞서 분석한 직접재료나 노무원가의 차이분석보다는 다소 복잡하다.

FOCUS ON

제조간접원가계정의 차이분석의 어려움과 회계부정

간접원가계정은 성격이 다른 다양한 항목들(예를 들면, 공장의 감가상각비, 간접노무원가, 공장의 소모품, 보험료 등)이 한데 혼합되어 관리되는 경우가 많다. 이러한 이유로 인해 기업이 제조간접원가의 차이분석을 통해 실제발생액과 예산액의 차이는 확인하나 왜 그러한 차이가 발생했는지를 명확하게 파악하기는 매우 어렵다. 이러한 약점을 이용해 일부 기업들에서는 부정을 저지른다. 특히 중소기업의 경우 회계를 이해하고 있는 사람이 극히 제한적이고 원가계산과정이 복잡하다 보니 더 쉽게 부정을 저지르는 유혹에 빠진다. 미국의 Wapello Manufacturing, Inc.의 회계부장은 기업의 제조간접원가의 과대 그리고 과소 배부 같은 개념을 아는 유일한 사람이라는 점을 악용해 3년에 걸쳐 약 1백만 달러를 횡령하고 이를 월별 제조간접원가의 불리한 차이로 보고해 은폐해 왔다. 매월 높게 발생하는 제조간접원가의 불리한 차이에 대해 의문을 품은 CEO는 외부 컨설턴트에게 내부감사를 의뢰하고 컨설턴트는 내부감사과정에서 회계부장의 횡령을 발견했다. Wapello의 CEO는 이 사건을 통해 내부통제의 중요성을 인식하고 내부감사인을 고용해 조직의 내부감사 기능을 강화하는 조치를 취했다.

자료 : John B. MacArthur, Bobby E. Waldrup, and Gary R. Fane, “Caution: Fraud Overhead,” *Strategic Finance*, October 2010, pp. 28-32.

변동제조간접원가차이 : 소비차이와 능률차이

변동제조간접원가의 차이분석은 직접노무원가의 차이분석과 유사하다. 왜냐하면 작업능률은 작업시간에 영향을 미치고 이는 곧 변동제조간접원가의 발생규모에 영향을 미치기 때문이다. 그러나 직접노무원가와 달리 변동제조간접원가는 이질적인 다양한 요소들이 결합되어 있는 관계로 차이분석에 사용되는 용어는 차이를 보인다. 따라서 가격(임률)차이라는 용어 대신에 소비차이라는 용어를 사용한다.

변동제조간접원가차이(변동예산차이)는 다음과 같이 계산된다.

변동제조간접원가차이 = 실제변동제조간접원가 − 표준변동제조간접원가

변동제조간접원가 총차이는 다음 공식에 따라 소비차이(spending variance)와 능률차이(efficiency variance)로 분해된다.

변동제조간접원가 소비차이 = 실제변동제조간접원가 − 실제투입량의 표준원가
= (AQ × AP) − (AQ × SP)
= (AP − SP) × AQ

변동제조간접원가 능률차이 = 실제투입량의 표준원가 − 허용된 표준원가
= (AQ × SP) − (SQ × SP)
= (AQ − SQ) × SP

(주)루빈의 변동제조간접원가차이(변동예산차이)를 위의 계산공식을 이용하여 기본분석모형으로 표시하면 다음과 같다.

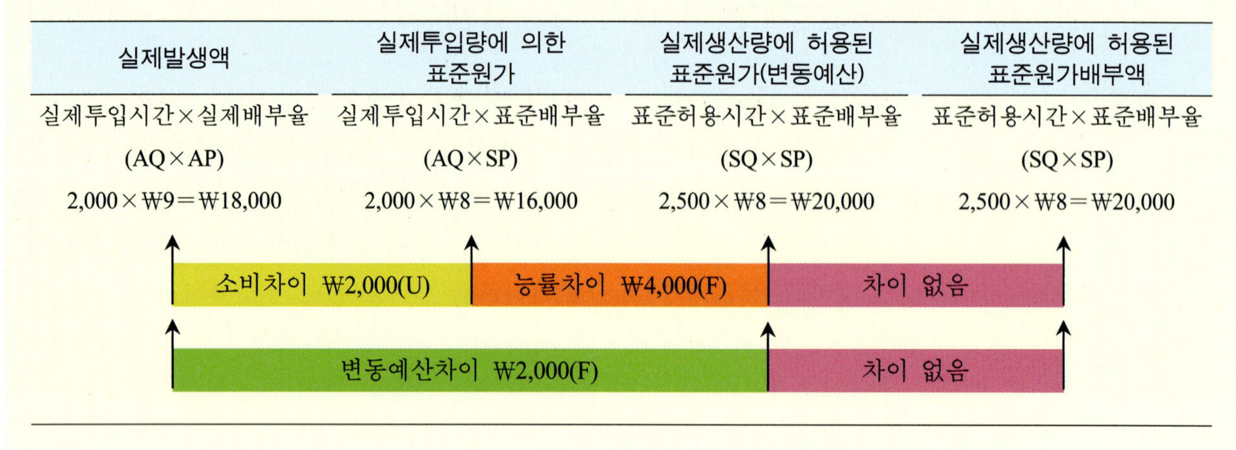

변동제조간접원가 소비차이 =(실제배부율－표준배부율) ×투입된 실제작업시간

변동제조간접원가 소비차이(spending variance)는 변동제조간접원가 실제발생액과 실제투입량에 허용된 표준원가의 차이를 나타낸다. 명칭에서 보듯이 소비차이는 투입된 활동의 [실제배부율(AP)－표준배부율(SP)]×투입된 실제작업시간(AQ)에 의해 계산된다. 500단위의 프리미엄 가죽소파 생산에 투입된 직접노무시간의 단위당 실제배부율은 단위당 표준배부율보다 ₩1(=₩9－₩8)이 높았다. 따라서 소비차이는 ₩2,000(=₩1×2,000직접노무시간)의 불리한 차이(U)를 보이고 있다.

변동제조간접원가 능률차이 =(실제작업시간－표준작업시간)×표준배부율

변동제조간접원가 능률차이(efficiency variance)는 실제조업도에 허용된 표준변동제조간접원가와 표준조업도에 허용된 변동제조간접원가의 차이이다. 여기서 표준조업도란 실제생산량에 허용된 조업도를 말하며 이는 변동예산을 의미한다. 능률차이는 실제조업도와 표준조업도의 차이에 초점을 맞추어 변동제조간접원가배부율 산정의 기준으로 채택된 투입요소를 얼마나 효율적으로 사용했는가를 나타낸다.

(주)루빈의 경우 직접노무시간을 배부기준으로 사용하였으므로 능률차이는 실제 사용된 직접노무시간과 표준직접노무시간의 차이에 의해 결정된다. 따라서 능률차이는 투입된 활동의 [실제작업시간(AQ)－표준작업시간(SQ)]×표준배부율(SP)에 의해 계산된다. 500단위의 프리미엄 가죽소파 생산에 투입된 직접노무시간의 단위당 실제직접노무시간은 표준직접노무시간보다 500(=2,000－2,500)시간이 적었다. 따라서 능률차이는 ₩4,000(=₩8×500직접노무시간)의 유리한 차이(F)를 보이고 있다. 결과적으로 (주)루빈은 ₩2,000의 불리한 소비차이와 직접노무시간의 효율적 사용을 통해 ₩4,000의 유리한 능률차이를 달성함으로써 ₩2,000의 유리한 변동제조간접원가차이를 보이고 있다.

도표 10-6 변동제조간접원가의 차이분석

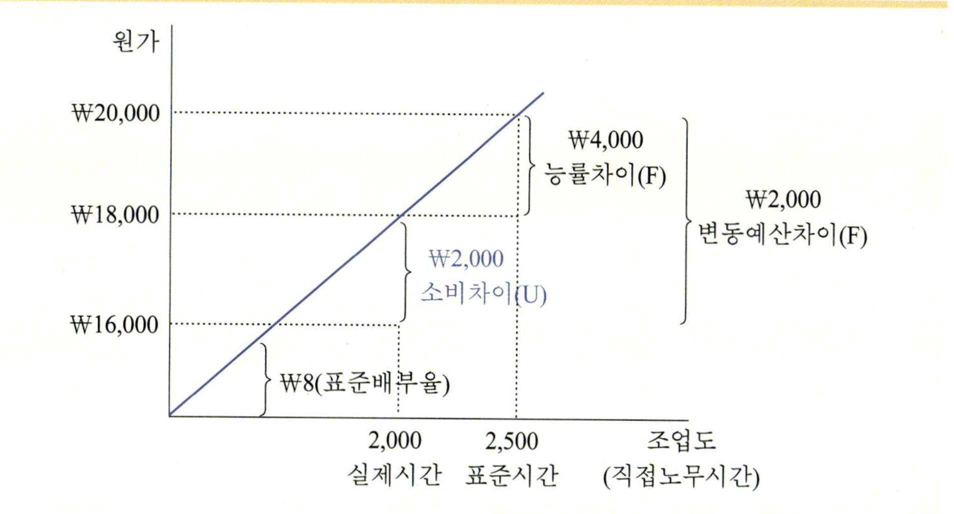

변동제조간접원가의 소비차이는 대개 두 가지 원인에 의해 발생한다. 하나는 허용된 표준배부율보다 높거나 낮은 실제배부율이 적용되기 때문이다. 이러한 차이는 종종 초과근무에 의해 발생하는데, 이것이 표준배부율에는 반영되지 않기 때문이다. 다른 하나는 간접재료와 같은 자원의 낭비나 보관상의 결함에 의해 발생한다. 예를 들면, 자원의 보관이나 적절한 취급의 부주의에 의한 재료의 문제는 이들 재료를 사용하기 위해 생산현장에 투입될 때까지 모르는 경우가 많다. 그러나 이러한 일은 변동제조간접원가의 소비차이에 영향을 미친다. 변동제조간접원가의 책임은 일반적으로 생산담당자가 지게 된다.

고정제조간접원가차이 : 예산차이와 조업도차이

고정제조간접원가차이는 고정제조간접원가 실제발생액과 생산량에 허용된 고정제조간접원가배부액 간의 차이로 계산된다.

고정제조간접원가차이＝실제고정제조간접원가－표준고정제조간접원가

고정제조간접원가 총차이는 다음 공식에 따라 예산차이(budgeted variance)와 생산조업도차이(production volume variance)로 계산된다.

고정제조간접원가 예산차이 = 실제고정제조간접원가 − 고정제조간접원가예산

고정제조간접원가 생산조업도차이
= 고정제조간접원가예산 − 생산량에 허용된 표준배부액
= 예산액 − (SQ × SP)

(주)루빈의 고정제조간접원가차이를 위의 계산공식을 이용하여 기본분석모형으로 표시하면 다음과 같다. 기본분석모형에서 왼쪽 첫 번째 칸에 표시되는 고정제조간접원가 실제발생액은 여러 항목의 합계로 표시되기 때문에 실제투입시간×실제배부율로 계산하지 않고 간단하게 실제발생액으로 표시한다. 두 번째 칸은 고정예산에서 설정된 예산액이다. 세 번째 칸은 실제생산량에 허용된 예산액으로 변동예산을 의미하며 이는 고정예산금액과 동일하다. 마지막으로 네 번째 칸은 생산량에 대해 허용된 표준원가이다.

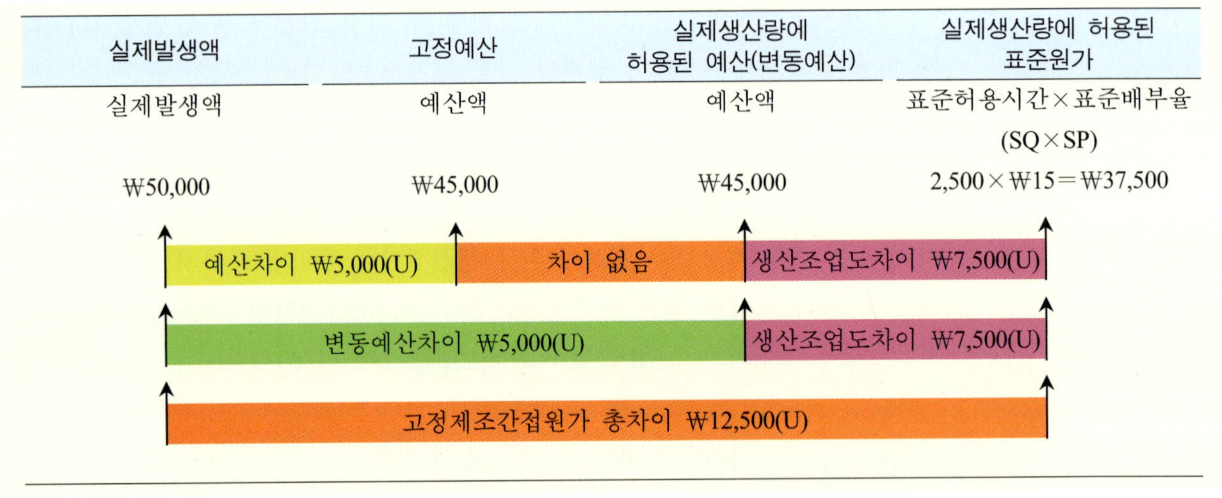

고정제조간접원가 예산차이
= 실제발생액 − 고정예산

고정제조간접원가 예산차이(budgeted variance)는 **소비차이**(spending variance)라고도 부르며, 이는 고정제조간접원가 실제발생액과 고정예산의 차이이다. 고정제조간접원가는 다양한 항목(예를 들면, 급여, 감가상각비, 세금, 보험료 등)들의 합계이며, 이는 단기적인 변화보다는 장기적인 결정에 의해 변한다.

(주)루빈은 20×1년 고정제조간접원가예산으로 ₩45,000을 설정하였으나 실제발생액은 ₩50,000이다. 따라서 ₩5,000(=₩50,000−₩45,000)의 불리한 예산(소

비)차이를 나타내고 있다.

고정제조간접원가
생산조업도차이
=예산액－산출물에 허용된 배부액

고정제조간접원가 생산조업도차이(production volume variance)는 고정제조간접원가에만 존재하는 독특한 차이항목이다. 고정제조간접원가 예정배부율을 표준원가계산에 이용하는 경우 기준조업도가 실제산출물에 허용되는 조업도를 의미하는 표준조업도와 일치하지 않으면 고정제조간접원가 예산액과 배부액은 차이를 보이게 된다. 이 차이를 조업도차이라고 한다.

(주)루빈은 20×1년 기준조업도 3,000직접노무시간에 대해 고정예산 ₩45,000을 설정했다. 그러므로 고정제조간접원가 예정배부율은 ₩15(=₩45,000÷3,000직접노무시간)이 되고, 500단위의 프리미엄 가죽소파 생산에 허용된 표준작업시간은 2,500시간(=500단위×5직접노무시간)이 된다. 따라서 허용된 표준원가는 ₩37,500(=2,500×₩15)이 된다. (주)루빈은 ₩7,500(=₩45,000－₩37,500)의 불리한 조업도차이가 발생한다. 따라서 (주)루빈은 ₩5,000의 불리한 예산차이와 ₩7,500의 불리한 조업도차이에 의해 ₩12,500의 불리한 고정제조간접원가차이가 발생한다. 한편, 고정제조간접원가에는 능률차이가 없다. 그 이유는 고정원가는 주어진 예산기간 동안 운영의 효율성에 의해 영향을 받지 않기 때문이다. 이들 차이를 도표로 분석하면 [도표 10-7]과 같다.

도표 10-7 고정제조간접원가의 차이분석

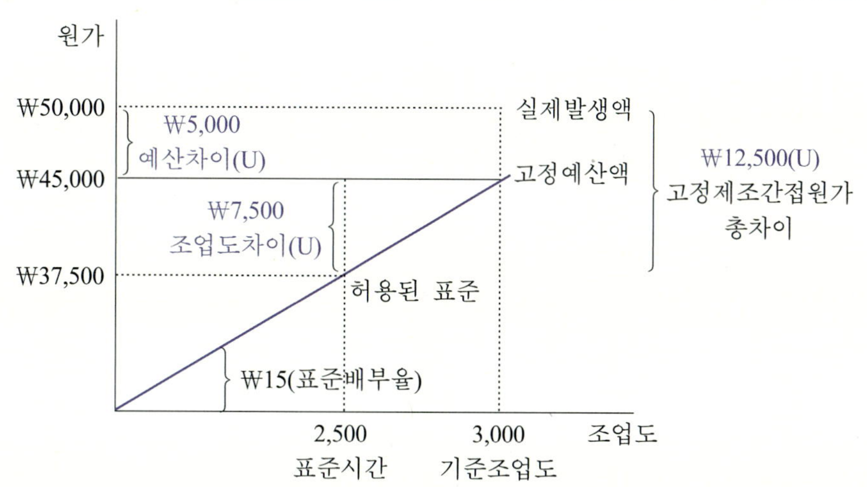

표준원가계산에서의 회계처리

(a) 재료의 구입　20×1년 동안에 (주)루빈은 소가죽 13,000m^{2}를 ₩91,000(m^{2}당 ₩7)에 구입하였으며, 소가죽의 표준가격을 m^{2}당 ₩6으로 설정하고 있다. 한편, (주)루빈은 재료의 구입가격차이는 구매시점에 기록한다. 재료의 구입거래를 기록하면 다음과 같다.

계정	차변	대변
원재료	78,000	
직접재료 가격차이	13,000	
현금(매입채무)		91,000

(주)루빈의 소가죽 실제구입가격은 표준구입가격보다 ₩13,000을 더 지출하였으므로 불리한 차이를 보이고 있다. 따라서 이 차이금액은 직접재료가격차이 계정 차변에 기록한다.

(b) 재료의 사용　(주)루빈이 직접재료를 사용한 경우에는 직접재료의 허용된 표준수량×표준가격 금액을 재공품계정 차변에 기록하고, 실제사용수량×표준가격 금액을 원재료계정 대변에 기록한다. 이때 재공품계정의 금액과 원재료계정 금액의 차이는 수량차이(혹은 능률차이)로 기록한다. 20×1년 (주)루빈은 ₩15,000의 유리한 수량차이가 발생했다. 따라서 이 금액은 수량차이계정 대변에 기록한다.

계정	차변	대변
재공품	90,000	
원재료		75,000
직접재료 수량차이		15,000

(c) 노무원가의 집계　(주)루빈은 프리미엄 가죽소파의 생산과 관련하여 발생한 제조임금은 직접노무원가계정 차변에 표준임률(₩45)×실제시간(2,000직접노무시간) 금액 ₩90,000을 기록한다. 제3장에서 설명한 바와 같이 이 원가가 제품에 할당되기 전까지는 임시계정인 제조임금의 직접노무원가계정에 기록한다. 실제 지급된 임금 ₩100,000[=실제시간(2,000)×실제임률(₩50)]은 현금 혹은 미지급임금

계정 대변에 기록한다. 실제 지급된 임금과 제조임금인 직접노무원가계정 금액의 차이 ₩10,000은 직접노무원가의 불리한 임률차이로 기록한다. 직접노무원가에 대한 거래를 기록하면 다음과 같다.

	차변	대변
직접노무원가	90,000	
직접노무 임률차이	10,000	
현금(미지급임금)		100,000

(d) 직접노무원가의 할당　(주)루빈은 재공품계정 차변에 표준임률(₩45)에 생산량에 허용된 직접노무시간 2,500시간을 곱해서 계산된 ₩112,500을 기록한다. 한편, 직접노무원가계정 차변에 기록된 제조임금 ₩90,000을 직접노무원가계정 대변에 기록한다. 재공품계정의 금액과 직접노무원가계정 금액의 차이 ₩22,500(=₩112,500－₩90,000)은 능률차이계정 대변에 기록한다.

	차변	대변
재공품	112,500	
직접노무원가		90,000
직접노무 능률차이		22,500

직접노무원가에 대한 (c)와 (d)의 기록을 좀더 간단하게 표현하면 다음과 같다.

	차변	대변
재공품	112,500	
직접노무 임률차이	10,000	
현금(미지급임금)		100,000
직접노무 능률차이		22,500

(e) 변동제조간접원가의 발생　(주)루빈은 프리미엄 가죽소파의 생산과 관련하여 발생한 변동제조간접원가의 실제발생액을 변동제조간접원가계정 차변에 실제배부율(₩9)×실제시간(2,000직접노무시간) 금액 ₩18,000을 기록한다. 실제 지급된 금액은 여러 계정의 대변에 기록한다. 이에 대한 회계거래를 기록하면 다음과 같다.

변동제조간접원가 ··	18,000	
제계정 ··		18,000

(f) 변동제조간접원가의 배부 실제생산량에 허용된 표준원가를 재공품계정에 예정배부한다. 따라서 (주)루빈은 생산량에 허용된 표준시간 2,500시간에 표준배부율 ₩8을 곱해서 구한 ₩20,000을 재공품계정 차변과 변동제조간접원가 예정배부계정 대변에 각각 기록한다.

재공품 ··	20,000	
변동제조간접원가 배부 ··		20,000

(g) 변동제조간접원가차이의 분리 변동제조간접원가의 실제발생액과 변동예산의 차이원인을 파악하고 분리하여 기록한다. 개별 차이들은 그 발생원인들이 각기 다르므로 각각의 차이를 분리함으로써 경영자들은 예산금액과 차이가 나는 영역을 확인할 수 있다.

변동제조간접원가 배부 ··	20,000	
변동제조간접원가 소비차이 ····································	2,000	
변동제조간접원가 ···		18,000
변동제조간접원가 능률차이 ·································		4,000

(h) 고정제조간접원가의 발생 (주)루빈에서 20×1년중 실제 발생한 고정제조간접원가는 ₩50,000이다. 따라서 이 금액을 고정제조간접원가계정 차변에 기록한다. 그리고 실제 지급된 금액은 여러 계정의 대변에 기록한다. 이에 대한 회계거래를 기록하면 다음과 같다.

고정제조간접원가 ··	50,000	
제계정 ··		50,000

(i) 고정제조간접원가의 배부 실제생산량에 허용된 표준원가를 재공품계정에

예정배부한다. 따라서 (주)루빈은 생산량에 허용된 표준시간 2,500시간에 표준배부율 ₩15을 곱해서 구한 ₩37,500을 재공품계정 차변과 변동제조간접원가 예정배부계정 대변에 각각 기록한다.

	차변	대변
재공품 ······	37,500	
고정제조간접원가 배부 ······		37,500

도표 10-8 (주)루빈의 표준원가계산시스템에서의 원가흐름

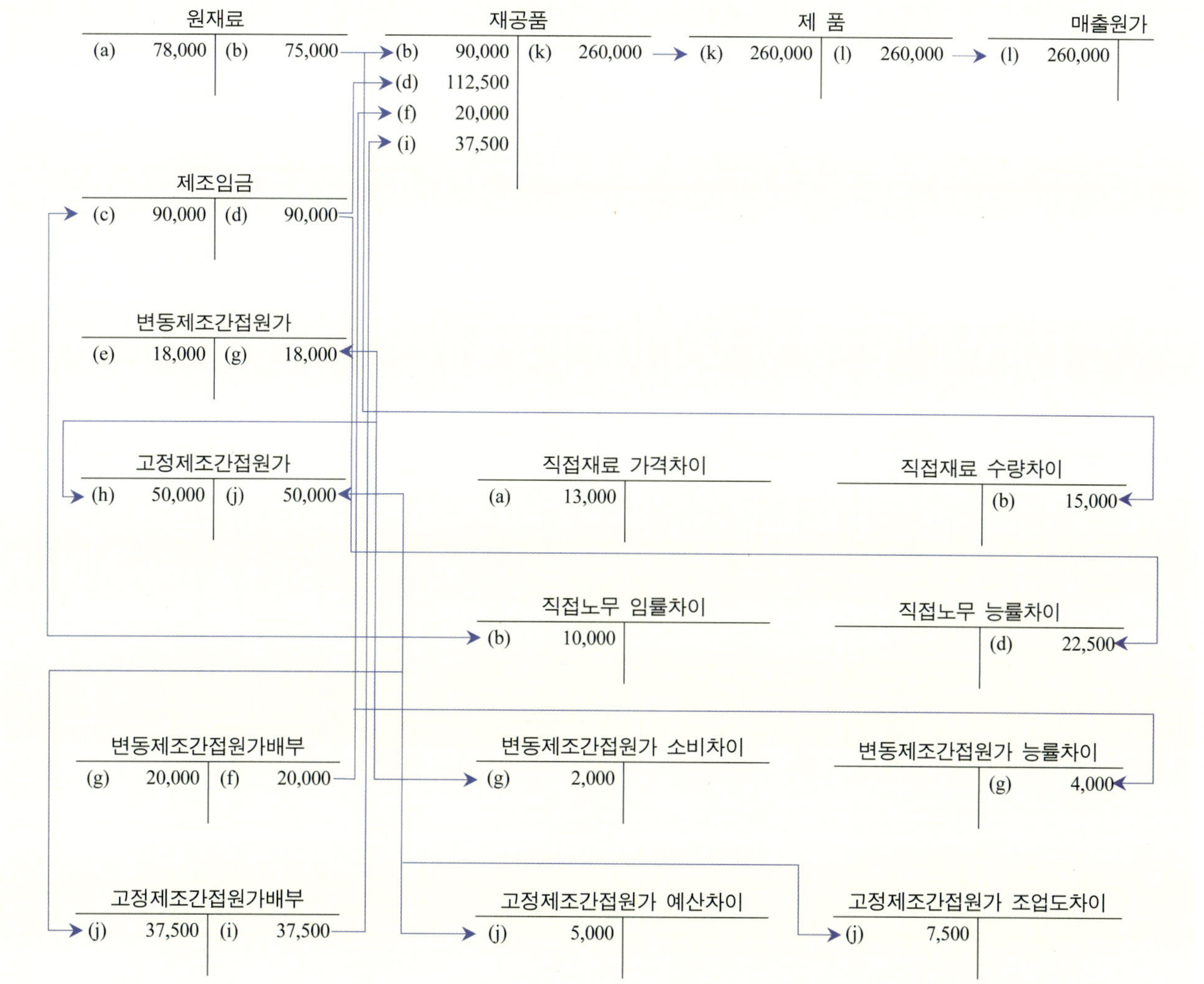

원재료

	차변		대변
(a)	78,000	(b)	75,000

재공품

	차변		대변
(b)	90,000	(k)	260,000
(d)	112,500		
(f)	20,000		
(i)	37,500		

제 품

	차변		대변
(k)	260,000	(l)	260,000

매출원가

	차변		대변
(l)	260,000		

제조임금

	차변		대변
(c)	90,000	(d)	90,000

변동제조간접원가

	차변		대변
(e)	18,000	(g)	18,000

고정제조간접원가

	차변		대변
(h)	50,000	(j)	50,000

직접재료 가격차이

	차변		대변
(a)	13,000		

직접재료 수량차이

	차변		대변
		(b)	15,000

직접노무 임률차이

	차변		대변
(b)	10,000		

직접노무 능률차이

	차변		대변
		(d)	22,500

변동제조간접원가배부

	차변		대변
(g)	20,000	(f)	20,000

변동제조간접원가 소비차이

	차변		대변
(g)	2,000		

변동제조간접원가 능률차이

	차변		대변
		(g)	4,000

고정제조간접원가배부

	차변		대변
(j)	37,500	(i)	37,500

고정제조간접원가 예산차이

	차변		대변
(j)	5,000		

고정제조간접원가 조업도차이

	차변		대변
(j)	7,500		

(j) 고정제조간접원가차이의 분리 고정제조간접원가의 실제발생액과 생산량에 허용된 표준원가의 차이원인을 파악하고 분리하여 기록한다. 고정제조간접원가의 실제발생액과 고정예산의 차이에서 소비(예산)차이가 분리되며, 고정예산과 생산량에 허용된 표준원가의 차이에서 조업도차이가 분리된다. 이를 기록하면 다음과 같다.

고정제조간접원가 배부	37,500	
고정제조간접원가 예산차이	5,000	
고정제조간접원가 조업도차이	7,500	
고정제조간접원가		50,000

[도표 10-8]은 (주)루빈의 관련계정의 전기 과정을 보여준다.

원가차이의 조정

원가계산에서 사전원가계산을 위해 예정배부하는 경우에 실제발생액과의 차이에 대한 조정은 앞서 제3장에서 이미 설명했다.

- 매출원가에 가감
- 재공품과 제품, 매출원가의 총기말잔액에 기초하여 배분
- 제조간접원가는 재공품과 제품, 매출원가의 기말잔액에 포함되어 있는 제조간접원가에 기초하여 배분

배부액과 발생액 간의 차이가 중요하지 않은 경우에는 매출원가에서 가감하는 방법으로 처리한다. (주)루빈은 원가차이를 매출원가에서 가감하는 방법을 택하고 있다. 이 경우에 차이조정에 대한 회계처리는 다음과 같다.

직접재료 수량차이	15,000	
직접노무 능률차이	22,500	
변동제조간접원가 능률차이	4,000	
매출원가		41,500

매출원가 ································	37,500	
직접재료 가격차이 ························		13,000
직접노무 임률차이 ························		10,000
변동제조간접원가 소비차이 ················		2,000
고정제조간접원가 예산차이 ················		5,000
고정제조간접원가 조업도차이 ··············		7,500

[도표 10-9]는 원가차이를 조정한 표준원가 포괄손익계산서이다.

도표 10-9 원가차이를 조정한 표준원가 포괄손익계산서

표준원가 포괄손익계산서

(주)루빈 20×1년 1월 1일~12월 31일

매출액			₩350,000
매출원가(표준원가)		₩260,000	
제조원가 차이조정			
직접재료원가 가격차이	13,000		
직접재료원가 수량차이	(15,000)		
직접노무원가 임률차이	10,000		
직접노무원가 능률차이	(22,500)		
변동제조간접원가 소비차이	2,000		
변동제조간접원가 능률차이	(4,000)		
고정제조간접원가 예산차이	5,000		
고정제조간접원가 생산조업도차이	7,500		
총제조원가차이		(4,000)	
매출원가(차이조정 후)			256,000
매출총이익			₩94,000

[보론 A] 제조간접원가의 종합적 분석

제조간접원가는 1분법부터 4분법으로 세분화할 수 있다.

변동제조간접원가와 고정제조간접원가의 차이를 계산하는 것은 다르다. 변동제조간접원가는 생산조업도차이가 없으며, 고정제조간접원가는 능률차이가 없다. 변동 및 고정 제조간접원가차이는 가장 세부적인 구분에 따라 4개의 차이(4분법이라고 함), 3개의 차이, 2개의 차이 그리고 1개의 차이로 나타낼 수 있다. (주)루빈의 제조간접원가 차이분석을 정리하면 다음과 같다.

4분법

	소비차이	능률차이	생산조업도차이
변동제조간접원가	₩2,000(U)	₩4,000(F)	–
고정제조간접원가	₩5,000(U)	–	₩7,500(U)

4분법에서는 변동제조간접원가에서 소비차이와 능률차이로 구분되고 고정제조간접원가에서 예산(소비)차이와 조업도차이로 구분된다. 변동제조간접원가에서는 생산조업도차이가 발생하지 않으며, 고정제조간접원가에서는 능률차이가 발생하지 않는다. 4분법을 이용하여 차이분석을 하기 위해서는 변동원가부분과 고정원가부분을 명확히 구분할 수 있어야 한다.

3분법

	소비차이	능률차이	생산조업도차이
제조간접원가	₩7,000(U)	₩4,000(F)	₩7,500(U)

3분법에서는 4분법 분석에서 있었던 소비차이와 예산차이가 하나의 소비차이로 통합된다. 이러한 경우에는 변동제조간접원가와 고정제조간접원가를 분리할 필요가 없다. 그러나 실제제조간접원가의 발생액을 변동원가와 고정원가로 구분하기는 쉽지 않다. 따라서 역사적 원가의 분석을 통해 변동제조간접원가와 고정제조간접원가의 예측이 가능할 경우에 3분법을 이용할 수 있다.

2분법

	변동예산차이	생산조업도차이
제조간접원가	₩3,000(U)	₩7,500(U)

3분법에서의 소비차이와 능률차이가 통합되어 변동예산차이(혹은 관리가능차이라고도 한다)로 보고된다. 2분법은 역사적 원가자료를 이용하여 변동제조간접원가와 고정제조간접원가의 배부율을 알 수 있는 경우에 이용할 수 있다.

1분법

	총제조간접원가차이
제조간접원가	₩10,500(U)

1분법에서는 2분법에서의 변동예산차이와 생산조업도차이를 합한 것이다. 이 방법은 제조간접원가를 변동제조간접원가와 고정제조간접원가로 구분할 필요가 없으며 분석절차도 간단하다는 장점이 있다. 그러나 제조간접원가차이에 대한 상세한 정보를 얻을 수 없다는 단점이 있다.

도표 10A-1 배합차이와 수율차이의 분석

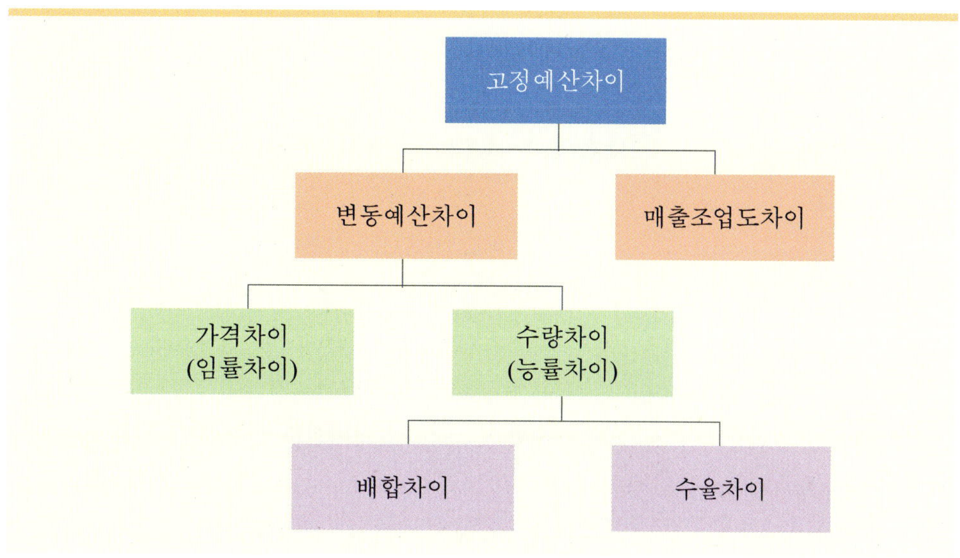

[보론 B] 배합차이와 수율차이

재료 및 노무원가의 능률차이는 **배합차이**와 **수율차이**로 구분할 수 있다.

다양한 재료나 노동력을 투입하여 제품을 생산하는 경우에는 생산과정에서 여러 가지 이유로 인해 재료나 노동력의 일부 혹은 전부를 다른 재료나 노동력으로 대체하는 경우가 발생한다. 이때 대체된 재료나 노동력이 기업이 사전에 설정해 놓은 표준배합과 다르게 투입될 수 있다. 대체된 재료나 노동력은 배합차이와 수율차이를 발생시키고, 이는 결과적으로 능률에 영향을 미치게 된다. 능률차이는 배합차이와 수율차이로 분해된다. 배합차이는 투입물이 어떻게 결합되어 있는가에 초점을 둔 반면, 수율차이는 사용된 총투입물에 초점을 둔다. 배합차이(mix variance)는 투입물의 실제배합이 표준배합과 차이가 날 때 발생한다. 수율차이(yield variance)는 실제수율이 표준수율과 차이가 날 때 발생한다.

일반적으로 배합은 직접재료나 직접노무의 구성요소 혹은 완성제품의 구성요소의 상대적 비율 혹은 조합을 의미한다. 수율은 직접재료원가나 직접노무원가와 같은 투입의 예정된 혹은 표준적인 조합과 수량으로부터 산출된 완성품의 수량을 의미한다.

직접재료 배합차이와 수율차이

직접재료 배합차이와 수율차이의 계산식은 다음과 같다.

배합차이＝(재료의 실제배합비율－재료의 표준배합비율)
×사용된 투입물의 실제수량×표준가격
＝(AM－SM)×AQ×SP
수율차이＝(사용된 모든 투입물의 실제수량－생산물에 허용된 표준수량)
×재료의 표준배합비율×표준가격
＝(AQ－SQ)×SM×SP

* AM(actual mix) : 실제배합비율, SM(standard mix) : 표준배합비율

직접재료 배합차이(direct materials mix variance)는 제품생산과정에서 투입된 다

양한 재료의 배합과 사전에 설정된 표준배합의 차이에 의해 발생한다. 또한 직접재료 수율차이(direct materials yield variance)는 사용된 모든 직접재료의 실제투입량에 기초한 직접재료의 표준원가와 실제생산물에 허용된 표준수량에 근거한 직접재료의 표준원가(변동예산)의 차이에 의해 발생한다.

올가농장은 유기농 견과류 과자인 세레스(ceres)를 생산하고 있다. 세레스는 호두와 아몬드를 이용하여 생산한다. 세레스 1kg 생산에 투입되는 직접재료에 대한 표준을 다음과 같이 설정하였다.

재료의 표준배합 정보

재 료	배 합	배합비율	표준가격(SP)	표준원가
호두	0.96kg	0.60	₩200/kg	₩192
아몬드	0.64	0.40	275/kg	176
합계	1.60kg			₩368

* 투입재료의 kg당 표준원가는 ₩368÷1.6kg=₩230
* 완성품 세레스 kg당 표준원가는 ₩368÷1.0kg=₩368

20×1년 세레스 500kg 생산과 관련한 실제성과는 다음과 같다.

재 료	구매량	실제가격	사용량	배합비율
호두	400kg	₩220/kg	400kg	0.64
아몬드	225	₩260/kg	225	0.36
합계	625kg		625kg	

올가농장은 세레스 1kg 생산에 호두와 아몬드가 1.6kg 필요하므로 세레스 500kg 생산을 위해서는 호두 480kg(=800kg×0.6)과 아몬드 320kg(=800kg×0.4) 등 총 800kg(=500kg×1.6kg)을 투입해야 한다.

직접재료 배합차이
=(투입물의 실제배합
−표준배합)×표준가격

직접재료 배합차이 [도표 10B-1]의 Panel B의 2열과 3열을 보면 투입물의 실제수량(625kg)과 표준가격(호두 ₩200과 아몬드 ₩275)을 이용하나 재료의 배합비율로 2열은 실제배합비율을, 3열은 표준배합비율을 이용한다. 따라서 두 열간의 차이는 사용된 투입물의 배합차이 때문에 발생한다.

도표 10B-1 올가농장의 직접재료 배합차이와 수율차이의 분석

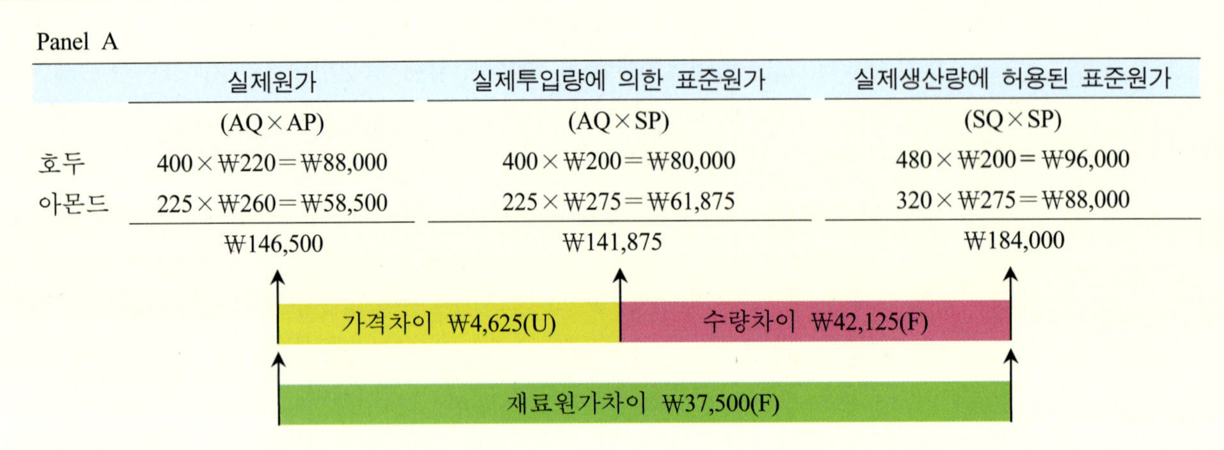

Panel A

	실제원가	실제투입량에 의한 표준원가	실제생산량에 허용된 표준원가
	(AQ×AP)	(AQ×SP)	(SQ×SP)
호두	400×₩220=₩88,000	400×₩200=₩80,000	480×₩200=₩96,000
아몬드	225×₩260=₩58,500	225×₩275=₩61,875	320×₩275=₩88,000
	₩146,500	₩141,875	₩184,000

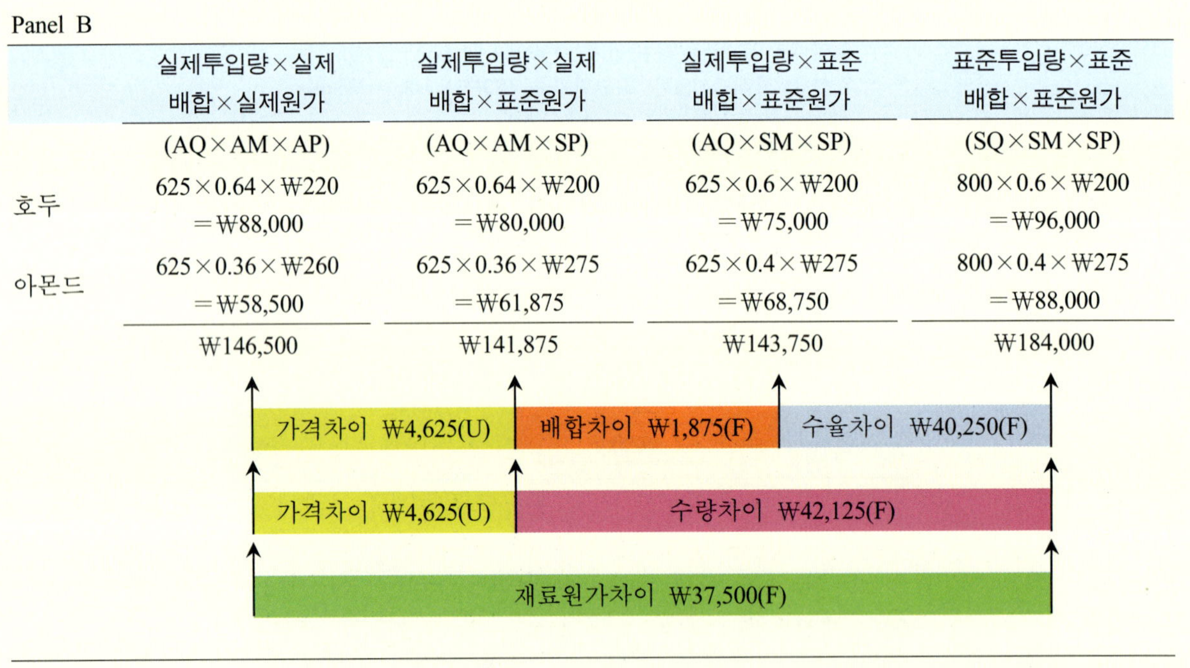

Panel B

	실제투입량×실제 배합×실제원가	실제투입량×실제 배합×표준원가	실제투입량×표준 배합×표준원가	표준투입량×표준 배합×표준원가
	(AQ×AM×AP)	(AQ×AM×SP)	(AQ×SM×SP)	(SQ×SM×SP)
호두	625×0.64×₩220 =₩88,000	625×0.64×₩200 =₩80,000	625×0.6×₩200 =₩75,000	800×0.6×₩200 =₩96,000
아몬드	625×0.36×₩260 =₩58,500	625×0.36×₩275 =₩61,875	625×0.4×₩275 =₩68,750	800×0.4×₩275 =₩88,000
	₩146,500	₩141,875	₩143,750	₩184,000

[도표 10B-1]에서 보듯이 올가농장은 세레스 생산에 있어서 ₩1,875의 유리한 직접재료 배합차이를 보인다. 이는 호두의 경우 표준(60%)보다 실제(64%)가 더 많이 사용되어 ₩5,000의 불리한 배합차이를 보였으나, 아몬드의 경우 표준(40%)보다 실제(36%)가 더 적게 사용되어 ₩6,875의 유리한 배합차이를 보였다.

따라서 ₩1,875의 유리한 직접재료 배합차이를 달성하였다.

직접재료 수율차이
=(투입물의 실제수량－표준수량)×표준배합비율×표준가격

직접재료 수율차이 [도표 10B-1]의 Panel B의 3열과 4열에서 투입물의 표준배합과 표준투입가격(호두 ₩200과 아몬드 ₩275)은 같다. 두 개의 차이는 3열에서 실제투입량(625kg)을, 4열에서 허용된 표준투입량(800kg)을 이용함으로써 발생한다. 이 두 열간의 차이가 직접재료 수율차이이다.

올가농장은 생산과정에서 호두 및 아몬드를 표준투입량보다 더 적게 투입했다. 따라서 호두 및 아몬드 모두에서 유리한 수율차이가 발생했으며 전체적으로 ₩40,250의 유리한 수율차이가 발생했다.[1] 결과적으로 올가농장은 ₩42,125의 유리한 수량차이가 발생했다.

직접노무 배합차이와 수율차이

직접노무의 배합차이와 수율차이의 계산식은 직접재료의 배합차이와 수율차이 계산방법과 동일하다. 올가농장의 세레스 생산에는 호두와 아몬드의 껍질 까기와 혼합 작업이 이루어진다. 세레스 1kg 생산에 투입되는 껍질 까기와 혼합 작업을 위한 직접노무시간에 대한 표준은 다음과 같다.

노무의 표준배합 정보

노무유형	배 합	배합비율	표준가격(SP)	표준원가
껍질 까기	0.8시간	0.67	₩800	₩640
혼합	0.4시간	0.33	900	360
합계	1.2시간			₩1,000

* 투입노무의 시간당 표준원가는 ₩1,000÷1.2시간=₩833.33
* 완성품의 노무 kg당 표준원가는 ₩1,000÷1.0kg=₩1,000

1) 다음 방법을 이용하면 수율차이를 좀더 빨리 구할 수 있다. 첫 번째 방법은 산출의 표준원가와 투입의 표준원가 간의 차이를 계산하는 것이다.

산출 :	500kg×₩368=	₩184,000
투입 :	625kg×₩230=	143,750
수율차이		₩40,250 (F)

두 번째 방법은 (실제생산량－표준수율 생산량)×완성품 kg당 표준가격으로 계산한다. 즉, 수율차이는 (500kg－390.625kg)×₩368=₩40,250(F)이 된다.

올가농장의 20×1년 세레스 500kg 생산과 관련한 실제성과는 다음과 같다.

노무유형	실제시간	실제임률	배합비율
껍질 까기	350시간	₩900시간	0.50
혼합	350	₩870시간	0.50
합계	700시간		

올가농장은 세레스 1kg 생산을 위해서 껍질 까기와 혼합 작업에 1.2직접노무시간이 필요하므로 세레스 500kg 생산을 위해서는 껍질 까기 402시간(=600시간×0.67)과 혼합 198시간(=600시간×0.33) 등 총 600시간(=500kg×1.2시간)을 투입해야 한다.

직접노무 배합차이
=(투입물의 실제배합－표준배합)×표준임률

직접노무 배합차이(direct labor mix variance) 직접재료 배합차이 및 수율차이 계산방법과 동일하다. [도표 10B-2]에서 보듯이 Panel B의 2열과 3열은 배합차이를 보여주고 있다. 올가농장은 ₩11,900의 불리한 배합차이를 나타내고 있다. 이는 껍질 까기 작업에서는 표준시간보다 실제시간을 119시간 적게 사용함으로써 ₩95,200의 유리한 배합차이를 달성하였으나 혼합 작업에서 119시간을 더 소비함으로써 ₩107,100의 불리한 배합차이를 보인 데 기인한 것이다.

직접노무 수율차이
=(투입물의 실제시간－표준시간)×표준배합비율×표준임률

직접노무 수율차이 [도표 10B-2]의 Panel B의 3열과 4열에서는 수율차이를 보여주고 있다. 올가농장은 세레스 생산과정에서 표준투입시간 600시간보다 더 많은 700시간을 투입해야만 했다. 따라서 껍질 까기와 혼합 작업 모두에서 불리한 수율차이가 발생했으며 전체적으로 ₩83,300의 불리한 수율차이가 발생했다. 결과적으로 올가농장은 ₩95,200의 불리한 능률차이가 발생했다.

도표 10B-2 올가농장의 직접노무 배합차이와 수율차이의 분석

Panel A

	실제원가	실제투입량에 의한 표준원가	실제생산량에 허용된 표준원가
	(AQ×AP)	(AQ×SP)	(SQ×SP)
껍질 까기	350×₩900=₩315,000	350×₩800=₩280,000	402×₩800=₩321,600
혼합	350×₩870=₩304,500	350×₩900=₩315,000	198×₩900=₩178,200
	₩619,500	₩595,000	₩499,800

임률차이 ₩24,500(U) | 능률차이 ₩95,200(U)

노무원가차이 ₩119,700(U)

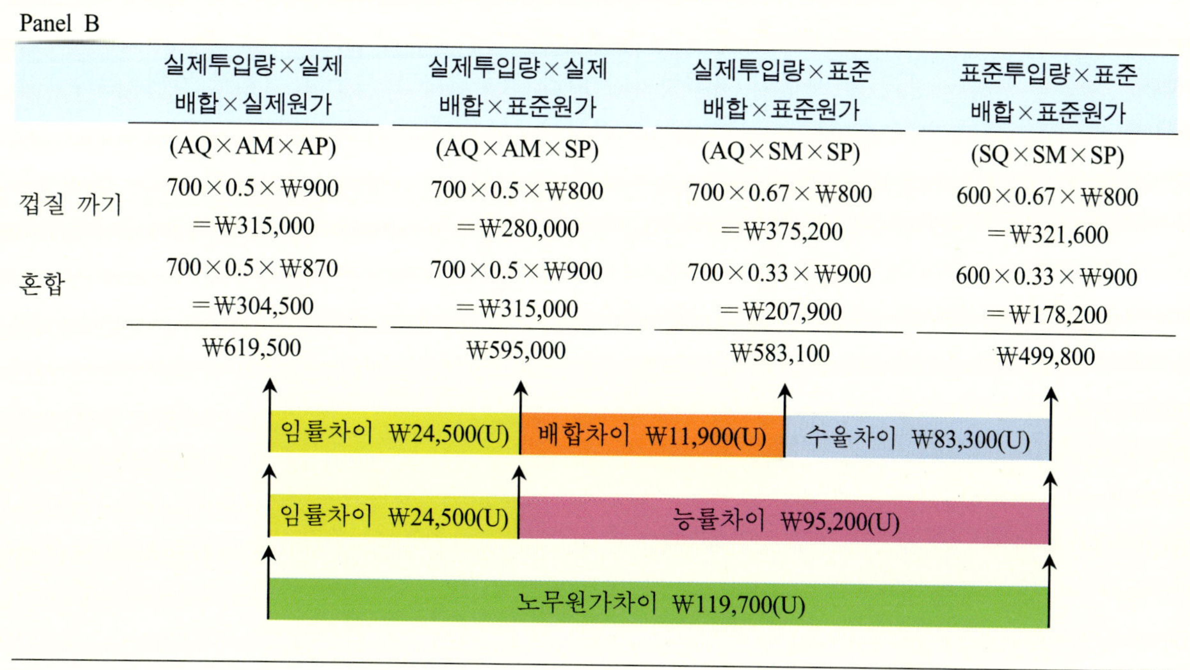

Panel B

	실제투입량×실제 배합×실제원가	실제투입량×실제 배합×표준원가	실제투입량×표준 배합×표준원가	표준투입량×표준 배합×표준원가
	(AQ×AM×AP)	(AQ×AM×SP)	(AQ×SM×SP)	(SQ×SM×SP)
껍질 까기	700×0.5×₩900 =₩315,000	700×0.5×₩800 =₩280,000	700×0.67×₩800 =₩375,200	600×0.67×₩800 =₩321,600
혼합	700×0.5×₩870 =₩304,500	700×0.5×₩900 =₩315,000	700×0.33×₩900 =₩207,900	600×0.33×₩900 =₩178,200
	₩619,500	₩595,000	₩583,100	₩499,800

[보론 C] 직접재료 및 직접노무 가격차이의 상호영향

직접재료의 가격차이는 순수가격차이와 가격-능률혼합차이로 세분화될 수 있다.

순수가격차이＝(단위당 실제가격－단위당 표준가격)×표준수량

순수능률차이＝(실제수량－허용표준수량)×표준가격

가격-능률혼합차이＝(단위당 실제가격－단위당 표준가격)
×(실제수량－표준수량)

그러나 이러한 자세한 차이분석의 중요성은 가격차이를 순수가격차이와 혼합차이로 분류하는 것이 유용하고 의미 있는가에 달려 있다. 만약 구매담당자의 성과 및 보상이 가격차이에 따라 좌우된다면 세분할 필요가 있다. 이러한 차이분석은 직접노무원가의 임률차이에도 똑같이 적용된다.

도표 10C-1 다양한 상황에서의 순수가격차이와 가격-능률혼합차이

1. AP>SP이고 AQ>SQ인 경우

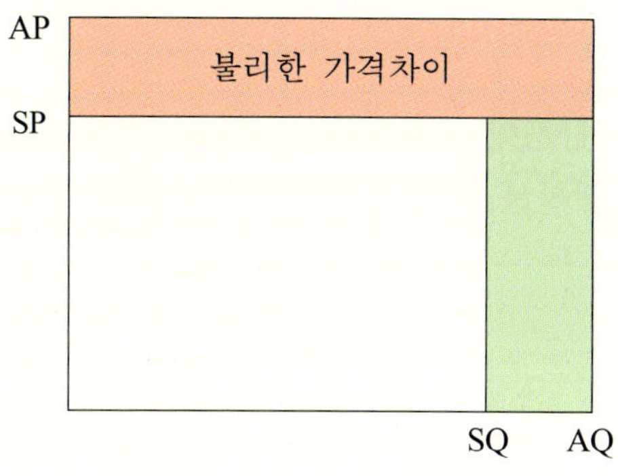

-혼합차이는 가격차이에 포함됨

2. AP<SP이고 AQ<SQ인 경우

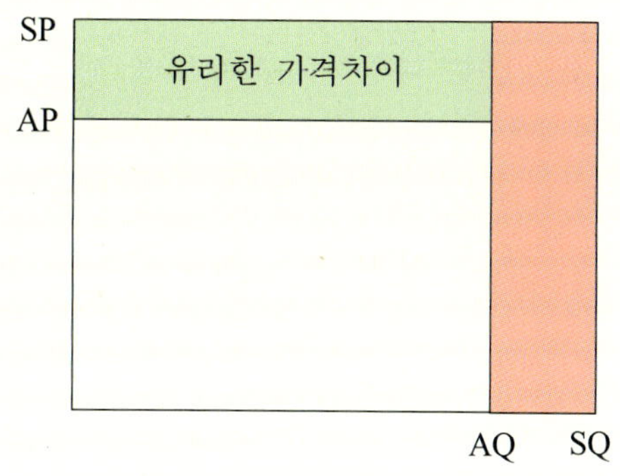

-혼합차이는 능률차이에 포함됨

3. AP>SP이고 AQ<SQ인 경우

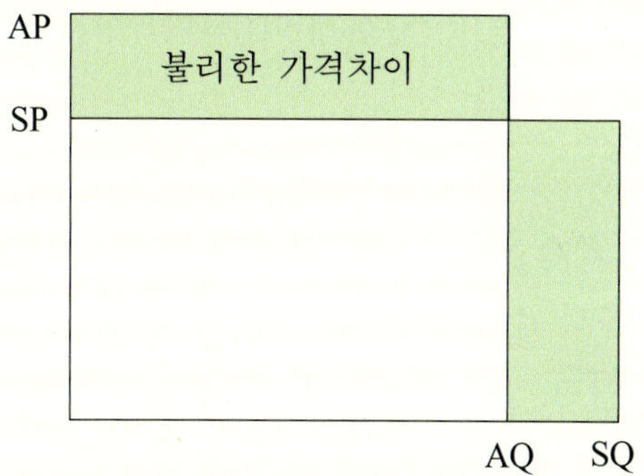

-혼합차이는 배분하지 않음

4. AP<SP이고 AQ>SQ인 경우

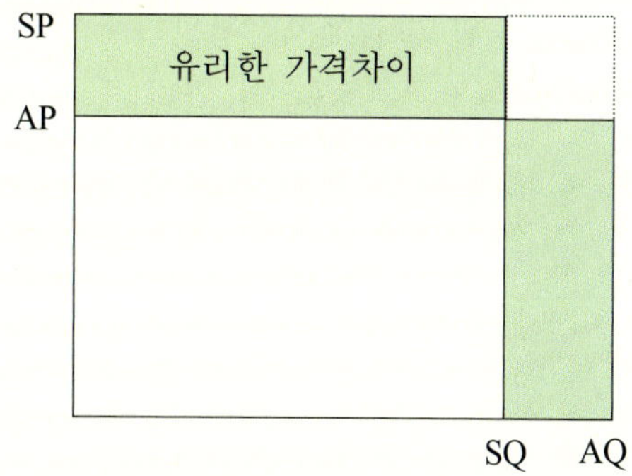

-혼합차이는 드러나지는 않으나 가격차이와 능률차이에 동시에 포함됨

자습문제

(주)청수는 다양한 음료수병을 생산한다. (주)청수는 제조원가의 통제를 위해 표준원가계산시스템을 사용하고 있다. 다음은 음료수병 한 개 생산과 관련한 고정예산 자료이다. (주)청수는 음료수병을 월간 8,000개 생산하는 것으로 계획하고 있다.

직접재료(100g @₩0.25 g당)		₩25
직접노무(0.5시간 @₩18 시간당)		9
제조간접원가 :		
변동제조간접원가(1시간 @₩2 시간당)	2	
고정제조간접원가(2시간 @₩5 시간당)	10	12
병 1개 제조원가		₩46

(주)청수의 고정제조간접원가예산액은 ₩80,000(=₩10×8,000개)이 된다. 실제원가와 생산량에 대한 정보는 다음과 같다.

- 실제생산량은 8,800개이다.
- 실제직접재료사용량은 병 한 개당 102g을 사용했으며, 재료가격은 g당 ₩0.24이다.
- 실제직접노무시간은 시간당 ₩18.15의 임률로 총 4,200직접노무시간이 사용되었다.
- 고정제조간접원가 실제발생액은 ₩81,000이며, 변동제조간접원가 실제발생액은 ₩18,920에 8,600시간이 사용되었다.

[요구사항]

(1) 직접재료원가와 직접노무원가의 가격(임률)차이와 수량(능률)차이를 계산하시오.

(2) 변동제조간접원가와 고정제조간접원가의 차이를 계산하시오.

(1) 직접재료원가와 직접노무원가 차이분석

a. 직접재료원가 차이분석

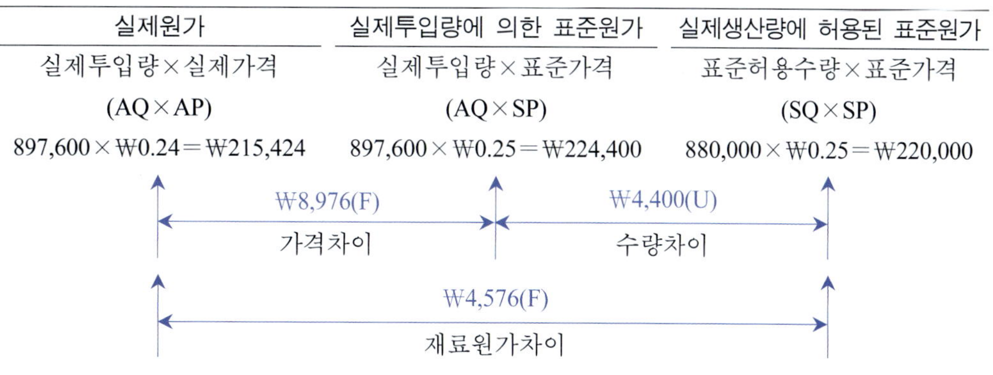

b. 직접노무원가 차이분석

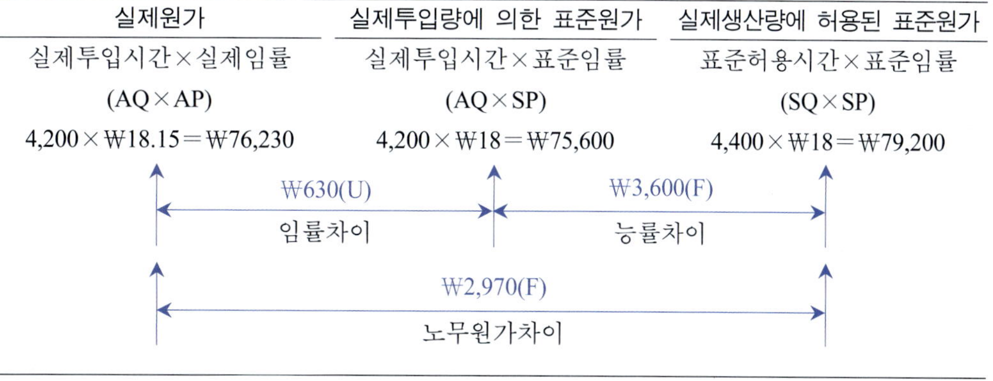

(2) 제조간접원가 차이분석

a. 변동제조간접원가 차이분석

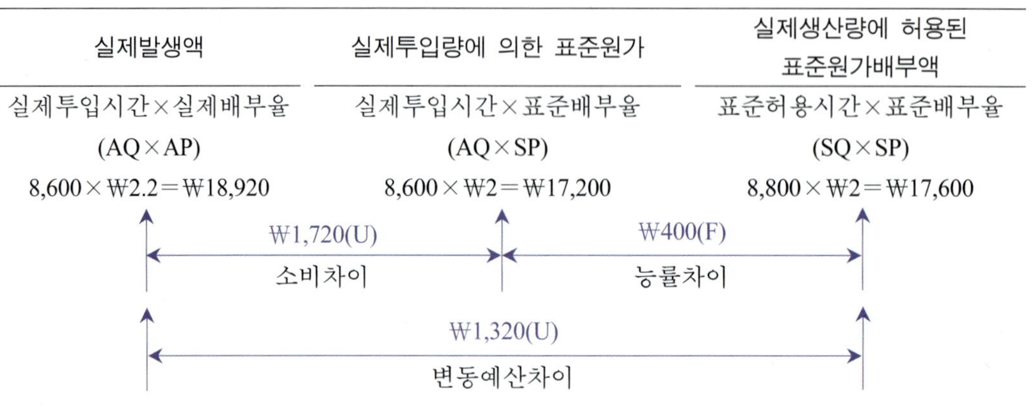

b. 고정제조간접원가 차이분석

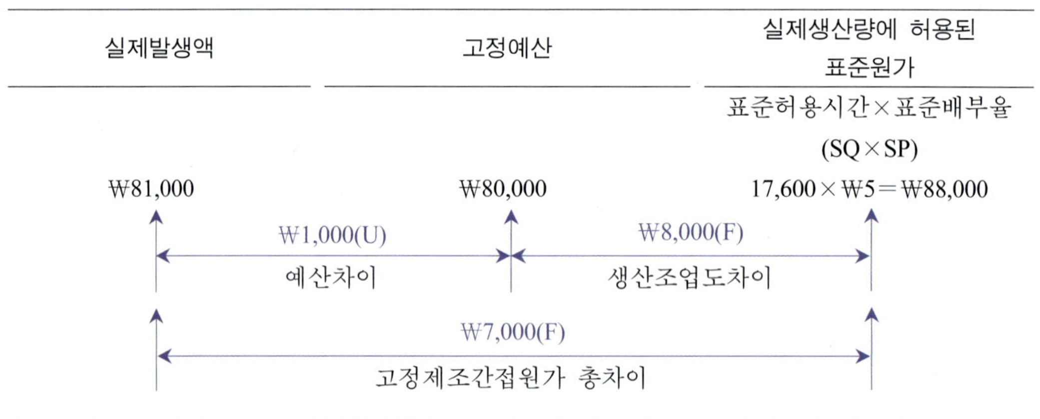

연습문제

문제 A형

10-1
L.O. 10-2

진성(주)는 스마트폰에 사용되는 정전기를 이용한 펜을 생산 및 판매한다. 다음은 20×1년 4월 생산 및 판매 예산 자료이다.

	단위당 예산	생산 및 판매(예산수량)		
		6,000	7,000	8,000
매출액	₩17	?	?	?
변동원가				
직접재료	?	₩39,000	?	?
직접노무	₩4	?	?	?
고정원가				
감가상각비		?	₩19,000	?
급여		?	?	₩34,000

[요구사항]

빈칸을 채우시오.

10-2
L.O. 10-2

침착기업은 예산보다 8,000단위를 더 생산하여 80,000단위를 생산하였다. 생산자료는 다음과 같다. 수량을 제외한 모든 단위는 금액이다.

	실제가격에서 실제결과	변동예산차이	변동예산	매출활동차이	고정예산
수량	80,000	–	?	?	72,000
매출액	?	₩6,400(F)	?	?	₩720,000
변동원가	₩492,000	?	₩480,000	?	?
공헌이익	?	?	?	?	?
고정원가	?	30,000(U)	?	?	150,000
순이익	?	?	?	?	?

[요구사항]

(1) 물음표에 적절한 값을 채우시오.

(2) 본래의 목표이익이 달성되지 않은 이유를 간략히 설명하시오.

10-3
L.O. 10-2

(주)한국이 판매부문의 20×1년도 성과평가 목적으로 작성한 예산과 실적치를 대비한 자료는 다음과 같다.

	고정예산	실적치
판매량	25,000단위	27,500단위
매출액	₩250,000	₩253,000
변동비용		
제조원가	148,500	153,450
판매관리비	39,000	44,550
공헌이익	₩62,500	₩55,000
고정비용		
제조원가	12,500	15,000
판매관리비	27,500	30,000
영업이익	₩22,500	₩10,000

(주)한국의 CEO는 20×1년도 실제판매량이 목표판매량보다 10% 증가하였는데도 불구하고 영업이익은 오히려 감소한 원인을 파악하고자 한다. (KICPA 2016)

[요구사항]

(1) 매출가격차이(sales price variance)는 얼마인가?

(2) 매출수량차이(매출조업도차이 : sales volume variance)는 얼마인가?

10-4
L.O. 10-3

(주)대한은 변동제조간접원가를 통제할 목적으로 활동별 표준원가를 이용하고 있다. 20×1년 표준원가는 다음과 같다.

활 동	원가동인	원가동인당 표준가격	제품단위당 원가동인 소요량	제품단위당 표준원가
재료처리	재료길이	1m당	5m	₩50
품질검사	검사횟수	1회당	2회	400

20×1년 제품의 실제생산량은 1,000단위이고, 실제로 발생한 활동소비량과 활동원가는 다음과 같다.

활 동	실제 활동소비량	실제활동원가
재료처리	6,000m	₩50,000
품질검사	2,200회	450,000

(KICPA 2018)

[요구사항]

(1) 불리한 가격차이를 보이는 활동은 어떤 활동인가?

(2) 총가격차이와 총수량차이(또는 총능률차이)는 각각 얼마인가?

10-5
L.O. 10-3

(주)세무는 표준원가계산제도를 채택하고 있으며, 당기직접노무원가와 관련된 자료는 다음과 같다.

제품 실제생산량	1,000단위
직접노무원가 실제발생액	₩1,378,000
단위당 표준직접노무시간	5.5시간
직접노무원가 능률차이	₩50,000(유리)
직접노무원가 임률차이	₩53,000(불리)

[요구사항]

(주)세무의 당기직접노무시간당 실제임률은?

10-6
L.O. 10-3

(주)한국은 표준원가계산제도를 사용하고 있으며 제품단위당 표준원가는 다음과 같다.

	수량표준	가격표준	표준원가
직접재료원가	2kg	₩10	₩20
직접노무원가	3시간	10	30
변동제조간접원가	3시간	5	15
고정제조간접원가	3시간	10	30
합 계			95

(주)한국은 20×1년 2월에 제품 1,100단위를 생산하였다. 이와 관련하여 당월중 직접재료 2,420kg을 kg당 ₩9.5에 외상으로 구입하여 이 중 2,300kg을 생산에 투입하였다. 20×1년 2월 직접재료의 월초재고는 없었으며, 월초재공품과 월말재공품 또한 없었다. (KICPA 2015)

[요구사항]

(1) 직접재료원가의 가격차이를 사용시점에서 분리할 경우, 20×1년 2월중 직접재료의 생산투입에 대한 수량차이와 가격차이를 구하시오. 차이에 대해 유리한 차이와 불리한 차이를 표시하시오.

(2) 직접재료원가의 가격차이를 구매시점과 사용시점으로 구분하는 경우, 20×1년 2월중 직접재료의 생산투입에 대한 수량차이와 가격차이를 구하시오. 차이에 대해 유리한 차이와 불리한 차이를 표시하시오.

(3) (2)의 풀이에 맞는 분개를 표시하시오.

10-7 조기인식주식회사는 가장 빠른 시점에서 표준과의 차이를 인식한다. 직접재료의 구입량과 사용량은
L.O. 10-3, 4, 5 같으며, 최근 달에 다음과 같은 정보를 이용할 수 있다.

	직접재료	직접노무
단위당 표준수량	6.00kg	2.5시간
시간당, kg당 표준가격	8.10/kg	₩8/시간
단위당 실제수량	6.25kg	2.8시간
시간당, kg당 실제가격	8.00/kg	₩7.50/시간
가격차이	₩562.50(U)	₩1,260(F)
능률차이	₩1,822.50(U)	₩2,160(U)
고정예산수량	800개	
실제수량	900개	
실제제조간접원가	₩11,000	
표준변동제조간접원가	₩5/개	
표준고정제조간접원가	₩5,600	
제조간접원가 변동예산차이	₩900(U)	
생산수량차이	₩700(F)	

[요구사항]

(1) 관련된 차이를 포함하여 직접재료의 구입과 사용에 대한 분개를 하시오.

(2) 관련차이를 포함하여 직접노무원가의 발생과 투입에 대한 분개를 하시오.

(3) 제조간접원가의 차이인식을 포함하여 제조간접원가의 투입에 대한 분개를 하시오.

10-8 다음은 아름기업의 이번 연도 자료이다.
L.O. 10-4

직접노무시간당 표준변동제조간접원가배부율	₩3.70
단위당 표준노무시간	4시간
실제생산량	14,000단위
실제변동제조간접원가	₩206,816
실제직접노무시간	56,200시간

[요구사항]

(1) 실제변동제조간접원가배부율을 구하시오.

(2) 배부된 변동제조간접원가를 구하시오.

(3) 총제조간접원가차이를 계산하시오.

10-9
L.O. 10-4, 5

(주)대한은 표준원가계산을 적용하고 있다. 20×1년 1월과 2월에 실제로 생산된 제품수량과 차이분석 자료는 다음과 같다. (KICPA 2021)

월	실제생산된 제품수량	고정제조간접원가 소비차이(예산차이)	고정제조간접원가 조업도차이
1월	1,500단위	₩500(불리)	₩1,000(불리)
2월	2,000단위	₩500(유리)	₩500(유리)

[요구사항]

(주)대한이 20×1년 1월과 2월에 동일한 표준배부율을 적용하고 있다면, 제품 1단위당 고정제조간접원가 표준배부율은 얼마인가? 단, 고정제조간접원가의 배부기준은 제품생산량이다.

10-10
L.O. 10-4, 5

(주)세무는 표준원가계산제도를 사용하고 있으며, 매월 동일한 표준원가를 적용한다. 20×1년 5월과 6월의 실제제품생산량은 각각 100단위와 120단위였고, 다음과 같은 조업도차이가 발생했다. (세무사 2022)

기 간	조업도차이
5월	₩1,000(불리)
6월	₩600(불리)

[요구사항]

(주)세무의 고정제조간접원가의 월간 예산은?

10-11
L.O. 10-6

(주)세무는 표준원가계산제도를 채택하고 있으며, 상호 대체가능한 원재료 A와 B를 이용하여 제품을 생산한다. 원재료 투입량과 표준가격은 다음과 같다. (세무사 2022)

원재료	실제투입량	표준투입량	kg당 표준가격
A	150kg	120kg	₩30
B	150kg	180kg	20

[요구사항]

(주)세무의 원재료의 배합차이와 수율차이는 각각 얼마인가?

문제 B형

10-12
L.O. 10-2

어린이용 장난감을 만드는 기업인 토이주식회사는 20×1년도에 10,000개의 장난감을 만들어 개당 ₩12에 판매할 것으로 예측하였다. 그런데 20×1년에 실제매출수량은 15,000개였으며, 판매단가는 ₩12.50이었다. 단위당 ₩5으로 예상되던 변동원가는 실제 단위당 ₩4.80이 발생하였으며, 총고정원가는 ₩60,000으로 예상하였으나 실제는 ₩62,500이 발생한 것으로 집계되었다.

[요구사항]

20×1년 토이주식회사의 손익계산서를 변동예산차이와 판매수량차이를 포함하여 성과를 알 수 있도록 작성하시오.

10-13
L.O. 10-2

(주)대한은 20×1년도 고정예산과 실제결과를 비교하기 위해 다음과 같은 손익계산서를 작성하였다.

	고정예산	실제결과
판매량	10,000단위	12,000단위
매출액	₩500,000	₩624,000
변동비용		
제조원가	250,000	360,000
판매관리비	50,000	84,000
공헌이익	200,000	180,000
고정비용		
제조원가	15,000	19,000
판매관리비	25,000	25,000
영업이익	₩160,000	₩136,000

(주)대한의 경영자는 20×1년도 실제판매량이 고정예산 판매량보다 20% 증가하였으나, 영업이익은 오히려 15% 감소한 원인을 파악하고자 한다. 20×1년도에 12,000단위를 생산·판매할 수 있는 용량(capacity)을 확보하고 있다. (KICPA 2018)

[요구사항]

(1) 변동예산에 기초한 성과보고서를 작성하시오.

(2) (1)에서 작성한 성과보고서를 이용하여 매출가격차이, 고정원가 소비차이, 변동예산차이, 매출조업도차이, 고정예산차이 금액은 각각 얼마인가? 단, 유리한 차이(F)와 불리한 차이(U)를 표시하시오.

10-14 단일제품을 제조 · 판매하는 (주)세무의 20×1년 관련 자료는 다음과 같다. (세무사 2018)
L.O. 10-4

실제제품생산량	45,000단위
제품단위당 표준직접노무시간	2시간
예상 총직접노무시간(기준조업도)	72,000시간
실제발생 고정제조간접원가	₩66,000
조업도차이	₩16,200(유리)

[요구사항]

(주)세무가 고정제조간접원가 표준배부율을 계산할 때 사용한 연간 고정제조간접원가예산은 얼마인가?

10-15 기아모터에서는 소형모터를 생산한다. 기아모터는 원가계산 및 통제 목적으로 표준원가계산시스템을 사용하고 있으며, 표준원가는 다음과 같다.
L.O. 10-4

직접재료(6.0kg, 단위당 ₩5.00)	₩30.00
직접노무(1.6시간, 단위당 ₩12.00)	19.20
변동제조간접원가(1.6시간, 단위당 ₩10.00)	16.00
고정제조간접원가(1.6시간, 단위당 ₩6.00)	9.60
단위당 표준원가	₩74.80

회계기간 동안 기아모터는 다음과 같은 실제생산활동이 있었다.

생산수량	50,000대
실제직접노무시간	82,000시간
실제직접노무원가	₩1,066,000
실제고정제조간접원가	₩556,000
실제변동제조간접원가	₩860,000

기아모터의 연간 정상활동수준은 60,000대이다. 표준제조간접원가배부율은 표준직접노무시간으로 측정된 정상활동수준에서 계산된다.

[요구사항]

(1) 변동제조간접원가의 소비차이와 능률차이를 계산하시오.
(2) 고정제조간접원가의 예산차이(소비차이)와 생산조업도차이를 계산하시오.

10-16 L.O. 10-4

다음은 최근 Outdoor 의류시장에서 큰 인기를 끌고 있는 엘리트 스포츠(Elite Sports)의 제품 50,000단위 생산과 관련한 제조간접원가 자료이다.

실제	변동제조간접원가	₩218,900
	고정제조간접원가	157,500
표준	76,000시간, ₩5.00(변동제조간접원가 ₩2.90 포함)	380,000

생산능력을 100% 가동했을 때 정상작업시간이 75,000시간이고, 제조간접원가예산은 76,000시간을 표준으로 해서 설정되었으며 금액은 ₩377,900이다. 이 자료에 기초해서 회계담당자는 다음과 같이 차이분석보고서를 작성했다.

변동제조간접원가 통제가능한 차이 :		
실제변동제조간접원가 발생액	₩218,900	
예산변동제조간접원가(76,000시간 기준)	220,400	
유리한 차이		(₩1,500)
고정제조간접 조업도차이 :		
100% 생산능력에서의 조업도	75,000시간	
표준생산수준에서의 조업도	76,000시간	
미사용 생산능력	1,000시간	
표준변동제조간접원가	×₩5.00	
불리한 차이		5,000
총고정제조간접원가차이(불리한 차이)		₩3,500

[요구사항]

제조간접원가 차이분석에서의 오류를 확인하고 올바른 금액을 밝히시오.

10-17 L.O. 10-1, 3, 4

최근 급격하게 시장을 확장해가고 있는 디저트 전문 프랜차이즈 회사인 '컵 과자'의 사장인 김소희는 월례 경영진 회의에서 말했다. "나는 지난 4월의 예산보고서를 검토했습니다. 우리의 실제성과는 예산과 정확하게 맞지는 않지만 대략 우리 예상으로부터 2%에서 3% 정도 벗어난 것 같습니다." 보고서는 다음과 같다.

예산보고서
20×1년 4월

	예 산	실 제	차 이
매출(단위)	400,000	450,000	50,000(F)
수익	₩3,200,000	₩3,555,000	₩355,000(F)
직접재료	580,000	865,000	285,000(U)
직접노무	336,000	348,000	12,000(U)
변동제조간접	648,000	750,000	102,000(U)
총변동원가	1,564,000	1,963,000	399,000(U)
공헌이익	₩1,636,000	₩1,592,000	₩44,000(U)

구매담당부사장인 김정철이 말했다. "우리가 이 정도 했다는 것은 놀라운 일입니다. 지난달에 초콜릿 가격이 급격히 올라가서 매우 큰 차이가 날 것으로 예상했었습니다. 우리가 통아몬드 대신에 얇게 자른 아몬드를 주문했을 때 약간의 혼란은 있었습니다."

그러나 회계담당자인 김민기는 그렇게 만족스럽지 않은 표정이었다. "잠깐만요. 나는 이 예산보고서가 우리의 상황을 제대로 알려주고 있지 않다고 생각합니다. 이에 대해서 좀더 분석을 하고 다시 이야기하도록 합시다."

김민기는 가장 먼저 초콜릿 땅콩 크림과자에 대한 표준원가를 추적했다.

	단 위	단위당 표준원가	총원가	
직접재료				
과자	10온스	₩0.02 온스당	₩0.20	
우유 초콜릿	5온스	₩0.15 온스당	0.75	
아몬드	1온스	₩0.50 온스당	0.50	
총직접원가				₩1.45
직접노무				
혼합	1분	₩14.40 시간당	0.24	
굽기	2분	₩18.00 시간당	0.60	
총직접노무				0.84
변동제조간접	3분	₩32.40 시간당		1.62
단위당 총표준원가				₩3.91

또한 김민기는 월별 운영에 대한 추가정보에 대해서 검토하였다.

	실제 사용된 양	실제원가
직접재료		
과자	4,650,000온스	₩93,000
우유 초콜릿	2,660,000온스	532,000
아몬드	480,000온스	240,000
직접노무		
혼합	540,000분	108,000
굽기	800,000분	240,000
변동제조간접		750,000
총실제변동원가		₩1,963,000

[요구사항]

(1) 4월에 대한 더 많은 정보를 담은 성과보고서를 작성하시오.

(2) 김소희가 생각했던 것보다 성과가 더 좋은가 아니면 나쁜가? 이유를 설명하시오.

(3) 컵 과자는 예산판매가격으로 과자를 얼마나 팔았는가? 가격과 판매수량 간의 상충관계에서 컵 과자의 선택은 좋은 선택이었는가? 왜 그런가 혹은 왜 그렇지 않은가?

(4) 투입시점에서 직접재료원가차이를 계산하시오. 단, 모든 재료구입은 사용하는 달 중에 구입한다고 가정한다.
(5) 4월의 직접노무원가차이를 계산하시오.
(6) 4월의 제조간접원가차이를 계산하시오.
(7) 4월의 차이가 무엇 때문에 발생했다고 생각하는가?
(8) 김민기가 분석한 4월 성과에 대해 김소희에게 보내는 메모를 작성하시오.

10-18
L.O. 10-3, 6

아산화학(주)는 비료를 제조하여 판매한다. 아산화학(주)는 1톤의 비료를 생산하기 위하여 다음과 같은 표준직접재료원가를 사용한다.

투입재료의 75%를 차지하는 톤당 ₩400인 재료 A	₩360
투입재료의 25%를 차지하는 톤당 ₩200인 재료 B	60
투입물 1.2톤의 총표준원가	₩420

1톤의 비료를 생산하기 위하여 1.2톤의 재료를 투입해야 한다. 직접재료의 재고는 없다. 구매는 필요할 때마다 이루어지며, 모든 가격차이는 사용된 직접재료와 관련이 있다. 아산화학(주)는 어떤 한 기간에 2,000톤의 비료를 생산했다. 그 기간 동안의 총직접재료수율차이는 ₩35,000 불리하였다. 기간 동안의 실제투입물배합은 재료 A가 50%, 재료 B가 50%였다.

[요구사항]

(1) 기간 동안의 직접재료 수율차이를 계산하시오.
(2) 기간 동안의 총직접재료 배합차이를 계산하시오.
(3) 기간 동안의 총직접재료 능률차이를 계산하시오.

10-19
L.O. 10-3, 6

신세계이마트(주)의 여주물류센터는 서울, 경기, 강원 지역의 이마트 매장에서 판매할 제품을 수집, 배분하는 업무를 담당한다. 여주물류센터는 실제결과를 고정예산과 비교하는 분석을 매달 시행한다. 20×1년 회계연도 동안 실제표준직접유통노무비율과 5월 산출물에 허용된 표준시간들은 아래와 같다. 노무원가구분은 상이한 기술수준과 상이한 직무들을 반영한다(지게차작업자, 수작업자, 보조자).

	시간당 실제직접유통 노무원가	실제직접유통노동시간
유통노무원가 구분 3	₩8.00	500
유통노무원가 구분 2	7.00	500
유통노무원가 구분 1	5.00	500

수행된 실제직접유통노동시간과 5월 동안의 시간당 실제직접유통노무비율은 다음과 같다.

	시간당 표준직접유통 노무원가	분배된 실제제품에 대해 허용된 표준직접유통노동시간
유통노무원가 구분 3	₩8.50	550
유통노무원가 구분 2	7.50	650
유통노무원가 구분 1	5.40	375
		1,575

[요구사항]

(1) 5월에 대한 각 수준의 유통노무원가와 총유통노무원가의 임률차이와 능률차이를 계산하시오.

(2) 5월에 대한 각 수준의 유통노무원가와 총유통노무원가의 배합차이와 수율차이를 계산하시오.

용어해설

가격차이(price variance) 실제가격과 표준가격의 차이에 실제수량을 곱해서 계산된 금액

고정예산(static budget) 하나의 특정 조업도에 대한 예산원가

고정제조간접원가 생산조업도차이(production volume variance) 고정제조간접원가에만 존재하는 차이로 기준조업도가 실제산출물에 허용되는 표준조업도와 일치하지 않는 경우에 발생함

고정제조간접원가 예산차이(budgeted variance) 소비차이라고도 부르며, 고정제조간접원가 실제발생액과 고정예산의 차이

능률차이(quantity variance) 실제투입시간과 허용된 표준투입시간의 차이에 표준임률을 곱해서 계산된 금액으로 수량차이라고도 부름

배합차이(mix variance) 투입물의 실제배합과 표준배합의 차이에 의해 발생

변동예산(flexible budget) 여러 다른 조업도수준에서의 예상원가

변동제조간접원가 능률차이(efficiency variance) 실제조업도에 허용된 표준변동제조간접원가와 표준조업도에 허용된 변동제조간접원가의 차이

변동제조간접원가 소비차이(spending variance) 변동제조간접원가 실제발생액과 실제투입량에 허용된 표준원가의 차이

수량차이(quantity variance) 실제투입량과 허용된 표준투입량의 차이에 표준가격을 곱해서 계산된 금액으로 능률차이라고도 부름

수율차이(yield variance) 생산물의 실제수율과 표준수율의 차이에 의해 발생

실제적 표준(practical standard) 단기적으로 기대되는 수준의 조업도와 능률수준에 기준하여 설정된 표준

이상적 표준(idea standard) 이상적인 작업조건하에서 달성할 수 있는 표준

임률차이(rate variance) 실제임률과 표준임률의 차이에 실제시간을 곱해서 계산된 금액

정상적 표준(normal standard) 정상적인 조업도수준이나 능률수준에 대해 설정된 표준

표준(standard) 하나의 기준 또는 기준이 되는 수치

표준원가(standard cost) 제품이나 산출물의 각 단위에 의해 소비되는 자원의 양과 가격에 대해 미리 설정된 제품단위의 기대원가

chapter

11

전략적 원가회계 : 목표원가계산, 품질원가계산, 역류원가계산

이 장을 학습한 후에 다음을 할 수 있어야 한다 :

11-1 목표원가계산의 정의 및 의미에 대해서 설명할 수 있어야 한다.

11-2 목표원가계산의 절차를 설명할 수 있어야 한다.

11-3 품질원가의 정의 및 의미에 대해서 설명할 수 있어야 한다.

11-4 품질원가의 분류(예방원가, 평가원가, 내부실패원가, 외부실패원가)와 품질원가보고서에 대해서 설명할 수 있어야 한다.

11-5 다구치 손실함수에 대해서 설명할 수 있어야 한다.

11-6 역류원가계산시스템에 대해서 설명할 수 있어야 한다.

Target Costing, Quality Costing, Backflush Costing

"변화하는 것과 개선하는 것은 서로 다른 개념이다." −독일 속담−

"전략적 원가절감은 광범위한 기술 및 인적자원의 통합전략이라고 정의되는 경영전략의 일환으로 간주되어야 한다." −Shields와 Young(1992)−

목표원가계산

목표원가계산의 정의

가격결정과 관련하여 가장 잘 알려져 있는 방법은 측정된 원가에 기초하여 가격을 정하는 방법이다. 그러나 원가와 가격 사이의 관계에 대한 또 다른 접근방법은 주어진 제품의 시장가격에서 기업이 원하는 수익성을 달성하기 위해 지불할 수 있는 최대한의 비용을 결정하는 방법이다. 타깃코스팅이라고도 불리는 목표원가계산은 기업경영에 대한 종전 원칙들을 근원적으로 개혁한 새로운 방법이며 전략이다.

목표원가
=예상시장가격−목표이익

목표원가계산(target costing)은 원가절감을 강조하면서 시장기준 가격결정을 결합한 방법이다. 목표원가계산의 핵심인 목표원가(target cost)는 시장가격으로부터 기업이 필요로 하는 목표이익(일명 필수이익)을 차감하여 구한다. 이를 식으로 표현하면 다음과 같다.

목표원가=(출시시점의) 예상시장가격−목표이익

위 식에서 시장가격은 고객의 욕구와 취향, 고객의 수용가능성, 경쟁분석, 목표시장점유율 등을 종합적으로 고려하여 결정한다. 반면, 목표이익은 기업차원의 거시적 전략과 개별 제품차원의 미시적 계획을 결합하여 결정한다. 기업차원에서는 계획된 제품배합하의 예상매출액과 기업이 필요로 하는 매출이익률(return on sales, ROS)을 감안하여 목표이익을 정한다.

목표원가계산의 성공에 영향을 미치는 요인들

목표원가계산은 다음과 같은 상황에서 가장 잘 수행된다.

- 제품개발 및 설계단계가 길고 복잡한 상황
- 생산과정이 복잡한 상황
- 시장이 차별화된 품질 및 기능에 대해서 기꺼이 대가를 지급할 용의가 있는 상황
- 제조업체가 공급업체 및 하청업체에 몇 가지 원가절감 사항을 요구할 수 있는 상황
- 제조업체가 부품의 설계에 영향을 미칠 수 있는 상황

목표원가계산은 조직이 제품설계에서부터 희망하는 이익을 달성하기까지에 도움을 주는 제품수명주기의 초기단계에서 원가계획에 이용된다. 이는 제조 이후 단계에서의 원가절감에 초점을 두는 방법들과는 차이를 갖는다([도표 11-1] 참조).

도표 11-1 제품의 원가수명주기

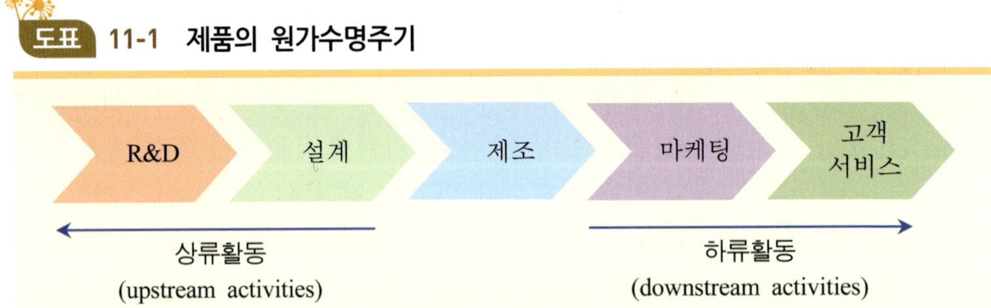

원가수명주기는 제품의 R&D부터 시작하여, 설계, 제조, 마케팅, 고객서비스까지의 기업 내 연속활동과정에서 발생하는 원가를 의미한다.

부품의 기능성과 원가의 상충관계에 대한 분석에 기초하는 목표원가계산은 다양한 부품과 프로세스를 갖는 기업들에 적합한 방법이다. 원가수명주기(cost life cycle)의 상위단계에서 목표원가계산은 기업의 총원가 절감에 분명히 도움을 준다([도표 11-2] 참조).

도표 11-2 원가수명주기에서 목표원가계산

목표원가계산에서 목표원가 달성을 위한 원가절감은 ① 목표원가와 현행방식하의 추정원가 간의 차이(gap)를 파악하고, ② 차이를 줄일 수 있는 원가절감 설계안을 창출하며, ③ 설계안에 따라 생산에 착수하고 이후 지속적 개선노력을 전개하는 세 단계를 통해 이루어진다. [도표 11-3]에서 보는 바와 같이 왼쪽의 막대그림은 현행원가 또는 초기 원가추정치를 표시하고 있으며, 오른쪽 막대그림은 미래의 기대시장가격에서의 목표이익과 목표원가(일명 허용가능원가, allowable cost)를 보여주고 있다. 목표원가는 기대시장가격과 목표이익 간의 차이로 추정된다.

목표원가는 허용가능원가라고도 하며, 기대시장가격과 목표이익 간의 차이이다.

도표 11-3 목표원가계산 개념

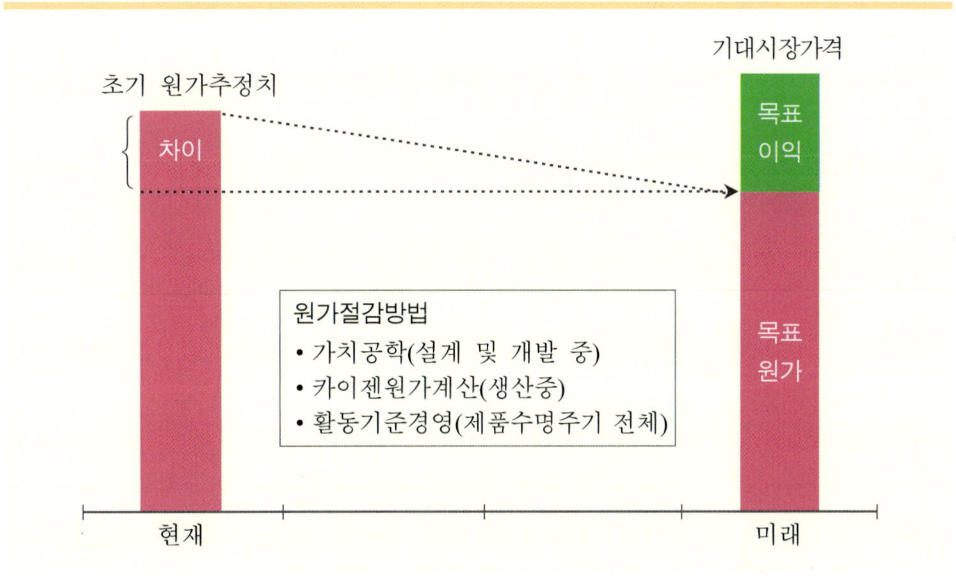

가치공학은 제품기능의 차이와 총제품원가 간의 상충관계 분석을 통해 원가를 절감하는 목표원가계산에 이용된다.

카이젠원가계산은 지속적 개선을 의미하는 것으로, 주어진 디자인과 기능의 제품을 생산하는 과정에서 원가절감을 위한 새로운 방법을 지속적으로 찾는 방법이다.

목표원가는 보통 현행원가보다는 적다. 따라서 경영자들은 제품의 설계 및 제조과정에서 원가절감에 대한 노력을 기울여야 한다. 기업이 절감해야 할 원가 크기는 현행원가 또는 초기 원가추정치에서 목표원가를 차감한 부분이 된다. 여기서 현행원가 또는 초기 원가추정치는 현행의 제조방법, 기술, 공정이 그대로 유지된다는 가정하에 앞으로 발생할 것이 예상되는 원가의 추정치이다. 즉, 전혀 개선이 없을 것이라는 가정하에서 추정한 원가이다. 현행원가란 최초 설계안에 대해 반복순환적 재검토를 계속함에 따라 점차 허용가능원가 방향으로 수렴해 간다. 이런 이유에서 현행원가를 "표류원가(drift cost)"라고도 한다. 현행원가를 목표원가로 줄여나가기 위해 기업은 가치공학(value engineering), 카이젠원가계산(kaizen costing), 활동기준경영(activity based management) 등의 다양한 방법을 이용할 수 있다. 다음은 사례를 통해 목표원가계산에 대해 설명한다.

목표원가계산 사례 : 가민 산악자전거(GARMIN Bikes)

가민 산악자전거(GARMIN Bikes)사는 여행과 레저(Travel & Leisure)사의 제품과 경쟁하는 고품질 산악자전거를 생산하는 업체이다. 가민은 일정하게 사전에 설정된 간격으로 전후방 브레이크에 펌프를 해서 일정한 제동 패턴을 이용해 경사로를 내려올 수 있게 해주는 새로운 브레이크 시스템을 개발했다. 고객들의 자전거 선택은 브레이크 설정에 따라 영향을 받는다. 마케팅부서는 현행 고객들에 대한 조사를 통해 이 옵션에 대해 더 많은 대가를 지불할 용의가 있음을 발견하였다. 회사의 브랜드가 아직은 유명한 것이 아니기 때문에 이 자전거에 대한 가격은 주요 경쟁자보다는 낮은 가격을 유지할 필요가 있다. 가민의 경영자는 새로운 브레이크 시스템을 갖춘 산악자전거를 출시하기를 원했다. 회사의 회계담당자는 디자인이 실행가능한 것인지를 확인하기 위해 신제품 개발에 목표원가계산을 이용할 것을 제안했다.

제품의 목표가격, 품질, 기능의 결정

고객 및 관심집단에 대한 설문조사를 수행한 후 가민의 마케팅담당자는 고객들이 중요하게 생각하는 다섯 가지 특징, 즉 자전거의 무게, 장시간 동안 어려운 지형에서의 힘든 운행을 견딜 수 있는 자전거의 능력, 외관, 조작의 편리함, 그리고 험한 지형에서의 편안한 운행 등을 확인하였다. 제조사의 명성과 자전거의 구성에 영향을 받지만 이들 특징을 지닌 경쟁사 모델의 시장가격은 ₩800,000에서 ₩1,200,000 사이에 있다. 이 가격대에서 가장 높은 시장점유율을 갖는 모델의 가격은 ₩949,000이었다. 시장조사와 관심집단으로부터 정보를 수집한 가민의 경영자는 새로운 브레이크 시스템을 갖추고 경쟁사의 모델과 동일한 수준의 품질 및 기능성을 가진 신제품이 25%의 시장점유율을 달성하기 위해서는 가격을 ₩950,000으로 책정해야 한다고 생각했다. 가민의 경영자는 산악자전거의 새로운 모델을 출시하기로 결심했다.

목표원가의 결정

가민의 경영자는 신제품에 대한 최소이윤으로 10%를 설정했다. 주어진 정보에 의해 가민의 회계담당자는 다음과 같이 신제품의 목표원가를 설정했다.

가격	₩950,000
차감 : 이윤	95,000
목표원가	₩855,000

목표원가 달성을 위한 제품 설계 및 생산 과정

가민의 경영자는 생산 및 제조 공정 설계를 담당할 팀을 구성하였다. 팀은 마케팅, 엔지니어링, 구매, 그리고 회계 및 관리 부문에서 각각 한 명씩 차출하여 구성하였다.

가장 먼저, 팀은 산악자전거의 초기원가를 추정하였다. 엔지니어는 새로운 브레이크 시스템을 통합한 자전거의 기본 디자인을 변경하였다. ₩905,000의 초기원가추정치는 목표원가 ₩855,000보다 높았으며, 이는 팀이 제품 출시 전에 해결해야 될 중요한 문제였다. 팀은 50,000대의 자전거 판매를 가정하고 현행원가와 절감해야 할 원가에 대한 정보를 수집하였다. 그들은 원가절감의 가능성이 가장 높은 분야를 확인하고, 이들 절감을 위한 추정치를 다음과 같이 설정하였다.

원가영역	단위당 현행원가	목표원가	원가절감 필요액
새로운 브레이크 개발	₩50,000	₩50,000	₩0
제조	710,000	680,000	30,000
총제조원가	760,000	730,000	30,000
판매 및 유통	55,000	50,000	5,000
보증수리	35,000	30,000	5,000
관리	55,000	45,000	10,000
총원가	₩905,000	₩855,000	₩50,000

제품 디자인 변경

팀은 가치사슬분석(value chain analysis)을 이용해 원가절감을 위한 기회를 찾기로 하였다. 그들은 가치사슬의 제품 설계단계에 집중했다. 엔지니어는 현재의 설계를 분석하여 제조과정의 단계 그리고 제거할 수 있는 구성요소들을 찾았다. 회계담당자는 이들 변화에 대한 원가정보를 제공하였다. 마케팅담당자는 제안된 변경에 대한 고객의 예상반응에 대한 정보를 제공했다.

- 반사경 : 팀은 스포크에 장착된 반사경의 제거를 제안했다. 왜냐하면 산악자전거는 주로 거친 지형에서 사용되는 것이기 때문에 대부분의 반사경들이 파손될 가능성이 있다. 더욱이 도로에서 이용하는 소수의 라이더들은 상대적으로 반사경에 의존하기보다는 배터리로 작동되는 헤드라이트와 미등을 사용한다. 회계담당자는 반사경과 반사경 설치과정의 제거를 통해 자전거 한 대당 ₩15,000을 절감할 수 있을 것으로 추정했다. 마케팅담당자는 반사경의 제거가 고객이 요구하는 제품과 기대가격에 영향을 미치지 않음을 표본고객을 통한 조사에서 확인하였다.
- 자전거 좌석 : 엔지니어는 조립하기 쉬운 값이 싼 좌석을 제안했고, 마케팅담당자는 표본집단을 구성해 이것이 매출에 미치는 영향을 조사하였다. 표본집단은 조사에서 질 낮은 좌석을 장착한다면 가격을 내려야 한다는 결과를 제시했다. 따라서 그 아이디어는 제외됐다.

공급업자 협상

팀은 다음으로 그들의 가치사슬분석에서 직접재료 구입기능에 대해 초점을 맞췄다. 그들은 현행 공급업체로부터 원가를 절감할 수 있는가를 조사하였고, 또한 새로운 공급업체로부터 유사한 품질의 부품을 값싸게 구입할 수 있는지를 조사하였다. 구매담당자는 원가절감 협상을 위해 모든 부품의 공급업자와 만났다.

- 핸들 : 핸들 공급업자는 현재 핸들과 품질이 유사한 새로운 핸들을 개당 ₩10,000 낮은 가격에 공급할 수 있다고 제안했다. 마케팅담당자는 새로운 핸들이 고객들의 품질에 대한 인식에 영향을 미치지 않는 것으로 확인했다.
- 타이어 : 구매담당자는 타이어 공급업자와 함께 작업을 했다. 타이어를 대량으로 구매하면 공급업체의 운반 및 보관 비용을 절감할 수 있는데 현재 회사는 충분한 보관장소가 있다. 새로운 구매계약은 자전거 대당 ₩5,000의 원가가 절감된다.
- 타이어 튜브 : 구매담당자는 자전거 대당 ₩5,000의 원가를 절감할 수 있는 새로운 타이어 튜브 판매업자를 찾았다. 팀에 의해서 제안된 변경은 절감 필요액 ₩30,000보다 더 많은 ₩35,000(=₩15,000+₩10,000+₩5,000+₩5,000)의 제조원가 절감이 기대된다. 따라서 제조원가에 대한 목표원가는 달성되는 것으로 확인되었다.

제조원가

목표원가계산팀은 마케팅담당자와 재무담당자를 함께 만나서 판매 및 유통, 보증 및 지원 그리고 관리 비용의 감소부분을 식별하였다.

- 판매 및 유통 : 마케팅담당자는 수수료나 광고를 줄이는 것이 제품에 대한 매출감소와 잠재적인 시장점유율 증가에 영향을 미칠 것으로 우려하고 있다. 마케팅담당자는 신제품에 대한 광고나 수수료에 대한 비용절감이 없기를 원했다. 신제품의 성공적인 출시는 판매원 개개인의 새로 도입된 브레이크 시스템에 대한 기능의 강조와 특징에 대한 홍보에 의해 영향을 받는다. 신제품의 출하량이 빠르게 증가하고 대량운송은 운송회사의 운송비용을 줄여주기 때문에 운송회사는 자전거 대당 ₩5,000의 운송비

용 인하에 합의했다.

- 보증 및 지원 : 경영진은 현재 가민 산악자전거가 탄탄한 명성을 가지고 있지만 고객의 보증 및 지원 비용을 줄이게 되면 신제품을 위험하게 할 것으로 염려한다. 회사가 이들 비용을 줄이고 현행수준의 서비스를 제공하지 못한다면 명성을 잃는 것은 명확하다. 다행스러운 것은 제조원가가 원래 계획보다 ₩5,000 더 감소했다는 것이다. 따라서 팀은 현시점에서 보증 및 지원 비용을 줄이지 않기로 결정했다.
- 관리 : 청소와 같은 일부 관리기능은 최근에 아웃소싱하고 있다. 이는 자전거 대당 ₩10,000의 관리비용 절감을 쉽게 달성할 것으로 보인다.

총계획원가 절감

다음은 설계팀에서 달성한 원가절감액을 요약한 것이다.

	절감필요액 (수정)	절감달성액
새로운 브레이크 개발	₩0	₩0
제조	35,000	
반사경		15,000
핸들		10,000
타이어		5,000
튜브		5,000
판매 및 유통(운송비용 절감)	5,000	5,000
보증 및 지원(절감 불필요)	0	0
관리(아웃소싱)	10,000	10,000
합계	₩50,000	₩50,000

타당성 평가를 위한 시험 프로젝트

팀은 시험생산을 위해 생산라인을 준비하고 100대의 자전거를 생산하였다. 최초 50대는 대당 ₩780,000에 생산되지만 생산라인의 종업원들은 더 빨리 새로운 브레이크 시스템을 설치하는 방법을 학습하게 되어 마지막 50대는 대당 ₩730,000에 생산됐다.

관리자들은 신제품을 전부 생산하기로 결정했다. 자전거는 예상보다 빠르게 그리고 많이 판매되기 때문에 이 결정은 기업에는 좋은 결과를 가져온다.

목표원가계산의 장단점

목표원가계산의 장점　목표원가계산의 가장 중요한 장점은 다음과 같다. 첫째, 앞서 살펴본 바와 같이 원가가산 가격결정법은 시장의 요구에 사후적으로 대응하는 반면, 목표원가계산은 사전적으로 대응한다는 점이다. 가령, 원가가산 가격결정법은 먼저 제조원가를 계산한 후 이에 이윤을 추가하여 판매가격을 결정한다. 그리고 시장에서 고객들이 판매가격에 대해 부정적인 시각을 보이는 것이 분명해지는 시점에 가서야 비로소 원가절감방안을 찾기 시작한다. 반면, 목표원가계산은 제품의 설계와 시제품 단계에서 시장에 출시하기 전에 시장에서 허용하는 원가에 제품을 생산할 수 있는 방안을 강구한다. 둘째, 목표원가계산은 실제 생산결과가 나타나기 이전에 필요한 모든 수정조치를 완료하고, 시간경과에 따라 점점 더 높은 표준으로 움직여 나갈 것을 강조한다. 셋째, 목표원가계산은 원가절감의 방안을 기업 내부뿐만 아니라 기업 외부의 가치사슬까지 확대한다. 전통적 원가관리기법에서는 기업 내부의 원가효율성을 더 중시했으며, 원가절감 노력을 기업 내부에서의 제한적 활동으로 인식했다. 그러나 목표원가계산은 원가절감의 문제를 기업의 가치사슬 전체가 참여해서 해결해야 할 과정으로 인식함으로써 지속적인 원가개선을 추구한다.

목표원가계산의 단점　목표원가계산은 분명한 장점을 가지고 있지만 동시에 목표원가계산 시행에 있어 몇 가지 잠재적인 단점도 지니고 있다. 첫째, 목표원가계산하에서 목표원가 달성에 대한 압력은 종업원으로 하여금 심적 압박을 갖게 한다. 특히 설계엔지니어들에 있어 심적 압박이 심한 것으로 알려져 있다. 둘째, 원가절감을 위한 반복적인 가치공학의 실행은 제품의 개발시간이 계획보다 더 많이 소요되어 적절한 제품 출시시기를 놓치는 문제를 발생시킨다. 기업의 신제품 출시와 관련하여 원가를 더 지출하더라도 제품 출시시기를 지키는 것이 훨씬 더 중요할 수도 있다. 셋째, 목표원가계산과 관련된 사람들의 원가의식 차이는 서로간에 마찰을 일으키고 협력을 어렵게 하는 문제를 발생시킨다. 이러한 결과는 조직 내뿐만 아니라 협력업체와의 관계에도 부정적인 영향을 미칠 수 있다.

품질원가계산

오늘날 기업들은 품질을 제대로 관리하지 않고서는 더 이상 계속기업으로 존속하기가 쉽지 않은 상황이 되었다. 왜냐하면 비가격 경쟁요소를 통한 경쟁우위 확보가 중요한 오늘날 품질관리는 생산성 향상을 통해 이익창출에 결정적 역할을 하기 때문이다.

품질경영(quality management, QM)에서는 과연 품질관리프로그램이 제 효과를 내는지 그리고 품질관리상 낭비요소가 없는지를 정기적으로 파악할 필요가 있다. 이러한 목적에서 관심을 끌게 된 것이 품질관리와 관련된 원가, 즉 품질원가(quality cost)이다. 품질원가는 예방원가, 평가원가, 실패원가(내부실패원가와 외부실패원가)로 분류한다.

품질원가의 정의 및 분류[1)]

품질원가는 소비자가 요구하는 품질을 실현시키기 위해 발생되는 모든 원가를 의미한다.

품질원가는 '소비자가 요구하는 품질을 실현시키기 위해 발생되는 모든 원가'로 정의된다. 품질은 설계 사양에 대한 적합성을 의미한다. 따라서 품질원가는 품질표준을 충족시키거나 품질표준을 충족시키지 못하기 때문에 발생하는 원가이다. 이러한 품질에 대한 적합성 원가(cost of conformance)는 예방원가, 평가원가, 실패원가(내부실패원가와 외부실패원가) 등 세 가지 범주로 나누어진다.

예방원가는 불량품질을 예방하는 데 발생된 원가이다.

예방원가(prevention cost)는 제조업에서는 불량품질 제품을, 서비스업에서는 불량품질의 서비스를 예방하는 데 발생된 원가이다. 예를 들면, QC서클운영 및 교육·훈련에 따른 비용 등이 이에 속한다.

평가원가는 고객이 제품이나 서비스를 제공받기 전에 불량품질의 제품이나 서비스가 제공되지 않도록 하는 데 발생한 비용이다.

평가원가(appraisal cost)는 고객이 제품이나 서비스를 제공받기 전에 불량품질 제품(또는 서비스)이 고객에게 제공되지 않도록 하는 데 발생한 비용이다. 가령, 재화나 서비스의 측정·평가 검사 등과 관련된 원가를 말한다.

실패원가(failure cost)는 불량품질이 있기 때문에 발생된 원가이다. 실패원가는 내부실패원가(internal failure cost)와 외부실패원가(external failure cost) 두 부분으

1) 이 절은 다음 논문을 참고하였으며, 이를 수정 및 보완하였다. Albright, T. L., and H. P. Roth. "The Measurement of Quality Costs : An Alternative Paradigm," *Accounting, Horizons*, June 1992, pp. 15-27.

실패원가는 불량품질이 있기 때문에 발생된 원가이다. 내부실패원가와 외부실패원가로 구분된다.

로 나누어진다. 내부실패원가는 결함이 있는 제품이나 서비스가 고객에게 전달되기 전에 발생하는 원가를 말한다. 가령, 파손품원가, 재작업원가 및 재작업품의 검사비용에서 하위등급으로 평가됨에 따른 기회손실까지 다양한 원가가 포함된다. 그러나 고객이 결함 있는 제품이나 서비스를 발견한다면, 그 원가는 외부실패원가로 간주된다. 예를 들면, 보증수리 및 교환에 따른 원가, 클레임비용 등이 포함되는데, 불량품질로 인한 생산자 명성의 실추로 야기되는 미래 판매상 실분의 측정(즉, 기회비용)은 어려운 편이다. [도표 11-4]는 품질원가의 종류와 예를 보여준다.

품질수준이 높아지면 실패원가가 낮아지므로 예방 및 평가 원가와 실패원가는 음(−)의 관계를 가진다. 품질원가에 대한 시각은 일정수준의 불량을 허용

도표 11-4 품질원가의 종류와 예

예방원가(prevention costs)	평가원가(appraisal costs)
훈련(교육) :	원재료 검사
강사비용	재공품 검사
설비 검사료	제품 검사
외부 교육비	시험장비 :
훈련 및 교육기간의 급여와 임금	감가상각비
품질프로그램의 계획 및 실행 :	급여와 임금
급여	유지보수
품질분임조(QC) 회의비	소프트웨어
투자 :	
제품 재설계	외부실패원가(external failure costs)
공정개선	매출환입 및 에누리
장비보수	보증비용/현장 서비스
	취소된 매출 주문의 공헌이익
내부실패원가(internal failure costs)	상실된 매출 주문의 공헌이익*
작업폐물 처리(순원가)	제품 리콜(recalls)
재작업(재료, 노무, 제조간접)	제조물 책임 소송
등급하락에 의한 손실*	
재검사비용	
작업중단으로 인한 손실*	

* 기회원가

도표 11-5 품질수준과 품질원가 : 전통적 시각과 무결점주의

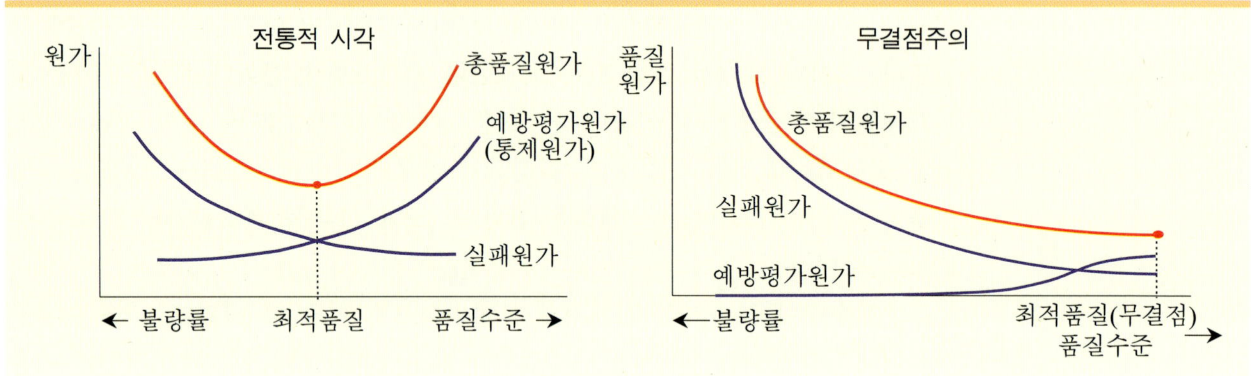

한 상태에서 품질수준을 유지하려는 전통적 시각(과거의 시각)과 불량을 허용하지 않으려는 무결점주의로 구분할 수 있다. [그림 11-5]는 전통적 시각과 무결점주의하에서의 품질수준과 품질원가를 표현한 것이다.

품질활동의 분석

품질에 대한 활동분석은 품질 측면에서 금액 기준으로 비용을 정량화할 수 있게 해준다. [도표 11-6]은 소비자용 전자제품을 판매하는 (주)송정전자의 품질관리활동, 활동원가 그리고 품질원가의 분류를 보여준다.

활동원가의 파레토 차트 품질원가 정보를 보고하는 한 가지 방법이 파레토 차트(Pareto Chart)를 이용하는 것이다. 파레토 차트는 여러 범주의 특성 합계를 보여주는 막대 차트이다. 범주의 순위는 왼쪽에서 오른쪽으로 표시되므로 가장 큰 합계가 왼쪽에 있고 가장 작은 합계가 오른쪽에 표시된다. [도표 11-7]은 [도표 11-6]의 (주)송정전자의 품질관리활동에 대한 파레토 차트를 보여준다.

[도표 11-7]에서 수직축은 금액을 표시하며 이는 품질관리원가를 나타낸다. 수평축은 품질관리 활동범주를 표시하며 이는 15개의 품질관리원가활동을 나타낸다. 15개의 품질관리원가의 범주는 왼쪽에서 가장 큰 합계에서 오른쪽으로 가장 작은 합계로 분류된다. 따라서 왼쪽의 가장 큰 막대 차트는 고객상실(₩600,000)이며, 두 번째 막대 차트는 시험(₩120,000) 등으로 표현된다. [도표 11-7]에서 보

도표 11-6 (주)송정전자의 품질관리 활동분석

품질관리활동	활동원가	품질원가의 분류
훈련 및 교육	₩90,000	예방원가
시험	120,000	평가원가
품질성능측정	100,000	평가원가
재작업	55,000	내부실패원가
제조책임보험	70,000	외부실패원가
보증수리	100,000	외부실패원가
작업중단시간	20,000	내부실패원가
고객조사	30,000	평가원가
공급업자 모니터링	60,000	평가원가
공급업자 평가	40,000	예방원가
기타 품질개선	40,000	예방원가
품질계획	86,000	예방원가
장비고장	30,000	내부실패원가
재검사 및 시험	35,000	내부실패원가
고객상실(추정)	600,000	외부실패원가

도표 11-7 품질원가의 파레토 차트

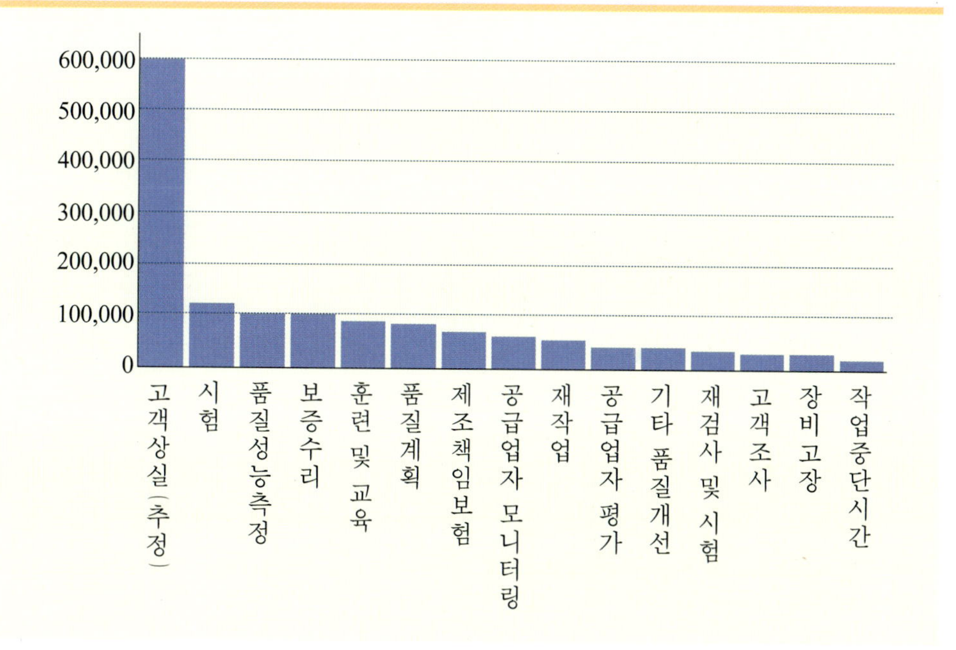

듯이 파레토 차트는 관리자에게 가장 중요한 품질관리원가의 범주를 식별할 수 있는 신속한 시각적 도구를 제공한다.

품질원가보고서는 품질원가를 범주화해 작성된 보고서이다.

품질원가보고서 품질원가보고서(cost of quality report, COQ)는 보고서 수신자가 보고서 내용을 이해하고, 받아들이며, 사용할 수 있는 경우에만 유용하다. 기업은 품질원가의 크기와 영향에 대한 평가를 용이하게 하기 위해 해당기간의 순매출액(또는 총운영비용) 대비 COQ 구성요소 원가로 표현한다.

도표 11-8 (주)송정전자의 품질원가보고서

품질관리활동	20×3년	매출액 비율(%)	20×1년	매출액 비율(%)	품질원가 변화율
예방원가					
훈련 및 교육	₩90,000		₩20,000		350%
품질계획	86,000		20,000		330
기타 품질개선	40,000		40,000		0
공급업자 평가	40,000		30,000		33
합계	₩256,000	2.84%	₩110,000	1.38%	133
평가원가					
시험	₩120,000		₩100,000		110
품질성능측정	100,000		80,000		25
공급업자 모니터링	60,000		10,000		500
고객조사	30,000		10,000		200
합계	₩310,000	3.44%	₩200,000	2.50%	55
내부실패원가					
재작업	₩55,000		₩150,000		(63)
재검사 및 시험	35,000		30,000		17
장비고장	30,000		50,000		(40)
작업중단시간	20,000		50,000		(60)
합계	₩140,000	1.56%	₩280,000	3.50%	(50)
외부실패원가					
제조책임보험	₩70,000		₩250,000		(72)
보증수리	100,000		120,000		(17)
고객상실(추정)	600,000		1,400,000		(57)
합계	₩770,000	8.56%	₩1,770,000	22.12%	(57)
품질원가 합계	₩1,476,000	**16.40%**	₩2,360,000	**29.50%**	(37)
매출액	₩9,000,000	100.00%	₩8,000,000	100.00%	

[도표 11-8]은 (주)송정전자의 COQ 보고서이다. 보고서에서 보듯이 20×1년 총품질원가의 75%(₩1,770,000÷₩2,360,000, 혹은 22.12%÷29.50%)가 보증청구, 고객 불만족 그리고 시장점유율 상실에 의한 외부실패원가에서 발생했음을 보여준다. 20×2년부터 (주)송정전자는 보다 경쟁력이 있고 시장점유율을 증가시키기 위해 품질개선활동에 노력을 기울였다. 기업의 예방원가 및 평가원가의 지출이 실질적으로 증가하였으나 2년이 지나면서부터 노력의 결과가 나타나기 시작했다. [도표 11-8]에서 보듯이 20×3년 (주)송정전자는 내부실패, 외부실패 그리고 총품질원가 등이 모두 감소하였으며, COQ 보고서는 이러한 개선을 문서화하는 데 도움을 준다.

다구치(Taguchi)의 품질손실함수

생산된 제품의 품질이 시방서(示方書, specification)의 허용규격에 속한다고 해서 해당하는 단위 모두가 똑같이 바람직한 것은 아니다. 한 단위가 허용규격 내에 있더라도 다른 한 단위가 기대치와의 차이가 커지면 비용이 높아질 수 있기 때문이다.

품질에 대한 전통적인 시각에서는 기업이 품질에 대한 목표수준을 매번 달성하는 것이 어렵기 때문에 목표수준을 중심으로 일정한 오차를 허용한다. 예를 들면, 10mm 판금을 생산하는 공정의 모든 목표는 생산된 모든 판금에 대해 10mm의 두께를 갖는 것이 목표이나 이를 매번 달성하기가 어렵기 때문에 기업

도표 11-9 골대품질적합과 절대품질적합 품질함수

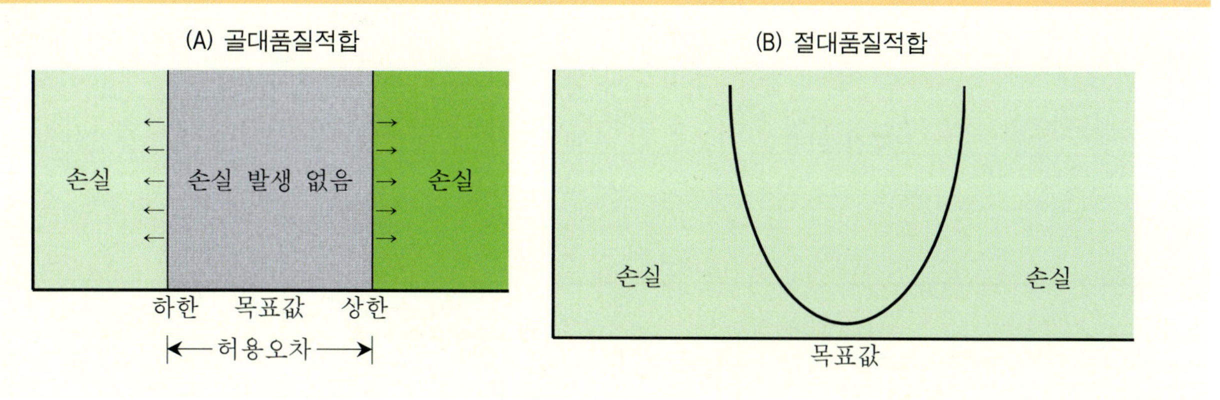

골대품질적합은 품질이 목표 값의 허용오차 내에 있는 경우 목표품질수준을 달성한 것으로 인정하는 방법이다.

절대품질적합은 실제 품질수준이 허용오차 내에 있더라도 목표 값을 벗어날 때마다 변동성으로 인한 손실을 보여준다.

은 품질표준에 ±0.05mm의 공차를 허용함으로써 제품의 두께가 10.05mm에서 9.95mm 사이인 경우 시방서에 명시된 목표품질수준을 달성한 것으로 받아들인다. 이러한 방법을 골대품질적합(goalpost quality conformance)이라고 한다. [도표 11-9]의 (A)에서 보듯이 이 접근법은 모든 품질측정값이 목표의 한계값에 해당되면 품질실패비용이나 손실이 발생하지 않는다고 가정한다. 즉, 기업은 품질이 목표의 한계를 벗어난 경우에만 품질원가 또는 손실이 발생한다.

전통적인 관점에 대한 대안으로 제시된 [도표 11-9]의 (B)의 절대품질적합(absolute quality conformance) 품질손실함수(quality loss function, QLF)는 실제 가치가 시방서의 한계 내에 있더라도 제품이 목표값을 벗어날 때마다 변동성으로 인한 손실을 보여준다. 손실은 목표값에서 수평축과 닿는 U자형 곡선으로 표시된다. 따라서 품질손실함수는 제품이 목표값과 다를 때마다 숨겨진 품질비용이 있음을 나타낸다. 다구치는 이러한 원가의 변동을 측정하고자 하였다.

다구치의 품질손실함수는 충분히 목표를 달성하지 못한 제품으로부터 사회적 손실을 측정한다. 품질손실함수모델에서 원가는 목표값에서 벗어난 실제 제품 특성으로 나타난다. 이들의 손실함수는 2차식인데, 목표값에서 편차가 2배로 증가할 때 손실은 4배로 증가한다는 것을 의미한다. 이를 식으로 표현하면 다음과 같다.

$$\text{품질손실함수} \quad L(x) = k(x - T)^2$$

여기서, x = 품질측정의 실제값
T = 품질측정의 목표값
k = 목표와의 편차에 관련된 손실의 현금가치. 손실의 현금가치는 재작업, 폐기, 그리고 고객의 불신에 대한 원가를 추정한 것이다.

k는 목표생산가치와 품질특성의 편차로 인한 총생산비용과 서비스비용 및 숨겨진 비용을 기초로 한 품질곡선에 대해 추정된 상수이다. 특정품질의 특성에 대한 k의 값은 다음과 같이 추정된다.

$$k = \frac{\text{총품질원가}}{(\text{허용오차})^2}$$

여기서 허용오차는 다음과 같이 계산된다.

$$총품질원가 = k \times (허용오차)^2$$

또한 허용오차는 다음과 같이 계산할 수도 있다.

$$허용오차 = T_0 \times \sqrt{C_1 / C_2}$$

여기서, T_0 = 현재 (혹은 고객) 오차수준
C_1 = 내부실패원가
C_2 = 외부실패원가

품질원가의 총손실과 평균손실[a)]

다구치 손실함수를 이용해서 계산된 각각의 손실은 관측된 품질특성을 갖는 한 단위에 의한 손실추정치를 나타낸다. 즉, 한 기간 동안 제조된 모든 단위의 총손실은 품질특성의 관측값이 목표값에서 벗어난 모든 단위의 손실합계이다.

품질특성의 차이에 의한 총손실은 생산된 단위의 수와 단위당 평균손실을 곱해 계산할 수도 있다. 단위당 평균손실은 품질특성의 변동에 따른 예상손실이다. [도표 1]은 A와 B로 식별된 2개의 공장에서 예상되는 총손실의 계산을 나타내고 있다. 이 두 공장은 (3)과 (5)번 칸에 표시된 바와 같이, 목표값의 편차의 확률 분포가 다르다.

[도표 1] 다구치 손실함수를 이용한 총예상 품질손실

(1)	(2)	(3)	(4)=(2)×(3)	(5)	(6)=(2)×(5)
x	$L(x)$	공장 A		공장 B	
측정치	품질원가(손실)	확률	기대손실	확률	기대손실
0.43	₩9,800	0	₩0	0.02	₩196
0.46	3,200	0.20	640	0.03	96
0.48	800	0.20	160	0.15	120
0.50	0	0.20	0	0.60	0
0.52	800	0.20	160	0.15	120
0.54	3,200	0.20	640	0.03	96
0.57	9,800	0	0	0.02	196
기대손실			₩1,600		₩824

공장 A에서의 산출물은 0.46에서 0.54의 범위에서 균일하게 분산되어 있지만 허용오차를 벗어나고 있지는 않다. 반면, 공장 B의 산출물은 목표값(0.50) 근처에 집중되어 있지만, 모든 단위가 허용오차 내에 있는 것은 아니다.

Albright와 Roth는 단위당 예상손실 또는 평균손실이 분산과 목표값과의 평균편차의 제곱을 사용하여 계산될 수 있음을 보여준다.

$$EL(x) = k(\sigma^2 + D^2)$$

여기서, $EL(x) =$ x와 동일한 품질특성을 갖는 산출물의 기대(평균)손실
$\sigma^2 =$ 목표값에 대한 품질특성의 분산[b)]
$D^2 =$ 품질특성의 목표값과 평균값의 편차
$= \bar{x} - T$

공장 A[c)]에 대한 분산은 0.0008이고 공장 B에 대한 분산은 0.000412 그리고 두 공장 모두에 대한 D의 값은 0이라고 가정하자.[d)] 따라서

공장 A : $EL(x) =$ 2,000,000(0.0008 + 0) = 1,600
공장 B : $EL(x) =$ 2,000,000(0.000412 + 0) = 824

공장 A의 모든 단위는 지정된 허용오차 한도 내에서 고르게 분포되어 있다. 공장 B의 품질특성은 모든 단위가 허용오차 내에 있지는 않지만 대부분의 단위는 목표값 주변에 있다. 그러나 일부 단위는 허용오차를 벗어난다. 공장 B는 단위당 평균비용이 더 낮다. 비록 공장 A의 모든 단위가 허용오차 내에 있는 반면 공장 B의 일부 단위는 한계를 벗어나더라도 공장 B는 공장 A보다 기대손실이 낮다.

---

a) Edward J. Blocher, David E. Stout, Paul E. Juras, and Gary Cokins, *Cost Management: A Strategic Emphasis*, Sixth Edition, 2013, pp. 724-725 참조.

b) σ^2은 다음과 같이 계산된다.

$$\sigma^2 = \sum (x - \bar{x})^2 f(x)$$

여기서, $x =$ 품질특성
$\bar{x} =$ 품질특성의 평균, $\bar{x} = \sum x f(x)$
$f(x) =$ 품질특성의 관찰 확률, $f(x)$의 각 값은 0과 1 사이에 있으며 $f(x)$의 합은 1이다.

c) 공장 A
$\bar{x} =$ (1)번 칸×(3)번 칸 $= \sum x f(x) = (0.46 \times 0.20) + (0.48 \times 0.20) + (0.50 \times 0.20) + (0.52 \times 0.20) + (0.54 \times 0.20) = 0.50$
그리고 $\sigma^2 = [0.46 - 0.50]^2 \times 0.20] + [(0.48 - 0.50)^2 \times 0.20] + [(0.50 - 0.50)^2 \times 0.20] + [(0.52 - 0.50)^2 \times 0.20] + [(0.54 - 0.50)^2 \times 0.20]$
$= 0.0008$

d) 품질특성의 평균값은 각주 c)에서 계산된 대로 공장 A의 경우 0.50이다. 품질특성의 목표값도 0.50이다. 따라서 공장 A의 $D = 0.50 - 0.50 = 0$이다. 동일한 절차를 수행하여 공장 B의 값이 0인지 확인하라.

도표 11-10 단위당 품질원가와 총품질원가 : 다구치 품질손실함수

공장 A					공장 B				
등급	관찰값	제품수	총원가	단위원가	등급	관찰값	제품수	총원가	단위원가
	55	0	₩0	10,125	F	55	1	₩10,125	10,125
D	65	31	189,875	6,125	D	65	9	55,125	6,125
C	75	31	96,875	3,125	C	75	20	62,500	3,125
B	85	31	34,875	1,125	B	85	40	45,000	1,125
A	95	31	3,875	125	A	95	54	6,750	125
A	105	31	3,875	125	A	105	54	6,750	125
B	115	31	34,875	1,125	B	115	40	45,000	1,125
C	125	31	96,875	3,125	C	125	20	62,500	3,125
D	135	31	189,875	6,125	D	135	9	55,125	6,125
	145	0	0	10,125	F	145	1	10,125	10,125
	합계	248	₩651,000			합계	248	₩359,000	

다음은 품질손실함수(QLF)를 이용해 (주)송정전자의 품질원가 측정 및 활용에 대해 살펴보도록 한다. [도표 11-10]은 (주)송정전자의 공장 A와 공장 B의 생산품의 표면도금 색농도 단위당 품질원가와 총품질원가 자료이다.

[도표 11-11]은 (주)송정전자의 공장 A와 공장 B의 생산품의 표면도금 색농도에 대한 품질분포에 대한 그림이다.

[도표 11-11]을 보면 공장 A에서는 생산품의 색농도가 품질목표값에 일치한 A등급부터 목표값에는 미치지 못하지만 제한범위 내에 고르게 분포되어 있으며 모두 제한범위 내에 있는 것으로 나타났다. 공장 A의 생산품의 품질이 목표값에 일치한 A등급부터 목표값에는 미치지 못하지만 제한범위 내에 있는 D등급까지 모두 정상품으로 인정한다. 반면, 공장 B에서는 생산품의 품질이 정규분포를 이루고 있는 것으로 나와 있다. 공장 B는 생산품의 품질이 실제로 약간은 제한범위 밖에 있으나 이들 제품을 그대로 고객에게 출하한다. 공장 B는 검사를 통해 결점을 없애는 노력을 하는 대신에 목표값에 일치하는 제품을 생산하는 데에 집중하고 있음을 보여준다.

[도표 11-11]에서 보듯이 생산품에 등급을 매겨 목표값에 일치하면 A로 표시하고 제한범위 밖에 위치하면 F라고 표시하자. 공장 A는 생산품의 품질이 목

도표 11-11 생산품의 품질 분포

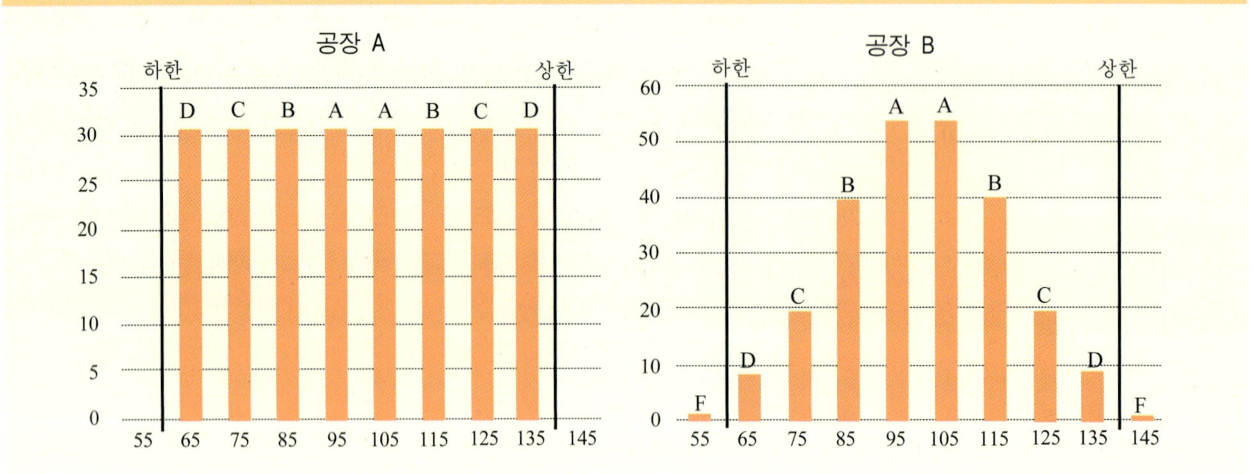

표값에 미달하더라도 제한범위 내에 있기 때문에 모두 출하된다. 반면 공장 B는 대부분의 제품이 A나 B의 등급을 받고 있으며 일부 F등급이 있으나 이들은 출하되지 않는다. 이 자료에서 우리는 원가의 숨겨진 부분을 찾을 수 있다. 다구치 모델이 옳다면 공장 A의 품질원가는 공장 B의 2배이다. 다구치 손실함수는 설계상 목표와 실제측정값$(x-T)$의 차이와 그 차이의 제곱으로 나타난다. 그래서 그 목표값과 실제측정값의 차이가 보다 크면, 손실은 보다 커진다. 차이를 제곱하는 것은 원가가 기하급수적으로 증가하게 한다. 그것은 제품이 목표값에서 멀어지면 멀어질수록 원가는 극적으로 증가한다는 것을 의미한다.

색농도가 95일 때 손실 : 품질손실$(QL)=k(x-T)^2$
$=5(95-100)^2=5\times25$
$=$₩125

색농도가 135일 때 손실 : 품질손실$(QL)=k(x-T)^2$
$=5(135-100)^2=5\times1,225$
$=$₩6,125

위에서 보듯이 색농도의 목표값이 100이고 원가가 ₩5이라고 가정하자. 색농도의 실제값이 95라고 가정하면, 손실은 ₩125이다. 반대로, 색농도의 실제값이 135라고 가정하면 손실은 ₩6,125이다. 이는 설계상 목표보다 지나치게 이탈된 상태로 계속 납품한다면, 손실은 매우 빠른 속도로 증가하게 됨을 보여준다.

공장 B의 프로세스에 대해서 추정을 해보면, 제품의 대부분이 목표값에 근접해 있고, 총품질원가는 대략 ₩359,000이 된다. 한편, 공장 A의 품질원가는 대략 ₩651,000이었다. 그 이유는 공장 A의 프로세스의 변동성 때문으로 상한선, 하한선, 목표값에서 거의 비슷하게 제품을 생산하고 있기 때문이다.

이상의 분석에서 알 수 있듯이 공장 B는 목표값 100 주위에서 대부분의 제품이 만들어진다. 공장 A는 공장 B와 같이 248단위의 제품을 만들지만, 제품이 색농도 65에서 135에 고르게 분포하기 때문에 품질원가는 대략 공장 B의 2배에 달한다. 작업 중 하는 잘못된 행동들은 원가와 비용을 유발하기 때문에 손익에 영향을 미쳐 순이익을 줄인다. 고객의 불만도 역시 매출을 줄여 순이익에 영향을 미친다.

이 문제를 해결하기 위해서 기본적으로 차이분석을 통해 실제 성과와 표준을 비교할 필요가 있으며 통계적 프로세스 관리 차트는 상세한 자료를 제공해준다. 통계적 프로세스 관리기법은 현장 근로자들이 그들의 프로세스를 관리 유지하는 데 도움을 주며 이는 가변성의 일반원인을 줄일 수 있게 해줄 뿐만 아니라 원가를 줄이는 데 도움을 준다.

역류원가계산

전통적인 원가계산제도에서는 원재료 구입에서부터 제품의 제조작업에 이르기까지 원가흐름의 순서에 따라 회계기록이 이루어진다. 반면, JIT시스템하에서는 원재료의 구매, 생산 및 판매 활동이 연속적이면서 매우 빠르게 이루어지므로 전통적인 원가계산제도하에서의 원가흐름이나 재고자산평가 방법 등에 대한 가정이 불필요하게 된다. 따라서 JIT시스템하에서는 보다 단순화된 원가계산제도를 이용하게 되는데, 이를 역류원가계산이라고 부른다.

역류원가계산

역류원가계산은 재고자산을 최소화하고, 대부분의 원가가 직접 추적됨으로써 원가배부가 최소화되며, 표준원가를 이용하고, 실제원가와 표준원가의 차이가 최소화되는 환경에서 회계처리에 대한 속도를 빨리하며, 단순화하면서 노력을 최소화할 수 있는 원가회계방법이다. Hewlett-Packard(HP)는 JIT방식을 도입하고 이 새로운 방식에 맞는 회계시스템을 도입한 이후 월간 100,000건의 장부기록을 줄일 수 있었다. 역류원가계산(backflush costing)은 제품이 완성된 시점에 재공품계정을 사용하지 않고 제조원가를 제품에 직접 추적하는 원가계산시스템이다. 역류원가계산과 전통적인 원가계산은 다음과 같은 네 가지의 차이점이 있다.

역류원가계산은 제품의 완성시점에 제조원가를 제품에 직접 추적한다.

① 역류원가계산시스템에서는 원재료에서 재공품 그리고 제품으로 순차적으로 제품원가를 추적하지 않고 대신에 제품원가의 기록을 제품이 완성될 때까지 기다린다. 왜냐하면 전통적인 원가계산시스템에서는 원재료계정, 재공품계정 그리고 제품계정으로의 이동에 대한 순차적인 회계처리에 하루 이상이 소요되는 데 반해, JIT시스템하에서는 제품원가의 기록 전에 생산이 완료되어 판매가 되기 때문이다.

② JIT시스템하에서 원재료의 납품업자는 생산을 시작할 때 납품을 한다. 따라서 JIT시스템에서 기업들은 원재료계정과 재공품계정을 분리할 필요가 없다. 따라서 JIT시스템하에서 기업들은 원재료계정과 재공품계정을 하나로 통합해 계정을 관리하게 되는데, 이를 재공원재료계정(raw and in process inventory)이라고 부른다.

재공원재료계정은 원재료계정과 재공품계정을 하나로 통합한 계정이다.

③ JIT시스템하에서 많은 종업원들은 다양한 업무를 수행하게 된다. 종업원들은 직접노무활동을 수행함과 동시에 간접노무활동도 수행하게 된다. 이 경우 종업원의 임금을 직접노무원가와 간접노무원가를 추적해서 분류하기는 쉽지 않다. 따라서 JIT시스템하에서는 직접노무활동과 제조간접활동을 결합하여 하나의 가공원가계정으로 관리한다. 이는 제4장에서 설명한 가공원가계정과 같다.

④ 역류원가계산에서는 표준원가를 이용하여 재고원가를 기록한다. 표준원가에 대해서는 앞서 제10장에서 설명했다.

도표 11-12 전통적 원가계산시스템과 역류원가계산시스템의 비교

	전통적 원가계산	역류원가계산
생산활동 기록	원재료가 생산공정에 투입되고 완성될 때 제품원가를 기록	제품이 완성되었을 때 제품원가를 기록
재고자산계정	원재료 재공품 제품	재공원재료 제품
제조원가	직접재료원가 직접노무원가 제조간접원가	직접재료원가 가공원가

JIT 적용의 핵심요인과 효익

JIT시스템 실행에 따른 주요 효익은 다음과 같다.

- 재고자산의 감소
- 제품 품질의 제고
- 재고보관비용 및 재작업비용의 감소
- 공정상의 제품흐름의 개선을 통한 생산원가의 절감

JIT시스템 실행에 의한 내부경영프로세스의 개선의 측정은 일관생산시간과 제조주기효율성을 이용할 수 있다. 일관생산시간(throughput cycle time, 일명 스루풋 주기시간)은 원재료의 수령에서부터 최종 제품을 완성하여 고객이나 판매업자에게 판매하기 위해 선적 대기상태까지 소요되는 시간을 말한다. 따라서 일관생산시간에는 공정시간, 이동시간, 검사시간, 이 외에 완성품을 창고에 보관하는 시간까지를 포함한다. 제조주기효율성(manufacturing cycle efficiency, MCE)은 가치사슬상의 모든 활동수행에 소요되는 총시간 중 부가가치활동에 소요되는 시간의 비율로, 일관생산시간에서 부가가치시간인 공정시간의 비율로 측정된다.

$$\text{제조주기효율성}(MCE) = \frac{\text{부가가치시간(공정시간)}}{\text{일관생산시간(공정시간}+\text{이동시간}+\text{검사시간}+\text{보관시간)}}$$

제조주기효율성이 1보다 작다는 것은 비부가가치시간이 존재한다는 것을 의미한다. 가령, 제조주기효율성이 0.6이라는 것은 총생산시간의 40%가 비부가가치활동에 쓰인다는 것을 뜻한다.

역류원가계산의 회계처리

델타테크(주)는 자동차 운전석모듈인 콕핏(cockpit)을 생산한다. 최근 델타테크(주)는 JIT시스템과 역류원가계산시스템을 도입하였다. 3월의 모델 PI57에 대한 생산자료는 다음과 같다. PI57의 단위당 표준재료원가는 ₩14이며, 단위당 표준가공원가는 ₩21이다. 3월중 델타테크(주)는 재료 ₩5,600어치를 구입하였으며 가공원가 ₩8,400이 발생했다(모든 노무원가와 제조간접원가를 포함한 금액임). 한편, 델타테크(주)는 3월중 PI57 400단위를 생산하여 판매하였다.

델타테크(주)의 PI57에 대한 회계처리는 3단계에 걸쳐서 이루어진다.

1단계 : 원재료의 구입 및 가공원가의 발생 델타테크(주)는 원재료와 가공원가를 표준원가를 이용하여 회계처리한다고 가정한다. 따라서 원재료의 구입 및 가공원가의 발생에 대한 회계처리는 다음과 같다.

(a) 델타테크(주)가 구입한 원재료 ₩5,600(=400단위×₩14)을 원재료계정에 기록한다.

재공원재료 ···························	5,600	
매입채무(혹은 현금) ···························		5,600

(b) 원재료의 투입 : 이때는 분개를 생략한다.

(c) 델타테크(주)는 노무원가와 제조간접원가 ₩8,600을 소비하였다.

계정	차변	대변
가공원가	8,600	
미지급임금, 감가상각누계액 등		8,600

2단계 : 제품의 생산완료 생산이 완료될 때 재공원재료와 가공원가계정의 원가를 제품계정으로 이체한다.

(d) 완성품에 대한 단위당 표준원가는 ₩35(=직접재료원가 ₩14+가공원가 ₩21)으로 완성품 제조원가 ₩14,000(=400×₩35)을 기록한다.

계정	차변	대변
제품	14,000	
재공원재료		5,600
가공원가		8,400

3단계 : 매출원가의 기록 제품계정에서 매출원가계정으로의 이체는 표준원가를 이용하여 기록한다.

(e) 매출원가 ₩14,000을 기록한다.

계정	차변	대변
매출원가	14,000	
제품		14,000

만일 델타테크(주)가 제품을 생산하자마자 바로 고객에게 제품을 전달한다면 제품계정을 없애고 2단계와 3단계를 결합해 기록할 수 있다.

계정	차변	대변
매출원가	14,000	
재공원재료		5,600
가공원가		8,400

(f) 실제원가와 표준원가가 일치하지 않는다면 제3장과 제10장에서 설명한 바와 같이 원가의 과대 혹은 과소 배부차이를 조정해야 한다. 역류원가계산시스템에서는 가공원가계정의 잔액을 거의 0으로 가정하기 때문에

원가차이 금액은 매출원가계정에서 조정해준다. 델타테크(주)의 7월중 가공원가의 실제 발생금액이 ₩8,600으로 과소배부된 가공원가 ₩200은 매출원가에 가산하는 회계처리를 하게 된다.

매출원가 ························	200	
가공원가 ························		200

[도표 11-13]은 델타테크(주)의 역류원가계산 관련계정들을 보여준다.

도표 11-13 델타테크(주)의 역류원가계산 계정흐름

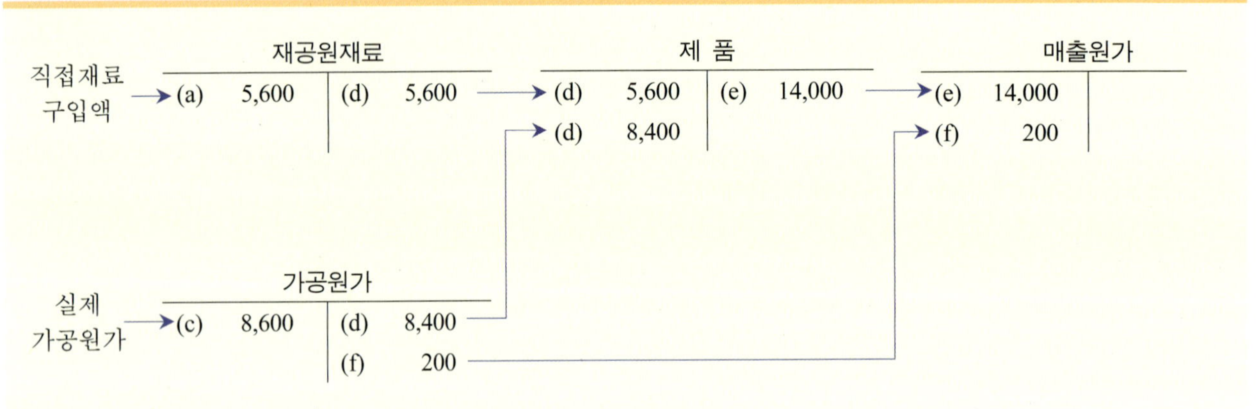

원가차이의 회계처리

실제발생원가와 표준원가의 차이분석과 원가차이에 대한 회계처리는 표준원가계산시스템과 기본적으로 동일하다. 앞의 예에서 구입한 직접재료원가가 ₩700의 불리한 가격차이를 갖는다고 가정하면 분개 (a)는 다음과 같이 된다.

재공원재료 ························	5,600	
재료가격차이 ························	700	
매입채무(혹은 현금) ························		6,300

직접재료의 실제재고수량과 장부상의 수량을 비교한 결과 ₩200의 불리한

수량차이가 발생했다고 가정하면 분개는 다음과 같이 된다.

재료수량차이	200	
재공원재료		200

이들 불리한 재료가격차이와 수량차이를 매출원가계정에서 일괄조정하면 재료원가차이 ₩900은 다음과 같이 회계처리된다.

매출원가	900	
재료가격차이		700
재료수량차이		200

따라서 델타테크(주)의 모델 PI57의 400단위에 대한 제조원가는 ₩15,100(=₩14,000+₩200+₩900)이 된다.

자습문제

(주)카스는 다양한 저울을 생산한다. (주)카스는 설비를 자동화함과 동시에 JIT시스템을 도입하였다. (주)카스의 생산일정은 고객의 주문이 접수되면 생산에 필요한 만큼 부품납품 협력업체에 주문이 발송된다. 부품이 도착하면 생산작업에 들어가 완성까지는 1일이 소요되지 않는다. 따라서 (주)카스는 재공품재고가 거의 없다. (주)카스는 JIT시스템을 도입하면서 원가회계시스템을 역류원가계산시스템으로 변경하였다. (주)카스는 재공원재료, 가공원가 그리고 제품계정만을 가지고 회계처리한다. 3월중 의료용 혈압계 KD-595 생산과 관련한 3개 계정의 잔액은 다음과 같다.

재료구입액	₩287,000
가공원가 발생액	₩92,000
의료용 혈압계 생산량	11,500단위

KD-595 한 단위의 생산 표준원가는 직접재료원가 ₩24과 가공원가 ₩8으로 구성되어 있다.

[요구사항]

(1) 3월중 의료용 혈압계 KD-595 생산과 관련 분개를 표시하시오. 단, 실제발생원가와 표준원가가 일치한다.

(2) 3월중 KD-595가 11,000단위 판매되었다면 (주)카스의 기말재고자산금액은 얼마인가?

(3) 3월중 가공원가가 ₩92,000 대신에 ₩95,000이 발생했다고 가정한다면 3월 말의 추가적인 회계처리는 어떻게 되는가?

(1) 3월중 회계처리

a. 재료의 구입

	차변	대변
재공원재료 ····················	287,000	
매입채무(혹은 현금) ····················		287,000

b. 원재료의 투입 : 분개하지 않음.

c. 가공원가의 발생

가공원가	92,000	
미지급임금, 감가상각누계액 등		92,000

d. 표준원가에 의한 완성품원가 기록

제품 (11,500×₩32)	368,000	
재공원재료 (11,500×₩24)		276,000
가공원가 (11,500×₩8)		92,000

(2) 3월말 기말재고자산

재공원재료 (₩287,000－₩276,000)	₩11,000
제품 (₩368,000－₩352,000)	16,000
합계	₩27,000

(3) (주)카스는 재공품재고가 없으므로 가공원가 실제 발생금액 ₩95,000과 배부된 표준가공원가 ₩92,000 간의 차이 ₩3,000은 매출원가에 가산한다.

매출원가	3,000	
가공원가		3,000

문제 A형

11-1
L.O. 11-1, 2

조명기기를 생산하는 룩스조명(주)는 야외조명 제품라인을 보완하기 위한 새로운 야외조명 고정장치를 생산하기로 결정하였다. 이 장치는 목표가격인 ₩10,000에 판매될 수 있으며 연간 예상판매량은 3,000개이다.

[요구사항]

룩스조명(주)는 20%의 매출이익률을 목표로 삼고 있다. 이때 룩스조명(주)의 단위당 목표원가는 얼마인가?

11-2
L.O. 11-2

(주)신창은 신제품으로 가정용 셋업박스를 생산할 것을 검토중이다. 자체 시장조사 결과 가정용 셋업박스는 단위당 ₩175에 판매가능한 것으로 밝혀졌다. 셋업박스에는 단위당 ₩25의 변동판매비와 연간 ₩400,000의 고정판매관리비가 소요될 것으로 추정된다. (주)신창은 연간 5,000개의 가정용 셋업박스 생산능력을 가지고 있다. (주)신창은 셋업박스 생산으로 단위당 ₩20의 이익을 달성할 경우에만 가정용 셋업박스 생산을 시작할 것이다.

[요구사항]

(1) (주)신창이 가정용 셋업박스를 출시할 것을 결정하려면 목표원가는 대당 얼마가 되어야 하는가?
(2) 셋업박스 생산에 단위당 ₩80의 원가가 소요될 것으로 추정되고 있다. (주)신창은 어떤 조치를 취하겠는가?

11-3
L.O. 11-2

(주)송정산업은 가정용 통나무 절단기계를 개발하려고 한다. 시장조사 결과 통나무 절단기계는 1대당 ₩500의 소매가격으로 5,000대를 판매할 수 있다고 한다. 판매는 카탈로그 전문회사에서 대행해주는데 연간 ₩2,000의 고정수수료와 판매수당으로 대당 ₩50의 변동수수료를 지급해야 한다. 통나무 절단기계의 제조에 필요한 원재료의 원가는 단위당 ₩95이다.

[요구사항]

(주)송정산업이 최종판매가격의 10%의 이익을 희망할 경우 이를 달성하도록 허용될 단위당 제조원가 및 일반관리비를 합친 목표원가는 얼마가 되어야 하는가?

11-4
L.O. 11-2

송정인프라코어(주)는 건설 및 중장비 기계, 가스 및 원유 채굴 설비, 원자력 터빈 등을 생산하는 기업이다. 또한 송정인프라코어(주)는 중장비 엔진에 사용되는 피스톤 핀을 다른 업체로부터 주문받아 주문형 피스톤 핀을 생산하기도 한다. 피스톤 핀은 CNC 바 피더와 멀티스핀들 바스톡 기계를 이용해 효율적인 비용으로 생산한다. 이 공정에서 높은 산출을 위해서는 효율성이 높게 운영되어야 하는데, 그러기 위해서는 특수 절단된 바스톡이나 특정한 길이로 절단된 바스톡 구입에 대한 추가비용을 제거해야 한다. 시장조사부문에서는 트럭엔진 제조에 필요한 신규 피스톤 핀이 ₩46,000에 판매될 수 있을 것으로 보고했다. 현재 이와 유사한 피스톤 핀의 제조원가 정보는 다음과 같다.

직접재료원가	₩24,000
직접노무원가	10,000
제조간접원가	16,000
합계	₩50,000

송정인프라코어(주)는 제조원가 30%의 매출총이익을 기대한다.

[요구사항]

목표원가계산을 이용하는 경우, 송정인프라코어(주)는 피스톤 핀에 어떤 가격을 책정하는가? 송정인프라코어(주)가 피스톤 핀을 생산하는 데 기꺼이 지불할 수 있는 가장 높은 허용제조비용은 얼마인가?

11-5 (주)송정전자의 품질관리활동은 다음 네 가지 활동으로 구분된다.
L.O. 11-3, 4

재작업	₩18,000
구입 원재료 검사	24,000
보증작업	9,000
프로세스 개선작업	99,000
합계	₩150,000

[요구사항]

매출액은 ₩1,000,000이다. 품질보고서를 작성하시오.

11-6 (주)송정호텔의 품질관리활동은 다음 네 가지 활동으로 구분된다.
L.O. 11-3, 4

객실 청소상태 검사	₩84,000
상실된 고객 예약 처리	330,000
실수로 잘못 준비된 룸서비스 식사 재작업	30,000
종업원 훈련	156,000
합계	₩600,000

[요구사항]

매출액은 ₩3,000,000이다. 품질보고서를 작성하시오.

11-7
L.O. 11-4

(주)대전은 20×1년 품질과 관련된 원가를 분류한 결과 다음과 같은 항목을 파악하였다.

반품재작업	₩100억	설계개선작업	₩200억
사후수리(A/S)	150억	완성품 검사	50억
불량재공품재작업	100억	고객 불량품 피해 손해배상	150억
품질교육	100억		

(주)대전의 원가담당자는 위의 항목들을 예방원가, 평가원가, 내부실패원가, 외부실패원가로 재분류한 후 구체적으로 분석한 결과, 현재 예방원가에 사용된 자원의 50%만큼을 추가로 투입하는 경우 내부실패원가를 50%, 외부실패원가를 40%씩 절감할 수 있다고 주장하였다. (세무사 2010)

[요구사항]

원가담당자의 주장을 수용하는 경우 이익은 얼마나 증가하는가?

11-8
L.O. 11-4

실리콘 솔루션(주)는 개인용 컴퓨터에 사용되는 RAM 메모리칩을 생산한다. 활동분석을 한 결과 메모리칩의 생산 및 판매와 관련하여 다음과 같이 활동원가를 분류하였다.

활 동	활동원가
출하 오류	₩84,000
스크랩 처분	72,000
비상설비 유지보수	54,000
종업원 훈련	30,000
최종 검사	72,000
구입 원재료 검사	24,000
예방설비 유지보수	12,000
고객 반송 처리	60,000
작업폐물 보고	24,000
공급업자 개발	12,000
보증수리	156,000
합계	₩600,000

[요구사항]

(1) 이 자료를 이용하여 파레토 차트를 작성하시오.
(2) 실리콘 솔루션(주)의 매출액은 ₩3,000,000이다. 품질원가보고서를 작성하시오.

11-9 L.O. 11-3, 4

(주)대한의 원가관리담당자는 효율적으로 원가를 관리하기 위해 다음과 같이 제품의 품질원가(예방원가, 평가원가, 내부실패원가, 외부실패원가로 구성)를 측정하였다.

	품질원가
불량률을 낮추기 위한 생산직원들의 교육훈련비	₩5,400
제조단계에서 발생한 불량품을 폐기하기 위해 지불한 비용	6,100
공정별 품질검사를 진행하는 직원들의 관리비	3,200
완성품을 검사하는 기계의 수선유지비	10,200
고객제품보증수리센터에서 근무하는 직원의 인건비	24,700
높은 품질의 부품조달을 위한 우수협력업체 조달비용	2,300
품질검사과정에서 발견한 불량품 재작업으로 인해 발생한 생산직원의 특근수당	7,400
제품 리콜로 인해 발생한 미래 매출감소의 기회원가	9,300
총합계	₩68,600

(주)대한이 지금보다 예방원가를 50% 확대하면 내부실패원가와 외부실패원가를 각각 20%와 10% 절감할 수 있다고 한다. (KICPA 2020)

[요구사항]

(주)대한이 지금보다 예방원가를 50% 확대할 때 품질원가의 총합계는 얼마인가?

11-10 L.O. 11-5

(주)델 전자는 4D 장비에 영상을 보여주는 장비를 생산한다. 모델 SF2018의 기대속도는 초당 2인치이다. 이 값이 편차가 있으면 피치와 템포가 왜곡되어 음질과 영상이 좋지 않게 된다. (주)델 전자의 고객들은 평균 초당 0.25인치 이상 벗어난 경우 불만을 제기하고 장비를 반환하기 때문에 품질 사양을 초당 2±0.25인치로 설정한다. 장비를 반환하는 경우 ₩36의 비용이 발생한다. 장비를 출하하기 전의 수리비용은 장비당 ₩3이다.

[요구사항]

(1) x가 초당 2.12인치인 경우에 품질측정의 실제값($L(x)$)을 계산하시오.

(2) 회사의 품질관련 비용(손실)을 최소화할 수 있는 허용범위를 예측하시오.

11-11 L.O. 11-6

P&G기업은 노동집약적인 생산공장을 자동화시스템으로 개선하였으며, 생산공정을 개선하기 위하여 JIT시스템을 도입하여 20×1년 7월 1일부터 가동하였다. P&G기업은 20×1년 2/4분기의 제조활동에 관한 다음과 같은 자료를 수집하였다.

	20×1년 4월	20×1년 5월	20×1년 6월
검사시간	20분	15분	15분
이동시간	20분	30분	25분
대기시간	90분	115분	120분
가공시간	60분	60분	60분
저장시간	300분	320분	350분

[요구사항]

(1) 20×1년 2/4분기 P&G기업의 제조주기효율성 및 고객대응시간을 산출하시오.

(2) 20×1년 7월에 JIT시스템을 도입하여 대기시간이 6월에 비해 1/4로 감소하였다면 제조주기효율성은 얼마인가? 단, 다른 시간은 6월과 동일하다고 가정한다.

(3) 20×1년 8월에는 다른 시간은 7월과 동일하고 검사시간을 완전히 제거하였으며, 이동시간을 1/5로 단축하였다면 제조주기효율성은 얼마인가?

11-12
L.O. 11-6

번개자동차(주)는 스포츠카를 제조 · 판매하고 있는데, JIT시스템을 운영하고 있다. 지난달의 원가자료는 다음과 같다. 번개자동차(주)는 제조간접원가를 직접노무원가의 160%로 배부하며, 배부차이는 연말에 매출원가에서 조정한다.

기초재고	₩0	원재료구입	₩800,000
사용된 원재료	520,000	직접노무원가 발생액	160,000
제조간접원가 발생액	256,000	완성된 제품	936,000
매출원가	700,000	기말재고	0

[요구사항]

(1) 전통적 원가계산시스템하에서 행할 분개를 제시하시오.

(2) 역류원가계산시스템하에서 행할 분개를 제시하시오. 단, 재고자산은 원재료구입시와 제품완성시에 인식한다.

문제 B형

11-13
L.O. 11-1, 2

(주)송정전자는 컬러 레이저프린터를 생산한다. 모델 120은 한 대당 ₩360에 판매하고 있으며 총제조원가는 ₩288이다. 원가정보는 다음과 같다.

직접재료	₩218
직접노무	50
제조간접	20
합계	₩288

같은 성능의 컬러 레이저프린터를 경쟁사는 내년에 판매가격을 ₩340으로 낮춰 판매할 것으로 예상된다. (주)송정전자는 제품원가에 대한 과거 마크업 비율을 유지하기 위해 목표원가를 설정했다. 엔지니어는 다음과 같은 비용 절감 아이디어를 제공했다.

a. 나사가 아닌 스냅 온 조립이 되는 프린터 덮개를 구입함으로써 단위당 12분의 직접노동시간을 줄일 수 있다.

b. 검사단계를 추가함으로써 직접노동시간이 단위당 6분이 증가하지만 직접재료원가를 단위당 ₩7 줄일 수 있다.
c. 사출 성형기의 사이클 시간을 부품당 4분에서 3분으로 줄여야 한다. 직접노동의 40%와 제조간접원가의 42%는 사출 성형기와 관련이 있다.

직접노무원가는 시간당 ₩25이다.

[요구사항]

(1) 제품원가에 대한 과거 기록이 유지된다고 가정하고 모델 120에 대한 목표원가를 결정하시오.
(2) 필요한 원가절감을 결정하시오.
(3) 세 가지 엔지니어링 개선 사항을 평가하여 필요한 원가절감(현행원가)을 달성할 수 있는지 확인하시오.

11-14
L.O. 11-1, 2

좋은 여행사(주)는 여름을 맞아 대학생들을 위한 여름방학 패키지 여행상품을 새로이 출시했다. 여행상품은 두 가지 패키지로 구성되어 있는데, 6박 7일의 제주여행과 4박 5일의 후쿠오카여행으로 상품정보는 다음과 같다.

패키지 내용	제 주	후쿠오카	원가자료
바다조망, 숙박일수	6	4	₩30/1박
식사 :			
조식	7	5	₩5/1식
중식	7	5	₩7/1식
석식	6	0	₩10/1식
스쿠버 다이빙	4	2	₩15
수상스키	5	2	₩10
헬기관광	1		₩200(제주)
		1	₩355(후쿠오카)
공항간 교통	1		₩15(제주)
		1	₩10(후쿠오카)

제주여행 상품은 ₩750에, 후쿠오카여행 상품은 ₩690에 판매한다.

[요구사항]

(1) 두 여행상품의 현행 이익률은 얼마인가?
(2) 좋은 여행사(주) 대표는 경쟁이 치열한 현 여행시장에서 살아남기 위해서는 제주여행 상품은 ₩710으로, 후쿠오카여행 상품은 ₩650으로 낮추면 경쟁력이 있을 것으로 믿는다. 이 가격 수준에서 두 여행상품의 이익률을 다시 계산하시오.
(3) 좋은 여행사(주)가 가격인하를 하면서 원래의 이익률을 달성할 수 있는 비용절감방법 두 가지를 설명하시오.

11-15
L.O. 11-2

TS 슈즈는 남성과 여성을 위한 캐주얼슈즈를 생산 및 판매하는 업체이다. KPOP 인기에 힘입어 최근 몇 년 동안 국내시장에서 강한 성장을 유지해 왔다. TS 슈즈는 품질과 성능에 있어서 명성이 나 있다. TS 슈즈는 최근 사업을 확장하기로 하였다. TS 슈즈는 국내에서의 평균판매가격 ₩74보다 ₩16 더 높은 ₩90에 미국시장에 진출할 것을 고려하고 있다. 경영진은 마케팅 컨설턴트를 통해 미국 소비자가 에센스 계열 제품에 대해 추가로 요구하는 기능에 대한 정보를 얻을 수 있었다. TS 슈즈는 또한 이러한 기능을 추구하는 데 드는 비용에 대한 정보를 얻을 수 있었다.

미국에서 원하는 기능	추가원가	중요도(5점, 매우 중요)
다양한 색상	₩4.50	3
더 가벼운 무게	6.75	5
매우 부드러운 깔창	3.00	4
장시간 착용	3.00	2

TS 슈즈의 현재 평균제조원가는 ₩56이며, 제품당 평균 ₩18의 이익을 내고 있다. TS 슈즈가 이 이익률을 유지하기를 원하지만 미국시장은 다른 기능이 필요하다는 것을 알고 있으며, 운송 및 광고 비용은 상품 한 세트당 약 ₩10이 증가한다.

[요구사항]

(1) 미국에서 판매되는 신발의 제조원가는 얼마인가?

(2) TS 슈즈가 미국에서 판매할 신발에 추가해야 하는 기능은 무엇인가?

11-16
L.O. 11-3, 4

솔샘전자(주)는 네 개의 범주로 품질원가를 분류하였다. 지난 3년간 매출원가 대비 품질원가(COQ) 비율에 대한 자료는 다음과 같다.

	20×1년	20×2년	20×3년
예방원가	1.0%	5.0%	2.0%
평가원가	3.0	2.5	1.5
내부실패원가	27.0	23.0	14.0
외부실패원가	31.0	18.0	12.0

[요구사항]

(1) 매출원가 대비 품질원가(COQ) 비율의 추세를 보여주는 차트를 작성하시오. (Excel을 활용)

(2) 지난 3년(20×1년~20×3년)에 대한 품질원가(COQ)의 추세에 대해서 설명하시오.

(3) 20×3년 매출원가 대비 비율로 볼 때 회사는 어떤 품질원가에서 효과를 기대할 수 있는가?

11-17 L.O. 11-3, 4

(주)세무는 에어컨을 제조하는데, 에어컨의 품질원가를 파악하기 위해 다음의 자료를 수집하였다.

• 생산판매단위	6,000개	• 시험검사 노무임률	₩60
• 판매단가	₩1,500	• 재작업률	10%
• 단위당 변동원가	₩800	• 단위당 재작업원가	₩400
• 제품설계시간	1,000시간	• 보증수리비율	5%
• 제품설계 노무임률	₩80	• 단위당 수리원가	₩500
• 단위당 시험검사시간	0.5시간	• 품질로 인해 상실된 추정판매량	400개

[요구사항]

상기 자료의 원가자료를 4가지 범주로 분류한 품질원가(COQ)보고서를 작성하시오.

품질원가 범주	분 류	금 액	매출액 대비 비율
예방원가			
평가원가			
내부실패원가			
외부실패원가			
종품질원가			
매출액			

11-18 L.O. 11-4

다음은 환경품질관련 원가자료이다.

종업원 훈련	₩100,000
제품설계	140,000
공급업자 인증	40,000
공정 검사	320,000
감가상각－오염제어장비	400,000
오염제어장비 유지보수	200,000
오염된 호수 청소	500,000
사용 후 토지복원	700,000
재산피해 보상청구	600,000

[요구사항]

(1) 1년 동안 환경관리에 대한 품질원가(COQ)보고서를 작성하시오. 품질원가보고서는 4가지 품질원가 보고 범주 각각에 대한 합계를 결정하고 각 부분합을 해당연도의 총운영비용(₩10,000,000)에 대한 비율로 나타낸다. 아래 보고양식을 참고하시오.

분 류	금 액	소 계	운영비용 대비 비율
예방원가			
×××			
평가원가			
×××			
:			
:			

(2) 작성한 보고서를 토대로 이 회사의 환경품질성과에 관해 어떠한 결론을 내릴 수 있는가?

11-19
L.O. 11-4

송정(주)의 사장은 지난 몇 년 동안의 비용 상승에 관해 생각해보았다. 사장은 비용에 대한 더 나은 통찰력을 얻기 위해 활동분석을 수행하도록 관리자에게 요청했다. 활동분석 결과는 다음과 같았다.

활 동	활동원가
오류 송장의 수정	₩15,000
낮은 품질의 재료 입고시 처분	12,000
작업폐물의 처분	39,000
늦은 생산에 대한 촉진활동	33,000
최종 검사	24,000
입고재료 검사	6,000
공정에서의 검사작업	30,000
예방기계 유지보수	18,000
제품 생산	105,000
고객의 품질불만에 대응	18,000
합계	₩300,000

생산과정은 품질 문제로 인해 복잡해지기 때문에 생산관리자는 생산을 신속하게 처리하고 작업폐물을 처분해야 한다.

[요구사항]

(1) 품질활동에 대한 파레토 차트를 작성하시오.
(2) 활동원가 정보를 사용하여 예방원가, 평가원가, 내부실패원가, 외부실패원가 그리고 품질원가가 아닌 것에 대해 총비용의 비율을 계산하시오.
(3) 부가가치와 비부가가치를 총원가의 비율로 계산하시오.
(4) (1)~(3)까지의 정보에 대해 해석하시오.

11-20
L.O. 11-3, 4

(주)대한과 (주)민국은 자동차를 제조하여 판매하고 있다. 두 회사는 모두 단일제품을 생산하고 있으며, 오래전부터 품질의 중요성을 인식하고 품질향상을 위한 노력을 지속해오고 있다. 또한 각 사는 자체개발한 품질원가계산 프로그램을 가동하고 있다. 다음은 두 회사의 20×1년과 20×2년의 품질과 관련한 활동내역에 대한 자료이다. 두 회사 모두 품질교육훈련의 시간당 원가는 ₩300이고, 검사활동의 시간당 임률은 ₩80으로 동일하다.

품질 관련 활동	(주)대한		(주)민국	
	20×1년	20×2년	20×1년	20×2년
품질교육 훈련시간	6,000시간	9,400시간	2,100시간	4,400시간
단위당 검사시간	0.8시간	1.4시간	1시간	0.8시간
완성품 재작업비율	8%	5%	9%	6%
단위당 재작업원가	₩1,000	₩1,000	₩800	₩1,600
사후수리(A/S)비율	9%	4%	8%	5%
단위당 사후수리(A/S)원가	₩1,400	₩1,050	₩1,300	₩1,400

20×1년과 20×2년 각각에 대한 회사별 생산량, 제품단위당 판매가격 및 변동원가는 동일하며 아래와 같다.
(KICPA 2020)

원가관련 정보	(주)대한	(주)민국
생산량(또는 판매량)	20,000대	16,000대
단위당 판매가격	₩4,000	₩2,500
단위당 변동원가	2,400	1,600

[요구사항]

(1) (주)대한과 (주)민국의 20×2년 품질원가보고서를 품질원가의 범주별로 금액과 매출액 대비 비율을 포함하여 작성하시오. 단, 비율은 백분율(%)로 표시하되 소수점 셋째 자리에서 반올림하시오.

(답안작성양식)

품질원가 범주	금 액		매출액 대비 비율	
	(주)대한	(주)민국	(주)대한	(주)민국
예방원가				
평가원가				
내부실패원가				
외부실패원가				
계				
매출액				

(2) (주)대한은 조사를 해 본 결과 그 밖에도 많은 품질관리활동이 있었다는 것을 알게 되었다. 다음은 그 활동내역이다. 이와 관련하여 발생이 예상되는 원가를 품질원가의 범주별로 분류하시오.

① 제품 리콜사태가 발생하여 신차로 교환해주었다.

② 원자재 단가는 좀 올랐지만 공급처를 변경하여 원자재와 부품의 질을 높였다.
③ 제조공정에 사용되는 검사장비를 최신식으로 교체하여 검사의 성능을 대폭 향상시켰다.
④ 비정상공손원가가 전년보다 소폭 증가했다.
⑤ 고객서비스센터의 운영비를 증가시켰다.
⑥ 소비자들이 품질 불만으로 인한 불매운동에 나서는 바람에 매출이 감소했다.
⑦ 불량품을 폐기처분하였다.
⑧ 완성품의 품질검사 인력을 대폭 보강했다.
⑨ 우수협력업체를 선정하기 위해 다수의 회의를 거친 후 여러 회사를 방문하였다.

(답안작성양식) : 해당란에 √체크 표시

품질원가 범주	(1)	(2)	(3)	(4)	(5)	(6)	(7)	(8)	(9)
예방원가									
평가원가									
내부실패원가									
외부실패원가									

11-21
L.O. 11-5

(주)송정은 성형된 플라스틱 패널을 자동차 도어에 장착하는 것을 전문으로 하는 회사이다. 수요가 높은 인기 있는 모델의 두께에 대한 기준 규격은 0.1875±0.0025인치를 요구한다. 생산원가는 ₩120이며 기준에 맞지 않는 부품의 폐기비용은 ₩150이 소요된다. 방금 완성한 제품의 두께 측정값은 0.1893인치이다.

[요구사항]

(1) 다구치 손실함수를 이용하여 $L(x)$를 계산하시오.
 a. 원가계수 값 k는 얼마인가?
 b. 단위당 손실금액은 얼마인가? $L(x=0.1893)$이다.
(2) (주)송정은 단위당 ₩6으로 작업자를 추가하여 불균일한 두께를 제거할 수 있다고 가정한다.
 a. 패널을 제조할 때 허용오차는 얼마가 되어야 하는가?
 b. 이들 패널의 생산 사양은 어떻게 되어야 하는가?

11-22
L.O. 11-6

LED조명(주)는 건물에 부착되는 비상조명등을 JIT방식에 의해 생산한다. 모델 LB-A1의 생산단위 당 재료원가는 ₩32이다. 금년도 가공원가의 예산은 2,100생산시간에 ₩126,000으로 설정되었다. 모델 LB-A1 한 단위당 셀 생산시간은 15분이 소요된다. 9월중 발생한 거래는 다음과 같다.

a. 9월중 모델 LB-A1 700단위 생산에 필요한 재료를 구입하였다.
b. 모델 LB-A1 700단위 생산을 위한 가공원가가 생산에 배부되었다.
c. 9월중 675단위의 모델 LB-A1이 완성되었다.
d. 9월중 모델 LB-A1 625단위가 단위당 ₩90에 판매되었다.

[요구사항]

(1) 단위시간당 예산 셀 가공원가는 얼마인가?

(2) 단위당 예산 셀 가공원가는 얼마인가?

(3) 9월중 a.~d. 거래에 대한 회계처리를 하시오. 단, 가공원가의 과대(과소)배부액은 월말에 매출원가에서 조정한다.

11-23
L.O. 11-6

문구류를 생산하는 모닝글로리는 필요한 부품을 적시에 적량 생산·조달하고 있다. 모닝글로리는 원재료구입시와 제품완성시에 회계처리를 한다. 회사의 8월 제조활동에 관한 자료는 다음과 같다.

제품단위당 표준원가	재료원가	₩8
	가공원가	10
원재료구입액		4,800,000
가공원가 발생액		5,050,000
제품생산량		500,000단위
제품판매량		450,000단위

재료원가의 원가차이는 없으며 가공원가 배부차이는 월말에 매출원가에서 조정한다.

[요구사항]

(1) 8월의 요약장부 분개를 하시오.

(2) 8월의 매출원가와 재고자산 기말잔액을 구하시오.

용어해설

골대품질적합(goalpost quality conformance) 품질에 대한 목표수준을 중심으로 일정한 오차를 허용함. 품질이 목표의 한계를 벗어난 경우에만 품질원가 또는 손실이 발생함.

내부실패원가(internal failure cost) 결함이 있는 제품이나 서비스가 고객에게 전달되기 전에 발생하는 원가(예, 파손품원가, 재작업원가)

다구치 손실함수(Taguchi quality loss function) 품질의 목표값에서 편차가 2배로 증가할 때 손실은 4배로 증가함을 표현한 식

목표원가(target cost) 허용가능원가라고도 하며, 기대시장가격과 목표이익 간의 차이

목표원가계산(target costing) 주어진 시장가격에서 희망하는 이익을 달성하기 위해서 기업이 지출할 수 있는 최대비용을 결정하는 방법

역류원가계산(backflush costing) JIT시스템에서 적용되는 원가계산시스템으로, 제품이 완성된 시점에 재공품계정을 사용하지 않고 제조원가를 제품에 직접 추적하는 원가계산시스템

예방원가(prevention cost) 불량품질 제품 및 불량품질의 서비스를 예방하는 데 발생된 원가

외부실패원가(external failure cost) 고객이 발견한 결함 있는 제품이나 서비스와 관련된 원가(예, 보증수리 및 교환에 따른 원가, 클레임 비용, 미래 판매 상실분)

원가수명주기(cost life cycle) 제품의 R&D부터 시작하여, 설계, 제조, 마케팅, 고객서비스까지의 기업 내 연속활동과정에서 발생하는 원가를 의미

재공원재료계정(raw and in process inventory) 역류원가계산시스템에서 이용되는 계정으로, 원재료계정과 재공품계정을 하나로 통합한 계정

절대품질적합(absolute quality conformance) 실제가치가 허용오차의 한계 내에 있더라도 제품이 목표값을 벗어날 때마다 변동성으로 인한 손실을 보여줌. U자형 곡선으로 표시됨.

평가원가(appraisal cost) 고객이 제품이나 서비스를 제공받기 전에 불량품질 제품(또는 서비스)이 고객에게 제공되지 않도록 하는 데 발생한 비용

표류원가(drift cost) 목표원가계산과정에서 최초 설계안에 대해 반복순환적 재검토를 계속함에 따라 점차 허용가능원가 방향으로 수렴해 가는 과정의 원가. 현행원가를 말함.

품질원가(quality cost) 소비자가 요구하는 품질을 실현시키기 위해 발생되는 모든 원가

품질원가보고서(cost of quality report, COQ) 품질원가를 범주화해 작성된 보고서

허용가능원가(allowable cost) 목표원가 참조

연습문제 해답

제 2 장 원가개념과 원가흐름

문제 A형

2-1 a. 제품원가–직접재료 b. 기간비용 c. 제품원가–간접노무
d. 제품원가–직접노무 e. 기간비용 f. 제품원가–직접재료
g. 제품원가–기타제조간접 h. 제품원가–간접재료 i. 기간비용

2-3 (1)

6월 1일 기초재료재고	₩3,700
6월 동안 구입금액	15,500
6월 30일 기말재료재고	(1,600)
6월 동안 직접재료사용액	₩17,600

(2) 문제에서 볼 수 있듯이 6월 동안 직접재료구입액은 ₩15,500이고, 또한 (1)에서 계산한 바와 같이 6월 동안 생산에 사용된 재료금액은 ₩17,600이다. 따라서 재료의 사용금액이 재료의 구입금액보다는 큰 경우에 해당한다. 이러한 현상은 재료의 기초재고인 ₩3,700보다 기말재료재고인 ₩1,600이 더 작기 때문에 나타난다. 재료의 기초재고와 재료의 기말재고의 차이인 (₩3,700－₩1,600＝₩2,100)이 재료의 구입금액과 재료의 사용금액의 차이이다. 기말재료재고가 기초재료재고보다 낮은 것은 기업이 기초재고금액에 비하여 재료를 덜 구매한 것으로, 현금지출을 줄이기 위해서 또는 재료보유에 따른 원가를 절감하기 위해서 등등의 많은 이유로 구매를 덜 할 수 있다.

2-5 T-계정을 사용하여 계산할 수도 있고, 다음과 같은 식을 사용할 수도 있다.
기말재고＝기초재고＋당기매입－당기사용

(1) 8＋5－7＝6
(2) 8＋9－6＝11
(3) 5＋당기매입－7＝8 당기매입＝10
(4) 기초재고＋8－3＝7 기초재고＝2

2-7 직접재료소비액＝₩23,000＋₩55,000－₩12,000＝₩66,000
당기완성품제조원가＝₩30,000＋(₩66,000＋₩64,000)－₩45,000＝₩115,000
매출원가＝₩13,000＋₩115,000－₩28,000＝₩100,000
∴ 당기완성품제조원가－매출원가＝₩115,000－₩100,000＝₩15,000

2-9 (1) 매출원가명세서 :

제품제조원가	₩486,000
기초제품재고(6월 1일)	160,000
기말제품재고(6월 30일)	(215,000)
매출원가	₩431,000

(2) 매출상품의 수량 :

기초재고수량(6월 1일)	5,000
6월중 완성된 제품의 수	18,000
기말재고수량(6월 30일)	(7,000)
6월중 판매된 수량	16,000

2-11

직접노무원가 (₩12,000+₩4,200)		₩16,200
제조간접원가 :		
소모품 (₩1,800−₩800)	₩1,000	
전기료 (₩900×0.8)	720	
사무원급여 (₩2,600×0.20)	520	
감가상각비	600	
건물임차료 (₩700×0.70)	490	3,330
제공된 서비스 원가		₩19,530

문제 B형

2-13 (1)

서비스 건수	변동원가		고정원가	총원가
300건	300×₩10,000	+	₩500,000	₩3,500,000
400건	400× 10,000	+	500,000	4,500,000
500건	500× 10,000	+	500,000	5,500,000

(2)

서비스 건수	300건	400건	500건
단위당 변동원가	₩10,000	₩10,000	₩10,000
단위당 고정원가*	1,666.67	1,250	1,000
단위당 원가	₩11,666.67	₩11,250	₩11,000

* ₩500,000÷300건=₩1,666.67
₩500,000÷400건=₩1,250.00
₩500,000÷500건=₩1,000.00

(3) 서비스 건수(활동수준)가 300건에서 500건으로 증가함에 따라 ₩500,000의 고정원가에 대한 단위당 고정원가가 감소하기 때문이다.

2-15 직접재료소비액=₩80,000+₩960,000−₩60,000=₩980,000
매출원가=₩2,500,000×0.84=₩2,100,000
당기완성품제조원가=₩2,100,000+₩80,000−₩125,000=₩2,055,000
전환원가=₩2,055,000+₩75,000−₩100,000−₩980,000=₩1,050,000
직접노무원가=₩1,050,000×0.4÷1.4=₩300,000
기본원가=₩980,000+₩300,000=₩1,280,000

2-17

재무상태표(부분)

룩스조명(주) 20×1년 12월 31일 현재

유 동 자 산		
현 금		₩64,000
매 출 채 권		60,000
소 모 품		41,000
선급보험료		23,000
재 고 자 산		
재 료	₩50,000	
재 공 품	90,000	
제 품	23,000	163,000
유동자산합계		₩351,000

2-19 (주)한국제조의 제조원가명세서

제조원가명세서

(주)한국제조 20×1년 1월 1일부터 12월 31일까지

• 직접재료원가		
기초재고액(20×1년 1월 1일 현재)	₩16,000	
(+) 당기매입액	330,000	
이용가능액	₩346,000	
(−) 기말재고액(20×1년 12월 31일 현재)	26,000	₩320,000
• 직접노무원가		140,000
• 제조간접원가		170,000
간접노무원가	₩24,000	
감가상각비(공장설비)	42,000	
수도광열비(₩30,000×60%)	18,000	
보 험 료(₩8,000×75%)	6,000	
임 차 료(₩100,000×80%)	80,000	
• 당기총제조원가		₩630,000
(+) 기초재공품(20×1년 1월 1일)		32,000
(=) 총투입원가		₩662,000
(−) 기말재공품(20×1년 12월 31일)		42,000
• 당기제품제조원가		₩620,000

(주)한국제조의 손익계산서

손익계산서		
(주)한국제조 20×1년 1월 1일부터 12월 31일까지		
• 매출액		₩900,000
• 매출원가		
기초제품재고액(20×1년 1월 1일 현재)	₩80,000	
(+) 당기완성품	620,000	
판매가능액	₩700,000	
(−) 기말제품재고액(20×1년 12월 31일 현재)	120,000	₩580,000
• 매출총이익		320,000
• 판매관리비		284,000
급 여	₩64,000	
감가상각비(본사건물)	36,000	
수도광열비(₩30,000×40%)	12,000	
보 험 료(₩8,000×25%)	2,000	
임 차 료(₩100,000×20%)	20,000	
광고선전비	150,000	
• 영업이익		₩36,000

제 3 장 개별원가계산

문제 A형

3-1 a. 개별원가계산 b. 개별원가계산 c. 종합원가계산 d. 종합원가계산 e. 개별원가계산
f. 종합원가계산 g. 종합원가계산 h. 개별원가계산 i. 개별원가계산 j. 종합원가계산
k. 종합원가계산 l. 개별원가계산 m. 개별원가계산 n. 개별원가계산 o. 종합원가계산

3-3 (1) 제품 A 제조원가

직접재료 사용액＝₩20,000＋₩40,000－₩10,000＝₩50,000
직접노무 발생액＝₩45,000＋₩20,000－₩22,000＝₩43,000
제주간접원가배부액＝₩30,000×0.43*＝₩12,900
제품 A 제조원가＝₩50,000＋₩43,000＋₩12,900＝₩105,900

* ₩43,000÷(₩43,000＋₩57,000)＝43%

(2) 제품 B 제조원가

직접재료 사용액＝₩10,000＋₩30,000－₩15,000＝₩25,000
직접노무 발생액＝₩60,000＋₩27,000－₩30,000＝₩57,000
제조간접원가배부액＝₩30,000×0.57*＝₩17,100
제품 B 제조원가＝₩25,000＋₩57,000＋₩17,100＝₩99,100

* ₩57,000÷(₩43,000＋₩57,000)＝57%

3-5 (1) 제조간접원가 예정배부율＝₩789,000÷100,000직접노무시간＝₩7.89 직접노무시간당

(2)

	#741	#742	#743	#744	#745
7월 1일 기초잔액	₩29,870	₩55,215	₩27,880	－	－
직접재료원가	25,500	39,800	14,450	₩13,600	₩8,420
직접노무원가	61,300	48,500	28,700	24,500	21,300
제조간접원가	31,560	26,826	15,622.2	12,624	11,046
7월 31일 기말잔액	₩148,230	₩170,341	₩86,652.2	₩50,724	₩40,766

(3) 기말재공품＝#742＋#744＋#745
＝₩170,341＋₩50,724＋₩40,766＝₩261,831

(4) 매출원가＝#741＋#743
＝₩148,230＋₩86,652.2＝₩234,882.2

3-7 (1) 작업들 중 아무것이나 하나를 사용하면 직접노무원가와 배부된 제조간접원가의 관계를 통해 제조간접원가의 배부율이 직접노무원가의 115%임을 구할 수 있다.
예를 들어 작업 #167 : ₩7,958÷₩6,920=직접노무원가의 1.15

(2)

직접재료원가	₩12,900	
직접노무원가	3,600	
배부된 제조간접원가 (₩3,600×1.15)	4,140	
합계	₩20,640	

(3)

총직접재료원가	₩256,917	
차감 : 기초재공품의 직접재료원가	(12,900)	₩244,017
총직접노무원가	₩46,860	
차감 : 기초재공품의 직접노무원가	(3,600)	43,260
5월중에 추가된 직접제조원가총액		₩287,277

(4)

기초재공품		₩20,640
5월에 추가된 원가		
총직접노무원가		
직접재료원가	₩244,017	
직접노무원가	43,260	
제조간접원가 (₩43,260×1.15)	49,749	337,026
계		₩357,666
기말재공품원가		
(₩154,215+₩28,500+₩28,500×1.15)		(215,490)
완성품 제조원가		₩142,176

3-9 당기제품제조원가 : 직접재료원가=₩25,500
직접노무원가 : 기본원가의 40%=(₩25,500÷0.6)×0.4=₩17,000
배부제조간접원가 : 직접노무원가의 50%=₩17,000×0.5=₩8,500
배부된 제조간접원가=완성품에 배부된 금액 ₩8,500+기말재공품에 포함된 금액 ₩1,500=₩10,000
제조간접원가 과대배부액=실제발생액 ₩8,000−배부제조간접원가 ₩10,000=(₩2,000)
배부차이 조정후 매출원가=(₩51,000−₩4,000)−₩2,000=₩45,000

문제 B형

3-11 (1) 매출원가는 해당연도 제품계정의 대변금액=₩342,500

(2) 기초제품제조원가+당기완성품원가−기말제품제조원가=매출원가
당기완성품원가=매출원가+기말제품제조원가−기초제품제조원가
=₩342,500+₩21,000−₩22,500
=₩341,000

(3) 기초재공품+직접재료원가+직접노무원가+제조간접원가−기말재공품=당기제품제조원가
직접재료원가=당기제품제조원가−기초재공품−직접노무원가−제조간접원가+기말재공품
=₩341,000−₩14,000−₩45,000−(₩45,000×1.2)+₩12,000
=₩240,000

(4) 배부된 제조간접원가=₩45,000×1.20=₩54,000

(5) 기초재료재고+당기매입−당기재료사용=기말재료재고
₩6,150+당기매입−₩240,000=₩2,050
당기매입=₩235,900

3-13 (1)

	#39	#40	#41	#42	#43
4월 1일 기초잔액	₩540	₩3,400	₩2,990	–	–
직접재료원가	700	560	375	₩3,500	₩6,900
직접노무원가	500	600	490	2,500	3,000
제조간접원가배부액	550	660	539	2,750	3,300
4월 30일 기말잔액	₩2,290	₩5,220	₩4,394	₩8,750	₩13,200

(2) 기말재공품재고액=#39+#42=₩2,290+₩8,750
=₩11,040
매출원가=#40+#41+#43=₩5,220+₩4,394+₩13,200
=₩22,814

(3)

손익계산서

환상조경 4월 1일부터 4월 30일까지

매출액 (₩22,814+0.30(₩22,814))	₩29,658
매출원가	22,814
매출총이익	6,844
영업비용	4,575
영업이익	₩2,269

3-15 (1) ₩369,000/₩300,000＝직접노무원가의 123%

(2) ₩21,000＋X－₩100,000＝₩29,000
X＝₩108,000

(3) ₩56,000＋(123%×₩56,000)＋₩100,000－₩5,600－₩10,000－(123%×₩5,600)＝₩202,392

(4) ₩5,600＋(123%×₩5,600)＋₩10,000＝₩22,488

(5) ₩44,000＋₩202,392－₩30,000＝₩216,392

(6) 실제제조간접원가＝₩59,000
배부제조간접원가＝₩68,880(＝123%×₩56,000)
배부차이＝₩68,880－₩59,000＝₩9,880 과대배부

3-17 (1) 제조간접원가 예정배부율＝₩640,000÷80,000직접노무시간＝₩8.00 직접노무시간당

(2)

	#101	#102	#103	합 계
직접재료원가	₩34,000	₩39,000	₩13,000	₩86,000
직접노무원가	16,000	20,600	1,800	38,400
배부제조간접원가	22,000	30,400	3,200	55,600
1월 31일 잔액	₩72,000	₩90,000	₩18,000	₩180,000

실제제조간접원가(₩51,600)－배부제조간접원가(₩55,600)＝－₩4,000(과대배부)

(3) 총원가기준 비례배부법으로 배부차이 조정 후 원가

계정 (1)	배분 전 계정잔액 (2)	배부율 (3)	과대배부된 제조간접원가 ₩4,000의 비례배분 (4)		배분 후 계정잔액 (5)＝(2)－(4)
재공품	₩18,000	(10%)	₩4,000×0.1＝	₩400	₩17,600
제품	90,000	(50%)	4,000×0.5＝	2,000	88,000
매출원가	72,000	(40%)	4,000×0.4＝	1,600	70,400
	₩180,000	(100%)		₩4,000	₩176,000

3-19 (1) 계정잔액 내의 관계에서 직접노무원가에 기초하여 배부된 제조간접원가를 구할 수 있다. 따라서 기말 재공품원가에 관한 정보를 이용하면, 제조간접원가배부율은 ₩20,000÷₩10,000 또는 200%이다.

(2) 잔액의 크기에 따라 배부되어야 한다. 왜냐하면 기말재공품원가, 당기완성품원가, 그리고 매출원가 잔액과 비교하였을 때 상대적으로 그 금액이 크기 때문이다.

(3)

기말재공품원가	₩50,000×(₩50,000÷₩285,000)=	₩8,772
당기완성품원가	₩50,000×(₩100,000÷₩285,000)=	17,544
매출원가	₩50,000×(₩135,000÷₩285,000)=	23,684
합계		₩50,000

(4)

기말재공품원가	₩50,000×(₩20,000÷₩110,000)=	₩9,091
당기완성품원가	₩50,000×(₩40,000÷₩110,000)=	18,182
매출원가	₩50,000×(₩50,000÷₩110,000)=	22,727
합계		₩50,000

(5) 다음과 같은 경우 제조간접원가계정이 차변잔액일 수 있다.

① 회사가 예산보다 실제제조간접원가를 구성하는 원천에 대해 더 높은 가격을 지불하는 경우

② 회사가 실제 산출물에 대해 기말재고에 부여된 것보다 제조간접원가 원천을 보다 더 많이 사용한 경우

③ 회사가 사전에 결정한 제조간접원가배부율에 기초하여 계획된 활동수준보다 낮은 수준의 생산능력으로 생산한 경우

④ 위 가능한 원인들의 결합으로 발생할 수 있다.

제 4 장 종합원가계산

문제 A형

4-1 (1) ₩15,000+₩22,000=₩37,000

(2) ₩22,000+₩16,500=₩38,500

(3) ₩15,000+₩22,000+₩16,500=₩53,500

(4) ₩6,900+₩15,200=₩22,100

(5) ₩15,000÷7,750단위=₩1.94

(6) ₩38,500÷22,000단위=₩1.75

4-3 (1)

	수 량	완성품환산수량
물량흐름 파악		
기초재공품(40% 완성)	500	
당기투입	4,900	
합계	5,400	
완성품	4,700	4,700
기말재공품(70% 완성)	700	490*
합계	5,400	5,190

* 700단위×70%

완성품환산수량 단위당 원가 $= \dfrac{₩116,775^{*}}{5,190단위} =$ ₩22.5/단위

* ₩4,400+₩56,075+₩31,600+₩24,700

(2) 완성품 제조원가=4,700단위×₩22.5=₩105,750

(3) 기말재공품원가=490단위×₩22.5=₩11,025

4-5 (1) 물량흐름 및 완성품환산수량

물량흐름	수 량	완성품환산수량	
		직접재료원가	가공원가
기초재공품	2,000 (30%)		
투입	① 9,000		
합계	11,000		
당기완성	(7,000)		
기초재공품	2,000	0	1,400
당기투입 당기완성	5,000	5,000	5,000
기말재공품	4,000 (70%)	② 4,000	③ 2,800
합계	11,000	9,000	9,200

(2) 완성품환산수량 단위당 원가

	직접재료원가	전환원가
원가집합		
기초재공품원가		
당기투입원가	₩216,000	₩276,000
완성품환산수량	÷9,000	÷9,200
완성품환산수량 단위당 원가	₩24	₩30

완성품원가＝(₩65,400＋1,400×₩30)＋(5,000×₩54)＝₩377,400

따라서

제품	377,400	
재공품		377,400

4-7 (1), (2)

물량흐름

기초재고	120,000	당기완성	260,000
당기투입	170,000	기말재고	30,000
합계	290,000	합계	290,000

완성품환산수량

	수 량	직접재료원가	가공원가
기초재고완성	120,000	0	36,000
당기투입 당기완성	140,000	140,000	140,000
기말재고	30,000	30,000	7,500
완성품환산수량		170,000	183,500

4-9

완성품환산수량

	수 량	직접재료원가	전환원가
당기투입 당기완성	60	60	60
기말재고	40	40	10
완성품환산수량		100	70

완성품환산수량 단위당 원가 :

직접재료원가 : ₩40,000÷100=₩400

전환원가 : ₩70,000÷70=₩1,000

기말재공품원가=40단위×₩400+10단위×₩1,000=₩26,000

4-11

물량흐름	수 량	완성품환산수량		
		전공정원가	직접재료원가	가공원가
기초재공품	10,000 (50%)*			
투입	50,000			
합계	60,000			
당기완성 및 대체	40,000	40,000	40,000	40,000
기말재공품	20,000 (30%)*	20,000	0	6,000
합계	60,000	60,000	40,000	46,000
		전공정원가	직접재료원가	전환원가
원가집합				
기초재공품원가		₩50,000	₩40,000	₩30,000
당기투입원가		250,000	120,000	246,000
합계	₩736,000	₩300,000	₩160,000	₩276,000
완성품환산수량		÷60,000	÷40,000	÷46,000
완성품환산수량 단위당 원가	₩15.00	₩5.00	₩4.00	₩6.00
원가할당				
완성 및 대체				
(40,000단위×₩15.00)	₩600,000			
기말재공품 (20,000단위)				
전공정원가 (20,000단위)	₩100,000	20,000×₩5.00		
직접재료원가 (0단위)	0		0×₩4.00	
가공원가 (6,000단위)	36,000			6,000×₩6.00
기말재공품 합계	₩136,000			
총원가	₩736,000			

* 가공원가의 완성도

문제 B형

4-13 가공원가 수정 전 단위당 원가를 구해 20×1년 2월 총원가를 구한 후 수정 후 완성품환산량으로 수정된 완성품환산량 단위당 원가를 구해서 원가를 계산하면 된다.

① 수정 전 단위당 원가
직접재료=₩75,000÷5,000=₩15 단위당; 가공원가=₩40,000÷2,500=₩16 단위당
② 직접재료는 오류가 없으므로 가공원가에 대한 총원가를 구하면
(9,000×₩16+2,500×₩16)=₩184,000
③ 가공도 20%로 수정한 후 가공원가의 완성품환산량
=완성품(9,000)+기말재공품(5,000×20%=1,000)=10,000단위
④ 가공원가 완성품환산량 단위당 원가
=₩184,000÷10,000=₩18.4 단위당
⑤ 재공품원가와 완성품원가
재공품원가=직접재료(5,000×₩15)+가공원가(1,000×₩18.4)=₩93,400
완성품원가=직접재료(9,000×₩15)+가공원가(9,000×₩18.4)=₩300,600

4-15 (1)

물량흐름	수 량	완성품환산수량	
		직접재료원가	가공원가
기초재공품	6,000 (60%)		
투입	240,000		
합계	246,000		
당기완성	(242,000)		
기초재공품	6,000	0	2,400
당기투입 당기완성	236,000	236,000	236,000
기말재공품	4,000 (20%)	4,000	800
합계	246,000	240,000	239,200
		직접재료원가	전환원가
원가집합			
기초재공품원가			
당기투입원가		₩768,000	₩191,360
완성품환산수량		÷240,000	÷239,200
완성품환산수량 단위당 원가		₩3.20	₩0.80

원가할당				
완성 및 대체				
1월 1일 기초재공품		18,600	3,240	₩21,840
1월중 원가발생액		0	1,920	1,920
기초재공품 완성품원가		18,600	5,160	₩23,760
당기투입 당기완성		755,200	188,800	944,000
완성 및 대체원가		₩773,800	₩193,960	₩967,760
기말재공품	4,000			
직접재료원가	(4,000)	12,800		12,800
가공원가	(800)		640	640
기말재공품 합계		12,800	640	13,440
총원가		₩786,600	₩194,600	₩981,200

(2) 직접재료 : ₩0.10 증가(=₩3.20－₩3.10)
가공원가 : ₩0.10 감소(=₩0.80－₩0.90)
계산 :
12월 직접재료 완성품환산수량 단위당 원가 : ₩3.10(=₩18,600÷6,000단위)
12월 가공원가 완성품환산수량 단위당 원가 : ₩0.90(=₩3,240*÷3,600단위**)

* 1월 1일 기초재공품	₩21,840
차감 : 1월 1일 기초재공품 직접재료원가	18,600
1월 1일 기초재공품 가공원가	₩3,240
** 1월 1일 가공원가 완성품환산수량(6,000단위×60%)	3,600단위

4-17 (1) 평균법

	물량단위	완성품환산수량	
		직접재료원가	가공원가
생산 완성품수량	8,000	8,000	8,000
기말재공품	4,000 (50%)	4,000	2,000
합계	12,000	12,000	10,000
기초재공품		₩24,000	₩10,000
당기투입원가		1,500,000	880,000
합계		₩1,524,000	₩890,000
단위당 원가		₩127	₩89

기말재공품원가=4,000단위×₩127+2,000단위×₩89=₩686,000

(2) 선입선출법

	물량단위	완성품환산수량	
		직접재료원가	가공원가
생산 기초재공품	2,000 (60%)	0	800
완성품수량	6,000	6,000	6,000
기말재공품	4,000 (50%)	4,000	2,000
합계	12,000	10,000	8,800
당기투입원가		₩1,500,000	₩880,000
단위당 원가		₩150	₩100

완성품 제조원가＝6,000단위×₩150＋6,800단위×₩100＋₩34,000＝₩1,614,000

4-19

물량흐름	수 량	완성품환산수량			
		전공정 원가	직접재료 원가	직접노무 원가	제조간접 원가
기추재공품	8,000*				
당기투입	40,000				
합계	48,000				
기초재공품	8,000	0	1,600	4,800	5,600
당기투입 당기완성	36,000	36,000	36,000	36,000	36,000
기말재공품	4,000**	4,000	2,800	2,000	1,600
합계	48,000	40,000	40,400	42,800	43,200

	전공정 원가	직접재료 원가	직접노무 원가	제조간접 원가	합 계
원가집합					
기초재공품원가	₩66,000	₩24,960	₩6,720	₩3,580	₩101,260
당기투입원가	₩320,000	₩161,600	₩85,600	₩43,200	₩610,400
완성품환산수량	÷40,000	÷40,400	÷42,800	÷43,200	
완성품환산수량 단위당 원가	₩8	₩4	₩2	₩1	₩15

원가할당						
기초재공품완성						
기초재공품원가		₩66,000	₩24,960	₩6,720	₩3,580	₩101,260
기초재공품 당기완성		0	6,400	9,600	5,600	21,600
기초재공품 완성품원가	8,000	₩66,000	₩31,360	₩16,320	₩9,180	₩122,860
당기투입 당기완성품원가	36,000	288,000	144,000	72,000	36,000	540,000
완성품 제조원가		₩354,000	₩175,360	₩88,320	₩45,180	₩662,860
기말재공품	4,000					
전공정원가	(4,000)	32,000				32,000
직접재료원가	(2,800)		11,200			11,200
직접노무원가	(2,000)			4,000		4,000
제조간접원가	(1,600)				1,600	1,600
합계		32,000	11,200	4,000	1,600	48,800
총원가	48,000	₩386,000	₩186,560	₩92,320	₩46,780	₩711,660

* 기초재공품 완성도 : 전공정원가 100% ; 직접재료 80% ; 직접노무 40% ; 제조간접 30%

** 기말재공품 완성도 : 전공정원가 100% ; 직접재료 70% ; 직접노무 50% ; 제조간접 40%

4-21 (1) 완성품환산수량 및 완성품환산수량 단위당 원가

	Rookie	Novice	Hiker	Expert	합 계
완성품환산수량 단위당 원가					
직접재료원가	₩18,000	₩17,280	₩13,050	₩11,250	
완성품환산수량	÷600	÷480	÷290	÷150	
	₩30	₩36	₩45	₩75	
바느질부문 가공원가					
당기투입 당기완성	540	450	270	120	1,380
기말재공품	24	12	8	12	56
가공원가 완성품환산수량	564	462	278	132	1,436
가공원가 완성품환산수량 단위당 원가	₩60,312÷1,436=₩42				
주문작업부문 가공원가					
당기투입 당기완성		440	250	100	790
기말재공품		2	4	4	10
가공원가 완성품환산수량		442	254	104	800
가공원가 완성품환산수량 단위당 원가	₩28,800÷800=₩36				

완성품 제조원가 및 단위당 원가

	Rookie	Novice	Hiker	Expert	합 계
직접재료원가	₩16,200[a]	₩15,840[b]	₩11,250[c]	₩7,500[d]	₩50,790
가공원가					
바느질부문	22,680[e]	18,480[f]	10,500[g]	4,200[h]	55,860
주문작업부문	—	15,840[i]	9,000[j]	3,600[k]	28,440
총가공원가	22,680	34,320	19,500	7,800	84,300
총제조원가	₩38,880	₩50,160	₩30,750	₩15,300	₩135,090
완성품수량	÷540	÷440	÷250	÷100	
단위당 원가	₩72	₩114	₩123	₩153	

a. 540×₩30 ; b. 440×₩36 ; c. 250×₩45 ; d. 100×₩75
e. 540×₩42 ; f. 440×₩42 ; g. 250×₩42 ; h. 100×₩42
i. 440×₩36 ; j. 250×₩36 ; k. 100×₩36

(2) 부문별 재공품재고액

	Rookie	Novice	Hiker	Expert	합 계
바느질부문					
직접재료원가	₩1,800[a]	₩1,080[b]	₩900[c]	₩2,250[d]	₩6,030
가공원가	1,008[e]	504[f]	336[g]	504[h]	2,352
기말재공품 합계	₩2,808	₩1,584	₩1,236	₩2,754	₩8,382
주문작업부문					
직접재료원가	—	360[i]	900[j]	1,500[k]	2,760
가공원가–바느질	—	420[l]	840[m]	840[n]	2,100
가공원가–주문작업		72[o]	144[p]	144[q]	360
기말재공품 합계		₩852	₩1,884	₩2,484	₩5,220
총기말재공품 합계	₩2,808	₩2,436	₩3,120	₩5,238	₩13,602

a. 60×₩30 ; b. 30×₩36 ; c. 20×₩45 ; d. 30×₩75
e. 24×₩42 ; f. 12×₩42 ; g. 8×₩42 ; h. 12×₩42
i. 10×₩36 ; j. 20×₩45 ; k. 20×₩75
l. 10×₩42 ; m. 20×₩42 ; n. 20×₩42
o. 2×₩36 ; p. 4×₩36 ; q. 4×₩36

4-23 (1) 가공원가 예정배부율은 가공원가 예산을 포장수량으로 나누어서 계산한다.

	가공원가 예산	예산 포장수량	포장수량 단위당 원가
혼합	₩9,040	11,300	₩0.80
덩어리 제조	1,625	6,500	0.25
롤 절단	720	4,800	0.15
굽기	7,345	11,300	0.65
조각 절단	650	6,500	0.10
포장	8,475	11,300	0.75

(2) 제조지시서별 제조원가

	제조지시서 #215(디너 롤빵)	제조지시서 #216(복합곡물빵)
수량	1,200	1,400
직접재료	660	1,260
혼합	960	1,120
덩어리 제조	0	350
롤 절단	180	0
굽기	780	910
조각 절단	0	140
포장	900	1,050
합계	3,480	4,830

빵 종류별 단위당 직접재료원가는 디너 롤빵이 ₩0.55(=₩2,640÷4,800개)이고 복합곡물빵이 ₩0.90 (=₩5,850÷6,500개)이다. 가공원가는 (1)에서 구한 배부율을 이용하여 빵들이 실제로 통과하는 특정 작업공정별로 계산하여 배부한다.

(3)

#215(디너 롤빵)		#216(복합곡물빵)	
총원가	₩3,480	총원가	₩4,830
포장수량	÷1,200	포장수량	÷1,400
포장수량 단위당 원가	₩2.90	포장수량 단위당 원가	₩3.45

제 5 장 공손, 재작업품 및 작업폐물

5-1 물량흐름

기초	500	완성	1,600
당기착수	1,500	공손	200
		기말	200

(1) 정상공손수량=(1,100+200)×0.02=26개
비정상공손수량=200−26=174개

(2) 정상공손수량=(1,100+200+200)×0.02=30개
비정상공손수량=200−30=170개

(3) 완제품 배분 정상공손원가=₩50,000×[1,100/(1,100+200)]=₩42,308

5-3

재공품

기초재공품수량	30,000	당기완성량	99,000
당기착수량	120,000	비정상공손수량	6,000
		기말재공품수량	45,000
총투입량	150,000	총산출량	150,000

가공원가

당기완성량	99,000개×1.0=	99,000개
비정상공손수량	6,000개×1.0=	6,000개
기말재공품수량	45,000개×0.4=	18,000개
합계		123,000개

5-5 (1) 10,000+60,000=70,000개

(2) 60,000×0.05=3,000개

(3) 비정상손실=총수량−(완성된 수량+기말재공품수량+정상손실)
=70,000−(58,200+8,000+3,000)=70,000−69,200=800개

(4)

	수 량	직접재료원가	가공원가
기초재고 (10%)	10,000		
당기투입	60,000		
합계	70,000		
완성품	58,200	58,200	58,200
기말재공품 (60%)	8,000	8,000	4,800
정상손실	3,000		
비정상손실	800	800	800
완성품환산수량	70,000	67,000	63,800

5-7 총공손수량=7,220개−800개−4,880개−1,200개=340개
비정상공손=총공손(340개)−정상공손(284개)*=56개
* 정상공손수량=(800개+4,880개)×0.05=284개

5-9 (1)~(4)

	수 량	직접재료원가	가공원가
기초재공품 (20% ; 30%)	8,000		
당기투입	180,000		
합계	188,000		
기초재공품 완성	8,000	6,400	5,600
당기투입 당기완성	174,600	174,600	174,600
총완성품	182,600	181,000	180,200
정상공손 (180,000×0.4%)	720	0	0
비정상공손	680	680	680
기말재공품 (70% ; 80%)	4,000	2,800	3,200
완성품환산수량	188,000	184,480	184,080

문제 B형

5-11 공손 검사시점 조정 전 당기순이익=(900개×₩250)−(900개×₩185+100개×₩185)=₩40,000
공손 검사시점 조정 후 당기순이익=1,000개×(₩250−₩185)−₩3,000=₩62,000
그러므로 공손 검사시점 조정 후 당기순이익은 ₩22,000(=₩62,000−₩40,000)이 증가한다.

5-13 (1), (2)

정상공손수량=2,500단위×2%=50단위
비정상공손수량=100단위−50단위=50단위

물량흐름	1단계	2단계	
		완성품환산수량	
	수 량	직접재료원가	전환원가
기초재공품(50%)	300		
당기투입	2,300		
계	2,600		
당기완성품	2,000	2,000	2,000
정상공손(60%)	50	50	30
비정상공손(60%)	50	50	30
기말재공품(80%)	500	500	400
계	2,600	2,600	2,460

공손원가 배부 전 제조원가 :
당기완성품원가=2,000단위×(₩20+₩30)=₩100,000
기말재공품원가=500단위×₩20+400단위×₩30=₩22,000
정상공손원가=50단위×₩20+30단위×₩30=₩1,900
비정상공손원가=50단위×₩20+30단위×₩30=₩1,900

(3) 공손원가 배부 후 제조원가 :

$$\text{당기완성품원가}=₩100,000+₩1,900\times\frac{2,000\text{단위}}{2,500\text{단위}}=₩100,000+₩1,520=₩101,520$$

$$\text{기말재공품원가}=₩22,000+₩1,900\times\frac{500\text{단위}}{2,500\text{단위}}=₩22,000+₩380=₩22,380$$

5-15 정상공손수량=2,200단위×10%=220단위
직접재료 정상공손수량=220단위×100%=220단위
전환원가 정상공손수량=220단위×50%=110단위

정상공손원가=220단위×₩2,000+110단위×₩500=₩495,000

제 6 장 원가배부

문제 A형

6-1 (1) 단일배부율에서의 총원가는 ₩3,000,000(=고정원가 ₩1,000,000+변동원가 ₩2,000,000)이다. 제시된 정보에 따라 울산공장은 두 가지 배부기준(예산 혹은 실제)을 이용한다.

- 예산기준에 의해 울산공장에 발전원가를 배부 : $\frac{60,000}{200,000}\times$ ₩3,000,000=₩900,000
- 실제기준에 의해 울산공장에 발전원가를 배부 : $\frac{120,000}{240,000}\times$ ₩3,000,000=₩1,500,000

(2) 이중배부율(고정원가와 변동원가 집합을 분리)에 의해 울산공장에 발전원가를 배부하면 예산과 실제 배부기준의 몇 가지 조합이 가능하다.
총고정원가는 ₩1,000,000이다.

- 예산기준에 의해 울산공장에 배부 : $\frac{60,000}{200,000}\times$ ₩1,000,000=₩300,000
- 실제기준에 의해 울산공장에 배부 : $\frac{120,000}{240,000}\times$ ₩1,000,000=₩500,000

변동원가는 ₩2,000,000이다.

- 예산기준에 의해 울산공장에 배부 : $\frac{60,000}{200,000}\times$ ₩2,000,000=₩600,000
- 실제기준에 의해 울산공장에 배부 : $\frac{120,000}{240,000}\times$ ₩2,000,000=₩1,000,000

이들을 조합하면 다음과 같다.

조 합	고정원가	변동원가	원가배부
1	예산기준 사용	예산기준 사용	=₩300,000+₩600,000=₩900,000
2	예산기준 사용	실제기준 사용	=₩300,000+₩1,000,000=₩1,300,000
3	실제기준 사용	예산기준 사용	=₩500,000+₩600,000=₩1,100,000
4	실제기준 사용	실제기준 사용	=₩500,000+₩1,000,000=₩1,500,000

6-3 (1) 단일배부율법

P_1에 배부액 : ₩1,100,000×[20,000÷(20,000+20,000)]=₩550,000

P_2에 배부액 : ₩1,100,000×[20,000÷(20,000+20,000)]=₩550,000

(2) 이중배부율법

	P_1	P_2
변동원가배부액	₩250,000[a]	₩250,000
고정원가배부액	200,000[b]	400,000

a. ₩500,000×[20,000÷(20,000+20,000)]=₩250,000

b. ₩600,000×[20,000÷(20,000+40,000)]=₩200,000

6-5 (1) 직접배부법에 의한 원가배부

	관리부문	재료처리부문	기계부문	전기부문
배부 전 직접원가	₩150,000	₩120,000	₩680,000	₩548,000
관리부문	(150,000)		100,000	50,000
재료처리부문		(120,000)	40,000	80,000
합계			₩820,000	₩678,000

관리부문 배부

50,000+25,000=75,000

(50,000÷75,000)×₩150,000=₩100,000

(25,000÷75,000)×₩150,000=₩50,000

재료처리부문 배부

부품의 수 : 10×8,000=80,000 ; 16×10,000=160,000

80,000+160,000=240,000

(80,000÷240,000)×₩120,000=₩40,000

(160,000÷240,000)×₩120,000=₩80,000

(2) 부문별 단위당 원가

기계부문 : ₩820,000÷30,000시간=₩27.33 직접노무시간당

전기부문 : ₩678,000÷160,000부품수=₩4.24 부품단위당

(3) 제품별 단위당 원가

총단위당 원가=직접재료원가+제조간접원가

M_1 : ₩74+(₩27.33×4)=₩74+₩109.32=₩183.32

M_2 : ₩86+(₩27.33×8)=₩86+₩218.64=₩304.64

E_1 : ₩63+(₩4.24×10)=₩63+₩42.40=₩105.40

E_2 : ₩91+(₩4.24×15)=₩91+₩63.60=₩154.60

6-7 용역제공비율(자가소비분은 무시함)

제공처 \ 사용처	제조부문		보조부문		합 계
	절단부문	조립부문	수선부문	동력부문	
수선부문비용	35.7%	59.5%	–	4.8%	100%
동력부문비용	37.3%	59.7%	3.0%	–	100%

(1) 단계배부법

	금 액	제조부문		보조부문	
		절단부문	조립부문	수선부문	동력부문
부문비	₩380,000	₩150,000	₩200,000	₩20,000	₩10,000
수선부문		7,140[a]	11,900	(20,000)	960
동력부문		4,215[b]	6,745	–	(10,960)
합계	₩380,000	₩161,355	₩218,645	₩0	₩0

a. ₩20,000×(35.7%÷100%)=₩7,140 또는 ₩20,000×(30÷84)

b. ₩10,960×(37.3%÷97%)=₩4,215 또는 ₩10,960×(₩50,000÷₩130,000)

(2) 상호배부법

총수선부문비용을 X, 총동력부문비용을 Y라고 하면

X=20,000+0.03Y ································· (a)

Y=10,000+0.048X ································· (b)

식 (b)를 식 (a)에 대입하여 풀면 X=20,329, Y=10,976이 된다.

단, X, Y는 근사값이다.

	금 액	제조부문		보조부문	
		절단부문	조립부문	수선부문	동력부문
부문비	₩380,000	₩150,000	₩200,000	₩20,000	₩10,000
수선부문		4,094[a]	6,553	329	(10,976)
동력부문		7,257[b]	12,096	(20,329)	976
합계	₩380,000	₩161,351	₩218,649	₩0	₩0

a. ₩10,976×37.3%=₩4,094

b. ₩20,329×35.7%=₩7,257

6-9 (1) S_1=₩500,000+0.4S_2

S_2=₩202,000+0.3S_1

연립방정식을 풀면 S_1=₩660,000, S_2=₩400,000

P_1에 배부될 보조부문원가

₩660,000×0.4=	₩264,000
₩400,000×0.3=	120,000
합계	₩384,000

(2) 1,000−1,000×0.3×0.4=880시간

문제 B형

6-11 (1) 총발생원가=₩5,000,000+₩3,000,000=₩8,000,000

–최대사용시간기준=1,000,000시간
시간당 단일배부율=₩8,000,000÷1,000,000=₩8 시간당
동력부문비용 배부
부문 A=250,000×₩8=₩2,000,000
부문 B=750,000×₩8=₩6,000,000

–실제사용시간기준=500,000시간
시간당 단일배부율=₩8,000,000÷500,000=₩16 시간당
동력부문비용 배부
부문 A=200,000×₩16=₩3,200,000
부문 B=300,000×₩16=₩4,800,000

–단일배부율에 적용될 배부기준으로 최대사용가능시간과 실제사용시간을 이용할 수 있다. 단일배부율을 사용하는 경우 계산상으로 편리하나 고정원가가 차지하는 비중이 클 경우 원가정보를 왜곡시킬 수 있는 문제점이 있다.

(2) 실제사용시간을 단일배부율 기준으로 이용할 경우 부문 A에서 불만을 가질 수 있다. 왜냐하면 동력부문의 상당부분은 부문 B를 위해 설비를 갖추고 있는데, 부문 B의 조업도가 예상보다 낮아짐으로써 부문 B를 위해 보유하고 있는 설비에 대한 고정원가를 부문 A에서 부담하게 되기 때문이다. 또한 최대사용가능시간을 단일배부율 기준으로 사용할 경우에는 부문 B에서 불만을 가질 수 있다. 실제사용시간이 최대사용가능시간에 많이 미치지 못함에도 불구하고 최대사용가능시간에 따라 변동원가를 부담하게 되기 때문이다.

(3) 이중배부율법
–고정원가 : 최대사용가능시간
–변동원가 : 실제사용시간
–시간당 고정원가배부율=₩5,000,000÷1,000,000시간=₩5
–시간당 변동원가배부율=₩3,000,000÷500,000시간=₩6
–동력부문비용 배부
부문 A=250,000×₩5+200,000×₩6=₩2,450,000
부문 B=750,000×₩5+300,000×₩6=₩5,550,000

(4) 이중배부율법을 사용할 경우 조업도차이에 대한 문제를 해결할 수 있으며, 예산조업도와 실제조업도의 차이에서 발생하는 고정원가에 대한 부적절한 배부문제를 예방할 수 있다. 따라서 이중배부율법을 사용할 경우 보다 정확한 보조부문비의 배부로 인해 보다 정확한 제품별 원가계산이 가능해진다.

6-13 (1) 직접배부법

	금 액	제조부문		보조부문	
		절단부문	조립부문	수선부문	동력부문
부문비용	₩37,000	₩15,500	₩9,250	₩4,500	₩7,750
수선부문비용		2,000[a]	2,500	(4,500)	–
동력부문비용		4,844[b]	2,906	–	(7,750)
합계	₩37,000	₩22,344	₩14,656	₩0	₩0

a. ₩4,500×(40%÷90%)=₩2,000

b. ₩7,750×(50%÷80%)=₩4,844

(2) 단계배부법

배부순서 : 1차는 동력부문비용, 2차는 수선부문비용

	금 액	제조부문		보조부문	
		절단부문	조립부문	수선부문	동력부문
부문비용	₩37,000	₩15,500	₩9,250	₩4,500	₩7,750
수선부문비용		3,875[a]	2,325	1,550	–
동력부문비용		2,689[b]	3,361	(6,050)	(7,750)
합계	₩37,000	₩22,064	₩14,936	₩0	₩0

a. ₩7,750×(50%÷100%)=₩3,875

b. ₩6,050×(40%÷90%)=₩2,689

(3) 상호배부법

총수선부문비용을 X라 하고, 총동력부문비용을 Y라고 하면

X=4,500+0.2Y ······································· (a)

Y=7,750+0.1X ······································· (b)

식 (b)를 식 (a)에 대입하여 풀면 X=6,173이고, 이를 X자리에 대입하면 Y=8,367이다. 단, X, Y는 근사값이다.

	금 액	제조부문		보조부문	
		절단부문	조립부문	수선부문	동력부문
부문비용	₩37,000	₩15,500	₩9,250	₩4,500	₩7,750
수선부문비용		2,469[a]	3,087	(6,173)	617
동력부문비용		4,184[b]	2,510	1,673	(8,367)
합계	₩37,000	₩22,153	₩14,847	₩0	₩0

a. ₩6,173×40%=₩2,469

b. ₩8,367×50%=₩4,184

6-15 (1) (a) 직접배부법

	X부문		Y부문	
A	250÷400×₩100,000=	₩62,500	150÷400×₩100,000=	₩37,500
B	100÷500×₩40,000=	8,000	400÷500×₩40,000=	32,000
합계		₩70,500		₩69,500

(b) 단계배부법 : A부문부터 배부

	용역사용부문			
용역제공부문	A	B	X	Y
직접원가	₩100,000	₩40,000	₩1,500,000	₩800,000
A 원가배부(0.2 ; 0.5 ; 0.3)	(100,000)	20,000	50,000	30,000
B 원가배부(0.2 ; 0.8)		(60,000)	12,000	48,000
합계			₩1,562,000	₩878,000

(c) 상호배부법

A의 원가는 다음과 같다.

A=₩100,000+0.5B

B=₩40,000+0.2A

따라서

A=₩100,000+0.5(₩40,000+0.2A)=₩100,000+₩20,000+0.1A

0.9A=₩120,000

A=₩120,000÷0.9

A=₩133,333

B의 원가는 다음과 같다.

B=₩40,000+0.2A

따라서

B=₩40,000+0.2×₩133,333=₩66,666

따라서 X와 Y에 배부된 보조부문의 원가는 다음과 같다.

	용역사용부문			
용역제공부문	A	B	X	Y
직접원가	₩100,000	₩40,000	₩1,500,000	₩800,000
A 원가배부(0.2 ; 0.5 ; 0.3)	(133,333)	26,666	66,667	40,000
B 원가배부(0.5 ; 0.1 ; 0.4)	33,333	(66,666)	6,666	26,667
합계			₩1,573,333	₩866,667

(2) 동부세라믹(주)의 동력부문의 원가는 대략적으로 봐도 단위당 ₩40+재료처리비가 된다. 만일 그렇다면 동부세라믹(주)는 동서발전(주)로부터 동력을 구입하는 것이 더 좋다. 그러나 이런 결정에는 보조부문간의 상호의존과 고정원가의 영향을 고려해야 한다. 동부세라믹(주)는 외부에서 동력을 구입할 것

인가를 결정할 때 이 부분을 충분히 고려해야 한다. 그러나 학생들은 이 부분을 간과하는 경우가 많다.

	외부구입 필요 단위
X부문	100
Y부문	400
A부문 (동력서비스를 외부에서 구입하면 더 이상 동력부문은 존재하지 않으므로 이 부문에 제공하던 서비스 100 단위는 구입할 필요가 없다)	400*
합계	900

총원가 : 900×₩40=₩36,000

* 1,000×0.5×(1−0.2)=400단위

반면, 동력서비스 외부구입에 따른 동력부문(Y부문)의 원가절감액은 다음과 같다.

	동력서비스 외부구입에 따른 원가절감액
변동간접재료원가와 변동간접노무원가	₩10,000
동력부문의 감독비	10,000
재료처리비 절감액(=₩70,000×20%*)	14,000
최소 절감액	₩34,000
추가절감가능금액	
a. 재료처리에 대한 감독비 중 동력부문에 배부될 금액의 절감액은 최소 ₩0에서 최대 ₩2,000(=₩10,000×20%*)이 된다.	?
b. 감가상각비 절감액	?
총절감액	₩34,000+?

* 재료처리비용의 20%는 동력부문을 위해 사용함.

결과적으로 동력서비스의 외부구입에 따른 원가가 원가절감액보다 크므로 단기적으로는 (최소한 설비에 대한 자본투자가 필요하기 전까지) 내부에서 서비스를 제공해야 한다.

6-17 A=₩30,000+0.4B

B=₩50,000+0.5A

이를 풀면 A=₩62,500 B=₩81,250

C부문의 갑 제품 단위당 제조간접원가

=(자체원가+보조부문원가 배부액)÷생산량

=(₩10,000+₩62,500×0.4+₩81,250×0.2)÷50개

=₩1,025 단위당

갑의 단위당 판매가격=(단위당 기초원가+단위당 제조간접원가)×1.2

=(₩500+₩1,025)×1.2

=₩1,830 단위당

6-19 $S_1 = ₩750,000 + 0.1S_2$

$S_2 = ₩450,000 + 0.4S_1$

따라서

$S_1 = ₩750,000 + 0.1 \times (₩450,000 + 0.4S_1)$

$S_1 = ₩795,000 + 0.04S_1$

$0.96S_1 = ₩795,000$

$S_1 = ₩795,000 \div 0.96 = ₩828,125$

$S_2 = ₩450,000 + 0.4 \times ₩828,125 = ₩781,250$

	주조부문		조립부문	
부문직접원가		₩150,000		₩110,000
수선유지부문에서 배부	₩828,125×40%=	331,250	₩828,125×20%=	165,625
전력부문에서 배부	₩781,250×50%=	390,625	₩781,250×40%=	312,500
		₩871,875		₩588,125

주주부문 원가배부율 $= \frac{₩871,875}{80,000} = ₩10.8984$ 단위당 기계시간

조립부문 원가배부율 $= \frac{₩588,125}{60,000} = ₩9.8021$ 단위당 직접노무시간

응찰가격 :

직접재료 및 노무원가		₩32.0000
보조부문원가 :		
주조(1×₩10.8984)	₩10.8984	
조립(0.5×₩9.8021)	4.9011	15.7995
단위당 원가		₩47.7995
월별 생산수량		1,000
월별 총제조원가		₩47,799.5000
이윤(25%)		11,949.8750
응찰가격(월별)		₩59,749.3750

제 7 장 활동기준원가계산시스템

문제 A형

7-1 (1) 단일 공장전체 제조간접원가배부율 = $\frac{₩139,500}{2,250\text{직접노동시간}}$ = ₩62 직접노동시간당

총직접노동시간 :

	예산생산수량		단위당 직접노동시간		직접노동시간
트럼펫	1,400	×	0.5	=	700
튜바	400	×	1.4	=	560
트롬본	900	×	1.1	=	990
합계					2,250

(2)

	직접 노동시간		직접노동시간당 배부율		제조 간접원가	단위당 제조간접원가 (제조간접원가÷예산생산수량)
트럼펫	700	×	₩62	=	₩43,400	₩43,400 ÷ 1,400단위 = ₩31.00
튜바	560	×	62	=	34,720	34,720 ÷ 400단위 = ₩86.80
트롬본	990	×	62	=	61,380	61,380 ÷ 900단위 = ₩68.20
합계	2,250				₩139,500	

7-3

번 호	활 동	번 호	활 동
1	VA	5	VA
2	VA	6	VA
3	NVA	7	VA
4	NVA	8	NVA

7-5

번 호	활 동	번 호	활 동
1	PL	7	BL
2	PL	8	BL
3	UL	9	UL
4	UL	10	BL
5	UL	11	FL
6	FL	12	FL

7-7

활 동	고정자전거 활동 소비량	고정자전거 활동원가 배부율	고정자전거 활동원가	런닝머신 활동 소비량	런닝머신 활동원가 배부율	런닝머신 활동원가
절단	1,750mh	₩24/mh	₩42,000	965mh	₩24/mh	₩23,160
조립	450mh	₩10/mh	4,500	156mh	₩10/mh	1,560
준비	49회	₩50/횟수	2,450	15회	₩50/횟수	750
검사	320회	₩24/횟수	7,680	310회	₩24/횟수	7,440
생산일정관리	60건	₩11/건수	660	10회	₩11/건수	110
구매	190건	₩9/건수	1,710	100회	₩9/건수	900
합계			₩59,000			₩33,920
예산생산수량			÷500			÷160
단위당 제조간접원가			₩118			₩212

* mh=기계시간(machine hour)

7-9

활 동	활동원가동인	원가동인배부율	고객 A	배부원가	고객 B	배부원가
정규주문	처리건수	₩5	25	₩125	8	₩40
긴급주문	처리건수	15	10	150	8	120
특별서비스	처리건수	50	4	200	7	350
고객관리	고객수	100	1	100	1	100
합계				₩575		₩610

	고객 A	고객 B
매출액	₩1,400	₩750
재료원가*	700	375
지원원가	575	610
이익	₩125	(₩235)

* 가격은 재료원가에 200%를 가산한 금액이므로 고객 A와 고객 B의 재료원가는 각각 ₩700(=₩1,400/2)과 ₩375(=₩750/2)이 된다.

7-11 (1)

	향기카드	일반카드
검사시간	0.60[a]	0.40[a]
작업준비시간	0.80[b]	0.20[b]
기계작업시간	0.25[c]	0.75[c]
운반횟수	0.75[d]	0.25[d]

a. 120/200 ; 80/200
b. 80/100 ; 20/100
c. 200/800 ; 600/800
d. 225/300 ; 75/300

(2) 소비율이 원가동인마다 매우 다양하다. 향기카드의 경우에는 0.25에서 0.80까지 분포하고 있고, 일반카드는 0.20에서 0.75까지 분포하고 있다. 따라서 제품의 다양성이 확실히 있는 것 같다. 기계작업시간을 유일한 원가동인으로 사용한다면 향기카드는 제조간접원가의 25%를, 일반카드는 제조간접원가의 75%를 배부받게 된다. 그러나 향기카드는 기계작업시간과 관련되지 않은 제조간접원가의 60% 이상을

소비한다. 따라서 향기카드는 원가가 과소측정되며, 일반카드는 과대측정된다. 이러한 원가계산의 부정확성은 가격결정, 원가-조업도-이익 분석, 외주의사결정 등의 많은 의사결정에 영향을 줄 수 있다.

(3) 배부율 :
제품검사 : ₩5,000÷200검사시간=₩25 검사시간당
설비작업준비 : ₩4,750÷100설비작업준비시간=₩47.50 설비작업준비시간당
기계작업 : ₩6,400÷800기계작업시간=₩8.00 기계작업시간당
재료운반 : ₩1,350÷300운반횟수=₩4.50 운반횟수당
주의 : 분모는 총원가동인량(두 가지 제품 수요의 합)

(4) 배부율=원가÷시간이고, 검사시간=원가÷배부율이므로
검사시간=₩5,000÷₩20=250시간

문제 B형

7-13 (1) 비부가가치활동
다음은 비부가가치활동으로 고려될 수 있다 : 재료보관, 재료검사, 제품보관, 재료이동, 제품검사, 작업지역 정리, 건물관리, 제품재작업, 인사서비스

(2) 가치사슬의 일곱 가지 영역으로 부가가치활동을 분류하면 다음과 같다.

연구 및 개발 :	제품연구
디자인 :	엔지니어링 디자인
공급 :	재료 및 부품 구입
생산 :	생산-천공, 기계준비, 조립, 연마, 생산일정관리
판매 및 마케팅 :	제품마케팅, 제품판매
유통 :	제품납기, 제품포장
고객서비스 :	고객 추적관리

(3) a. 다음의 비부가가치활동들은 사업을 운영하는 데에 필요하다 : 작업지역 정리, 건물관리, 그리고 인사서비스

b. 나머지 비부가가치활동들은 사업을 운영하는 데에 있어서 필요하지 않다. 이들 활동은 줄이거나 혹은 제거하는 방법은 다음과 같다.

재료보관 :	재료주문은 필요할 때에 하며 JIT 납기를 이용
재료검사 :	재료가 납품되기 전에 공급자에게 재료에 대한 검사를 요구
제품보관 :	고객의 주문이 있을 때에 생산하면, 완성하자마자 출하할 수 있음. 이는 매우 적은 재고를 갖게 함
재료이동 :	재료 및 제품의 이동을 줄이거나 제거하기 위해 셀 작업을 이용
제품검사 :	생산과정 전반에 걸쳐 제품을 검사할 수 있는 기계를 운영
제품재작업 :	고품질의 재료이용, 작업자 훈련, 그리고 보다 효율적인 기계의 구입

7-15

	회계원론	고급관리회계론
급여의 할당 :		
₩58,000×0.60×0.5(교육비중)	₩17,400	₩17,400
연간 수강생 :		
회계원론		
2반×80명×2학기	÷320	
대학원 고급관리회계론		
1반×30명×2학기		÷60
학생당 강의활동원가	₩54.375	₩290.00

7-17

(1) 절단 : ₩204,000÷3,000직접노동시간＝₩68 직접노동시간당
조립 : ₩105,000÷3,000직접노동시간＝₩35 직접노동시간당
준비 : ₩156,000÷400준비횟수 ＝₩390 준비횟수당
검사 : ₩135,000÷1,500검사횟수 ＝₩90 검사횟수당

(2)

	스피드보트			낚시보트		
활 동	활동 소비량	활동원가 배부율	활동원가	활동 소비량	활동원가 배부율	활동원가
절단	2,000dlh	₩68/dlh	₩136,000	1,000dlh	₩68/dlh	₩68,000
조립	1,000dlh	₩35/dlh	35,000	2,000dlh	₩35/dlh	70,000
준비	300회	₩390/횟수	117,000	100회	₩390/횟수	39,000
검사	1,100회	₩90/횟수	99,000	400회	₩90/횟수	36,000
합계			₩387,000			₩213,000
예산생산수량			÷250			÷250
단위당 제조간접원가			₩1,548			₩852

＊ dlh＝직접노동시간(direct labor hour)

7-19

(1) 단일 공장전체 배부율 : $\frac{\text{간접노무원가}}{\text{공장전체 배부기준}} = \frac{₩270,000}{3,000\text{직접노동시간}}$ ＝₩90 직접노동시간당

	직접 노동시간	배부율	간접 노무원가	수 량	단위당 간접노무원가
CD	1,500	× ₩90/dlh ＝	₩135,000	÷ 75,000 ＝	₩1.80
DVD	1,500	× ₩90/dlh ＝	₩135,000	÷ 75,000 ＝	₩1.80

(2) 활동원가배부율 :

	준 비	생산지원
예산활동원가*	₩108,000	₩162,000
활동소비량	÷1,600준비횟수	÷3,000 dlh
활동원가배부율	₩67.50	₩54 dlh

* 준비활동원가＝₩270,000×40%＝₩108,000
생산지원활동원가＝₩270,000×60%＝₩162,000

(3)

활 동	CD 활동 소비량	CD 활동원가 배부율	CD 활동원가	DVD 활동 소비량	DVD 활동원가 배부율	DVD 활동원가
준비	500횟수	₩67.50/횟수	₩33,750	1,100횟수	₩67.50/횟수	₩74,250
생산지원	1,500dlh	₩54/dlh	81,000	1,500dlh	₩54/dlh	81,000
합계			₩114,750			₩155,250
예산생산수량			÷75,000			÷75,000
단위당 제조간접원가			₩1.53			₩2.07

(4) 준비활동이 직접노동과는 다른 비율로 소비되기 때문에 (1)에서 구한 단위당 간접노무원가는 왜곡되어 있다. CD는 75,000단위 생산에 500회의 준비를 필요로 하나(또는 1회 생산에 150단위가 생산됨), 반면 DVD는 동일한 생산에 1,100회의 준비횟수를 필요로 한다(1회 생산에 거의 68단위를 생산). 생산과정에 준비활동이 많은 제품인 DVD는 ABC방법에서 준비관련 활동으로 배부하는 것이 적절한데 준비활동이 많이 필요한 DVD는 많은 활동원가를 배부받으며, 반면 CD는 적은 배부를 받게 된다. 단일배부율 시스템에서는 직접노동시간을 기준으로 제조간접원가를 배부한다. 각 제품의 직접노동시간이 같기 때문에 배부된 간접노무원가는 같게 된다. 그러나 이러한 결과는 명백하게 원가를 왜곡시킨다. 왜냐하면, 준비활동(간접노동의 40%)이 각각의 제품에 동일하게 소비되지는 않기 때문이다.

7-21 (1), (2)

	전통적 원가계산방법	ABC방법
총직접노무원가	₩400,000	₩400,000
기타 직접원가	120,000	120,000
제조간접원가		
(전통적 방법 : ₩400,000×120%)	480,000	
활동원가 :		
인사부문		
(₩2,000 종업원 1인당×50명)		100,000
관리		
(₩1,000 작업당×50건)		50,000
고객부문		
(₩5,000 신규고객 1인당×29명)		145,000
감사부문 총원가배부액	₩1,000,000	₩815,000
	÷50	÷50
감사작업당 평균원가	₩20,000	₩16,300

(3) 두 방법의 평균원가 차이는 감사작업당 ₩3,700이다. 송정회계법인에서 제공되는 서비스가 복잡하기 때문에 간접원가 배부에는 ABC가 더 나은 방법이다. 이는 각 유형의 서비스를 수행하기 위해 필요한

자원은 서비스에 필요한 간접활동량에 따라 달라질 수 있다는 것을 의미한다. 따라서 특정작업을 수행하기 위해 필요한 자원에 기초하여 비용을 할당하는 ABC가 더 좋은 방법이다.

7-23 (1) a. 1단계 배부

P_1	P_2
$₩200,000 \times \frac{5,000}{20,000} = ₩50,000$	$₩200,000 \times \frac{15,000}{20,000} = ₩150,000$

b. 2단계 배부

	제품 X		제품 Y	
P_1	$\frac{₩50,000}{5,000} \times 1,000 \times 2 =$	₩20,000	$\frac{₩50,000}{5,000} \times 3,000 \times 1 =$	₩30,000
P_2	$\frac{₩150,000}{10,000} \times 1,000 \times 1 =$	₩15,000	$\frac{₩150,000}{10,000} \times 3,000 \times 3 =$	₩135,000
총지원원가		₩35,000		₩165,000
생산량		÷1,000		÷3,000
		₩35		₩55

제품단위당 원가 :

	제품 X	제품 Y
직접재료원가	₩60	₩50
직접노무원가	75	60
지원원가	35	55
단위당 원가	₩170	₩165

(2) 활동기준원가계산시스템
활동원가

	제품 X		제품 Y	
재료이동	₩30×200=	₩6,000	₩30×800=	₩24,000
기계작업준비	₩500×50=	25,000	₩500×150=	75,000
품질검사	₩12.50×1,000=	12,500	₩12.50×3,000=	37,500
선적	₩100×50=	5,000	₩100×150=	15,000
지원원가합계		₩48,500		₩151,500
생산량		÷1,000		÷3,000
		₩48.50		₩50.50

제 8 장 결합원가계산 : 연산품과 부산물

8-1 (1) 물량기준

	생산량	가중치	결합원가 배부액
솔벤트 A	9,000갤런	(9,000 ÷ 15,000) × ₩300,000	₩180,000
솔벤트 B	6,000갤런	(6,000 ÷ 15,000) × ₩300,000	120,000
	15,000갤런		₩300,000

(2) 상대적 판매가치법

	분리점 상대적 판매가치*	가중치	결합원가 배부액
솔벤트 A	₩270,000	(27,000 ÷ 540,000) × ₩300,000	₩150,000
솔벤트 B	270,000	(27,000 ÷ 540,000) × ₩300,000	150,000
	₩540,000		₩300,000

* ₩30 × 9,000과 ₩45 × 6,000

8-3 1) 물량흐름

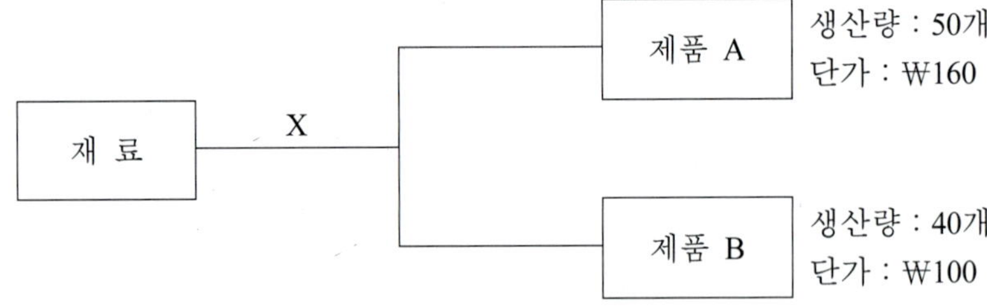

2) 결합원가배부

제 품	생산량	판매가격	판매가치	배부율	배부액
A	50개	₩160	₩8,000	2/3	₩24,000
B	40개	100	4,000	1/3	12,000
	90개		₩12,000		₩36,000

8-5 총매출액 : ₩300,000(제품 X ; ₩50×6,000단위)+₩200,000(제품 Y ; ₩20×10,000단위)=₩500,000
매출원가 : ₩350,000(결합원가)+₩30,000(제품 X의 분리가공원가)+₩20,000(제품 Y의 분리가공원가)
=₩400,000
매출총이익 : ₩500,000−₩400,000=₩100,000
매출총이익률 : ₩100,000÷₩500,000=20%

제품별 매출원가 :
제품 X : ₩300,000×80%=₩240,000 ; 제품 Y : ₩200,000×80%=₩160,000

제품별 배부 결합원가 :
제품 X : ₩240,000−₩30,000(분리가공원가)=₩210,000
제품 Y : ₩160,000−₩20,000(분리가공원가)=₩140,000

8-7 매출총이익=매출액−(결합원가+분리가능원가)
=(1,000단위×₩2,000+1,500단위×₩3,000)−(₩1,690,000+₩390,000+₩520,000+₩850,000
+₩1,100,000)
=₩1,950,000
매출총이익률=₩1,950,000÷₩6,500,000=30%

제품별 매출원가 :
제품 A : ₩2,000,000×0.70=₩1,400,000
제품 B : ₩4,500,000×0.70=₩3,150,000

결합원가배부액 :
제품 A : 매출원가−분리가능원가=₩1,400,000−₩850,000=₩550,000
제품 B : 매출원가−분리가능원가=₩3,150,000−₩1,100,000=₩2,050,000

문제 B형

8-9 결합원가 ₩1,000,000을 순실현가치기준으로 배부하는 문제이다.
유연휘발유의 순실현가치=8,000×₩95−₩40,000=₩720,000
무연휘발유의 순실현가치=12,000×₩120−₩160,000=₩1,280,000
유연휘발유의 배부액=(₩1,000,000×₩720,000)÷(₩720,000+₩1,280,000)
=₩360,000
유연휘발유의 제조원가=₩360,000+₩40,000=₩400,000

8-11 균등매출총이익률=1−(₩220,000+₩80,000)/₩400,000=25%
제품 A에 배부된 원가=₩96,000×0.75=₩72,000
제품 C+에 배부된 원가=₩220,000−₩72,000−₩138,000=₩10,000

8-13 (주)한국화학의 결합원가 흐름도

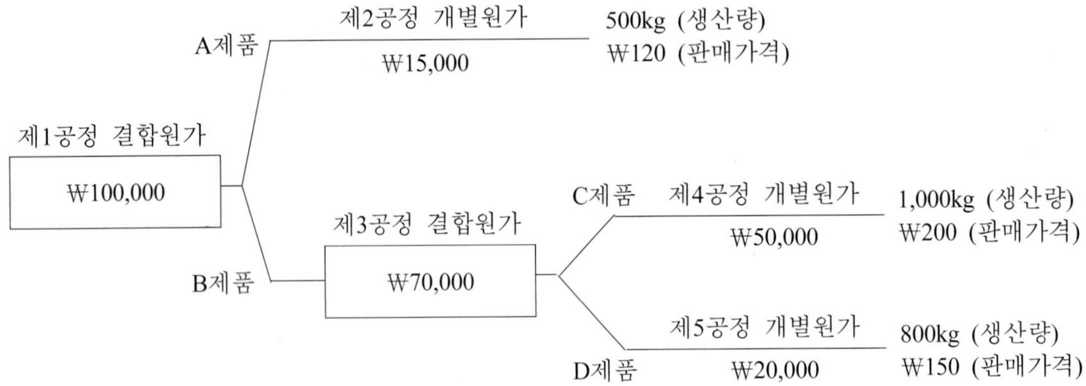

(주)한국화학의 원가계산

1) 두 번째 분리점 배부율

제 품	최종 판매가치	추가비용	순실현가치	배부율
C	₩200,000	₩50,000	₩150,000	60%
D	120,000	20,000	100,000	40%
합계	₩320,000	₩70,000	₩250,000	100%

2) 첫 번째 분리점 배부율

제 품	최종 판매가치	추가비용	순실현가치	배부율
A	₩60,000	₩15,000	₩45,000	20%
B	320,000	140,000	180,000	80%
합계	₩380,000	₩155,000	₩225,000	100%

3) 첫 번째 분리점에서 결합원가배부

제 품	결합원가	배부율	배부액
A	₩100,000	20%	₩20,000
B		80%	80,000
합계		100%	₩100,000

4) 두 번째 분리점에서 배부되어야 할 결합원가
₩80,000+₩70,000=₩150,000

5) 두 번째 분리점에서 결합원가배부

제 품	결합원가	배부율	배부액
C	₩150,000	60%	₩90,000
D		40%	60,000
합계		100%	₩150,000

(1) 제품 A의 제조원가＝배부원가(₩20,000)＋개별원가(₩15,000)＝₩35,000

(2) 제품 C와 제품 D의 총제조원가
제품 C＝배부원가(₩90,000)＋개별원가(₩50,000)＝₩140,000
제품 D＝배부원가(₩60,000)＋개별원가(₩20,000)＝₩80,000

8-15 (1) 결합원가배부
부산물 C의 순실현가치 :

부산물 C의 판매가치＝80,000×₩11＝	₩880,000
부산물 C의 판매비용＝80,000×₩1.5＝	120,000
부산물 C의 순실현가치	₩760,000

주제품에 배부될 결합원가＝₩7,300,000－₩760,000＝₩6,540,000

제 품	생산량	판매가격	판매가치	배부율	배부액	단위당 원가
A	200,000	₩40	₩8,000,000	25%	₩1,635,000	₩8.175
B	400,000	60	24,000,000	75%	4,905,000	12.2625
			₩32,000,000	100%	₩6,540,000	

(2) 제품라인별 매출원가

	주제품 A		주제품 B	
기초제품	40,000단위	₩360,000	20,000단위	₩300,000
당기생산	200,000단위	1,635,000	400,000단위	4,905,000
기말제품	10,000단위	(81,750)	30,000단위	(367,875)
매출원가		₩1,913,250		₩4,837,125

(3) 제품라인별 손익계산서

	주제품 A		주제품 B	
매출액	230,000×₩40	₩9,200,000	390,000×₩60	₩23,400,000
매출원가		(1,913,250)		(4,837,125)
매출총이익		₩7,286,750		₩18,562,875
판매비		(1,000,000)		(1,000,000)
영업이익		₩6,286,750		₩17,562,875

8-17 순결합원가 발생액은 결합원가(₩54,000)－부산물수익(₩4,000)＝₩50,000이다.
따라서 결합원가배부는 다음과 같이 된다.

제 품	생산량	판매가치	분리점 이후 추가가공원가	순실현 가능가치	배부율	결합원가	배부액
A	1,000	₩70,000	₩10,000	₩60,000	60%	₩50,000	₩30,000
B	1,500	55,000	15,000	40,000	40%		20,000
		₩125,000	₩25,000	₩100,000	100%		₩50,000

제 9 장 변동원가계산

문제 A형

9-1 (1) 전부원가계산 : 고정제조간접원가를 제품제조원가에 포함

직접재료원가	₩40
직접노무원가	50
변동제조간접원가	10
고정제조간접원가	20[a]
단위당 제조원가	₩120

전부원가계산 이익＝(1,800단위×₩150)－(1,800단위×₩120)－(1,800단위×₩10)－₩15,000＝₩21,000

a. ₩40,000÷2,000단위＝₩20

(2) 변동원가계산 : 고정제조간접원가를 기간비용으로 처리

직접재료원가	₩40
직접노무원가	50
변동제조간접원가	10
변동판매비	10
단위당 변동비용	₩110

변동원가계산 이익＝(1,800단위×₩150)－(1,800단위×₩110)－₩15,000－₩40,000＝₩17,000

9-3

변동원가계산 손익계산서

미소(주) 20×1년 7월 1일~7월 31일

매출액		₩78,938
변동매출원가		21,230
제조공헌이익		57,708
변동판매비와 관리비		10,000
공헌이익		47,708
고정비용 :		
고정제조간접원가	16,689	
고정판매비와 관리비	14,998	31,687
영업이익		₩16,021

9-5 (1)

공헌이익분석 보고서

가리원(주)	20×1년		
매출변화효과 :			
판매수량요인	(48,000－43,000)×₩27.50	₩137,500	
판매가격요인	(₩25.00－₩27.50)×48,000	(120,000)	
매출변화효과액			₩17,500

(2) 매출액은 ₩17,500이 증가하게 된다. 단위당 변동원가가 ₩5이고 계획보다 5,000개가 더 판매되었다면 변동원가는 이 수량 증가에 의해 ₩25,000이 증가하게 된다. 따라서 가격을 낮춘 결과 공헌이익은 ₩7,500(＝₩17,500－₩25,000)이 감소하게 된다.

9-7 (1) 변동원가계산 영업이익과 전부원가계산 영업이익이 같을 때에는 재고수준이 변하지 않을 때이다(기초재고자산과 기말재고자산이 같을 때). 재고자산수준이 변하지 않는다는 것은 생산수량과 판매수량이 같음을 의미한다. 따라서 20×2년이 된다.

(2) 재고수준이 증가할 때 전부원가계산 영업이익이 변동원가계산 영업이익을 초과한다. 왜냐하면 (전부원가계산하에서) 일부 고정비용이 재고자산에 크게 적용되기 때문이다. 생산량이 판매량을 초과하는 해는 20×1년과 20×3년이다.

(3) (1)의 답을 다시 생각해보면, 4년간 총영업이익을 보면 변동원가계산과 전부원가계산하에서의 총영업이익은 ₩240,000으로 같다. 따라서 20×1년 기초재고자산(0단위)은 20×4년 기말재고자산(0단위)과 같다. 그러므로 20×4년 12월 31일 제품재고자산금액은 ₩0이다.

(4) 20×4년 변동원가계산 영업이익은 전부원가계산 영업이익을 초과하게 되는데, 이는 전부원가계산하에서 재고자산 감소에 따라 고정비용 ₩20,000이 비용처리된 것에 따른 것이다. 고정제조간접원가배부율이 단위당 ₩4이므로 생산량을 초과한 판매량은 5,000단위가 된다.

9-9 (1) 변동원가계산 단위당 제품제조원가＝단위당 직접재료원가＋단위당 직접노무원가
＋단위당 변동제조간접원가
＝₩24＋₩14＋₩2
＝₩40

(2) 변동원가계산하의 손익계산서

변동원가계산 손익계산서

	지역 A	지역 B	합 계
매출액	₩2,000,000	₩800,000	₩2,800,000
변동원가	1,100,000	440,000	1,540,000
직접재료원가	600,000	240,000	840,000
직접노무원가	350,000	140,000	490,000
변동제조간접원가	50,000	20,000	70,000
변동판매관리비	100,000	40,000	140,000
공헌이익	900,000	360,000	1,260,000
고정비용	150,000	250,000	1,296,000
고정제조간접원가	–	–	–
고정판매관리비	150,000	250,000	400,000
추적불능고정제조간접원가			800,000
추적불능고정판매관리비			96,000
영업이익	₩750,000	₩110,000	(₩36,000)

따라서 (주)한국의 20×1년 영업손익은 −₩36,000이다.

(3) 전부원가계산하의 20×1년 기말재고금액 = 5,000단위* × (₩24 + ₩14 + ₩2 + ₩20**) = ₩300,000

* 40,000단위 − 35,000단위 = 5,000단위

** ₩800,000 ÷ 40,000단위 = ₩20

(4) (2)번 변동원가계산 손익계산서에 의하면 ₩750,000

문제 B형

9-11

	20×1년	20×2년
단위당 제조원가	$\frac{₩17,600}{80단위}$ = ₩220	$\frac{₩22,400-(₩220 \times 20단위)}{90단위}$ = ₩200
총제조원가	₩220 × 100단위 = ₩22,000	₩200 × 120단위 = ₩24,000
단위당 변동원가	$\frac{₩24,000-₩22,000}{120단위-100단위}$ = ₩100	

변동원가계산에 의한 영업이익

전부원가계산 영업이익＝변동원가계산 영업이익＋기말재고 고정제조간접원가－기초재고 고정제조간접원가

₩4,400＝변동원가계산 영업이익＋(30단위×₩100)－(20단위×₩120)

₩4,400＝변동원가계산 영업이익＋₩3,000－₩2,400

변동원가계산 영업이익＝₩3,800

9-13 전부원가계산 이익＝변동원가계산 이익＋기말재고자산(고정제조간접원가)

20×2년 전부원가계산 이익＝₩40,000－₩8,000(20×1년 기말재고 고정제조간접원가)

＋₩6,000(20×2년 기말재고 고정제조간접원가)

＝₩38,000

9-15 문제를 해결하기 위해서는 먼저 단위당 제조원가를 계산한 후 단위당 변동제조원가와 단위당 고정제조간접원가를 계산해야 한다.

20×1년 단위당 제조원가＝₩17,600÷80단위＝₩220

20×2년 단위당 제조원가＝₩18,000*÷90단위＝₩200

* ₩22,400－20단위×₩220＝₩18,000

	생산량	총생산원가
20×2년	120	₩24,000
20×1년	100	22,000
차이	20	₩2,000

단위당 변동제조원가＝₩2,000÷20단위＝₩100

20×1년 단위당 고정제조간접원가＝₩220－₩100＝₩120

20×2년 단위당 고정제조간접원가＝₩200－₩100＝₩100

따라서 전부원가 영업이익＝변동원가 영업이익＋기말 고정제조간접원가－기초 고정제조간접원가

₩4,400＝변동원가 영업이익＋30단위×₩100－20단위×₩120

변동원가 영업이익＝₩3,800

9-17 (1) 전부원가계산 손익계산서

매출액(300개×₩7,000)	₩2,100,000
매출원가	(1,500,000)
매출총이익	₩600,000
판매관리비	(100,000)
전부원가영업이익	₩500,000

전부원가계산 단위당 제조원가＝₩1,500,000÷300개＝₩5,000

당월 총제조원가＝450개×₩5,000＝₩2,250,000

(2) 단위당 고정제조간접원가

＝(전부원가 영업이익－변동원가 영업이익)÷판매량

＝(₩500,000－₩350,000)÷300개＝₩500 단위당

(3) (단위당 직접노무원가＋단위당 변동제조간접원가)
＝(변동원가 영업이익－초변동원가 영업이익)÷(생산량－판매량)
＝(₩350,000－₩125,000)÷(450개－300개)＝₩1,500

(4) 단위당 직접재료원가
＝단위당 제조원가－(단위당 직접노무원가＋단위당 변동제조간접원가＋단위당 고정제조간접원가)
＝₩5,000－(₩1,500＋₩500)＝₩3,000

9-19 먼저, 물량의 흐름을 파악한다.

	원재료	재공품	제 품
기초재고	2,000kg	500개	850개
당기유입분	12,000	22,000*	21,750
(－)기말재고	3,000	750	600
당기유출분	11,000kg	21,750개	22,000개

* 당기에 제품단위당 원재료가 0.5kg씩 기초시점에서 투입되었으므로 당기착수량은 22,000개(＝11,000kg÷0.5kg/개)임을 알 수 있다.

(1)

전부원가계산 손익계산서

매출액 (22,000개×₩10,000/개)	₩220,000,000
매출원가 (22,000개×₩5,550/개*)	122,100,000
매출총이익	₩97,900,000
판매관리비**	0
영업이익	₩97,900,000

* 전기의 단위당 제조원가가 당기의 단위당 원가 ₩5,550(＝₩1,500＋₩3,000＋₩500＋₩550)과 같다고 가정되어 있다. 이때 선입선출법과 평균법은 서로 같다.
** 주어진 판매관리비가 없으므로 0으로 가정한다.

(2)

변동원가계산 이익계산서

매출액 (22,000개×₩10,000/개)	₩220,000,000
변동매출원가 (22,000개×₩5,000/개*)	110,000,000
변동판매관리비	0
공헌이익	₩110,000,000
고정제조원가 (21,800개**×₩550/개)	11,990,000
영업이익	₩98,010,000

* 당기의 단위당 변동제조원가＝₩1,500＋₩3,000＋₩500＝₩5,000
** 종합원가계산을 사용하므로 제품단위당 원가는 단순물량 단위당 원가가 아닌 완성품환산량 단위당 원가이다. 당기 발생한 총고정제조간접원가를 구하기 위해 재공품의 완성도를 반영한 당기작업량의 총완성품환산량이 필요하다.

가공비의 완성품환산량
=당기완성품환산량+기말재공품 재고환산량−기초재공품 재고환산량
=21,750개+750개×40%−500개×50%=21,750개+300개−250개=21,800개

(3) 이익차이 조정
※ 재공품에 재고화된 고정제조원가도 고려하여 조정한다.

변동원가계산의 영업이익	₩98,010,000
기말재고에 포함된 고정제조간접원가	495,000
재공품 : 750개×40%×₩550/개=₩165,000	
제　품 : 600개×₩550/개=₩330,000	
(−)기초재고에 포함된 고정제조간접원가	605,000
재공품 : 500개×50%×₩550/개=₩137,500	
제　품 : 850개×₩550/개=₩467,500	
전부원가계산의 영업이익	₩97,900,000

(4) 초변동원가계산

매출액 (22,000개×₩10,000/개)		₩220,000,000
초변동매출원가(직접재료원가) (22,000개×₩1,500/개)		33,000,000
재료처리량 공헌이익		₩187,000,000
운영비		
직접노무원가 (21,800개*×₩3,000/개)	₩65,400,000	
제조간접원가		
변동제조간접원가 (21,800개*×₩500/개)	10,900,000	
고정제조간접원가 (21,800개*×₩550/개)	11,990,000	
판매비와 관리비	0	88,290,000
영업이익		₩98,710,000

* 가공비 완성품환산량 ; (2) 참조

(5) 재공품에 재고화된 직접노무원가와 변동제조원가도 고려하여 조정한다.

초변동원가계산의 영업이익	₩98,710,000
기말재고에 포함된 직접노무원가와 변동제조간접원가	3,150,000
재공품 : 750개×40%×(₩3,000+₩500)/개=1,050,000	
제　품 : 600개×(₩3,000+₩500)/개=2,100,000	
(−)기초재고에 포함된 직접노무원가와 변동제조간접원가	3,850,000
재공품 : 500개×50%×(₩3,000+₩500)/개=875,000	
제　품 : 850개×(₩3,000+₩500)/개=2,975,000	
변동원가계산의 영업이익	₩98,010,000

제 10 장 표준원가계산과 차이분석

10-1

	단위당 예산	생산 및 판매(예산수량)		
		6,000	7,000	8,000
매출액	₩17	₩102,000	₩119,000	₩136,000
변동원가				
직접재료	6.5	39,000	45,500	52,000
직접노무	4	24,000	28,000	32,000
고정원가				
감가상각비		19,000	19,000	19,000
급여		34,000	34,000	34,000

10-3 (1) 매출가격차이 = 실제매출액 − 변동예산매출액
= 실제판매량 × (예산판매가격 − 실제판매가격)
= 27,500단위 × (₩9.2 − ₩10) = − ₩22,000(U)

(2) 매출조업도차이 = 변동예산영업이익 − 고정예산영업이익
= (변동예산매출액 − 변동비용 − 고정비용) − 고정예산영업이익
= (27,500단위 × ₩10 − 27,500단위 × (₩5.94 + ₩1.56) − ₩40,000) − 고정예산영업이익
= (₩275,000 − ₩206,250 − ₩40,000) − ₩22,500
= ₩6,250(F)

10-5

실제원가	실제투입량에 의한 표준원가	실제생산량에 허용된 표준원가
실제투입시간 × 실제임률 (AQ × AP)	실제투입시간 × 표준임률 (AQ × SP)	표준허용시간 × 표준임률 (SQ × SP)
1,000 × 5.3 × ₩260 = ₩1,378,000	1,000 × 5.3 × ₩250 = ₩1,325,000	1,000 × 5.5 × ₩250 = ₩1,375,000
₩53,000(U) 임률차이		₩50,000(F) 능률차이

따라서 (주)세무의 당기직접노무시간당 실제임률은 ₩260이다.

10-7

	차변	금액	대변	금액
(1)	(차) 직 접 재 료	45,562.50	(대) 외상매입금	45,000.00
			직접재료가격차이	562.50
	(차) 재 공 품	43,740.00	(대) 직 접 재 료	45,562.50
	직접재료능률차이	1,822.50		
(2)	(차) 임 금	20,160.00	(대) 미지급임금	18,900.00
			임 률 차 이	1,260.00
	(차) 재 공 품	18,000.00	(대) 임 금	20,160.00
	능 률 차 이	2,160.00		
(3)	(차) 재 공 품	10,800.00	(대) 제조간접원가	10,800.00
	* ₩7(=₩5,600/800)×900+(₩5×900)			
	(차) 제조간접원가변동예산차이	900.00	(대) 생산수량차이	700.00
			제조간접원가	200.00

10-9 고정제조간접원가 표준배부율 $= \dfrac{₩1,000 - ₩500}{2,000\text{단위} - 1,500\text{단위}} = ₩3$

10-11

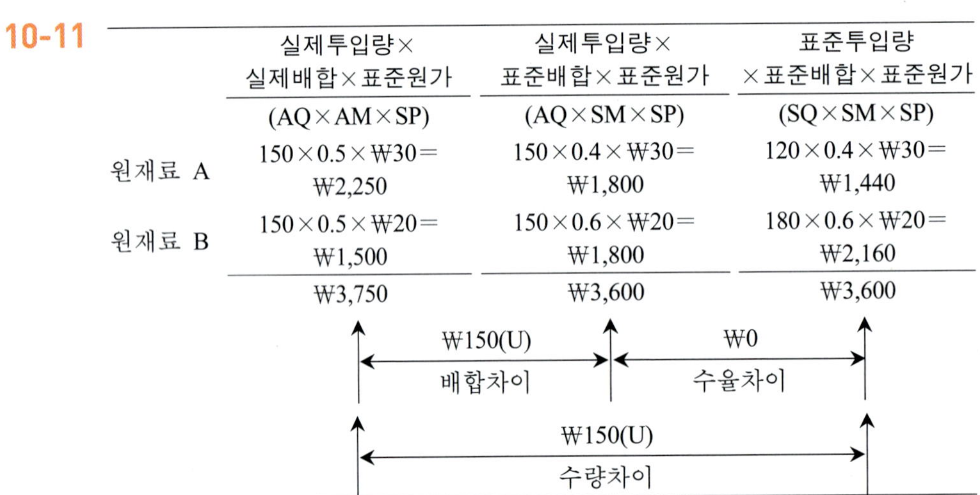

	실제투입량×실제배합×표준원가 (AQ×AM×SP)	실제투입량×표준배합×표준원가 (AQ×SM×SP)	표준투입량×표준배합×표준원가 (SQ×SM×SP)
원재료 A	150×0.5×₩30=₩2,250	150×0.4×₩30=₩1,800	120×0.4×₩30=₩1,440
원재료 B	150×0.5×₩20=₩1,500	150×0.6×₩20=₩1,800	180×0.6×₩20=₩2,160
	₩3,750	₩3,600	₩3,600

문제 B형

10-13 (1), (2)

	실제성과	변동예산 차이	변동예산	매출수량 차이	고정예산
판매량	12,000	–	12,000	2,000(F)	10,000
매출액	₩624,000	₩24,000(F)[a]	₩600,000	₩100,000(F)	₩500,000
변동비용	444,000	84,000(U)	360,000	60,000(U)	300,000
제조원가	360,000	60,000(U)	300,000	50,000(U)	250,000
판매관리비	84,000	24,000(U)	60,000	10,000(U)	50,000
공헌이익	180,000	60,000(U)	240,000	40,000(F)	200,000
고정비용	44,000	4,000(U)[b]	40,000	–	40,000
제조원가	19,000	4,000(U)	15,000	–	15,000
판매관리비	25,000	–	25,000	–	25,000
영업이익	₩136,000	₩64,000(U)[c]	₩200,000	₩40,000(F)[d]	₩160,000

a. 매출가격차이 = ₩624,000 − ₩600,000 = ₩24,000(F)
b. 고정원가 소비차이 = ₩44,000 − ₩40,000 = ₩4,000(U)
c. 변동예산차이 = ₩136,000 − ₩200,000 = ₩64,000(U)
d. 매출조업도차이 = ₩200,000 − ₩160,000 = ₩40,000(F)
e. 고정예산차이 = ₩136,000 − ₩160,000 = ₩24,000(U)

10-15 (1) VOH 소비차이 = 실제VOH − (SVOR × AH)
= ₩860,000 − (₩10 × 82,000) = ₩40,000(U)
VOH 능률차이 = (AH − SH) × SVOR
= (82,000 − 80,000) × ₩10 = ₩20,000(U)

(2) 고정제조간접원가 분석 :

실제발생액	고정예산	실제생산량에 허용된 표준원가
		표준허용시간 × 표준배부율 (SQ × SP) 1.6시간 × 50,000대 × ₩6 =
₩556,000	₩576,000	₩480,000

- 실제발생액 ↔ 고정예산: ₩20,000(F) 예산차이
- 고정예산 ↔ 표준원가: ₩96,000(U) 생산조업도차이

10-17 (1)

	실제성과	변동예산 차이	변동예산	매출조업도 차이	고정예산
판매수량	450,000	0	450,000	50,000(F)	400,000
수익	₩3,555,000	₩45,000(U)	₩3,600,000	₩400,000(F)	₩3,200,000
차감 : 변동제조원가					
직접재료	865,000	212,500(U)	652,500[a]	72,500(U)	580,000
직접노무	348,000	30,000(F)	378,000[b]	42,000(U)	336,000
변동제조간접	750,000	21,000(U)	729,000[c]	81,000(U)	648,000
총변동원가	1,963,000	203,500(U)	1,759,500	195,500(U)	1,564,000
공헌이익	₩1,592,000	₩248,500(U)	₩1,840,500	₩204,500(F)	₩1,636,000

a. 450,000단위 × ₩1.45 b. 450,000단위 × ₩0.84 c. 450,000단위 × ₩1.62

(2) 성과는 처음 생각보다는 나쁘다. 변동매출원가가 잘 관리되지 않았으며, 특히 직접재료가 잘 관리되지 않았다. 만일 회사가 예상했던 것보다 더 많이 판매하지 못했다면 결과는 더 나빠졌을 것이다.

(3) 컵 과자는 예상판매가격으로 과자를 판매하지 않았으며, 따라서 불리한 매출가격차이가 나타났다. 그러나 회사는 판매예산보다 50,000파운드를 더 판매할 수 있었고 이는 ₩400,000의 유리한 매출조업도차이를 발생시켰다. 따라서 예산보다 더 많이 판매할 수 있게 한 판매가격의 인하는 단기적으로 좋은 결정이었다.

(4) 과자 혼합

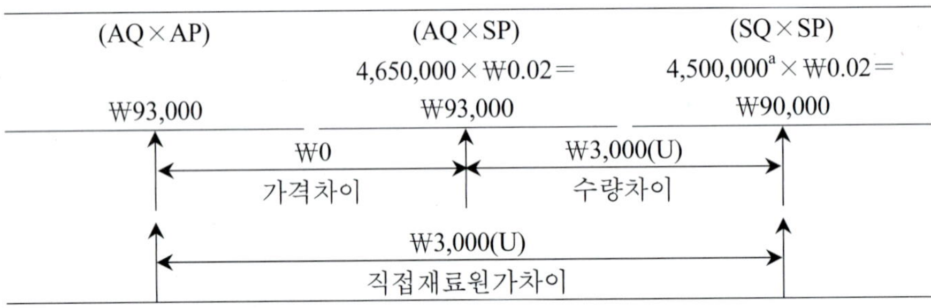

a. 450,000단위 × 10온스/단위당

우유 초콜릿

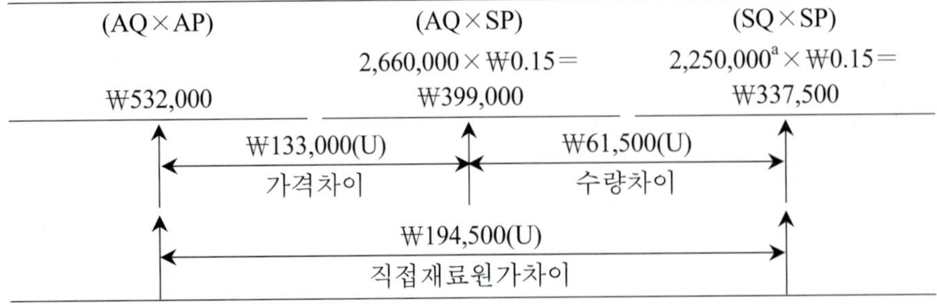

a. 450,000단위 × 5온스/단위당

아몬드

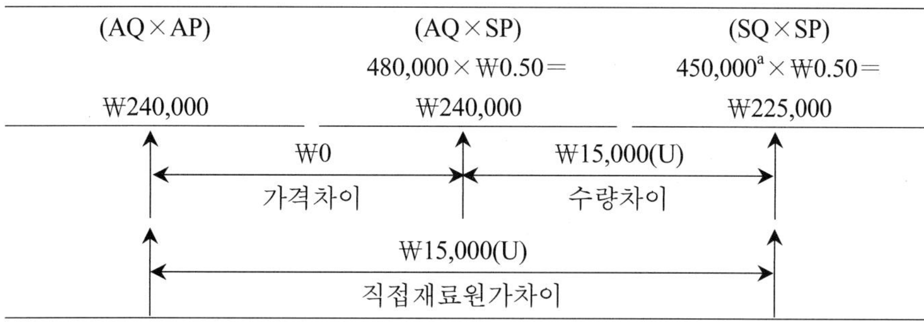

a. 450,000단위×1온스/단위당

(5) 직접노무 : 혼합

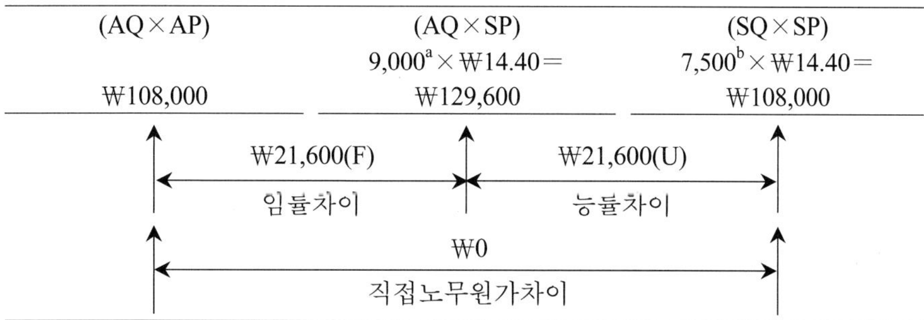

a. 540,000분÷60분

b. 450,000단위×$\frac{1}{60}$*DLH* 단위당

직접노무 : 굽기

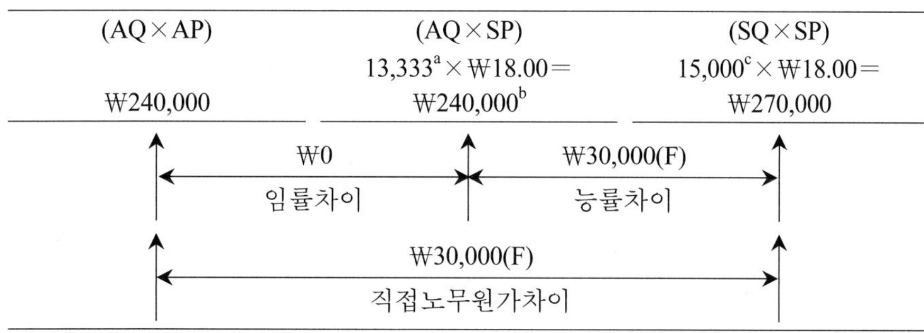

a. 800,000분÷60분

b. 단수조정

c. 450,000단위×$\frac{2}{60}$*DLH* 단위당

(6) 변동제조간접원가

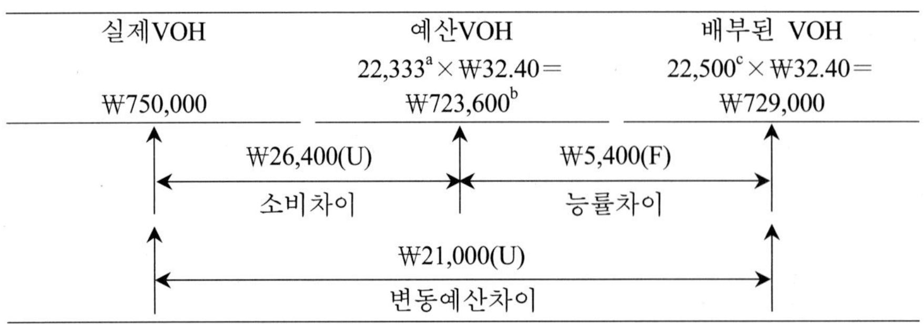

a. (540,000분 + 800,000분) ÷ 60분
b. 단수조정
c. 450,000단위 × $\frac{3}{60}$ *DLH* 단위당

(7) 구매담당자인 김정철의 보고처럼 초콜릿 가격이 급격히 증가한 것으로 보인다. 만일 이 가격증가가 지속적일 것으로 예상된다면 컵 과자는 표준가격의 수정이 필요하다. 작업자들이 과자배합에 정량 이상의 초콜릿과 아몬드를 추가하는 경우에 불리한 수량차이를 보이게 된다. 정량 이상의 원료 추가는 배합부문에서의 직접노무의 불리한 능률차이가 발생한 이유의 일부를 설명해준다. 변동제조간접 항목에 대한 자세한 정보가 없어서 크게 나타난 불리한 소비차이의 원인이 무엇인지를 예측하기는 어렵다.

(8) 수신 : 김소희
발신 : 김민기
일자 : 20×1년 5월 3일
제목 : 4월 운영결과

4월중에 과자에 대한 우리의 낮은 판매가격은 수요를 자극했다. 이 변경은 성공적으로 나타났으며, 예산보다 50,000단위를 더 판매했고 ₩355,000의 추가매출을 달성했다. 그러나 불행히도, 이 추가적인 수익은 기대했던 만큼의 운영이익의 증가로 연결되지 않았다.
거기에는 직접재료와 함께 몇 가지 문제가 있었다. 초콜릿 가격은 4월중에 급격히 증가했고 이는 ₩133,000의 불리한 가격차이로 나타났다. 모든 다른 재료가격들은 예상했던 바와 같았다. 배합부문에서 작업자들은 배합에 너무 많은 초콜릿과 아몬드를 추가했고 이는 원료에 대한 불리한 수량차이로 나타났다.
배합부문에서의 임률은 기대보다 낮았는데, 이는 4월중에 새로운 미숙련공을 고용했기 때문이다. 이들 작업자들의 경험부족은 불리한 직접노무능률차이로 나타났다. 그러나 임률과 효율성 차이가 서로 상쇄되었다. 작업자들의 경험부족은 또한 직접재료의 불리한 수량차이에도 영향을 미쳤다.
변동제조간접원가는 기대보다 높았으나 ₩26,400의 불리한 소비차이는 회사의 차이조사 기준인 5% 이하이다. 이 차이에 대해서는 다음 달에도 지속적으로 모니터해야 할 것이다.

10-19 (1) 노무원가 임률차이=(실제임률−표준임률)×실제투입량

구분 3	(₩8.50−₩8.00)×550	₩275(U)
구분 2	(₩7.50−₩7.00)×650	325(U)
구분 1	(₩5.40−₩5.00)×375	150(U)
전체		₩750(U)

노무원가 능률차이=(실제투입량−산출물에 허용된 투입량)×표준임률

구분 3	(550−500)×₩8.00	₩400(U)
구분 2	(650−500)×₩7.00	1,050(U)
구분 1	(375−500)×₩5.00	625(F)
전체		₩825(U)

(2)

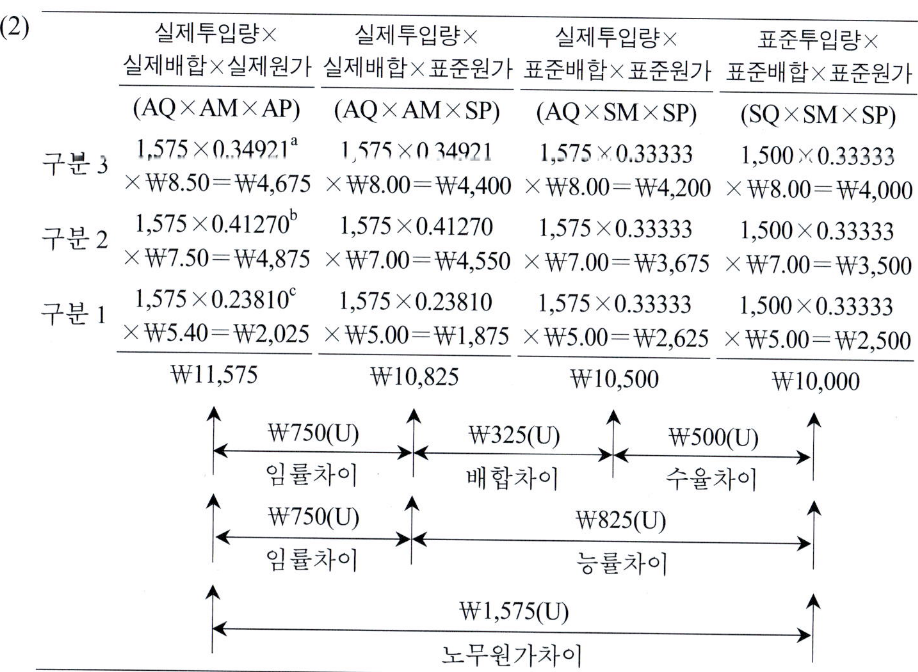

	실제투입량×실제배합×실제원가 (AQ×AM×AP)	실제투입량×실제배합×표준원가 (AQ×AM×SP)	실제투입량×표준배합×표준원가 (AQ×SM×SP)	표준투입량×표준배합×표준원가 (SQ×SM×SP)
구분 3	1,575×0.34921[a] ×₩8.50=₩4,675	1,575×0.34921 ×₩8.00=₩4,400	1,575×0.33333 ×₩8.00=₩4,200	1,500×0.33333 ×₩8.00=₩4,000
구분 2	1,575×0.41270[b] ×₩7.50=₩4,875	1,575×0.41270 ×₩7.00=₩4,550	1,575×0.33333 ×₩7.00=₩3,675	1,500×0.33333 ×₩7.00=₩3,500
구분 1	1,575×0.23810[c] ×₩5.40=₩2,025	1,575×0.23810 ×₩5.00=₩1,875	1,575×0.33333 ×₩5.00=₩2,625	1,500×0.33333 ×₩5.00=₩2,500
	₩11,575	₩10,825	₩10,500	₩10,000

실제배합비율

a. 550÷1,575=34.921%

b. 650÷1,575=41.270%

c. 375÷1,575=23.810%

제 11 장 전략적 원가회계 : 목표원가계산, 품질원가계산, 역류원가계산

11-1

	추정수익(₩10,000×3,000개)	₩30,000,000
(−)	목표이익(₩30,000,000×20%)	6,000,000
=	목표원가	₩24,000,000

단위당 목표원가＝₩24,000,000÷3,000개＝₩8,000

11-3

	총액접근법	
	추정수익(₩500×5,000대)	₩2,500,000
(−)	목표이익(₩2,500,000×10%)	250,000
=	허용가능원가	₩2,250,000
(−)	고정수수료	2,000
(−)	변동수수료(₩50×5,000대)	250,000
=	총허용제조원가 및 일반관리비	₩1,998,000

단위당 접근법	
예상판매가격	₩500
목표이익(₩500×10%)	50
허용가능원가	₩450
고정수수료(₩2,000÷5,000대)	0.4
변동수수료	50
단위당 허용제조원가 및 일반관리비	₩399.6

$$\text{단위당 허용제조원가 및 일반관리비} = \frac{₩1{,}998{,}000}{5{,}000\text{대}} = ₩399.6$$

(주의) 문제에서 제조원가와 일반관리비를 합친 목표원가를 요구하였으므로 원재료의 원가를 차감하지 아니한다. 만약 요구사항이 단위당 가공비(＝전환원가) 및 일반관리비를 합친 목표원가라면 이때는 원재료비를 차감하여 ₩304.6(＝₩399.6－₩95)이 정답이 된다.

11-5

품질원가보고서

품질원가 분류	총품질원가 비율	품질원가 비율	총매출액 비율
예방원가	₩99,000	66%	9.9%
평가원가	24,000	16	2.4
내부실패원가	18,000	12	1.8
외부실패원가	9,000	6	0.9
합계	₩150,000	100%	15.0%

11-7

예방원가(품질교육, 설계개선) 증가	(₩100+₩200)×0.5	₩150
내부실패원가(불량재공품재작업) 감소	₩100×0.5	(50)
외부실패원가(반품재작업, A/S, 손해배상) 감소	(₩100+₩150+₩150)×0.4	(160)
총품질원가 감소(=이익 증가)		(₩60)

11-9

	품질원가	품질원가 분류
불량률을 낮추기 위한 생산직원들의 교육훈련비	₩5,400	예방원가
제조단계에서 발생한 불량품을 폐기하기 위해 지불한 비용	6,100	내부실패원가
공정별 품질검사를 진행하는 직원들의 관리비	3,200	평가원가
완성품을 검사하는 기계의 수선유지비	10,200	평가원가
고객제품보증수리센터에서 근무하는 직원의 인건비	24,700	외부실패원가
높은 품질의 부품조달을 위한 우수협력업체 조달비용	2,300	예방원가
품질검사과정에서 발견한 불량품 재작업으로 인해 발생한 생산직원의 특근수당	7,400	내부실패원가
제품 리콜로 인해 발생한 미래 매출감소의 기회원가	9,300	외부실패원가
총합계	₩68,600	

예방원가=₩7,700×150%=₩11,550

평가원가=₩13,400

내부실패원가=₩13,500×80%=₩10,800

외부실패원가=₩34,000×90%=₩30,600

품질원가 합계=₩11,550+₩13,400+₩10,800+₩30,600=₩66,350

11-11 (1) 제조주기효율성(MCE)

	20×1년 4월	20×1년 5월	20×1년 6월
검사시간	20분	15분	15분
이동시간	20분	30분	25분
대기시간	90분	115분	120분
가공시간	60분	60분	60분
제조주기	190분	220분	220분
가공시간	60분	60분	60분
제조주기	÷190분	÷220분	÷220분
제조주기효율성(MCE)	31.6%	27.3%	27.3%

(2) 20×1년 7월의 제조주기효율성

제조주기 = 15분 + 25분 + 30분 + 60분 = 130분

$$제조주기효율성 = \frac{60분}{130분} = 46.2\%$$

(3) 20×1년 8월의 제조주기효율성

제조주기 = 0분 + 5분 + 30분 + 60분 = 95분

$$제조주기효율성 = \frac{60분}{95분} = 63.2\%$$

문제 B형

11-13 (1) 제품원가에 대한 과거 마크업 비율 $= \frac{₩360 - ₩288}{₩288} = 25\%$, 또는 $\frac{₩72}{₩360}$ = 판매가격의 20%

수정된 판매가격 ₩340 × 20% = ₩68(목표 마크업 금액)

판매가격 ₩340 − ₩68 = ₩272(목표원가)

(또는, ₩272 × 25% = ₩68(목표 마크업 금액); ₩272 + ₩68 = ₩340(판매가격))

(2) 요구되는 원가절감액 = ₩288 − ₩272 = ₩16

(3)

a. 직접노동시간 절감액	$\frac{₩25}{60분} \times 12분$		₩5.0
b. 추가 검사	$\frac{₩25}{60분} \times 6분$	(₩2.5)	
직접재료원가 절감액		7.0	4.5
c. 사출 성형기 생산성 향상 :			
직접노동시간 향상(25%* × 40% × ₩50)		₩5.0	
제조간접원가 향상(25%* × 42% × ₩20)		2.1	7.1
총절감액			₩16.6

* 4분에서 3분으로 사이클 시간이 25% 절감된다.

총절감액은 필요한 목표원가 절감액 ₩0.6을 초과한다. 따라서 이들 개선은 목표원가를 달성하기에는 충분하다.

11-15 (1) 목표 제조원가 = 현행 제조원가 + "미국시장 차이"
= ₩56 + 가격차이 − 원가차이
= ₩56 + ₩16 − ₩10 = ₩62

또는

목표원가 = 목표가격 − 광고 및 운반비 차액 − 미국시장에서의 희망이익
₩62 = ₩90 − ₩10 − ₩18

(2) 원가차이는 ₩6(= ₩62 − ₩56)이다. TS 슈즈는 더 가벼운 무게 기능을 추가하는 데 ₩6.75이 소요되며 이는 원가차이 ₩6보다 크기 때문에 이 기능을 추가할 수는 없다. 가장 좋은 방법은 매우 부드러운 깔창(₩3)과 장시간 착용(₩3)을 추가하는 것이다.

11-17

품질원가 범주	분 류	금 액	매출액 대비 비율
예방원가	제품설계	₩80,000	0.89%
평가원가	시험검사	180,000	2.00%
내부실패원가	재작업	240,000	2.67%
외부실패원가	보증수리	150,000	1.67%
외부실패원가	매출상실이익	280,000	3.11%
총품질원가		₩930,000	10.34%
매출액		₩9,000,000	100%

11-19 (1)

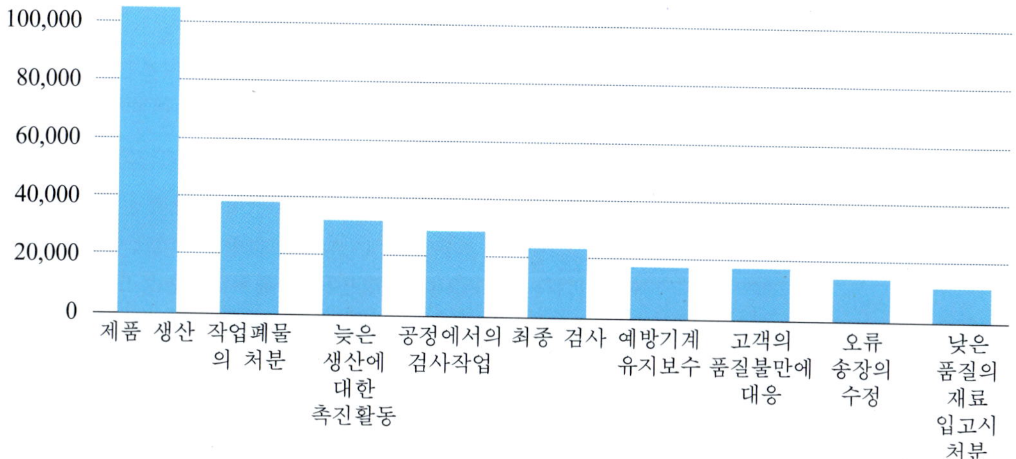

(2)

품질원가보고서

품질원가 분류	총품질원가 비율	품질원가 비율
예방원가	₩18,000	6%
평가원가	60,000	20
내부실패원가	84,000	28
외부실패원가	33,000	11
품질원가 아님	105,000	35
합계	₩300,000	100%

(3)

부가가치/비부가가치 활동분석

활동분류	금 액	비 율
부가가치	₩183,000	61%
비부가가치	117,000	39
합계	₩300,000	100%

품질원가보고서를 작성하는 데 품질활동을 다음과 같이 분류하였다.

품질활동	활동원가	품질원가 분류	부가가치/비부가가치
오류 송장의 수정	₩15,000	외부실패원가	비부가가치
낮은 품질의 재료 입고시 처분	12,000	내부실패원가	비부가가치
작업폐물의 처분	39,000	내부실패원가	비부가가치
늦은 생산에 대한 촉진활동	33,000	내부실패원가	비부가가치
최종 검사	24,000	평가원가	부가가치
입고재료 검사	6,000	평가원가	부가가치
공정에서의 검사작업	30,000	평가원가	부가가치
예방기계 유지보수	18,000	예방원가	부가가치
제품 생산	105,000	품질원가 아님	부가가치
고객의 품질불만에 대응	18,000	외부실패원가	비부가가치
합계	₩300,000		

(4) 송정(주)는 총비용의 61%를 부가가치로 보유하고 있다. 그러나 비부가가치가 39%로 아직 상당한 개선의 여지가 있다. 내부실패원가는 전체 비용의 28%를 차지한다. 이는 비용절감의 중요한 기회이기도 하다. 또한 총 11%의 외부실패원가는 외부실패로 인한 실제 피해를 과소평가할 수 있다. 잠재적인 불만, 부주의한 의지, 그리고 미래의 매출손실은 이 자료에서는 알 수가 없다.

11-21 (1) a.

$$L(x) = k(x - T)^2$$
$$₩150 = k(0.0025)^2$$
$$k = ₩24{,}000{,}000$$

b. $L(x = 0.1893) = ₩24{,}000{,}000 \times (0.1893 - 0.1875)^2 = ₩77.76$

(2) a. 총품질원가, $L(x) = k(\text{허용범위})^2$

$$₩6 = ₩24{,}000{,}000(\text{허용범위})^2$$
$$\text{허용범위} = 0.0005\text{인치}$$

b. 이들 패널의 사양은 0.1875±0.0005인치로 설정되어야 한다.

11-23 (1)

계정	차변	대변
재공원료	4,800,000	
현금 등		4,800,000
가공원가	5,050,000	
현금 등		5,050,000
제　　품	9,000,000	
재공원료		4,000,000*
가공원가		5,000,000**

* ₩8×500,000=₩4,000,000
** ₩10×500,000=₩5,000,000

계정	차변	대변
매출원가	8,100,000	
제　　품		8,100,000
매출원가	50,000	
가공원가		50,000

(2) 매출원가 : ₩8,150,000
재고자산 기말잔액－재공원료 : ₩800,000
제　　품 : ₩900,000

찾아보기

[ㄷ]

[ㅁ]

[ㅂ]

[ㅅ]

[ㅇ]

[ㅈ]

[ㅊ]

[c]

[d]

[e]

[f]

[g]

[h]

[i]

[j]

[k]

[l]

[m]

[n]

[o]

[p]

[t]

[u]

[v]

[w]

[y]

저자소개

김 진 환 홍익대학교 경영학 석사 · 박사
현, 순천향대학교 경영학과 초빙교수

저서 및 논문

"Supply chain information capabilities and performance outcomes : An empirical study of Korean steel suppliers", "Green supply chain management orientation and firm performance : evidence from South Korea", 『한국형 BSC 성공사례 11』, 『경영과 회계』, 『관리회계』, 『IFRS 회계원리』, 『현대전산회계』 등

유 성 용 홍익대학교 경영학 석사 · 박사 / 한국국제회계학회 부회장 / 한국전산회계학회 부회장 역임
현, 순천향대학교 회계학과 교수

저서 및 논문

"이연법인세부채와 자산의 변화에 따른 이익지속성 및 이익구성요소에 대한 시장반응", "외국인투자자의 역할에 따른 이익지속성과 시장의 반응", "기업의 투자기회와 자본투자규모가 자본비용 및 외부금융의존도에 미치는 영향", 『현대전산회계』, 『경영학』, 『관리회계』, 『IFRS 회계원리』 등

이 찬 호 아주대학교 경영학 박사 / 건국대학교 부동산학 박사 / 한국상업교육학회 부회장 / 한국세무회계학회 회장 역임
현, 부산대학교 경영대학 교수 / 한국부동산분석학회 부회장

저서 및 논문

"중소기업의 원가관리회계시스템 실태 분석", "산업별 원가관리회계시스템 실태에 관한 연구", "부동산 재평가가 기업가치에 미치는 영향에 관한 연구", "균형성과표(BSC) 각 관점간의 복합된 관련성이 기업성과에 미치는 영향", "거시경제적사건과 기업의 투자부동산 보유간의 관련성 분석", 『신관리회계』 등

제2판 원가회계 : 필수 개념과 예제

2020년 2월 25일 제 1 판 1쇄 발행
2023년 1월 10일 제 2 판 1쇄 인쇄
2023년 1월 15일 제 2 판 1쇄 발행

저 자 김진환 · 유성용 · 이찬호
발 행 인 권 영 섭
발 행 처 (주)신 영 사

경기도 파주시 심학산로 12(출판문화단지)
등 록 : 1988. 5. 2 / 제406-1988-000020호
전 화 : 031-946-2894(代)
F A X : 031-946-0799
e - mail : sys28945@naver.com
홈페이지 : http://www.shinyoungsa.co.kr

정가 33,000원 ISBN 978-89-5501-810-3